Hermann Jacobi

Ausgewählte Erzählungen in Mahârâshtrî

Zur Einführung in das Studium

Hermann Jacobi

Ausgewählte Erzählungen in Mahârâshtrî
Zur Einführung in das Studium

ISBN/EAN: 9783743457140

Hergestellt in Europa, USA, Kanada, Australien, Japan

Cover: Foto ©Paul-Georg Meister /pixelio.de

Manufactured and distributed by brebook publishing software (www.brebook.com)

Hermann Jacobi

Ausgewählte Erzählungen in Mahârâshtrî

AUSGEWÄHLTE ERZÄHLUNGEN

IN

MÂHÂRÂSHṬRÎ.

ZUR EINFÜHRUNG IN DAS STUDIUM

DES

PRÂKRIT.

GRAMMATIK. TEXT. WÖRTERBUCH.

HERAUSGEGEBEN

VON

HERMANN JACOBI.

LEIPZIG

VERLAG VON S. HIRZEL

1886.

HERRN PROFESSOR

ALBRECHT WEBER

IN DANKBARER VEREHRUNG

GEWIDMET.

Vorwort.

Die bislang übliche Methode, das Prâkṛit so nebenher bei der Lektüre eines Dramas zu erlernen, ist wohl von Allen als eine recht mangelhafte empfunden worden. Vorliegendes Lehrbuch soll nun zu einer gründlicheren Erlernung dieser Sprache Anleitung und Mittel geben. Ich bin mir zwar dabei bewufst gewesen, dafs der von mir vorgezeichnete Weg manchen nicht der richtige noch der kürzeste scheinen möchte. Sie hätten Proben aus allen Dialekten gewünscht und werden es tadeln, dafs ich mich auf die Mâhârâshṭrî beschränkt habe. Aber methodische Rücksichten und praktische Bedenken widerrieten mir die Veranstaltung einer solchen Mustersammlung. Denn ich halte es mit Paul (Prinzipien der Sprachgeschichte p. 26) in der That in methodischer Hinsicht für unendlich viel lehrreicher, auch nur einen einzelnen Dialekt bis in das kleinste hinein zu studiren, als sich die Kenntnis einer Menge von Einzelheiten aus den verschiedensten Dialekten anzueignen. Hat man eine gründliche und sichere Kenntnis eines Prâkṛit-Dialektes erlangt, so wird man sich in die übrigen in den Dramen gebrauchten mit Leichtigkeit hineinfinden und ihre Abweichungen von der Mâhârâshṭrî fester erfassen. Wozu hätte ich aus diesen Sprachen Textproben geben sollen, da ja die meisten Dramen gewissermafsen die Stelle von Prâkṛit-Chrestomathien vertreten? Doch würde man vielleicht lieber die Dialekte der Dramen als die der Inschriften missen. Letztere Idiome gehören aber nicht der Prâkṛit-, sondern der Pâli-Stufe an; ihre Behandlung gehört in eine Darstellung, deren Mittelpunkt das Pâli bildet. Beides, Prâkṛit und Pâli — und als drittes müfste noch der Apabhraṃça aufgenommen werden — kann jedoch nur eine vergleichende Grammatik der Prâkṛitsprachen vereinigen. Eine solche würde zwar für den

Kenner dieser Sprachen von gröfstem Werte, jedoch dem Anfänger zur Erlernung derselben wenig förderlich sein. Letzterer will möglichst bald zur Lektüre kommen und verlangt daher in erster Linie zu wissen, was eine Sprache ist, erst in zweiter, wie sie das geworden ist und wie sie sich zu verwandten Sprachen verhält. Darum habe ich auch bei der Darstellung der Grammatik nur in der Lautlehre den vergleichenden Standpunkt eingehalten, in der Formenlehre aber mich bemüht, das Prâkṛit aus sich selbst heraus darzustellen, damit man die lebendigen Kräfte desselben erkenne und nicht durch steten Vergleich mit der Mutter die Individualität der Tochter übersehe. Zudem wird selbst der Anfänger in den meisten Fällen die Erklärung der Formen nicht vermissen, da er sie selbst gerne suchen und leicht finden wird; aber in manchen Fällen liegt die Sache doch nicht so einfach, und es hätte zu deren Klarstellung weitläufiger Auseinandersetzungen bedurft, die über den Rahmen eines Abrisses der Grammatik hinausgehen. Ich habe zwar hauptsächlich die mitgeteilten Texte im Auge gehabt, aber man wird das in der Grammatik Gebotene auch zum Verständnis der Sprache des Hâla und Setubandha, die ich thunlichst berücksichtigt habe, ausreichend finden. Wer weitere Belehrung sucht, findet sie in Ch. Lassen, Institutiones Linguae Prakriticae, Bonn 1837; ferner bei den einheimischen Grammatikern Vararuci (Prâkṛita Prakâśa ed. E. B. Cowell London 1868) und namentlich Hemacandra (Grammatik der Prâkṛit-Sprachen ed. R. Pischel. Halle 1877 und 1880.) In diesen Werken findet man auch die Abweichungen der übrigen Dialekte von der Mâhârâshṭrî bündig aufgeführt.

Meine Beschränkung auf einen bestimmten Dialekt brachte mir den Vorteil ein, dafs ich die Darstellung der Grammatik nicht mit der Formenlehre zu beschliefsen brauchte, sondern auch die Grundzüge der Syntax in dieselbe aufnehmen konnte. Zwar giebt es nur wenige Erscheinungen, die dem Prâkṛit ausschliefslich eignen. Für die meisten bietet das klassische Sanskṛit Analogien; auch soll nicht geleugnet werden, dafs letzteres als höhere Litteratursprache auf die Syntax des Prâkṛit eingewirkt hat, etwa wie das Griechische auf das Latein. Jedoch bietet das Prâkṛit für syntaktische Untersuchungen einen viel festeren Boden als das Sanskṛit, weil es der lebendigen Volkssprache noch nahe stand und deren frischer Hauch noch in seiner Syntax weht. Letztere ist daher eher geeignet, auf die Syntax des klassischen Sanskṛit Licht zu werfen, als von ihr zu empfangen.

Die Lesestücke sind sämtlich Inedita; es sind die interessantesten Erzählungen, welche sich in den Kommentaren zum Uttarâdhyayana Sûtra finden. Mit Ausnahme von Xa. sind sie der Ṭîkâ des Devendra entlehnt. Dieser ist der Devasûri der Paṭṭâvalî des Tapâgaccha bei Klatt (Indian Antiquary IX), da er Municandra als seinen Lehrer nennt. Er bezeichnet sein Werk als einen Auszug aus der Vṛitti zu demselben Sûtra von Çântyâcârya, welcher zum Thârâpadra Gaccha gehörte. In Aṇahilapâṭaka vollendete Devendra sein Werk Saṃ. 1179, der Gaṇi Sarvadeva schrieb es nach dem Manuscript des Autors ins Reine (paṭṭikâto 'likhat) und der Kaufmann Dohiḍḍhî machte die erste Kopie (prathamâ pratiḥ). Ich benutzte die beiden Handschriften meiner Sammlung:

A foll. 324. oblong. Papier. Saṃ. 1611. Der Text steht in der Mitte, der Kommentar oben, zu beiden Seiten und unten. Der Abschreiber ist ein Laie Paṇḍyâmegha; er hat zwar sehr schön und regelmäfsig geschrieben, aber ohne Verständnis. Daher werden ähnliche Akshara, deren es viele in der Jaina-Schrift giebt, sehr häufig verwechselt.

B. foll. 259 oblong. Papier. Saṃ. 1660. Der Text ist nicht vom Kommentar gesondert. Die Abschrift ist mit unsicherer Hand, aber mit Verständnis des Textes, wahrscheinlich von einem Yati gemacht. Sie ist zum Teil korrigiert, stellenweise ist die Trennung der Worte angedeutet und hin und wieder ein schwieriges Wort am Rande erklärt. — Sollte vielleicht B in letzter Linie auf die Abschrift Sarvadeva's, A auf die Copie Dohiḍḍhî's zurückgehen?

Diese beiden Handschriften genügen, trotz ihrer Mängel im einzelnen, um einen sicheren Text herzustellen. Es finden sich zwar zahlreiche Schreibfehler in beiden Mss., aber die meisten liefsen sich mit Hülfe der richtigen Lesart eines Ms., oder wenn beide falsch abgeschrieben haben, durch geringes Nachdenken verbessern. Wo die Sache evident war, habe ich die Verbesserung stillschweigend, und ohne die Noten zu belasten, vorgenommen. Hinsichtlich der Orthographie aber habe ich etwas mehr Konsequenz in meinem Texte eingeführt, da die Handschriften hierin geradezu zügellos sind und keinerlei Norm an die Hand geben. Es handelt sich namentlich um folgende Punkte:

1) intervokalisches *t* für ursprüngliches *t* oder einen andern gemeiniglich ausfallenden Konsonanten habe ich auch dann getilgt, wenn zufällig einmal beide Mss. ihn schreiben.

2) Ich schreibe *ṇṇ* nur da, wo das Sanskrit den Lingual hat. Die Handschriften machen keinen Unterschied zwischen *nn* und *ṇṇ*.

3) Im Anlaut schreibe ich stets *n* (aber *ṇh*). Die Handschriften geben dieser Schreibweise den Vorzug.

4) Die Mss. schwanken durchaus zwischen Setzung und Weglassung des Anusvâra in der Endung des Inst. Sing. Plur. und Gen. Plur. Ja, er ist vom Inst. Plur. auf die gleichlautende Endung der 2. Sing. Imper., wo er nie stand, übertragen worden. Ich bin, soweit nicht bekannte Gesetze die Entscheidung an die Hand gaben, eklektisch nach dem jeweiligen Zustand der Handschriften verfahren.

5) A schreibt oft *v* statt *b*, ich folge der Schreibweise von B, wo nichts bemerkt ist.

Ich bemerke ausdrücklich, dafs in allen diesen Punkten die Handschriften der vollständigsten Willkür huldigen, indem dasselbe Wort in derselben Handschrift bald so, bald anders geschrieben wird. Damit man aber eine Anschauung von der handschriftlichen Orthographie erhalte, habe ich in IX und Xa die Schreibweise des Berliner Palmblatt Ms. der Ṭîkâ des Çântisûri beibehalten (P). Leider enthält dieses Werk keine andere der mitgeteilten Erzählungen, während sich nur in ihm Xa findet. Çântisûri kann nicht der obengenannte Çântyâcârya sein, da er sich einen Schüler des Sarvadeva und des berühmten Abhayadevasûri nennt. Er war also ein älterer Zeitgenosse des Devendra. Die Handschrift ist auf grofsen schmalen Palmblättern, die der Länge nach in drei Abteilungen zerfallen, geschrieben. Das Datum Saṃ. 1307 wird durch Übereinstimmung des Wochentages gegen die mögliche Verwechslung mit 1507 gesichert.

Eine Sanskritbearbeitung der Kathânaka des Kommentars zum Uttarâdhyayana, wahrscheinlich indefs nicht desjenigen des Devendra, sondern desjenigen seiner Quelle, findet sich in Lakshmîvallabha's Dîpikâ zu diesem Sûtra. Mir stand sowohl die Calcuttaer Ausgabe dieses Werkes (Saṃ. 1936) T, als auch eine nur die Kathânaka enthaltende Handschrift K meiner Sammlung zu Gebote. Leider sind aber in dieser Version nur die leichtverständlichen Stellen beinahe wörtlich übersetzt, wo aber der Text Schwierigkeiten bietet, da setzt sich die Übersetzung über sie hinweg und giebt den Sinn nur im allgemeinen wieder. Die Verse sind meist weggelassen, oder das Original in sehr korrupter Gestalt beibehalten. So war mir dieses Hülfsmittel von wenig Nutzen. Denn es hätte helfen können, wo ich ohne Hülfe fertig wurde, und liefs mich im Stich, wo ich der Hülfe am dringendsten bedurfte.

Was nun meine Behandlung des Textes angeht, so habe ich die Glieder der Composita durch Punkte angedeutet. Denn demjenigen, welchem die Sprache und die Form der Worte nicht geläufig sind, wird dies das Verständnis sehr erleichtern, wie denn auch die Inder selbst, ein ähnliches Bedürfnis fühlend, die Worttrennung gelegentlich durch Strichlein andeuten. Strenge Konsequenz ist hierin, wie auch in der Interpunktion, nicht möglich. Beides soll nur dem Leser Fingerzeige zum schnelleren Verständnis geben; es ist die kürzeste Art eines commentarius perpetuus und reicht bei leichteren Texten in der That völlig aus, namentlich wenn für das sachliche Verständnis das Wörterbuch eintreten kann.

In dem Wörterbuche habe ich nur bei seltenen oder aus irgend einem Grunde interessanten Wörtern alle Belege angeführt; bei den übrigen stehen nur einige, und bei den gewöhnlichen Deklinationsformen der Pronomina habe ich mich meist mit Hinzufügung einer Stelle begnügt.

Zum Schlusse spreche ich meinen Dank aus dem Herrn Dr. R. Rost, Bibliothekar der India Office Library, und der Leitung der Königlichen Bibliothek zu Berlin für die bereitwillig gewährte Benutzung des obengenannten Druckes und der Palmblatt-Handschrift, sowie dem Herrn Professor Dr. R. Pischel, der, obschon selbst durch eigene Arbeiten sehr in Anspruch genommen, doch die Güte hatte, eine Korrektur zu lesen und mir einige wichtige Verbesserungen mitzuteilen.

Kiel, im März 1886.

Hermann Jacobi.

Einleitung.

§ 1. Die indische Sprache hat drei Entwicklungsstufen durchlaufen:

1) Altindisch oder Sanskṛit, vorliegend in drei Varietäten als vedisches, episches und classisches Sanskṛit;

2) Mittelindisch oder Prâkṛit, bekannt in vielen zeitlich und örtlich unterschiedenen Dialekten teils durch Denkmäler der Litteratur, teils durch Inschriften und Münzen;

3) Neuindisch oder Bhâshâ, etwa neun Sprachen mit vielen Dialekten umfassend.

§ 2. Im Prâkṛit lassen sich wiederum drei Stufen unterscheiden:

1) die Pâli-Stufe. Hierzu gehören:

a) das Pâli oder die Sprache, in welcher die canonischen Bücher der südlichen Buddhisten abgefafst sind.

b) die verschiedenen Dialekte der Prâkṛit Inschriften, welche von der Mitte des dritten vorchristlichen bis in das zweite nachchristliche Jahrhundert hinabreichen.

2) die Prâkṛit-Stufe:

a) die Mâhârâshṭrî oder das Prâkṛit schlechthin. Es war die eigentliche Litteratursprache dieser Periode und liegt sowohl in Werken der allgemeinen indischen Litteratur als auch in solchen der Jaina, die nicht zum Canon gehören, vor. Die Jaina Mâhârâshṭrî unterscheidet sich von der gemeinen durch einige orthographische Eigentümlichkeiten.

b) Die in Dramen gebrauchten Dialekte: Çaurasenî, Mâgadhî etc.

c) die Paiçâcî, in welcher Sprache die gröfste Märchensammlung, die Bṛihatkathâ, abgefafst war.

3) Der Apabhraṃça, der wahrscheinlich mehrere Dialekte umfafste.

§ 3. Zwischen die Pâli- und Prâkṛit-Stufe sind noch zwei Mischsprachen einzuschalten:

1) der Gâthâ Dialekt in den metrischen Teilen der Schriften der nördlichen Buddhisten. Der Form nach ist diese Sprache Sanskṛit mit

zahlreichen mehr oder weniger geschickt sanskṛitisirten Prâkṛit Formen und Worten. Doch da den Versen die Prâkṛit Prosodie zu Grunde liegt, so ist anzunehmen, daſs die Autoren Sanskṛit zu schreiben vermeinten, wenn sie die Worte der ihnen geläufigen Sprache (Prâkṛit) nach gewissen allgemeinen Regeln in das Sanskṛit zurückübersetzten. Eine Übertragung eines prâkṛitischen Originals ins Sanskṛit ist nicht anzunehmen, sondern eine Sprache etwa analog dem mangelhaften Hochdeutsch von gewöhnlich Plattdeutsch redenden und denkenden Leuten.

2) Das Jainaprâkṛit oder die Sprache der älteren Werke des Canons der Jaina. Der Form nach ist es der Mâhârâshṭrî, namentlich wie es sich in späteren, nicht canonischen Schriften von Jaina Autoren findet, sehr ähnlich; doch unterscheidet es sich von derselben

a) in grammatischer Beziehung einerseits durch den alleinigen oder wenigstens häufigen Gebrauch altertümlicher Formen und Wendungen wie Nom. Sing. masc. auf *e*, Loc. Sing. masc. und neutr. auf *ṃsi*, das Präteritum auf *itthâ*, *âsi*, *iṃsu*, anderseits durch den Mangel oder den seltenen Gebrauch häufiger Mâhârâshṭrî Formen, z. B. der Formen *tîe* und *tâe* Gen. Sing. fem., *tâṇa* Gen. Sing. Plur. beim Artikel, des Absolutivum auf *ûṇaṃ*, *uṃ* etc.

b) in lexikalischer und syntaktischer Beziehung, worin das Jainaprâkṛit dem Pâli nahe, der Mâhârâshṭrî aber fern steht. Da der Canon der Jaina angeblich 454 n. Chr., zu einer Zeit, wo die Mâhârâshṭrî höchst wahrscheinlich schon zum Ansehen einer Litteratursprache gelangt war, im westlichen Indien (Valabhi) niedergeschrieben wurde, so ist einleuchtend, daſs die Aufzeichner des Canons unwillkürlich sich von der damaligen Litteratursprache haben beeinflussen lassen.

§ 4. Die das Prâkṛit vor dem Sanskṛit auszeichnenden lautlichen Eigentümlichkeiten, die teilweise auf der ersten Stufe geringfügige Ausnahmen erleiden, sind folgende:

1) das Quantitätsgesetz: keine Silbe darf, vom Vokal an gerechnet, mehr als drei Moren haben; die Mora ist die Zeitdauer eines kurzen Vokals oder eines Konsonanten. Dies Gesetz bewirkt Kürzung langen Vokals vor Doppelkonsonanz, Reduktion mehrerer Konsonanten auf zwei, zuweilen Schwund eines von zwei Konsonanten nach ursprünglich langem, oder gleichzeitig erst verlängertem ursprünglich kurzen Vokal.

2) Ausgleichung der Verschiedenheit verbundener Konsonanten durch Assimilation und andere Prozesse.

3) Das Auslautsgesetz, wonach nur Vokale resp. Anusvâra im Auslaute stehen dürfen.

4) Das Aufgeben der Laute *ṛi*, *ṛî*, *ai*, *au* und das Zusammenfallen der drei Sibilanten in einen (meist *s*).

§ 6. Was den grammatischen Bau angeht, so vollzieht sich eine allmähliche Veränderung im Prâkṛit. Die Wirkung der Lautgesetze würde die Formen der sanskṛitischen Flexion zur Unkenntlichkeit entstellt haben, sodafs alle Analogie zwischen ihnen aufgehoben worden wäre. Die Sprache führt daher neue Analogien ein und entledigt sich überflüssiger Formen. Dies äufsert sich in einer mit der sprachlichen Entwicklung immer zunehmenden Gleichförmigkeit und Vereinfachung der Flexion.

§ 7. Die Prâkṛitstufe zeichnet sich vor der vorhergehenden (Pâli-) Stufe aus durch Schwächung resp. Ausfall einfacher Konsonanten zwischen Vokalen, durch Aufgabe vieler noch im Pâli erhaltener Formen, namentlich der präteritalen Formen des Verbum finitum, durch vollständige Aneignung des Wortschatzes des klassischen Sanskṛit und durch veränderten Satzbau. Von dem Apabhraṃça unterscheidet sich das Prâkṛit durch seine altertümlicheren, weniger variabeln Endungen in Deklination und Konjugation, sowie durch umfangreicheren grammatischen Bau.

§ 8. Im Prâkṛit kann jedes Wort des klassischen Sanskṛit, wenn es gemäfs den prâkṛitischen Lautgesetzen umgeprägt ist, Kurs erhalten. Solche direkt aus dem Sanskṛit stammende Worte, die wohl nur zum Teile keine unmittelbaren Lehnworte sind, heifsen, sofern sie auch keine wichtigere Bedeutungsveränderung erlitten haben, bei den Grammatikern t a t s a m a, wenn das Prâkṛitwort mit dem Sanskṛitprototyp lautlich übereinstimmt; und t a d b h a v a, wenn die veränderte Form des Prâkṛitwortes sich leicht durch die Lautgesetze erklären läfst. Worte dagegen, welche trotz leicht erkenntlichen Ursprunges aus dem Sanskṛit eine ihrem Sanskṛitprototyp nicht zukommende Bedeutung haben, sowie solche, welche sich nicht nach den bekannten Lautgesetzen oder auch überhaupt nicht auf das Sanskṛit zurückführen lassen, werden d e ç î genannt. Bei Verbalstämmen spricht man aber in letzterem Falle nicht von d e ç î, sondern von d h â t v â d e ç a.

Die deçî-Worte sind nicht, wie man aus dem Namen schliefsen könnte, Provinzialismen, wenn sie es auch ursprünglich gewesen sein mögen; wenigstens werden diese von Hemacandra (D. K. 1,4) ausdrücklich als nicht zu den deçî gehörend bezeichnet. Denn die deçî müssen allgemeine Gültigkeit haben, wie denn in der That viele derselben auch in anderen Dialekten nachgewiesen werden können.

Über die Mâhârâshṭrî im besondern und die Prâkṛit-Litteratur.

§ 9. Zur Blütezeit der klassischen Sanskṛit Litteratur nahm unter den Prâkṛit-Dialekten die Mâhârâshṭrî den ersten Rang ein, denn sie wird von den Prâkṛit-Grammatikern als das Normal-Prâkṛit behandelt, während von den anderen Dialekten nur ihre Abweichungen vom Normal-Prâkṛit angeführt werden. Überdies wird sie von Daṇḍin, der wahrscheinlich dem 6ten Jahrh. n. Chr. angehört, ausdrücklich das vornehmste Prâkṛit genannt.[1])

§ 10. Dieser Vorrang unter den Prâkṛit-Dialekten kam der Mâhârâshṭrî zu, weil sie allein als Litteratursprache allgemeine Anerkennung gefunden hatte. Denn obschon in den Dramen die Çaurasenî als Umgangssprache von den vornehmsten der Prâkṛit redenden Personen gesprochen wird, bedienen sich dieselben Personen in Versen der Mâhârâshṭrî[2]), offenbar weil diese die Sprache der Poesie, der höheren Litteratur war. Auch wissen wir, dafs viele Gedichte in Mâhârâshṭrî abgefafst waren, von denen einige, wie der Setubandha, das Saptaçatakam des Hâla, der Gauḍavadha uns erhalten sind.

§ 11. Auch die Jaina haben sich der Mâhârâshṭrî, nicht des Jainaprâkṛit ihrer canonischen Werke, zur Abfassung zahlreicher Kommentare und selbständiger Abhandlungen bedient. Die Wahl der Mâhârâshṭrî zu diesem Zwecke beweist, dafs sie allgemein verstandene Litteratursprache war. Denn in späterer Zeit, als offenbar das lebendige und allgemeine Verständnis der Mâhârâshṭrî wegen des immer mehr zunehmenden Abstandes der Umgangssprache von ihr geschwunden war, trat das Sanskṛit an ihre Stelle. Die meisten, wenn nicht alle, Sanskṛit Kommentare heiliger Texte gehen direkt oder indirekt auf Prâkṛit Originale zurück.

§ 12. Die Heimat der Mâhârâshṭrî ist, wie der Name besagt, das Land Mahârâshṭra, gelegen am Oberlauf der Godâvarî mit Pratishṭhâna als Hauptstadt. Die Übereinstimmungen dieses Prâkṛit mit dem jetzigen Marâṭhî bestätigen die Richtigkeit dieser Annahme. Die in jener Gegend gefundenen Prâkṛit Inschriften repräsentiren allerdings eine frühere Stufe (Pâli), aber es finden sich in denselben, namentlich in den spätesten, schon sporadische Anklänge an unser Prâkṛit, z. B. Ausfall einzelner Konsonanten zwischen Vokalen.

§ 13. Die Entstehungszeit der Mâhârâshṭrî als solcher läfst sich ungefähr bestimmen. Die spätesten der eben erwähnten Inschriften, die den späteren Ândhrabhṛityas angehören, stammen aus der zweiten Hälfte des zweiten Jahrh. n. Chr. Die Mâhârâshṭrî ist also jünger. — Die

1) Kâvyâdarça 1,35. Mahârâshṭrâçrayâm bhâshâm prakṛishṭam prâkṛitaṃ viduḥ.
2) purushâṇâm anicânâṃ Saṃskṛitaṃ saṃskṛitâtmanâm,
Çauraseni prayoktavyâ tâdṛiçinâṃ ca yoshitâm.
âsâm eva tu gâthâsu Mâhârâshṭrim prayojayet. Sâhitya Darpaṇa.

Aufzeichnung des Canons der Jaina fällt nach der Tradition 454 n. Chr. Um diese Zeit mufs die Mâhârâshṭrî schon Litteratursprache gewesen sein, weil sie einen starken Einflufs auf das Jaina Prâkṛit ausgeübt hat. Gleichzeitig oder etwas später mufs die Kommentatoren-Litteratur der Jaina in Mâhârâshṭrî beginnen. Eine Veränderung ihres kirchlichen Kalenders lassen die Jaina 467 n. Chr. auf Veranlassung des Königs Sâtavâhana von Pratishṭhâna eingetreten sein. Diesen Sâtavâhana darf man wohl mit dem gleichnamigen Könige desselben Pratishṭhâna identifiziren, der gewöhnlich Hâla heifst, und von welchem wir die bekannte Anthologie erotischer Verse, Saptaçatakam, besitzen. Wir erhalten somit als zeitliche Grenzen, innerhalb welcher die Mâhârâshṭrî in allgemeinen Gebrauch kam, den Anfang des dritten und fünften Jahrhunderts unserer Zeitrechnung.

§ 14. Dies Resultat läfst sich durch eine andere Überlegung stützen. Der Setubandha, ein Kunstgedicht von hoher Vollendung in Mâhârâshṭrî, wird von Daṇḍin, der wahrscheinlich dem sechsten Jahrhundert angehört, gepriesen. Nun würde ein solches Kunstgedicht in einer litterarisch w e n i g ausgebildeten Sprache unmöglich sein. Es mufs also durch eine lange litterarische Pflege die Sprache so geschmeidig gemacht worden sein, dafs sie einerseits zu so kunstvollen Schöpfungen fähig, anderseits aber doch in denselben nicht unverständlich wurde. Dieselbe Überlegung trifft auch zu, wenn wir von Hâla's Saptaçatakam ausgehen, nur dafs dessen Künstlichkeit weniger in die Augen fällt. Wir werden daher nicht weit fehl gehen, wenn wir den Anfang der litterarischen Ausbildung der Mâhârâshṭrî in das vierte Jahrhundert n. Chr. setzen.

§ 15. Es ist auffällig, dafs gerade die Mâhârâshṭrî zu allgemeiner Anerkennung als Litteratursprache gelangte, während doch nach Ausweis der Dramen die Çaurasenî als Umgangssprache gleich hinter dem Sanskṛit rangirt, und die Paiçâcî Anspruch hatte, allgemeine Litteratursprache zu werden, weil in ihr ein Werk wie die Bṛihatkathâ, welche mit dem Mahâbhârata und Râmâyaṇa beinahe auf dieselbe Linie gestellt wird, abgefafst war. Es scheinen also Gründe anderer Art die Bevorzugung der Mâhârâshṭrî veranlafst zu haben; ich vermute, dieselben Verhältnisse, welche die Blüte der klassischen Sanskṛit Litteratur bewirkt haben, d. h. derjenigen Periode der schönen[1]) Litteratur, welche M. Müller mit dem Namen Renaissance belegt hat.

[1]) Die wissenschaftliche Litteratur betrachte ich als ausgeschlossen und halte an meiner früher ausgesprochenen Ansicht bezüglich derselben fest (Jenaer Litteratur-Zeitung 1879 p. 191).

§ 16. M. Müller erklärt das plötzliche Erscheinen der Blüte der Sanskritlitteratur im vierten oder fünften Jahrh. n. Chr. durch die Annahme eines vorausgehenden litteraturlosen Intervalls, veranlafst durch die Eroberungen und die Herrschaft nichtindischer Stämme in Indien. Doch abgesehen davon, dafs, wie schon Weber bemerkt hat, diese Reiche fremder Nationen nur das westliche und südwestliche Indien umfafsten, scheint mir auch folgendes M. Müller's Annahme zu widerlegen. Daṇḍin, welcher dem Anfange der „Renaissanceperiode" zeitlich nahe stand, würde doch wohl, wenn M. Müller's Ansicht richtig wäre, in seiner Poetik (Kâvyâdarça) die alten Dichter, d. h. diejenigen, welche vor dem Interregnum lebten, den neueren, welche zur Renaissance gehörten, gegenüberstellen. Aber man findet nirgends eine Spur davon, dafs Daṇḍin sich eines solchen Gegensatzes bewufst gewesen wäre, obschon er frühere Dichter, ja frühere Poetiker erwähnt. All dies läfst nur auf eine lange, ununterbrochene Pflege der Litteratur schliefsen.

§ 17. Dagegen wird von demselben Schriftsteller ein anderer Gegensatz, der zwischen dem Stile der Vidarbha oder Südlichen und dem der Gauḍa oder Östlichen, mit lebhafter Stellungnahme gegen letztere weitläufig behandelt. Daṇḍin spricht von den Eigenheiten des östlichen Stiles mit Geringschätzung und beifsender Ironie, wie kein anderer Rhetoriker. Dies läfst sich nur unter der Annahme einer thatsächlichen Rivalität zwischen einer östlichen und einer südlichen Dichterschule verstehen. Nun sind einige der an der Gauḍîyâ Rîti getadelten Fehler, z. B. der Bombast und das Geschraubte, die Vorliebe für Alliteration, der Gebrauch schwer verständlicher Worte („das halten die Gauḍa für gebildet" I 46), Schwächen, an denen eine gealterte Dichtkunst zu kranken pflegt. Dem gegenüber strebt die Vaidarbhî nach leicht verständlichem Ausdruck und Natürlichkeit (prasâda), also nach Vorzügen, welche der Jugend der Dichtkunst eignen! Wir vermissen sie daher in der späteren Sanskritpoesie, wennschon theoretisch die Vaidarbhî Rîti immer als die vollkommenste Stilart anerkannt blieb.

§ 18. Unter dieser Voraussetzung, dafs im Anfange der Blütezeit der uns bekannten klassischen Litteratur die südliche Dichterschule der älteren östlichen den Rang streitig machte und wirklich ablief, scheint nun die Annahme wohlberechtigt, dafs die Dichtkunst lange im östlichen Indien an den Höfen mächtiger Könige gepflegt wurde, bis durch politische Ereignisse im südwestlichen Indien neue Reiche erblühten, welche den Glanz der östlichen in Schatten stellten, und an den Höfen ihrer kunstliebenden Könige die Dichtkunst Schutz und Gunst fand. Wir wissen, dafs im 4. oder 5. Jahrh. die Gupta zu grofser Macht im Westen gelangten; wir sehen, wie um die Wende der neuen Zeit

Pâṭaliputra seinen alten Ruhm einbüfst und Ujjayinî zu grölserem Glanze sich erhebt. Es ist unzweifelhaft, dafs der Schwerpunkt der indischen Geschichte um diese Zeit (gegen 400 n. Chr.) aus dem Osten mehr nach dem Westen rückt. Und dadurch wurden auch die Völker und Stämme des Westens zum Mitbewerb um Dichterruhm herangezogen, in viel stärkerer Weise wenigstens, als es früher durch weitentfernte litterarische Centren möglich war.

§ 19. Das Land, nach welchem der in der klassischen Periode der Sanskṛit Litteratur als vorzüglichster anerkannte Stil seinen Namen erhielt, und mit welchem also die „Renaissance" der Sanskṛit Litteratur in einem engeren Zusammenhange gestanden haben mufs, ist Vidarbha, das jetzige Berar. Wenn nicht geradezu ein Teil von Mahârâshṭra, so ist es sicher doch diesem Lande benachbart. Wir können daher verstehen, dafs Ereignisse, welche das eine Land zur Wiege einer neuen Litteraturperiode machten, auch der volkstümlichen Litteratur des anderen zu hohem Ansehn verhelfen mufsten. In diesem Zusammenhange steht meines Erachtens die Bevorzugung der Mâhârâshṭrî unter allen Prâkṛit-Dialekten mit der „Renaissance" der Sanskṛit Litteratur.

§ 20. Durch die Berührung mit einer volkstümlichen Poesie, der in Mâhârâshṭrî, gewann wahrscheinlich auch die Sanskṛit-Poesie der „Renaissance" jene Eigenschaften der Frische und Natürlichkeit, welche an der Vaidarbhî gerühmt werden. Umgekehrt mufste aber auch die Prâkṛitdichtung durch ihre Berührung mit der höher stehenden und entwickelten des Sanskṛit mächtig gefördert werden. Ein wichtiger Einflufs der höheren Litteratursprache auf die niedere ist nicht zu verkennen. Das Prâkṛit hat den gröfsten Teil seines Wortschatzes mit dem Sanskṛit gemein; es ist aber diese Gemeinschaft wahrscheinlich nur eine Folge der Entlehnung von seiten des Prâkṛit. Denn die ungeheure Zahl von Tatsama und Tadbhava, welche sich in Prâkṛit Schriften finden, sind schwerlich alle in der Volkssprache gebräuchlich gewesen, sondern sie gingen zum gröfsten Teile aus der Sanskṛit Litteratur in die des Prâkṛit über. Umgekehrt ist es auch sicher, dafs manches Prâkṛitwort in das Sanskṛit überging, nachdem es in irgend welcher, oft irrigen, Weise sanskṛitisiert worden war.

---

§ 21. Zum Schlusse noch einige Betrachtungen über die litterarhistorische Bedeutung der von uns publizierten Erzählungen. Dafs sie von Devendra Gaṇi, dem Autor der Uttarâdhyayana Ṭîkâ, nicht verfafst, sondern nur aus anderen Werken abgeschrieben sind, sagt er selbst bezüglich IV—VII (siehe p. 55,9) und X, welches letztere Gedicht er mit den Worten „atha vṛiddhavâdaḥ“ einleitet. Ferner finden sich einige Erzählungen, allerdings keine der in diesem Buche mitgeteilten, in Haribhadra's Kommentar zur Âvaçyaka Niryukti (angeblich 1055 A. V. = 529 n. Chr. gest.[1]) wieder und werden wir somit auf ältere, beiden Kommentatoren als Quellen dienende Erzählungswerke hingewiesen. Endlich bedienen sich Haribhadra und Devendra in allen übrigen Teilen ihrer Werke des Sanskṛit im Gegensatz zu den Prâkṛit schreibenden ältesten Kommentatoren, und es ist nicht einzusehen, warum sie die Erzählungen in Prâkṛit abgefafst haben sollten, wenn sie nämlich selbst deren Verfasser wären; haben sie dieselben aber anderswoher mit geringfügigen Änderungen und Streichungen entlehnt, so war die Beibehaltung der Sprache des Originals das von der Natur der Sache gebotene.

§ 22. Wir dürfen also mit Sicherheit annehmen, dafs den Verfassern unserer Erzählungen das Prâkṛit die geläufigste Schriftsprache war, obschon sie, wie alle Gebildeten ihrer Zeit[2]), des Sanskṛit nicht unkundig gewesen sein werden, wie ja auch aus dem Umstande erhellt, dafs sie zuweilen einen Sanskṛitspruch in die Erzählung einfliefsen lassen. Aber dafs nicht alle eine eigentlich gelehrte Bildung, d. h. die eines Paṇḍit, besitzen, läfst sich aus 70,37 erkennen, wo das Werk des Rhetorikers Bharata mit dem Mahâbhârata verwechselt wird und daher zusammen mit dem Râmâyaṇa als Autorität für die Lehre von den zehn Graden der Verliebtheit aufgeführt wird. Die zahlreichen Citate von Apabhraṃça-Strophen beweisen, dafs diese Sprache zu litterarischer Anerkennung gelangt war. Doch ist dies nicht auffällig, da dieselbe nicht ohne Einflufs auf die Mâhârâshṭrî geblieben ist. So finden sich in letzterer *kahiṃ* und *tahiṃ* als Ortsadverbia gebraucht, während sie im Apabhraṃça die regelmäfsigen Locative der Pronomina sind. Noch mehr Anklänge an das Apabhraṃça hat No. X, insofern darin der Ausgang *vi* für das Absolutivum häufig gebraucht wird.

§ 23. Stil und Beschaffenheit unserer Erzählungen erlauben uns, Vermutungen über die damaligen Zustände der Prâkṛit Litteratur auszusprechen. Es lassen sich nämlich verschiedene Stilarten in den

1) Im 40. Bande der Zeitschrift der deutschen Morgl. Gesell. p. 103 habe ich versucht wahrscheinlich zu machen, dafs Haribhadra im 9. Jahrh. gelebt hat.

2) Genauer läfst sich die Zeit aus Mangel an bestimmten Angaben nicht fixiren; wir können nur auf allgemeine Gründe hin einen gröfseren Zeitraum zur Umschreibung der möglichen Abfassungszeit angeben, etwa 500—800 n. Chr. Die obere Grenze ist die Redaktion des Jaina Siddhânta 454 n. Chr., von welchem Zeitpunkt an das Schriftwesen der Jaina seinen Anfang nahm. Die untere Grenze habe ich ungefähr auf 800 angesetzt, weil ich Haribhadra in diese Zeit setzen möchte.

Legenden unserer Quelle unterscheiden: ein einfach referierender von epitomisierender Kürze, ein zwar etwas breiterer aber noch steifer (in den Appendices zum Pariçishṭaparvan), und endlich ein gewandter und flüssiger (in den meisten Erzählungen dieses Buches und in dem Kâlakâcâryakathânakam). Die letztere Stilart, die Blüte der Prâkṛitprosa, strebt nicht nach äufserem Schmuck der Rede, etwa durch breite Ausmalung des Detail, sondern nach abgerundeter und flüssiger Darstellung. Diese wird erreicht hauptsächlich durch geschickte Handhabung der Wortstellung, die, entfernt von aller typischen Starrheit, Begriffe nach ihrer relativen Wichtigkeit anordnen und dabei auch den Anforderungen des Wohllautes gerecht werden soll. Zur Ausbildung und Festsetzung eines solchen feinfühligen Stiles bedurfte es sicherlich einer langen und eifrigen Pflege der erzählenden Litteratur. Eben dahin weisen auch die metrischen Erzählungen (No. X.) und die erzählenden metrischen Stücke in dem Kâlakâcâryakathânakam, deren vollendete Leichtigkeit und Glätte von der langen Ausbildung dieser Litteraturgattung Zeugnis ablegen.

Die erzählende Litteratur geht gepaart mit der Gnomik. Die in einigen Stücken mehr, in andern weniger zahlreich eingestreuten Prâkṛitsprüche sind nicht als Produkt des Erzählers aufzufassen, sondern als litterarisches Gemeingut. Daher die Gleichheit einiger Sprüche, z. B. 36, 8 und 62, 25 mit 86, 23 und 72, 31; die teilweise Übereinstimmung von andern z. B. 40, 8 mit einem Spruche Ap. Par. p. 17, und endlich metrische Bruchstücke, wie 52, 26 das Sprichwort „bhattâradevayâo havanti nârîö“. In dieser Beziehung besteht eine auffällige Ähnlichkeit zwischen der populären Erzählungslitteratur des Sanskṛit und der des Prâkṛit. Künftige Untersuchungen werden festzustellen haben, ob letztere nur das Abbild oder nicht vielmehr das Vorbild der ersteren gewesen ist.

§ 24. Den Anteil, den die Jaina an der Entwicklung der Prâkṛit Litteratur haben, dürfen wir uns nicht als gering vorstellen. Wissen wir doch, dafs sie wenigstens in den ersten Jahrhunderten nach der Redaktion des Siddhânta die Mâhârâshṭrî zur Sprache ihrer Litteratur machten, bis nach dem völligen Aussterben dieser Sprache die allgemeine Gelehrtensprache, das Sanskṛit, an ihre Stelle trat. Auch die Verfasser unserer Erzählungen sind natürlich Jaina: sie betrachten die Welt von diesem religiösen Standpunkte aus und haben demselben die ursprünglich zweifelsohne gemeinindischen Stoffe angepafst, denen manchmal nur rein äufserlich ein jainistischer Anfang oder Schlufs angehängt ist. Eine interessante Spur sektarischer Überarbeitung glaube ich auch in dem häufig wiederkehrenden Motiv der Entführung der Hauptperson durch ein Pferd von „umgekehrter Dressur“ zu entdecken; durch sie sollte wahrscheinlich die sonst so beliebte „Verirrung auf der **Jagd**“ in einer das religiöse Gewissen der Jaina nicht verletzenden Weise ersetzt werden. — Im übrigen hat die Anknüpfung interessanter und beliebter Erzählungsstoffe an berühmte Namen ihrer phantastischen Weltgeschichte bei den Jaina nichts Auffälliges, da sie ja alles Gute und Schöne, das der indische Geist hervorgebracht hat, für sich in Anspruch nehmen, um in ihrer eigenen Kirche dem Frommen alles Genügen zu verschaffen, wonach nur immer der Gebildete verlangen mochte. Haben sie auch bei der Verfolgung dieses Zieles oft das Erhabene auf das Niveau einer frommgläubigen Mittelmäfsigkeit hinabgezogen — man denke an ihre Bearbeitung des Râmâyaṇa — so verdanken wir ihnen doch die Bewahrung mancher Perle des indischen Mittelalters, von welcher wir ohne Kunde geblieben wären, wenn nicht die Jaina sie sich angeeignet hätten. Und zu diesen Perlen darf man wohl die von uns mitgeteilten Erzählungen rechnen.

Grammatik.

I. Abschnitt: Lautlehre.

1. Kapitel. Das Lautsystem.

§ 1. Das Prâkṛit [1]) hat folgende Laute des Sanskṛit aufgegeben *ṛi*, *ṛî*; *ai*, *au* [2]), *y*, *ç*, *sh* und den Visarga. Die Vertretung derselben lehren die folgenden §§ 3—9.

Zusatz. *ṅ* und *ñ* kommen nur in Verbindung mit gleichorganigen Verschlufslauten vor und werden dann von den Jaina als Anusvâra geschrieben, wie im gleichen Falle meist auch die übrigen Nasale.

§ 2. Das Prâkṛit besitzt die im Sanskṛit nicht vorhandenen kurzen Vokale *e* und *o*; in der Schrift werden dafür die Zeichen der langen Vokale *e* und *o* oder die der kurzen Vokale *i* und *u* gebraucht. Kurz sind *e* und *o* notwendig vor Doppelkonsonanz, häufig auch im Auslaut der Worte nach Ausweis des Metrum.

§ 3. *ṛi* wird zu *a*, *i* (*e*), *u*, *ri* (*ru*).

1) zu *a*: *kaya* kṛita, *haya* hṛita, *daḍha* dṛiḍha, *gahiya* gṛihîta, *taṇhâ* tṛishṇâ.

2) zu *i*: *miga* mṛiga, *niva* nṛipa, *hiyaya* hṛidaya, *diṭṭha* dṛishṭa, *singâra* çṛingâra etc., zu *e* (cf. § 11) *geṇhai* gṛihṇâti, *tâlaveṇṭa* tâlavṛinta.

3) zu *u* nach Labialen: *parivuḍa* parivṛita, *puḍhavî* pṛithivî, *pucchai* pṛicchati, *vuḍḍha* vṛiddha, *vuttanta* vṛittânta etc.; auch, wenn der Labial nach § 20, 3 Anm. 1 ausgefallen ist: *pâusa* prâvṛish, *âucchai* âpṛicchati, *pautti* pravṛitti, *nihuya* nibhṛita, *pâhuḍa* prâbhṛita.
selten sonst *ujjuya* ṛiju, *uu* ṛitu. Doch stehen auch andere Vokale nach Labialen: *maya* mṛita, *maṭṭiyâ* mṛittikâ, *vitta* vṛitta etc. siehe 5.

4) zu *ri* im Anlaut: *riṇa*, ṛiṇa, *riddhi* ṛiddhi, *rikkha* ṛiksha,

1) Mit Prâkṛit bezeichnen wir hier und in der Folge die Mâhârâshṭi, speciell in unseren Texten. — Wir behandeln nur den gewöhnlichen Lautwandel und schliefsen die Deçî-Worte aus.

2) Das Prâkṛit besitzt also keine Diphthonge, nur homogene Vokale. Daher ist in unserer Umschrift jeder Vokal für sich zu sprechen; *ai* und *au* sind zweisilbig ebenso wie *ae* etc.

riuvveya ṛigveda; und mit dem vorhergehenden *d* in den mit °dṛiç, °dṛiça, °dṛiksha zusammengesetzten Adjectiven: *târisa jârisa eyârisa erisa* (neben *îisa*) *mârisa amhârisa annârisa sarisa sâriccha.*

zu *ru* in *rukkha* vṛiksha (cf. 3).

5) Verschiedene Vertretung des *ṛi* in demselben Worte findet sich in *tiṇa taṇa* tṛiṇa, *miyanka mayanka* mṛigânka, *vinda vanda* vṛinda, *mayaga muyaga* mṛitaka, *paṭṭhî piṭṭhî puṭṭhî* pṛishṭha, *bhâi bhâu* bhrâtṛi etc.

§ 4. *ṛî* siehe Deklin. der *ṛi*-Stämme § 42.

Anm. Wurzelhaftes *ṛî* ist schon im Sanskṛit zu *îr* oder *ûr* geworden und demgemäfs im Prâkṛit weiter umgestaltet; ausgenommen *juṇṇa* und *tûha*, welche *jûrṇa *jṛîṇa und *tṛîtha voraussetzen, während die gewöhnlichen jîrṇa und tîrtha *jiṇṇa* und *tittha* ergeben haben.

§ 5. *ḷi* wird zu *ili*: *kilitta* kḷipta.

§ 6. *ai* wird zu *e* und *ai*:

1) zu *e*: *deva* daiva, *mettî* maitrî, *senna* sainya, *veragga* vairâgya etc.

2) zu *ai*: *kaiyava* kaitava.

3) zu *e* oder *ai*: *vaira vera* vaira, *vairi veri* vairin.

au wird zu *o* und *au*:

1) zu *o*: *komuî* kaumudî, *kouya* kautuka, *sokkha* saukhya, *kotthuha* kausthubha etc.

2) zu *au*: *paura* paura, *gaurava* gaurava.

3) zu *o* oder *au*: *raudda rodda* raudra.

§ 7. In der gemeinen Mâhârâshṭrî findet sich überhaupt kein *y*. In der der Jaina sowie im Jainaprâkṛit steht es als Hiatustilger nach Vokalen vor *a* und *â*. Doch war es da nicht dem sanskṛitischen Laute gleich, sondern nur schwach hörbar (laghuprayatnatarayaçruti Hem. 1, 180).

Ursprüngliches *y* wird anlautend zu *j*: *jatta* yatna, *jâva* yâvat, *jutta* yukta, *jo je* yo ye etc.[1]); ebenso wurzelanlautend nach Anusvâra *saṃjutta* saṃyukta cf. § 23; inlautend fiel es aus *sahâo* sahâyo, *niutta* niyukta etc.

Anm. Wo *y* durch *jj* vertreten ist, ging wohl Verdoppelung des *y* voraus: *sahejja* sahâya, *bhujjo* bhûyas; in der Endung °*aṇijja* °aniya, und im Passivcharakter *ijja*, Pâli *îya* und *iya*.

Über die Behandlung des *y* in Konsonantengruppen siehe unten §§ 28—32.

§ 8. Alle drei Sibilanten des Sanskṛit werden im Prâkṛit durch *s* vertreten. Ausnahme *cha* und *chaṭṭha* für shaṭ und shashṭha, aber *saṭṭhi* shashṭi.

1) *ahâ*° = yathâ eignet dem Jainaprâkṛit.

Über die Behandlung der Sibilanten in Konsonantengruppen siehe §§ 29 und 31.

§ 9. Die Behandlung des Visarga fällt zusammen mit der des auslautenden *s* und *r*, siehe § 24.

2. Kapitel. Vokalismus.

§ 10. Abgesehen von den in §§ 3—6 aufgezählten Veränderungen erleiden die Vokale des Sanskṛit regelmäfsige Veränderungen nur in Folge des Quantitätsgesetzes (Einl. § 4, 1). Dieselben werden in den beiden folgenden Paragraphen näher ausgeführt.

§ 11. Vor Doppelkonsonanz (sowohl ursprünglicher als auch im Prâkṛit entstandener) werden lange Vokale verkürzt: *sattha* sârtha, *najjai* jñâyate, *ramaṇijja* ramaṇîya, *mutta* mûtra etc.

Zusatz. Die Verkürzung tritt zuweilen auch dann ein, wenn die ursprüngliche Doppelkonsonanz durch einen sekundären Vokal gesprengt ist *âyariya*, Pâli âcariya, âcârya, *iriyâ* îryâ; sie unterbleibt in *bhâriya* bhârya, *râiṇâ* râjñâ etc.

War der lange Vokal *e* oder *o*, so wird er kurz und kann dann entweder *e*, *o* oder *i*, *u* geschrieben werden *khetta* und *khitta* kshetra, *sokkha* und *sukkha* saukhya, *uttarai* für **otarai*, âvatarati. Wir schreiben in diesem Falle meist den ursprünglicheren Laut.

Umgekehrt kann *i*, *u* vor Doppelkonsonanz auch *e*, *o* geschrieben werden, wie auch wir thun, wenn eine Handschrift diese Schreibweise hat: *soṇḍâ* çuṇḍâ.

§ 12. Wird dagegen ursprüngliche Doppelkonsonanz auf einen Konsonanten reduciert, so

bleibt 1) ursprünglich langer Vokal unverändert: *pâsa* pârçva, *îsâluya* îrshyâlu;

wird 2) kurzer Vokal verlängert: *âsa* açva, *vâsa* varsha, *dâhiṇa* dakshiṇa, *nîṇei* nirṇayati, *vîsâsa* viçvâsa, *ûsava* utsava, *maṇûsa* manushya etc.

§ 13. Nasalierter und langer Vokal sind in quantitativer Hinsicht gleichwertig. Daher tritt zuweilen letzterer für ersteren ein: *sîha* siṃha, *vîsaṃ* viṃçati etc. Häufig tritt statt der Vokalverlängerung unter übrigens denselben Bedingungen wie § 12, 2 Nasalierung ein: *aṃsu* açru, *daṃsaṇa* darçana, *vayaṃsa* vayasya, *teyaṃsi* tejasvin, *vaṃka* vakra, *jampai* jalpati, *duguṃchâ* jugupsâ etc.[1]).

§ 14. Andere Veränderungen der Quantität sind sporadische Erscheinungen, veranlafst durch mancherlei Einflüsse:

1) Hierhin gehört auch wahrscheinlich schon sanskr. *lâñchana* für *lakshaṇa*.

1) Ältere Formen liegen zu Grunde z. B.: *biya taya* dvitiya tṛitiya aus ursprünglichen dvitiya tṛitiya für *dvitya *tṛitya, Jaina-prâkṛit *docca tacca*.

2) Analoge Formen haben eingewirkt z. B. *gahiya* gṛihîta, *âṇiya* (neben *âṇîya*) ânîta wegen der Mehrzahl der Participia auf *iya*.

3) Der Accent ist von Einfluſs gewesen [1]). Unzweifelhaft hat die verstümmelte Gestalt enklitischer Worte ihren Hauptgrund in der Tonlosigkeit derselben: *cia ccia* neben *ceva* caiva, *khu* khalu, während bei anderen schon im Sanskṛit häufiger Sandhi des anlautenden Vokals Einsilbigkeit anbahnte *pi ci* api, *ti tti* iti, *vva va* iva. (Satzdubletten.)

4) Willkürliche Veränderungen erlauben sich Dichter metri causa: *gharassâ* X 130. *Mayaṇamanjaria* X 158. Manche Worte, in welchen die Quantität einer Silbe geändert ist, wie *kumăra*, *pahara*, scheinen der dichterischen Sprache zu eignen, da in Prosa die Worte ihre ursprüngliche Quantität beibehalten: *kumâra*, *pahâra*. Auſser den schon erwähnten kommen in unsern Texten noch folgende Fälle vor:

V e r l ä n g e r u n g e n: *sâriccha* neben *sariccha* sadṛiksha, *câudisi* caturdiç. (Hem. 1, 44, 113.)

V e r k ü r z u n g e n: *camara* neben *câmara*, *aliya* alîka, *jiya* neben *jîya* jîva oder jîvita, *kouhalla* kautûhala, *ṭhavei* neben *ṭhâvei*, sthâpayati. (Hem. 1, 67, 68, 71, 101, 121.)

§ 15. Veränderungen der Qualität der Vokale sind ebenfalls sporadisch und haben verschiedenartige Veranlassung:

1) Einfluſs benachbarter Laute: *sejjâ* çayyâ, *sâhejja* sâhâyya.

2) Epenthese des *y*: *bambhacera* brahmacarya, *sundera* saundarya, *accheraya* âçcaryaka. Hierhin gehören auch die Passiva *kîrai* √ kṛi, *tîrai* √ tṛi etc.

3) Vor- und rückwirkende Assimilation: *siviṇa* neben *suviṇa*

1) Der musikalische Accent des älteren Sanskṛit läſst sich für das Prâkṛit nicht mehr nachweisen. An seine Stelle scheint ein Ictus-Accent getreten zu sein. Schon Lassen (Inst. p. 157 fg.) versuchte genauere Bestimmungen desselben. Ich vermute, daſs der Accent im Prâkṛit wie im jetzt gesprochenen Sanskṛit (siehe Bühler, Leitfaden, p. 2 der Schrifttafel) einerseits von der Stammsilbe angezogen wurde, anderseits von der Quantität der vorletzten Silbe abhängig war. Ist die vorletzte Silbe lang, so hat sie den Ton; andernfalls wird die drittletzte, resp. wenn auch diese kurz und die viertletzte lang, letztere betont. *Toraṇáura* = Toraṇápura, aber *Sáukhaura*. Der Accent scheint gerne auf die drittletzte zurückgetreten zu sein, daher *áliya* alîka, *páhara* prahâra, *parávvasa* paravaça — doch ist hier nicht der Ort, diese Vermutungen eingehender zu begründen.

svapna. *isi* ishat. *ucchu* ikshu, im Fut. °*hisi* °*hii* für °*hasi* °*hai* = °shyasi °shyati [1]).

4) Dissimilation namentlich bei *u*-Lauten *mauḍa* mukuṭa, *maura* mukura, *maula* mukula, *garuya* guruka; *neura* nûpura (beeinflufst durch keyûra?), *anteura* für **antoura*, antaḥpura (beeinflufst durch antevâsin?) *kuḍamba* neben *kuḍumba* kuṭumba, *suraṅga* surunga, *duguṃcha* jugupsâ; *purisa* purusha, *bhiuḍi* bhrukuṭi und bhṛikuṭi.

5) Die prâkṛitischen Worte sind Analogie- oder Neubildungen. In *namokkâra paropparaṃ* haben die unkomponierten Formen *namo paro* auf die Vokalisierung eingewirkt (siehe § 36), während *saravara maṇahara siraroga* etc. aus den prâkṛitischen Stämmen *sara maṇa sira* neu gebildet sind für sarovara manohara çiroroga etc. *nisiyara* niçâkara setzt einen Nebenstamm *nisî* voraus, wie *disî* neben *disâ* besteht, daher *disicakka* für dikcakra. In *majjhima uttima carima* madhyama etc. steht *ima* statt und neben *ama* nach Analogie von *pacchima* paçcima; so auch in der prâkṛitischen Neubildung *puratthima*.

Aufser den bisher erwähnten finden sich in unseren Texten folgende Fälle von Qualitätsänderung bei Vokalen:

a: *savvaṇṇû* sarvajña und andere Ableitungen mit *jña*. Es ist zu beachten, dafs in Mss. zuweilen *i* statt *ya* geschrieben wird: *raiṇî* statt *rayaṇî râyaṇo* statt *râiṇo* und vice versa. — *muiṅga* mṛidanga.

â: *metta* mâtrâ, *ulla* ârdra.

i: *puhavî* pṛithvî oder pṛithivî (Einschub oder Dissimilation des *i*).

î: *erisa kerisa*, îdṛiça kîdṛiça. *hûṇa hîṇa* hîna; *khûṇa* (*khuṇṇa*) kshîṇa.

u: *porâṇaya* purâṇa.

û: *thora* sthûla.

e: *viaṇâ* vedanâ (*diara* devara).

o: *theva* stoka. *leṭṭhu* loshṭa (episch auch leshṭu).

au: *gârava* gaurava (Einwirkung von garuya).

Beachte auch die unten in der Note genannten Worte.

Andere Fälle finden sich bei Hem. etc. aufgeführt.

§ 16. Das Prâkṛit bewahrt den ursprünglichen Rhythmus der Sanskritworte und die Veränderungen der Quantität infolge des Quantitätsgesetzes lassen den Wortrhythmus unberührt. Doch wird in folgenden Fällen die Silbenzahl verringert:

---

1) Man könnte bei °*hisi* °*hii* auch Saṃprasâraṇa des *ya* annehmen, wie in *suviṇa* des *va* und in *duhâ* dvidhâ des *vi*. Doch erklärt sich *duhâ* besser durch Annahme einer Einwirkung der Stammform des Zahlwortes *du*, und *suviṇa* durch Anlehnung an *suvai sutta*. In *dosa* dvesha wird man annehmen müssen, dafs das begrifflich naheliegende *dosa* dosha Fehler eingewirkt hat, resp. damit zusammengefallen ist.

1) durch Contraktion zweier Vokale: *thera* sthavira, *mora* mayûra, *pomma* neben *paüma* padma, *coddasa* neben *caüddasa* caturdaça; 3. sing. fut. °*hî* neben *hii*. Hierhin gehört die oben § 15, 2 erwähnte Epenthese des *y bambhacera* für °*caira* brahmacarya;

2) durch Verschleifung von *aya* und *ava*[1]) zu *e* und *o*. *aya* wird regelmäfsig zu *e* in abgeleiteten Verben *kahei karâvei*, doch steht *aya* oft vor *nt*: *kahayanta* neben dem durch Analogie eingeführten °*enta*. In der 1. Pers. sing. plur. steht regelmäfsig *e* für °*ayâ*°. Bei Nominen *leṇa* layana, aber *nayaṇa*.

ava wird zu *o* in *loṇa* lavaṇa, *hoi* bhavati. Ferner meist in der Präposition *ava* und zuweilen in der erst im Prâkṛit zu *ava* gewordenen Präposition apa: *oyarai* und *uttarai* avatarati, *occaya* avacaya, *occhâiya* avacchâdita, *olambiya* avalambita, *ohi* avadhi; *osarai* apasarati. Ähnlich wird upa in upâdhyâya behandelt, welches *ojjhâya* resp. *ujjhâya* wird, siehe § 11.

3) durch Ausfall einer Silbe. Anlautend: *raṇṇa* neben *araṇṇa* araṇya, *vatthâ avatthâ* avasthâ, und in Encliticis, siehe § 14, 3. Inlautend: *deula* neben *devaula* devakula, *râula* râjakula, *emeva* und *emâi* für evameva und evamâdi, *palâya* palâyita, *popphala* pûgaphala, *pavaravattâvaratta* für °vararatta, *kumbhâra* kumbhakâra. Ferner in *to* für *tao* tatas, *tâ* für *tâva* tâvat und tadâ, *jâ* yâvat. Hier sei auch *dhûyâ dhiyâ* für *duhiyâ* erwähnt. *gâi* neben *gâyai* etc. siehe § 56.

4) Silbenvermehrung findet sich in *itthî* strî; ferner bei Vokaleinschub siehe § 31 und durch Stammerweiterung siehe § 37.

§ 17. Auslautende Vokale bleiben im allgemeinen unverändert. Doch kann der Anusvâra antreten bei *uvari uvariṃ* upari und an die Deklinations-Endungen *ṇa hi su*, wenn nicht die Enklitica *ya vi va* folgen. Umgekehrt kann der Anusvâra fehlen im Gen. plur. *âṇa* etc.

Beim Femininum war der Ausgang *o* im Nom. Acc. Plur. und *e* im Sing.[2]) mittelzeitig, da er teils lang, teils kurz (in letzterem Falle in brahmanischen Quellen häufig *u* und *i* resp. *a* geschrieben) gemessen wird.

Der auslautende Vokal der Partikeln *tahâ jahâ kahaṃ* tathâ yathâ katham wird oft verkürzt, namentlich vor *vi* cf. § 14, 3 *taha vi*, *jaha vi*, *kaha vi*, *kahakaha vi*; ebenso das *â* des Optativ °*ejjâ*.

1) In der jetzigen Aussprache des Sanskṛit klingen diese Silben beinahe wie ai au. Auf dieser jedenfalls schon alten Aussprache beruht die von Hemacandra gelehrte Substitution von *maia* für die Ableitungssilbe °*maya* (I 50) und von *gaua* für gavaya (I 54), *naui* navati. Weitere Reduction führte dann zu *e* und *o*.

2) Dies ist selbst aus älterem *ya* entstanden. Noch im Jainaprâkṛit wechselt *ya* und *e* im Absolutivum nach *â* *adâya* und *adâe*.

§ 18. Der Auslaut vorderer Glieder eines Compositum zeigt folgende Eigentümlichkeiten:

1) Langer Auslaut wird häufig verkürzt, kurzer seltener verlängert.

2) Vokalischer Auslaut und Anlaut werden meistens, jedoch nicht notwendig, vereinigt:

a) durch Sandhi in sanskritischer Weise zwischen *a*, *â* und folgendem *a*: *pûṇâ'hirai* aus *pûṇa-ahirai*, *mahâ'macca* aus *mahâ-amacca*; zwischen *a* und folgendem *i*, *u*: *vâme'yara* aus *vâma-iyara*, *deho'vacaya* aus *deha-uvacaya*.

b) durch Apokope des Auslautes vor positione und natura langem Anlaute:

giy'âi aus *giya-âi*, *kal'âyariya* aus *kalâ-âyariya*, *sosiy'ango* für *sosiya-anga*, *bhikkh'atthâ* für *bhikkhâ-atthâ*, *nar'inda* aus *nara-inda*, *râ'îsara* aus *râya-îsara*, *bâhir'ujjâṇa* aus *bâhira-ujjâṇa*, *mah'âsara* aus *mahâ-âsara*, *bâvattar'âsiya* aus *bâvattaraṃ-âsiya*, *jal'oha* aus *jala-oha*.

Bei *â*, *e*, *o* läfst sich das Produkt der Contraktion auch nach a) erklären, wie denn in der That der Anlaut von *îsara* und *ûru* häufig nach a) mit auslautendem *a* zu *e* resp. *o* verschmilzt z. B. *nare'sara* für *nara îsara*, so auch *ahe'sara*, *khayare'sara*, *karo'ru* für *kara-ûru*.

§ 19. Sandhi zwischen selbständigen Worten ist nicht gerade selten. Am häufigsten findet er statt bei Pronomina und indeklinablen Worten[1]): *tasso 'variṃ*, *jeṇâ 'haṃ*, *tah' eva*, *etth' antare*, *imeṇ' attheṇa*, *kameṇ' eva*, *maṇḍass' uvariṃ*, *sâ'neychiṃ*, vor Verben *hariy' âyao*, *vâsasahasseṇ' âyao*, *paḍikappieṇ' âyao*, *suheṇ' uvvahai*, *samâicchiûṇ' âroviuṃ*, selten sonst *nâmeṇâ 'maccena*, *gayâ 'laṃkiya*".

3. Kapitel. Konsonantismus.

A. Einzelne Konsonanten im Inlaute.

§ 20. Inlautend werden einzelnstehende Konsonanten teils unverändert beibehalten, teils verändert, teils ausgestofsen. (Beachte § 24.)

1) Unverändert bleiben: *ḍh ṇ m r l s h*; ferner *v*, abgesehen von den ad 3 Anm. 1 genannten Fällen[2]).

---

1) Wahrscheinlich war in den meisten Fällen das erste Wort proklitisch oder das zweite enklitisch, so dafs beide zu einem verwuchsen. Daher *etth'antaraṃmi ya* 10, 18. 21, 30. 61, 7 und nicht *ettha ya antaraṃmi* gesagt wird.

2) Im Jainaprâkrit kann jedes *t* bleiben oder ausfallen. Dieselbe Schreibweise findet sich auch in dem gemeinen Prâkṛit, wenn es von Jaina geschrieben ist. — Man könnte *ch* und *jh* den obengenannten Lauten zufügen. Doch ist *ch* eigentlich Doppelkonsonant d. h. = *cch* (wenn er auch zuweilen die Geltung eines einzigen hat) und bleibt daher unverändert. Für *jh* dürften sich sichere Beispiele nicht anführen lassen.

2) Folgende Konsonanten werden regelmäfsig verändert:

a) die harten Lingualen werden immer erweicht *mauḍa* mukuṭa, *pîḍhâ* pîṭhâ. *ḍ* wird meist zu *l*: *kîlâ* krîḍâ; aber unverändert in *nivuḍa*.

b) *ç* und *sh* zu *s*, siehe § 8.

c) *n* zu *ṇ*: *vaṇa* vana.

d) *p* und *b* zu *v*. *lavai* lapati, *siviyâ* çibikâ, aber *sibira*, *kubandha*.

3) Die bisher nicht erwähnten Konsonanten, also:

k, *kh*, *g*, *gh*; *c*, *j*; *t*, *th*, *d*, *dh*; *y*

fallen aus, die aspirierten mit Hinterlassung von *h*, die unaspirierten gänzlich (beachte § 7) *naha* nakha, *lahu* laghu; *vayaṇa* vacana, *rayaṇî* rajanî; *suya* çruta, *tahâ* tathâ, *pâya* pâda, *ruhira* rudhira, *pautta* prayukta.

Anm. 1. Labiale Verschlufslaute und *v* fallen vor primärem und sekundärem (aus *ri* entstandenen) *u* meist aus. *niuṇa* nipuṇa, *viula* vipula, *neura* nûpura, *anteura* antaḥpura, *goura* gopura, *Hatthiṇâura* Hastinâpura, *auvva* apûrva, *ajjautta* âryaputra, *anjaliuḍa* anjalipuṭa, *pahu* prabhu; *âucchai* âpṛicchati, *pautti* pravṛitti, *pâusa* prâvṛish, *nihuya* nibhṛita, *pâhuḍa* prâbhṛita; *v* und *b* zuweilen auch sonst *jîya* jîva oder jîvita, *aḍaî* aṭavî, *lâyaṇṇa* lâvaṇya, *niyatta* nivṛitta, *payaṭṭa* und *payatta* pravṛitta, *piyai* pibati, *diyaha* divasa.

Anm. 2. *g* und *bh* können auch bleiben: *nagara* und *nayara*, *lobha* und *loha*, desgleichen *c*: *uciya* ucita.

Anm. 3. *k* kann auch *g* werden *loga*, *loya* loka[1]).

§ 21. Anderer als der im vorigen Paragraphen beschriebene Lautwandel findet nur sporadisch statt. Es lassen sich diese Erscheinungen folgendermafsen gruppieren:

1) Verdoppelung namentlich nach *e* und *o*: *tella* taila, *pemma* preman, *ekka* eka, *jovvaṇa* yauvana, *pomma* padma, *occaya* avacaya, aber auch nach den übrigen Vokalen: *paravvasa* paravaça, *bahupphala*, *allîṇa* âlîna, *tuṇhikka* tûshṇîka, *nakkha* nakha, *cikkhilla* cikhalla, *jitta* jita, *pahutta* prabhûta, *suhakkaraṇa* sukhakaraṇa *sâhukkâra* sâdhukâra *addhii* adhṛiti etc. Siehe § 11.

2) Aspiration durch benachbartes *r* oder *s*: *saḍhâ* çaṭâ, *pharusa* parusha, *khâsa* kâsa; die sehr frühe so entstandene Aspirata wird nach Mafsgabe des vorigen Paragraphen 3) weiter verändert: *phaliha* sphaṭika, *suṇaha* çunaka, *Bharaha* Bharata, *Bhâraha* Bhârata, *vasahi* vasati. — Selten tritt sonst Aspiration ein: *paḍâha* paṭâka, *khujja* kubja, *khinkhiṇî* kinkinî, *khandharâ* neben *kandharâ*.

3) Sibilanten werden zu *h* in *bâraha* dvâdaça (und sonst bei °daça).

1) Anm. 2 und 3 beziehen sich nur auf die Jaina Mâhârâshṭrî.

diyaha divasa, *pâhâṇa* pâshâṇa *miha* misha, und im Futur auf *haṃ hisi* etc. für °shyâmi etc.[1])

4) Lingualisierung von Dentalen durch vorausgehendes *r* oder *ṛi*: *paḍi*° prati, *paḍimâ* pratimâ, *paḍhama* prathama; *vâvaḍa* vyâpṛita, *niuḍa* nivṛita, *pâhuḍa* prâbhṛita, *puḍhavî* (neben *puhavî*) pṛithivî. Ohne erkennbaren Grund in: *paḍai* patati, *paḍaṇa* patana, *paḍâyâ* patâkâ, *sampâḍemi* sampâdayâmi, *siḍhila* çithila. — Anlautend *ḍahai*, *ḍohala* dohada. Verwandt ist der Wandel von *d* zu *r* oder *l*: *bâraha* dvâdaça, *teraha* trayodaça, *palîvei* palitta pra √ dîp; von *t* zu *r* in *sattari* saptati. — *r* (und *d*) werden zuweilen zu *l*: *dâlidda* dâridra, *muhala* mukhara, *halidda* haridrâ, *kaluṇa* karuṇa; *duvâlasa* dvâdaça, *dohala* dohada, *kalamba* kadamba.

Merke noch *theva thova* stoka, *thûra thora* sthûla, *niḍâla* lalâṭa, *âṇâla* âlâṇa, *maila* malina.

§ 22. Anlautende einzelne Konsonanten bleiben, soweit sie nach §§ 7 und 8 zulässig sind, unverändert. Nur √ bhû verwandelt den Anlaut in *h*. Zu beachten ist, dafs die Jaina anlautenden Nasal als Dental, die Brahmanen als Lingual schreiben.

§ 23. Der einzelkonsonantische Anlaut der Glieder einer Composition wird meistens wie der Wortanlaut nach § 22 behandelt, kann aber auch wie der Inlaut nach § 20 behandelt werden, namentlich wenn es sich um feststehende Composita wie *râyautta* râjaputra gegenüber Augenblicksbildungen wie *râyapaha* râjapatha handelt. Dasselbe gilt vom Anlaute nach *a* privativum: *akaya* akṛita, aber *auvva* und apuvva apûrva, und su: *supurisa* supurusha, aber *suiraṃ* und *suciraṃ*. Merke *na-yâṇai* na jânâti, *na uṇa* na punar.

Der einzelkonsonantische Anlaut der Wurzel nach vokalisch auslautenden Präfixen wird meistens wie der Inlaut nach § 20 behandelt, kann aber auch wie der Anlaut nach § 22 behandelt werden: z. B. *vinâsei*, *vicitta*, *videsa*, *vijaya*, *parikahiya*, *parinaṭṭha*, *paripâlaṇa*, *pariputtha*, *âkâra*, *nicaya* etc.

§ 24. Im Auslaute fallen Verschlufslaute ab: *samantâ* samantât, *pacchâ* paçcât, *jâva* yâvat, *kiṃci* kiṃcit, *puṇa* puṇar etc. nur *sammaṃ* samyak[2]). Vor anderen Konsonanten in Compositis assimilieren sie sich meist denselben, siehe § 36.

---

1) Die Verwandlung von Sibilanten in *v* bei den Zahlwörtern *tevaṭṭhi* (trayaḥshashṭi), *bâvattari* (dvâ-saptati) ist wohl unter dem Einflusse von *bâvannaṃ* (dvâpancâçat) zustande gekommen. *nivanna* hängt nur dem Klange nach mit *nisaṇṇa* nishaṇṇa zusammen.

2) Nur eine scheinbare Ausnahme bildet *puṇar-avi*, insofern dieser ganze Ausdruck aus dem Sanskrit entlehnt ist.

Auslautende Nasale werden zu Anusvâra, wofür aber überhaupt *m* vor vokalischem Anlaute eintreten kann, vornehmlich, wenn beide Worte enger zusammengehören: *avasaram-antareṇa*, *sammam-eva*, und in Versen metri causa.

Die Endsilbe *aḥ* wird *o*: *bahuso* bahuças, *bhujjo* bhûyaḥ, *tao* tataḥ etc., auch *puṇo* neben *puṇa*. Nach anderen Vokalen als *a* scheint Visarga abgefallen zu sein: *uccâ* uccaiḥ, doch konnte dann der Vokal nach § 17 nasalirt werden. Stets ist letzteres der Fall bei *bâhiṃ* bahiḥ. Merke noch *saṇiyaṃ* çanaiḥ.

Die Länge des auslautenden Vokals der *i*- und *u*-Stämme im Nom. Sing. ist nicht auf Rechnung des ursprünglich folgenden Visarga, sondern der Analogie des gleichen Casus bei den *a*-Stämmen zu setzen.

B. Konsonantengruppen.

§ 25. Das Prâkṛit duldet inlautend Konsonantengruppen von nicht mehr als zwei Elementen, nämlich:

1) Geminierte Konsonanten, von denen nur der letzte aspiriert sein darf. Nicht zulässig sind wie im Sanskṛit *rr* und *hh*.

2) Verschlufslaut nach dem Nasal desselben Organs, wofür die Jaina fast immer Anusvâra (wie auch meist in ihrem Sanskṛit) schreiben. Wir schreiben statt seiner *n*; nur vor Lingualen *ṇ* und vor Labialen *m* [1]), den Anusvâra dagegen nur zur Andeutung der Wortbildung.

3) *ṇh nh mh lh*. Es sind dies gewissermafsen aspirierte Laute (Nasale und Liquida mit gehauchtem Absatz) und können daher nach den Metrikern auch als einzelne Konsonanten gemessen werden. Konsonantengruppen von der angegebenen Form bleiben unverändert, andere werden auf diese nach den anzugebenden Lautgesetzen gebracht.

§ 26. Im Anlaut kann aufser *ṇh* (*nh*) und *lh* [2]) nur einfacher Konsonant stehen. Gruppen werden anlautend wie inlautend behandelt, aber dann auf einen Konsonanten, den letzten der inlautend auftretenden Gruppe, reducirt z. B. cakra wird *cakka*, kramati *kamai*; asthi wird *atthi*, sthira *thira*.

§ 27. Bei der Ausgleichung der Verschiedenheit von Konsonanten einer Gruppe zeigen dieselben verschiedene Grade von Widerstandsfähigkeit. Man kann etwa folgende Skala aufstellen, in der jede Stufe

1) Doch will ich damit nicht behaupten, dafs der Anusvâra immer nur graphisch gewesen sei.

2) *mh* kommt anlautend nur vor in *mhi, mha*. Da diese aber enklitisch sind so machen sie mit dem vorhergehenden Worte ein Ganzes aus. Man kann daher bei enklitischen Worten nicht von Anlaut im eigentlichen Sinne reden.

diejenigen Laute enthält, welche im allgemeinen nur denen der vorhergehenden assimiliert werden können.

1) Verschlufslaute.

2) Nasale. Dieselben bleiben stets, wenn erstes Element einer Gruppe; als zweites assimilieren sie sich Verschlufslauten zuweilen.

3) *l* assimiliert sich als erstes Element, als zweites bleibt es meist mit Vokaleinschub (Svarabhakti).

4) *s*, in welchem die drei Sibilanten des Sanskrit vereinigt sind, weicht stärkeren Lauten mit Zurücklassung von Aspiration.

5) *v* labialisiert zuweilen vorhergehenden stärkeren Laut.

6) *y* assimiliert sich stets stärkerem Laute und palatalisiert Dentale, *h* und *r*.

7) *r* assimiliert sich stärkerem Laute, entwickelt oft Svarabhakti vor *s* und *h*, lingualisiert zuweilen Dentale.

Das *h* kann nicht gut eingeordnet werden. Es wird in gewissen Fällen zur tönenden Aspirata derjenigen Klasse, welcher der vorgestellte tönende Konsonant angehört.

In den folgenden §§ wird das Resultat der Ausgleichung im einzelnen dargelegt.

§ 28. Vollständige Assimilation findet in folgenden Fällen statt:

1) Einem **Verschlufslaute** assimiliren sich

a) folgendes *y* – ausgenommen Dentalen, siehe § 30.

b) folgendes *v*. Ausnahmen: *caccara* catvara, *sajjhasa* sâdhvasa, *jhaya* dhvaja, *dhijjâi* dvijâti, *dhaya* dvaya.

c) jedes *r* und vorausgehendes *l*. Ausnahme: *vaira* neben *vajja* vajra, siehe § 31.

d) folgendes *n* und *m*. Ausnahmen: *rayaṇa* ratna, *savakkî* neben *savattî* sapatnî, *suviṇa* svapna, *pauma* padma, *appâ* neben *attâ* âtman etc.

e) vorausgehender Verschlufslaut. Ausnahmen: *mukka* mukta, *virikka* virikta.

Beispiele ad a) *y*: *telokka* trailokya, *sokkha* saukhya, *veragga* vairâgya, *natta* nâṭya, *Veyaḍḍha* Vaitâḍhya, *leppamaya* lepyamaya.

ad b) *v*: °*tta* °tva. *Jambuddîva* Jambudvîpa, *addha* adhvan.

ad c) *r*: *takka* tarka, *cakka* cakra, *mukkha* mûrkha, *vagga* varga. *ugga* ugra, *aggha* argha, *vaggha* vyâghra; *acci* arcis, *mucchâ* mûrchâ, *kiccha* kṛichra, *vajjei* varjayati, *vajja* neben *vaira* vajra; *vattâ* vârtâ, *putta* putra, *sattha* sârtha, *maddava* mârdava, *samudda* samudra, *addha* ârdha, *giddha* gṛidhra; *sappa* sarpa, *khippa* kshipra, *gabbha* garbha, *abbha* abhra.

l: *vaggaṇa* valgana, *appa* alpa, *ubbaṇa* ulbaṇa.

ad d) *n*: *lagga* lagna, *viggha* vighna, *jatta* yatna.

m: *jugga* yugma, *attâ* âtmâ.

ad e) *khagga* khaḍga, *muggara* mudgara, *khujja* kubja, *jutta* yukta, *satta* sapta, *rittha* riktha, *sadda* çabda, *muddha* mugdha, *laddha* labdha, *abbhuya* adbhuta.

2) Den **Nasalen** assimilieren sich

a) folgendes *y* und *v*;

b) vorausgehendes *r* und *l*;

c) vorausgehendes *j*; d. h. *jñ* wird *nn* (*ṇṇ*).

Beispiele. ad a) *dhanna* dhanya, *hiraṇṇa* hiraṇya, *ramma* ramya, *annesaṇa* anveshaṇa.

ad b) *kaṇṇa* karṇa, *dhamma* dharma, *kummâsa* kulmâsha.

ad c) *vinnâṇa* vijñâna, *savvannû* sarvajña, *rannâ* râjñâ.

3) Dem **v** und **l** assimiliren sich *r* und folgendes *y*.

Beispiele: *savva* sarva, *tivva* tîvra, *kavva* kâvya, *kallâṇa* kalyâṇa.

4) Dem **Sibilanten** (cf. § 8) assimilieren sich folgende *y*, *r*, *l*, *v*. Ausnahmen siehe § 13 und 31, 1, 4.

Beispiele: *tassa* tasya, *sahassa* sahasra, *saṇha* çlakshṇa, *hassa* hrasva.

Ebenfalls *m* in *vissâriûṇa* vi√smṛi, *jâîsaraṇa* jâtismaraṇa, *rassi* raçmi, *susâṇa* çmaçâna.

§ 29. Geht der Sibilant in der prâkṛitischen Konsonantengruppe auf, so hinterläfst er Aspiration:

1) mit folgendem *ṇ*, *n*, *m* wird er zu *ṇh* (*nh*) [1]), *mh* [2]). Ausnahmen: *masâṇa* çmaçâna, *neha* [3]) (*siṇeha*) sneha, *niddha* (*siṇiddha*) snigdha etc. siehe § 31, 4.

Beispiele: *Viṇhu* Vishṇu, *ṇhâṇa* snâna, *vimhaya* vismaya.

2) folgenden Verschlufslaut aspirirt er. Ausnahmen: *sukka* çushka, *ḍakka* dashṭa, *takkara* taskara.

Beispiele: *pacchâ* paçcât; *pukkhara* pushkara, *daṭṭha* dashṭa, *puppha* pushpa; *hattha* hasta, *khandha* skandha, *phâsa* sparça.

3) Mit vorausgehendem Verschlufslaut wird er zu *cch* [4]).

1) Wir schreiben stets *ṇh*, die Mss. haben *nh* und *ṇh* promiscue.

2) Dieses kann nach § 32 zu *mbh* werden.

3) **ṇheha*, **ṇhiddha* wären unbequem gewesen, wegen des Aufeinanderfolgens zweier *h* resp. von *h* und weicher Aspirata in derselben Silbe. Ebenso mufs **ṇhusâ* snushâ anstöfsig gewesen sein, weshalb mit Metathesis *suṇhâ* gebildet wurde. So erklärt sich auch *masâṇa* und *laṇha* für **mhasâṇa* und **lhaṇha* çlakshṇa.

4) Der Übergang ist bei *ts* natürlich. *ps* wurde wohl zunächst *ts*. *ksh* dagegen ging in *kkh* über, da das *kh* dem *sh* in der indischen Aussprache nahestand. Anderseits ging, wenn auch hier *sh* in *s* sich wandelte, *ks* in *ts* und dann in *cch* über

Beispiele: *samvacchara* saṃvatsara, *accharâ* apsaras.

ksh wird aber meist zu *kkh*, z. B. *rakkhaṇa*; zu *cch* in *chaṇa* kshaṇa, *acchi* akshi, *pecchai* prekshati., *ucchu* ikshu, *vaccha* vakshas, *sariccha* und *sâriccha* sâdṛiksha, *chuhâ* kshudh, *chuhai* √ kshubh, *churiyâ* kshurikâ, und andere. *ksh* zu *h pehiya* prekshita.

§ 30. Abgesehen von den in §§ 28 und 29 angegebenen Fällen, wo Assimilation eintreten mufs, übt *y* palatalisierenden Einflufs aus.

1) vorausgehende Dentale werden zu den entsprechenden Palatalen und assimilieren *y*. Ausnahme: *putteya* pratyeka.

Beispiele: *naccai* nṛityati, *nevaccha* nepathya, *ajja* adya, *majjha* madhya.

2) *hy* wird zu *jjh* (Mittelstufe *yh* im Pâli), z. B. *asajjha*.

3) *yy* wird zu *jj*, z. B. *sejjâ* çayyâ.

4) *ry* wird zu *jj* (Mittelstufe *yy* im Pâli), z. B. *kajja* kârya. Ausnahmen siehe § 32.

§ 31. Vokaleinschub dient häufig zur Erleichterung schwer assimilierbarer Gruppen. Er findet statt:

1) regelmäfsig im Anlaut vor *l* als zweitem Konsonanten, Ausnahme: *saṇha* çlakshṇa.

Beispiele: *kilammai kilanta* √ klam, *kilissai kiliṭṭha* √ kliç, *siliṭṭha* çlishṭa, *gilâṇa* glâna, *milâṇa* mlâna.

2) zwischen *r* und folgendem Sibilanten, sofern nicht *r* mit Ersatzdehnung (§ 12) oder Ersatznasalierung (§ 13) ausfällt. Doppelformen sind nicht selten.

Beispiele: *amarisa* amarsha, *harisa* harsha, *darisaṇa* und *daṃsaṇa* darçana.

3) regelmäfsig zwischen *r* und *h*: *garihai* garhati, *ariha* arha. — *hirî* hrî, aber *hassa* hrasva.

4) zuweilen sonst a) anlautend: *sumarai*[1]) smarati, *siṇeha siṇiddha* siehe § 29, 1, *sirî* çrî, *duvâlasa* dvâdaça, *duvâra* dvâra; b) inlautend *bhasama* bhasma[2]), *kasiṇa* krishṇa (schwarz), *rayaṇa* ratna, *suviṇa* svapna, *râiṇo* râjñaḥ, *vaira* vajra. Bei den meisten dieser Worte kommen Nebenformen vor: *bâraha*, *dâra*, *kaṇha*, *ranno*, *vajja* und andere.

§ 32. Dem Vokaleinschub ist die Vokalisierung des *y* ähnlich:

---

1) Anlautend ist *mh* nicht zulässig, daher die Nebenform *bharai* für **mbharai*. (Siehe § 34.)

2) Die lautgesetzlich richtige Form *bhamha* wurde aus dem Note 3 der vorigen Seite angegebenen Grunde vermieden. Es werden auch die Formen *bhassa* und *bhappa* angeführt.

âyariya âcârya, *bhâriyâ* neben *bhajjâ* bhâryâ, *ceiya* caitya. *biiya taiya* siehe oben § 14, 1.

§ 33. Lingualisierung von Dentalen tritt zuweilen ein durch vorausgehendes *ṛi* oder *r*, sowohl wenn letzteres einen Bestandteil der betr. Gruppe bildet oder ihr vorausgeht, z. B. *maṭṭiyâ* mṛittikâ, *beṇṭa* vṛinta, *saḍḍha* çrâddha, *aṭṭha* artha (Zweck), *vaṭṭai* vartate nebst Ableitungen, *cakkavaṭṭi* cakravartin, *vaṭṭâ* vartman, *vaḍḍhai* vardhate, *uḍḍha* ûrdhva — sonst *daḍḍha* dagdha, präs. *ḍahai*.

§ 34. Labialisierung wird durch *m* und *v* zuweilen veranlafst: *Ruppiṇî* Rukmiṇî, *appâ* neben *attâ* âtman, *ubbha* neben *uddha* und *uḍḍha* ûrdhva, *bâraha* neben *duvâlasa* dvâdaça, *biiya* dvitîya.

Namentlich *h* (auch sekundäres) wird durch vorausgehendes *m* und *v* zu *bh*: *bambhaṇa* brâhmaṇa, *Bambha* Brahmâ; *simbha* çleshma (Vorstufe **simha*), *bharai* smarati (Vorstufe **mbharai* **miharai*) — *jibbhâ* (Pâli *jivhâ*) jihvâ. — Analog ist einerseits *cindha* für **cinha* cihna[1]), und andrerseits der Wandel von *yh* (für *hy*) zu *jjh*.

§ 35. Von drei Konsonanten einer Gruppe fällt meist der schwächste ab: *manti* mantrin, *inda* indra, *sâmattha* sâmarthya, *nibbhacchiya* nirbhartsita, *anta* antya. Jedoch in *Vinjha* Vindhya, *uḍḍha ubbha* ûrdhva hat der abgefallene Konsonant das Organ der assimilirten Gruppe verändert. *kshṇa* und *kshma* werden wie *shṇa* und *shma* behandelt in *saṇha* çlakshṇa, *pamha* pakshman. Aber *tikkha* neben *tiṇha* tîkshṇa.

§ 36. Über Konsonantengruppen im Wortanlaut ist oben § 26 gehandelt. Über die Geltung der Anlaut- oder Inlautgesetze treffen auch in Bezug auf mehrkonsonantisch anlautende Compositionsglieder und Wortteile die §§ 23 und 24 aufgestellten Grundzüge zu, z. B. *nicchinna'pâya*, aber auch *nimmala'ppaho*; *paribbhamai* aber auch *paribhamai* paribhramati. Gehören aber zwei Konsonanten einer Gruppe zu verschiedenen Teilen eines Wortes (Präfix und Wurzel), so bleibt der zweite (Wurzel-Anlaut) meist auch gegen die allgemeinen Lautgesetze unverändert und der erste (Präfix-Auslaut) wird ihm assimiliert oder fällt mit Ersatzdehnung aus: *nikkalanka* nishkalanka, *niccala* niçcala, aber nach den allgemeinen Lautgesetzen *nicceyaṇa* niçcetana; *duttara* dustara, *duccariya* duçcarita, *nîṇei* nirnayati, *uvveya* udvega, *uvvahai* udvahati, *ussuya* utsuka, *ûsava* utsava, *ûsâriya* utsârita, *ûsiya* ut-çrita etc. Lautet der zweite Bestandteil

1) Allgemein betrachtet, handelt es sich hier um Nasal mit folgender Spirans, zwischen die der dem Nasal gleichorganige tönende Verschlufslaut eingeschoben wird: *amra* **ambra*, amba *ambla ambila; so auch *bamha* *bambha *bambha*, cinha **cindha cindha*.

des Wortes mit zwei Konsonanten an, so werden dieselben nach den Anlautsgesetzen auf einen reduziert: *ukkhivai* utkshipati, *ujjoya* uddyota, *saṃjhâ* saṃdhyâ, *saṃṭhâṇa* saṃsthâna, *saṃgâma* saṃgrâma. In demselben Verhältnis stehen auch Glieder eines Compositums: *sappurisa* satpurusha, *tappara* tatpara, *tassandhi* tatsandhi, *takkhaṇa* tatkshaṇa. Bei erstarrten Composita treten die allgemeinen Lautgesetze ein: *bihapphai* bṛihaspati, aber *nahayala* (im Prâkṛit neu gebildet) nabhas-tala; *tavokamma* ist nach den Lautgesetzen aus tapaḥkarman entstanden, wogegen *paropparaṃ namokkâra* Ausgleichungen zwischen den prinzipiell möglichen **parappara* und **paropara*, **namakkâra* und **namokâra* sind.

II. Abschnitt: Formenlehre.

1. Kapitel. Nomina.

§ 37. Die Nominalstämme des Prâkṛit sind gröfstenteils, wenigstens in der Schriftsprache, dem Sanskrit entlehnt. Sie erleiden natürlich die von den Lautgesetzen erheischten Veränderungen, aufserdem aber fügen einige zur Ermöglichung oder Erleichterung der Flexion Stammerweiterungen an. Bei vokalischen Stämmen findet sich im Masc. und Neutr. häufig *ya* (*ga*), welches keine Bedeutungsdifferenz involviert [1]; seltener ist *yâ* (*gâ*) beim Femininum: *kannayâ* kanyâ, *diṭṭhiyâ* dṛishṭi, *dheṇuyâ* dhenu. Konsonantische Stämme sind zum Teil vor vokalischen Endungen erhalten, worüber § 42. Meistens hängen Masculina und Neutra an den konsonantisch auslautenden Stamm *a* z. B. *vaṇiya* vaṇij, *mahanta* mahat; so werden einige ursprüngliche Feminina zu Masculina: *saraya* çarad, *pâusa* prâvṛish. Gewöhnlich hängen dagegen Feminina *â* an: *sariyâ* sarit, *saṃpayâ* saṃpad, *dhurâ* dhur, *girâ* gir *vâyâ* vâc, *chuhâ* kshudh etc. Neben *disâ* diç kommt auch *disî* vor, wozu analog *nisî* für *nisâ* gebildet wurde. Einzelne Stämme werfen in der Composition den auslautenden Konsonanten einfach ab: *sari*, *vijju* (wofür sonst *vijjulâ*, sanskritisiert: vidyullatâ). Neutra auf *as* haben im Nom. Sing. *o*, und werden dadurch die meisten zu männlichen *a*-Stämmen, während f. apsaras zu *accharâ* geworden ist. In ähnlicher Weise ist der Stamm *dhâyâ* duhitṛi aus dem Nominativ *duhiyâ*, *dhâyâ* entstanden, parishad zu *parisâ* geworden.

---

1) Wenn es auch unzweifelhaft mit dem sanskritischen Suffix *ka* zusammenhängt, so hat seine Anfügung im Prâkṛit doch andere Gründe. Wohllaut und Accentuation mögen mafsgebend gewesen sein. Das spätere Sanskrit steht dem Prâkṛit, von welchem es stark beeinflufst ist, in dieser Beziehung nahe.

Besondere Ableitungssilben sind °*tta* (tva), °*ttaṇa* und °*tâ* °*yâ* zur Bildung von Abstrakten, °*ira* und °*illa* von Eigenschaftswörtern, °*vanta* und °*manta* von besitzanzeigenden Adjektiven, und andere.

§ 38. Das Prâkṛit hat den Dual in Deklination und Konjugation verloren. Der Gebrauch des Dativs ist sehr beschränkt; er kommt nur bei *a*-Stämmen vor und steht meist auf die Frage: wozu? Im übrigen übernimmt der Genitiv die Funktion des Dativs. — Das Neutrum unterscheidet sich nur im Nom. und Acc. vom Masculinum.

Im Prâkṛit lassen sich drei regelmäfsige Deklinationen unterscheiden:

1) Die der masc. und neutr. *a*-Stämme § 39.

2) Die der masc. und neutr. *i*- und *u*-Stämme § 40.

3) Die der weiblichen Stämme § 41.

Dazu kommt noch die unregelmäfsige Deklination § 42.

§ 39. Erste Deklination. Die *a*-Stämme. *deva* masc., *vaṇa* neutr.

	Singular		Plural	
Nom.	devo	vaṇaṃ	devâ	vaṇâi(ṃ) und
Acc.	devaṃ		deve	vaṇâṇi
Instr.	deveṇa(ṃ) vaṇeṇa(ṃ) etc.		devehi(ṃ) vaṇehi(ṃ) etc.	
Dat.	(devâe)		—	
Abl.	devâo, devâ		(devehiṃto, devesuṃto)	
Gen.	devassa		devâṇa(ṃ)	
Loc.	deve, devammi (°ṃmi)		devesu[ṃ]	
Voc.	deva		wie Nom.	

Hier wie in den übrigen Paradigmen ist der fakultative Anusvâra, welcher aber vor den Partikeln *ya* und *vi* fehlen mufs, in Klammer gesetzt. Im Neutr. Plur. wird vor Enkliticis gerne die Form auf *ṇi* gewählt. Der Abl. Plur. ist überall selten, siehe § 95.

§ 40. Zweite Deklination. Die masc. und neutr. *i*- und *u*-Stämme flektieren, abgesehen vom Stammvokal, durchaus gleich, daher ein Paradigma genügt. *aggi* masc. *vâri* neutr.

	Singular		Plural	
Nom.	aggî	vâri	aggî	vârîi(ṃ)
Acc.	aggiṃ	vâriṃ	aggiṇo	vârîṇi
Instr.	aggiṇâ		aggîhi(ṃ)	
Abl.	aggio, aggiṇo		(aggîhiṃto)	
Gen.	aggissa, aggiṇo		aggîṇa(ṃ)	
Loc.	aggimmi (°ṃmi)		aggisu[ṃ]	
Voc.	aggi		wie Nom.	

Vereinzelte Formen sind: Nom. Plur. *risao* ṛishayas; Nom. Acc.

Plur. *bahavo*, *bahave*. Instr. *bahusu*. Die sanskr. Stämme auf *in* sind im Prâkṛit mit den *i*-Stämmen zusammengefallen.

§ 41. Dritte Deklination. Die weiblichen Stämme gehen aus auf *â*; *i*, *î*; *u*, *û*. Die Stämme auf *i*, *u* sind in der Deklination mit denen auf *î* und *û* zusammengefallen. In der Stammform als vorderes Glied eines Compositums bleibt die ursprüngliche Quantität des auslautenden Vokals meistens, obschon sie nach § 18 geändert werden kann und wird; in der Dekl. wird der Vokal zuweilen auch metri causa verkürzt, besonders *ie* für *îe*.

Singular

Nom.	mahilâ	devî	vahû
Acc.	mahilaṃ	deviṃ	vahuṃ
Abl.	mahilâo	devîo	vahûo
Instr. Gen. Loc.	mahilâe	devîe	vahûe
Voc.	mahilo	devi	vahu

Plural

Nom. Acc. Voc.	mahilâo mahilâ	devîo	vahûo
Instr.	mahilâhi(ṃ)	devîhi(ṃ)	vahûhi(ṃ)
Ablat.	(mahilâhiṃto)	(devîhiṃto)	(vahûhiṃto)
Gen.	mahilâṇa(ṃ)	devîṇa(ṃ)	vahûṇa(ṃ)
Loc.	mahilâsu[ṃ]	devîsu[ṃ]	vahûsu[ṃ]

Bemerkungen. Der zweite Vokal in den Endungen *âo, îo, ûo, âe, îe, ûo* ist anceps; brahmanische Quellen schreiben, wenn der letzte Vokal kurz ist, meist *âu, îu, ûu*; *âi* (*âa*), *îa* (*îi*), *ûa*.

§ 42. Unregelmäfsige Deklination.

1) *ṛi*-Stämme sind im Prâkṛit zu *u*- (seltener *i*-) Stämmen geworden; doch haben sich die Formen des starken Stammes erhalten[1]): *bhâyâ*, bhrâtṛi, *bhattâ*, bhartṛi.

	Sing.		Plural
Nom.	bhâyâ	bhattâ	bhâyaro bhattâro
Acc.	bhâyaraṃ	bhattâraṃ	
Inst.	bhâuṇâ	bhattuṇâ	nicht belegt.
Gen.	bhâuṇo	bhattuṇo	

Feminina gehen im Inst. Gen. Sing. nach der III. Deklination: *mâûe*; *dhûyâ*, duhitṛi geht in in allen Casus nach der III. Deklination cf. § 37t

Der *u*-Stamm kann zu einem *a*-Stamm erweitert werden: *bhâuya* oder *bhâuga*, welcher nach der I. Deklination flektiert. Dies finde. auch bei ursprünglichen *u*-Stämmen häufig statt: *îsâluya*, îrshyâlu, *kivâluya* kṛipâlu.

---

1) Es findet sich sogar einmal *piyâ* als Stamm im Compositum.

Aus *bhattâraṃ* °*ro* hat sich der Stamm *bhattâra* entwickelt, welcher nach der I. Deklination geht. Vereinzelt steht *ammâpiyarassa*.

2) *an*-Stämme. Dieselben gehen meist in allen oder fast allen Formen durch Abwerfung des *n* oder Anfügung von *a* an den sanskritischen starken Stamm nach der I. Deklination. Einige ursprüngliche Neutra werden zu Masc., z. B. *jammo*, janman: zum Fem. ist *umhâ*, ûshman geworden. Altertümlich ist die Flexion von *râyâ*, râjan, *attâ* oder *appâ*, âtman.

	Singular	Plural
Nom.	râyâ	râyâṇo
Acc.	râyâṇaṃ (râyaṃ)	râiṇo.
Inst.	râiṇâ, raṇṇâ	râîhiṃ
Gen.	râiṇo, raṇṇo	râîṇaṃ (râyâṇaṃ)

Dieselben Formen hat das Wort auch als Endglied von Composita, doch findet sich auch Nom. *mahârâo*, Voc. *mahârâya* nach der I. Deklination.

Nom.	attâ	appâ
Acc.	attâṇaṃ	appâṇaṃ
Inst.	attaṇâ	appaṇâ
Gen.	attaṇo	appaṇo

Daneben kommen Formen von den Stämmen *attâṇa*, *appâṇa* nach der I. Deklination vor. Ein eigentümlicher Acc. Sing. ist *appayaṃ*.

Von andern Wörtern findet sich *nâmâṇo* Nom. Plur. als Endglied männlicher Composita, ferner *kammuṇâ* Instr. von karman.

3) Stämme auf *ant*. Die Participia präsentis und die besitzanzeigenden Adjektiva haben den Stamm durch *a* erweitert: *jîvanta balavanta* und *buddhimanta*. Die Feminina werden bei den Participia präsentis auf *î* gebildet; bei den besitzanzeigenden Adjektiven liegt dagegen die Sanskritform zu Grunde: *rayaṇavaî*. Altertümliche Formen haben sich bei *bhavaṃ* und *bhayavaṃ* erhalten:

Nom. Voc.	bhavaṃ	bhayavaṃ
Acc.	bhavantaṃ	bhayavantaṃ
Instr.	bhavayâ	bhayavayâ
Gen.	bhavao	bhayavao.

Als Nom. Acc. Plur. darf *bhayavanto bhavanto* angesetzt werden; das Femin. lautet *bhayavaî*.

4) Von den Stämmen auf *as* haben sich nur sporadisch alte Formen erhalten: *teyasâ*, *maṇasâ maṇasi*; meist sind sie regelmäfsige Masc. nach der I. Deklination geworden; angeblich (Hem. I, 32) bleiben Neutra nur: *siraṃ* çiras, *nahaṃ* nabhas.

2. Kapitel. Pronomina.

§ 43. Das ungeschlechtliche Pronomen personale der ersten und zweiten Person weist eine grofse Mannigfaltigkeit der Formen namentlich im Singular auf, die durch Ausgleichsbestrebungen sowohl zwischen den Formen beider Personen, als auch zwischen denen der beiden Numeri sich leicht erklären läfst.

Singular:

	I.	II.
Nom.	ahaṃ, 'haṃ, ahayaṃ	taṃ, tumaṃ
Acc.	maṃ, mamaṃ	te, tumaṃ
Instr.	mayâ, mae, me	tae, (tue), tume, tumae, te
Abl.	mamâhiṃto, mamâo	tumâhiṃto
Gen.	majjha(ṃ), mujjhaṃ, me maha, muha, mama(ṃ)	tujjha(ṃ) tuha, taha, te
Loc.	mamammi	tumammi

Plural:

Nom. Acc.	amhe	tumhe, tubbhe
Instr.	amhehi(ṃ)	tumhehi(ṃ), tubbhehi(ṃ)
Gen.	amhâṇa(ṃ), amha(ṃ), no	tumhâṇa(ṃ), tumha(ṃ), tubbha(ṃ), vo
Loc.	amhesu	tumhesu, tubbhesu

Vom Pronomen der dritten Person kommt nur der Gen. Sing. Plur. *se* vor, siehe § 45 Anm.

Die Deklination der geschlechtlichen Pronomina weicht von der der Nomina ab dadurch, dafs

1) der Nom. Plur. masc. dem Acc. gleichlautet,
2) im Gen. Plur. auch die alten pronominalen Genitive vorkommen,
3) neben der Endung *âe* im Femin. Sing. auch *îe* und zwar als die häufigere Form sich findet.

	Singular:			Plural:		
Nom.	so (sa)	sâ	taṃ	te	tâo	tâiṃ
Acc.	taṃ	taṃ			tâ	tâṇi
Inst.	teṇa(ṃ)		wie Masc.	tehi(ṃ)	tâhi(ṃ)	wie Masc.
Gen.	tassa	tâe tîe		tesiṃ tâṇa(ṃ)	tâsiṃ tâṇa(ṃ)	
Loc.	tammi			tesu	tâsu	

Es kommt noch der Gen. Sing. fem. *tîse*, *tissâ* vor. Als Abl. ist *tâo* anzusetzen; dagegen werden *tamhâ*, *jamhâ* als Konjunktionen, und der Apabhraṃça Loc. *tahiṃ* (*jahiṃ kahiṃ*) adverbiell gebraucht.

§ 44. Nach dem angeführten Paradigma gehen:

esa (eso), esâ, eyaṃ dieser
imo, imâ, imaṃ iṇaṃ dieser.

Anm. Für *eṇa* und *imeṇa* finden sich auch *eiṇâ* und *imiṇâ*. Aus der alten Flexion kommen die Formen *iyam* idam, *aṇeṇa* anena, *assiṃ* asmin vor. Ein defektiver Stamm ist *ṇa*, dieser: Acc. *ṇaṃ*; Instr. *ṇeṇa*, *ṇâe*, *ṇehiṃ*; als Gen. wird dazu *se* gebraucht:

jo, jâ, jaṃ welcher relat.
ko, kâ, kiṃ, wer? interog.
kovi, kâvi, kiṃpi irgendeiner, indefin.
koî, kâi, kiṃci „ „

§ 45. Im Plural gehen nach der pronominalen Deklination *savva* all, *ega* ein, *anna* ein anderer, *iyara* einer von beiden.

Dagegen scheinen die mit °*risa* °dṛiça gebildeten Worte wie *erisa kerisa* etc. nominal zu flektieren.

§ 46. Den sanskritischen kiyat, iyat entsprechen *kettiya* wie grofs? interogativ[1]), *ettiya* so grofs; *jettiya* wie grofs, relativ, *tettiya* so grofs. — *kettiyaṃ pi* ist indefinitiv; *jâva tâva* dagegen sind als Promina nicht mehr gebräuchlich, sondern nur als Konjunktionen. Ihre Stelle vertritt *jâvaiya*, *tâvaiya*, gemeiniglich aber *jettiya*, *ettiya*. — *kaivaya* katipaya „einige“ kommt (vielleicht nur zufällig in unsern Texten) nur in Compositis vor, als selbständiges Wort findet sich dafür *kaivi* katy api, Loc. *kaisuvi*.

3. Kapitel. Numeralia.

§ 47. Die Cardinalia[2]) sind folgende:

1. ega-. ego ekko, egâ ekkâ, egaṃ ekkaṃ. Dekl. § 45.

2. do-. du-. Nom. Acc. do duve donni (dunni[3]), Instr. dohi(ṃ), Gen. doṇha(ṃ), Loc. dosu.

3. ti-. Nom. Acc. tiṇṇi[3]) (tao), Instr. tiṇhi(ṃ), Gen. tiṇha(ṃ), Loc. tisu.

4. caur-[4]). N. A. cattâri (cauro), J. cauhi(ṃ), G. cauṇha(ṃ), L. causû.

1) Auch im abhängigen Satze.

2) Die nicht in unserem Wörterbuch, den Glossaren zum Hâla, Kâlak. und Setubandha belegten Formen habe ich der Âvaçyaka Niryukti, einem metrischen Werke in Jaina Mâhârâshṭri, entlehnt.

3) *nn* und *ṇṇ* wechseln stets.

4) Der konsonantische Auslaut des Stammes steht nur vor Vokalen in der Zusammensetzung; er fällt ab vor konsonantischem Anlaut, der verdoppelt wird. Vo *cha* findet sich: *chalahiya* shaḍadhika.

5. panca-. N. A. panca, J. pancahi(ṃ), G. pancaṇha(ṃ), L. pancasu. So flektieren auch die übrigen bis aṭṭhârasa. 6. chal-[1]). N. A. cha, Loc. chasu und chassu, 7. satta, 8. aṭṭha, 9. nava;

10. dasa, 11. ekkârasa (egadasa[2]), 12. bârasa (duvâlasa), 13. terasa, 14. cauddasa (çaudasa coddasa), 15. pannarasa (pannârasa, paṇarasa), 16. solasa (solâ), 17. sattarasa, 18. aṭṭhârasa (aṭṭharasa), 19. auṇavîsaṃ;

20. vîsa-. N. A. vîsaṃ, vîsâ (vîsaî vîsaiṃ), A. vîsaṃ (vîsaiṃ), J. G. L. vîsâe. Dieselben Erscheinungen bieten alle analogen Zahlwörter. 21. ekkavîsaṃ (egavîsâ, igavîsaṃ), 22. bâvîsaṃ, 23. tevîsaṃ, 24. cauvvîsaṃ, 25. pancavîsaṃ, pannavîsaṃ, paṇavîsaṃ, 26. chavvîsaṃ, 27. sattavîsaṃ, 28. aṭṭhâvîsaṃ, aṭṭhavîsaṃ, 29. auṇattîsaṃ. Analog werden die Zusammensetzungen der übrigen Zehner mit den Einern gebildet. Abweichungen und unregelmäfsige Formen, soweit ich sie belegen kann, werden speciell aufgeführt.

30. tîsaṃ, 32. battîsaṃ, 33. tittîsaṃ etc.; 35. paṇatîsaṃ, 38. aṭṭhatîsaṃ[3]);

40. câyâlîsaṃ (cattâlîsaṃ, cattâ), 42. bâyâlîsaṃ (bâyâla, bicatta), 43. teyâlîsaṃ etc., 48. aḍhayâlîsa;

50. pannâsaṃ (pannâ), 53. tevannaṃ, 54. caupannaṃ, 55. paṇapannaṃ, pancavannaṃ, 56. chappannaṃ, 57. sattavannaṃ;

60. saṭṭhiṃ, saṭṭhi, saṭṭhî, 61. egaṭṭhi, 62. bâvaṭṭhi, basaṭṭhi, 63. tevaṭṭhi, 64. cauvaṭṭhi, 65. pancasaṭṭhi, 68. aṭṭhasaṭṭhi;

70. sattari, sayari (Auslaut wie bei saṭṭhi); 72. bâvattari, bisattari, 74. cauhattari, 78. aṭṭhattari;

80. asîî asii (asîyâiṃ), 81. ekkâsîî, 83. tesîî, 84. culasîi, caurâsîi 88. aṭṭhasîi;

90. nauî, 92. bâṇauî, 93. teṇauî, 95. pancânauî, paṇanauî, 96. channauî;

100. saya neutr., 1000. sahassa n., sâhassî, 10 000. ajuya, 100 000. lakkha. Milliarde: koḍî[4]).

§ 48. Aus den Stämmen der Zahlwörter werden neue durch An-

---

1) Siehe die letzte Note.

2) Nach Hemacandra I 262 wird in den mit *daça* gebildeten Zahlwörtern das *ç* in *h* gewandelt *câraha*, *bâraha* etc.

3) Das einfache *t* der beiden letzten Formen ist wohl durch metr. Gründe veranlafst. Auch noch andere Formen scheinen durch das Bedürfnis des Metrums beeinflufst zu sein.

4) Hier seien noch die bei Jaina üblichen, in Zahlen nicht ausdrückbaren Gröfsen, welche namentlich auf Zeiträume Anwendung finden, erwähnt: *asaṃkheјja*, *paliovamâ*, *sâgarovamâ*.

fügung des Suffixes *°ya* *°ya* gebildet: duga, tiya, pancaga, vîsaya, welche teils (die beiden ersten) als Collektive im Singular stehen, teils aber auch im Plural flektiert werden und dann synoym dem Grundwort sind, z. B. vîsaehiṃ.

Man beachte, dafs wenigstens in der Prosa hinter Zahlangaben gern *ci pi* steht, selbst hinter einem Compositum, welches ein Zahlwort enthält.

§ 49. Die Ordinalia sind:

1. paḍhama â; 2. biiya â, bîya â[1]); 3. taiya â; 4. cauttha i; 5. pancama î; 6. chaṭṭha î. Die folgenden bis *vîsa* bilden die Ordinalia durch Anfügung von *°ma* f. *°mî* an den Stamm des Cardinale; von *vîsa* weiter wird *ima* angehängt, resp. *ma* an die auf *i* auslautenden. Die Ordinalia von 11 bis 18 können auch dem Cardinalstamme gleichlauten, namentlich dem mit *h* statt *s*; sie werden dann im Masc. Neutr. nach der I. Dekl., im Fem. nach der III. Dekl. abgewandelt.

§ 50. Zahladjektiva werden gebildet durch *viha*: *pancaviha* fünffach, *cauvviha* etc.. Zahladverbia durch *hâ*: *duhâ* dvidhâ, *tihâ*, *cauhâ*, *pancahâ* etc.

4. Kapitel. Das Verbum.

A. Vom Verbum überhaupt.

§ 51. Im Prâkṛit ist die alte sanskritische Konjugation zerstört, sei es, dafs die Grundlage derselben, die Wurzel, für das prâkṛitische Sprachgefühl geschwunden war, sei es, dafs die Kraft, welche ihre einzelnen Teile zusammenhielt, die Analogie gleichlautender Formenreihen, durch die neuen Lautgesetze, welche ähnliches zu unähnlichem und unähnliches zu ähnlichem umgestalteten, paralysiert wurde. Nach neuen Analogien werden die alten Formen teils neu geordnet, teils umgeformt. Jedoch ordnen sich viele Reste des Altertümlichen nicht dem neuen Plane ein; dadurch erhält die prâkṛitische Konjugation bei teilweiser Regelmäfsigkeit den Anschein gröfserer Unregelmäfsigkeit, etwa in gleichem Mafse, wie es beim lateinischen Verbum der Fall ist.

§ 52. Bei der Betrachtung des prâkṛitischen Verbums hat man von den Verbalstämmen auszugehen, die also nicht den Wurzeln, sondern

1) Die Formen *doccu* (*duccu*) *taccu* für *biya*, *taiya* gehören dem Jaina Prâkrit an.

den Präsens- und andern Stämmen im Sanskṛit entsprechen. Man erhält den Verbalstamm durch Abstreichen des *i* der 3 sing. präs.

Es lassen sich nun einfache und abgeleitete Verbalstämme unterscheiden. Erstere können nicht auf andere Stämme zurückgeführt werden, letztere dagegen gehen entweder auf Nominalstämme zurück: Denominativa wie *ollei* von *olla* ârdra, oder auf Verbalstämme: Passiva wie *bhunjijjai* von *bhunjai*, und Causativa *bhunjâvei*. Endlich giebt es noch eine Anzahl von Intensiva, welche durch Wiederholung gebildet sind, z. B. *khalakhalei*. Die meisten derselben sind Onomatopoëtica.

§ 53. Ohne Rücksicht auf die Bedeutung der Verbalstämme kann man nach deren auslautendem Vokal drei Konjugationen unterscheiden:

I. Konjugation: *a*-Stämme. Nach dieser bei weitem zahlreichsten Konjugation gehen die meisten einfachen Verba und die Passiva.

II. Konjugation: *e*-Stämme. Hierzu gehören alle Causativa, die meisten Denominativa und einige einfache Verba wie *suṇemi*, *karemi*, *nemi*, *demi* (im Präsens).

III. Konjugation. Dieselbe wird aus einigen meist unregelmäſsigen Verben auf *â* und *o* gebildet. Die Verba der I. Konj., welche den Vokal *â* vor dem thematischen Vokale haben, können durch Verschmelzung des letzteren mit dem ersteren, wenn eine kurze Silbe folgt, scheinbar in die III. Konj. übergehen: *mâi* aber *mâyanti*.

Zwischen der ersten und zweiten Konjugation finden mancherlei Übergänge statt, indem der thematische Vokal der einen mit dem der andern wechselt, namentlich aus metrischen Gründen. Ja das Streben, beide Konjugationen zu vereinigen, hat im Apabhraṃça zur Beseitigung der zweiten geführt. Anderer Art als dieses Schwanken des thematischen Vokals ist die Anomalie bei den unregelmäſsigen Verben. Unregelmäſsig ist ein Verbum, wenn es zwar die meisten Formen nach der ersten oder zweiten Konjugation bildet, andere aber aus einem andern Stamme. Dabei kann man zwischen dem Präsensstamme, welcher dem Präsens, Imperativ und Optativ zu Grunde liegt, und andern Stämmen unterscheiden, nämlich dem (alten) Futur-, dem (alten) Causativ- und dem Passiv-Stamme. Es treten noch die Formen des Infin. (bez. Absol.) und Gerundium einerseits und des Part. prät. pass. anderseits hinzu, welche ebenfalls häufig lautgesetzliche Fortsetzer der alten sanskritischen Formen sind.

Auch in Beziehung auf die unregelmäſsigen Verba läſst sich das Prâkṛit mit dem Latein vergleichen, in welchem die ganze dritte Konjugation aus „unregelmäſsigen“ Verben besteht.

§ 54. Der Formenreichtum des Verbums im Prâkṛit ist bedeutend geringer als im Sanskṛit. Das Âtmanepadam ist bis auf wenige Reste geschwunden, welche aber durchaus keine Spur von eigentlich medialer Bedeutung haben. In regelmäfsigem Gebrauche sind die Endungen 1) *su* 2. Sing. Imper., 2) *mâṇa* Part. präs. und fut. im Act., Pass. und Caus. Sporadisch kommen die Endungen der 1. und 3. Sing., 3. Plur. präs. des Âtmanepadam vor, meistens von ursprünglichen Âtmanepadi Verben und im Passiv z. B.: *vande, vandae, vandante.*

Wie beim Nomen, so fehlt auch beim Verbum der Dualis durchaus. Das Verbum finitum ist beschränkt auf Präsens, Imperativ, Optativ und Futurum. Aufser diesen kommen vor: die Participia präs. und fut. (je zwei), Part. prät. pass., das Gerundium, das Absolutivum (drei Formen) und der Infinitiv. Rest eines erzählenden Tempus ist das unflektierte *âsi* ich, er war, sie waren. Sonstige präteritalen Formen wie *vayâsi, karittha, karemsu* gehören dem Jainaprâkṛit an.

B. Das regelmäfsige Verbum.

§ 55. In der ersten und zweiten Konjugation kann man einen vollen und einen verkürzten Stamm unterscheiden. Den ersteren erhält man, wenn man (siehe § 52) die Endung *i* von der 3. Sing. präs. abstreicht: *geṇha-, kahe-.* Der volle Stamm um den thematischen Vokal vermindert ergiebt den verkürzten Stamm *geṇh-, kah-.* In der III. Konj. besteht kein Unterschied zwischen vollem und verkürztem Stamme.

§ 56. Das Präsens wird gebildet durch Antritt der Personalendungen *mi, si, i* (e, î); *mo, ha, nti* an den vollen Stamm. In der I. Konj. wird das thematische *a* vor den Endungen der 1. Person Sing. und Plur. wie im Sanskṛit verlängert; nach *â* fällt es namentlich vor dem *i* der 3. Sing. gern aus: *mâi, gâi* aber *mâyanti, gâyanti* (cf. § 53). Das auslautende *â* der III. Konj. wird vor der Endung *nti* verkürzt. Im letzteren Falle tritt in der II. Konj. statt des thematischen *e* (*i*) oft *a*, zuweilen *aya* ein. In der 1. Plur. tritt zuweilen *mha* statt *mo* ein, und vor *mo* findet sich in der I. Konj. zuweilen *i* statt *â* nach Weise des Apabhraṃça.

Im Participium präsentis tritt entweder *nta* f. *ntî* oder *mâṇa* f. *mâṇî* an den vollen Stamm. Vor *nta, ntî* zeigt der Stamm dieselben Erscheinungen wie vor der Endung *nti.*

§ 57. Der Imperativ unterscheidet sich vom Präsens durch besondere Endungen in der 2., 3. Sing. und 3. Plur. In der 3. Person tritt *u* und *ntu* statt *i* und *nti* ein. In der 2. Person Sing. steht in der I. Konj. der volle Stamm mit der Endung *su* oder ohne Endung;

in der II. und III. Konj. tritt *su* oder *hi* an den vollen Stamm an. Die Endung *hi* kann ausnahmsweise auch in der I. Konj. antreten, verlangt dann aber langes *â* vor sich. — Vergl. folgenden Paragraphen.

§ 58. Der Stamm des Optativs, welcher als 3. Person Sing. und Plur. dient, wird gebildet durch Antritt von *ejjâ* oder *ejja* an den verkürzten Verbalstamm. Meistens treten an den Optativstamm in der 1. und 2. Person Sing. und Plur. die Endungen des Präsens, in der 2. Sing. auch *su* und *hi* mit imperativischer Bedeutung. Der Stamm endet in der 2. Sing. häufiger auf den langen, in der 2. Plur. häufiger auf den kurzen Vokal.

§ 59. Das Futur wird in doppelter Weise gebildet:

I. An den verkürzten Stamm tritt *issa* in der I. Konj., ebenso in der II. Konj. oder *ssa*[1]) an den vollen Stamm. Die III. Konj. hat *issa* oder das 2. Fut. Der so gebildete Futurstamm wird wie das Präsens flektiert. Ebenso werden zwei Participia futuri analog denen des Präsens aus dem Futurstamme gebildet. Statt °*issâmi* steht häufig °*issaṃ*.

II. Der Futurcharakter ist *h*; mit demselben lauten die Endungen Sing. 1. *hâmi haṃ* (*himi*), 2. *hisi* (*hasi*), 3. *hii hî* (*hai*) *hi*. Plur. 1. *hâmo*. 2.—. 3. *hinti*. Die 2. plur. kann ich nicht belegen. Überhaupt ist der Plural nicht gerade häufig. Die genannten Endungen treten an den verkürzten Stamm, direkt in der II. und III. Konj., mit Bindevokal *i* in der I. Konj.[2])

§ 60. Im Infinitiv der I. Konj. tritt *iuṃ* (durch Verwechslung mit der II. Konj. auch *euṃ*) an den verkürzten Stamm; ebenso in der II. Konj. oder °*uṃ* an den vollen Stamm; in der III. Konj. findet sich sowohl *iuṃ*: *ajjhâiuṃ*, als auch *uṃ*: *kâuṃ*, *dâuṃ*, *pâuṃ*, *houṃ*.

§ 61. Das Absolutivum ist entweder gleichlautend mit dem Infinitiv oder das *uṃ* desselben wird durch *ûṇa(ṃ)* ersetzt. Neben diesen Formen kommt in gewöhnlichem Gebrauch ein Absolutivum auf *iya* vor, welche Endung an den verkürzten Stamm antritt.

In seltenem Gebrauche ist das Absolutivum auf *ttâ*, *ittâ*, dessen Antrittsweise dem *uṃ* des Infinitiv durchaus entspricht. Diese Form eignet einer älteren Sprachform (Jainaprâkṛit, wo sie häufig noch durch *ṇaṃ* erweitert wird).

Ein anderes Absolutivum, welches einer jüngeren Sprachform (Apabhraṃça) eigentlich angehört, wird durch Antritt von *vi* an den vollen Stamm gebildet.

---

1) Einfaches *s* in *jâṇâresai*, *ajjhâsimo*.

2) Im Hâla findet sich einmal eine Optativform von diesem Futurstamme *chijja* von *chaṃ* ich werde gehen. Doch ist die Berechtigung dieser Form zweifelhaft.

§ 62. Das Gerundium oder Participium necessitatis wird gebildet durch Antritt von °*yavva* an Stelle von *um* des Infinitiv.

Ein anderes Gerundium mehr adjektivischer Bedeutung fügt *aṇijja* (*aṇîya*) an den verkürzten Stamm.

Diejenigen gerundialen Formen endlich, welche auf das sanskritische Gerundium auf *ya* zurückgehen, wie *kajja*, *dujjejjha*, scheinen aufserhalb des prâkritischen Verbalsystems zu stehen.

§ 63. Das Participium präteriti passivi oder Verbaladjectiv wird gebildet durch Antritt von *iya* an den verkürzten Stamm, regelmäfsig in der II. Konj., während in der I. Konj. sehr zahlreich die lautlichen Fortsetzer des sanskritischen, aus der Wurzel durch Antritt von *ta* und *na* gebildeten Part. prät. pass., auftreten.

§ 64. Der Passivstamm wird gebildet durch Antritt von *ijja* (nur ausnahmsweise *îya*[1]) an den verkürzten Verbalstamm. Von dem Passivstamme können alle bisher beschriebenen Formen und zwar nach der I. Konj. gebildet werden. Unregelmäfsige Passivstämme werden bei den unregelmäfsigen Verben angegeben.

§ 65. Der Causativstamm wird durch Antritt von *âve* an den verkürzten Verbalstamm gebildet und nach der II. Konj. durch alle bisher beschriebenen Formen (incl. Passiv) konjugiert. Zuweilen wird auch das *â* von *âve* verkürzt: *kâravei*. Steht vor dem thematischen Vokal des Verbalstammes ein *a*, so kann auch dieses ausfallen, z. B. *pavrayai*: *pavvâvei*. Umgekehrt bildet *nei* das Caus. *neyâvei* dagegen *pariṇei* regelm. *pariṇâvei*.

Neben diesen regelmäfsigen Causativen auf *âve* finden sich die Fortsetzer der sanskritischen wie *kârei bhârei vesei mohei*, die ebenfalls als Verba der II. Konj. flektiert werden. Die gebräuchlichsten der letztgenannten Causativa werden bei den unregelmäfsigen Verben aufgeführt.

§ 66. Wir geben nunmehr ein Paradigma eines Verbums der I. und II. Konjugation:

Präsens.

Indicativ.

Sing.	1.	pucchâmi ich frage	kahemi ich sage
„	2.	pucchasi	kahesi
„	3.	pucchai	kahei
Plur.	1.	pucchâmo (°imo)	kahemo
„	2.	pucchaha	kaheha
„	3.	pucchanti	kahenti (°inti, °anti)

1) Dies ist der gewöhnliche Passivcharakter in der Çaurasenî.

Imperativ.

Sing.	1.	(pucchâmi)	(kahemi)
„	2.	puccha, pucchasu, pucchâhi	kahehi, kahesu
„	3.	pucchau	kaheu
Plur.	1.	(pucchâmo)	(kahemo)
„	2.	pucchaha	kaheha
„	3.	pucchantu	kahentu

Optativ.

Sing.	1.	pucchejjâ. °ejjâmi	kahejjâ, °ejjâmi
„	2.	pucchejjâsi, (°asi), °âsu, (°asu), °âhi.	kahejjâsi (asi), °âsu (asu), °âhi.
„	3.	puchejjâ, pucchejja	kahejjâ kahejja
Plur.	1.	(pucchejjâmo)	(kahejjâmo)
„	2.	pucchejjaha, (°âha)	kahejjaha, (°âha)
„	3.	pucchejjâ, pucchejja	kahejjâ kahejja.

Partic. praes.

I.	pucchanta, f. pucchantî	kahenta, f. î
II.	pucchamâṇa, f. î	kahemâṇa, f. î

Futurum.

I.

Sing.	1.	puchissaṃ, pucchissâmi	kahissaṃ, °âmi (kahessâmi)
„	2.	pucchissasi etc. wie Präs.	kahissasi etc. wie Präs.

II.

Sing.	1.	pucchihaṃ, pucchihâmi	kahehaṃ, kahehâmi
„	2.	pucchihisi	kahehisi
„	3.	pucchihii. °hî, °hi	kahehii, °hî, °hi
Plur.	1.	pucchihâmo	kahehâmo
„	2.	—	—
„	3.	pucchihinti, (°hanti)	kahehinti, (°hanti)

Partic. fut.

I.	pucchissanta, f. î	kahissanta, f. î
II.	pucchissamâṇa. f. î	kahissamâṇa, f. î.

Infinitiv.

pucchiuṃ	kahiuṃ, kaheuṃ.

Absolutiv.

pucchiuṃ, °iûṇa(ṃ)	kahiuṃ, °euṃ, °iûṇa(ṃ), °eûṇa(ṃ)
pucchiya	kahiya
pucchittâ	kahittâ

Gerundium.

pucchiyavva, f. â; (°eyavva)	kaheyavva, f. â; °iyavva
pucchaṇijja, f. â.	kahaṇijja, f. â.

Partic. prät. pass.

pucchiya, f. â.	kahiya, f. â.

Passiv.

pucchijjâmi etc. wie pucchâmi	kahijjâmi wie pucchâmi

Causativ.

pucchâvemi etc. wie kahemi	kahâvemi wie kahemi

C. Unregelmäfsige Verba.

§ 67. Die Zahl der unregelmäfsigen Verba würde eine recht erhebliche sein, wenn man dahin jedes Verbum rechnen wollte, von dem irgend eine, nicht aus dem Verbalstamme hergeleitete Form, die den Verdacht gelehrter Übertragung aus dem Sanskṛit erweckt, sich ein oder das andere Mal findet. Wenn wir aber nur diejenigen Verba, von denen unregelmäfsige Formen in häufigem Gebrauche sind, als unregelmäfsige aufstellen, so beläuft sich deren Zahl etwa auf ein Hundert. Von diesen zeigt die Mehrzahl Unregelmäfsigkeit nur im Part. prät. pass., das dann meist der lautgesetzliche Fortsetzer des Sanskṛitprototypes ist. Viel geringer ist die Zahl derjenigen Verba, die auch in anderen Formen abweichen. Letztere Klasse wird in § 69 behandelt, während in § 68 alle Verba mit unregelmäfsigem Part. p. p. zusammengestellt sind. *r.* hinter dem p. p. p. deutet an, dafs es auch regelmäfsig gebildet wird; *ir.* hinter dem Präsens, dafs das Verbum auch sonst unregelmäfsig ist, worüber § 69 das Nähere enthält. In runde Klammer () sind die Hemacandra entlehnten Formen gesetzt, in eckige [ ] diejenigen, welche in der Bedeutung nicht recht zum Verbum stimmen. Von Verben, die auch mit Präpositionen zusammengesetzt werden, ist gewöhnlich die Grundform angeführt und wenn diese sich nicht aufstellen liefs, eine der gebräuchlicheren Zusammensetzungen. Im allgemeinen habe ich nur unsere Texte, die Appendices zum Pariçishṭaparvan, Kâlakâc. K., Hâla und Setubandha im Auge gehabt. Meine Liste macht keinen Anspruch auf Vollständigkeit, sie wird aber genügen, um über die gewöhnlichen Unregelmäfsigkeiten beim Verbum zu orientieren.

§ 68.	khaṇai ir.	khaya r.	haṇai ir.	haya.
	jiṇai ir.	jitta, jiya,	ucciṇai ir.	°ciya,
	suṇei ir.	suya.	gacchai ir.	gaya,
	namai	naya,	ramai	raya.
	marai	muya, maya,	harai	haya r.
	karei ir.	kaya.		
	jâyai	jâya,	mâyai, mâi	mâya,
	paccakkhâi	°khâya,	?	ṇhâya.
	gâyai, gâi	gîya,	bhâyai, bîhei	bhîya.
	nei	nîya.	bhavai	bhûya.
	kuppai	kuviya,	ruccai	ruiya.
	khâi	khaiya,		
	hîyai	hîṇa	palâyai	palâṇa, palâya
	volai	°liya, °lîṇa	ahilei	°liya, °lîṇa
	payaṭṭai	payaṭṭa,	payattai	payatta,
	pavaṭṭai	pavatta,	tuṭṭai	tuṭṭa.
	(lukkai)	lukka,	sakkai	sakka.
	laggai	lagga.		
	nâsai nassai	naṭṭha,	uvavisai,	uvaviṭṭha,
	ḍasai	daṭṭha r.	saṃdisai r.	saṃdiṭṭha
	kilissai	kiliṭṭha,	gavesai	gaviṭṭha,
	musai	muṭṭha,	tûsai, tussai	tuṭṭha,
	rûsai	ruṭṭha,	icchai	[iṭṭha] r.
	pucchai	puṭṭha r.	sâhai	siṭṭha.
	aruhai	ârûḍha,	chuhai, chubhai	chûḍha,
	gûhai	gûḍha,	mujjhai	mûḍha,
	vahai ir.	vûḍha,	lihai ir.	lîḍha.
	ḍahai ir.	daḍḍha.		
	cayai	catta,	jayai, jiṇai ir.	jitta.
	sincai	sitta.	bhuṇjai ir.	bhutta,
	paunjai r.	pautta.	jujjai	jutta.
	rajjai	ratta.		
	dippai	ditta,	khuppai	khutta,
	lumpai	lutta.	(pass. √khan)	
	khivai r.	khitta,	suvai ir.	sutta.
	lavai	latta.	pâvai ir.	patta,

pahuvai ir.	pahutta,	âḍhavai ir.	âḍhatta,
viḍhavai ir.	viḍhatta,	âṇavei	âṇatta,
vinnavei	vinnatta r.		

samâsasai	samâsattha,	pasaṃsai	pasattha r.
niyaṃsai	niyatthiya.		

avarajjhai	avaraddha,	saṃnajjhai	saṃnaddha.
sijjhai	siddha,	bujjhai	buddha,
mujjhai	mûḍha [muddha],	sujjhai	suddha.
bandhai ir.	baddha r.	rundhai	ruddha.
ârambhai ir.	âraddha,	rumbhai	ruddha.
lahai ir.	laddha.		

chindai ir.	chinna.	bhindai ir.	bhinna.
ruyai ir.	ruṇṇa.	dei ir.	dinna.
uttarai	uttiṇṇa,	oyarai	oiṇṇa.
padivajjai	paḍivanna.	sîyai	sanna.
khijjai	khinna.		

§ 69. Die nunmehr aufzuführenden unregelmäſsigen Verba haben alle ein nicht aus dem Verbalstamme gebildetes Part. p. p. und Passivum. Nur *bhaṇai* sagen hat ein unregelmäſsiges Passivum *bhaṇṇai* bei regelmäſsigem P. p. p. *bhaṇiya*. Wir ordnen die Verba in drei Klassen an:

1) Das Participium p. p. und das Passiv sind unregelmäſsig:

khivai	khitta	khippai.
chivai	chitta	chippai.
âḍhavai	âḍhatta	âḍhappai.
viḍhavai	viḍhatta	viḍhappai.
pahuvai	pahutta	pahuppai.
sincai	sitta	sippai.
lumpai	lutta	luppai.
bhanjai	bhagga	bhajjai.
lihai	liḍha	libbhai.
ḍahai	daḍḍha	ḍajjhai.
bandhai	baddha r.	bajjhai.
rundhai [1]	ruddha	rujjhai.
ârambhai	âraddha	ârabbhai.
rumbhai	ruddha	rubbhai.
tarai	[tiṇṇa]	tîrai.
gâyai	gîya	gijjai.
khâi	khaiya	khajjai.

2) Futurum und Infinitiv haben denselben unregelmäfsigen Stamm:

dei	dâhî	dâuṃ	dinna	dijjai.
nei	nehî	neuṃ	nîya	nijjai.
piyai [2]	pâhî	pâuṃ	pîya	pijjai.
karei [3]	kâhî r.	kâuṃ	kaya	kîrai kajjai.

3) Der Infinitiv-Stamm ist unregelmäfsig und von dem des Futurums verschieden:

suṇai	(socchaṃ) r	souṃ r.	suya	suvvai u. summai.
jiṇai [4]	r.	jeuṃ r.	jiya	jivvai u. jippai.
ciṇai	r.	ceuṃ	ciya	civvai u. cimmai.
haṇai	r.	hantuṃ	haya	hammai.
khaṇai	r.	khantuṃ	khaya	khaṇṇai (khammai).
gacchai	gamihî u. (gacchaṃ)	gantuṃ	gaya	gammai.
lahai [5]	r.	laddhuṃ	laddha	labbhai u. lajjhai.
vahai	r.	voḍhuṃ	vûḍha	vubbhai.
chindai	(checchaṃ)	chettuṃ	chinna	chijjai.
bhindai	(bhecchaṃ)	bhettuṃ	bhinna	bhijjai.
bhunjai	(bhocchaṃ)	bhottuṃ	bhutta	bhujjai.
muncai [6]	(mocchaṃ)	mottuṃ	mukka	muccai.
ruyai [7]	(rocchaṃ)	rottuṃ	ruṇṇa	ruvvai.
suvai [8]	—	sottuṃ	sutta	suppai.
jâṇai	r.	nâuṃ r.	nâya r.	najjai r.
geṇhai	r.	r. abs. gahiuṃ gahâya, ghettuṃ	gahiya	gheppai.

Die mit Zahlen markierten Verben haben doppelte oder mehrfache Präsentia: 1) auch rumbhai. 2) pivai, piei. 3) kuṇai. 4) jayai. jitta. 5) labhai. 6) muyai. 7) ruvai, royai, rovai. 8) suyai, sovai. Doppelstämmig sind: ciṭṭhai ṭhâi, ajjhâi ahijjai, dei dalayai. — Von unregelmäfsigen Absolutiven merke: vinihittu und einige andere auf *ittu* — kaṭṭu zu karei, pariccajja zu pariccayai, ârabbha zu ârambhai. Vereinzelte Präterita sind *âsi* zu *atthi*, *kâsi* zu *karei*.

§ 70. Unregelmäfsige Causativa giebt es in ziemlicher Anzahl, wenn man alle auf *ei* statt *âvei* so bezeichnen will. Folgende sind die wichtigsten:

a) *ei* tritt an den verkürzten Stamm (cf. § 55): jalai jalei, namai namei, ramai ramei, lahai lahei, nâsai nâsei.

b) ebenso, nur wird der Stammvokal verstärkt: karei kârei, khamai khâmei, calai câlei, paḍhai pâḍhei, paṇamai paṇâmei, nivaḍai nivâḍei, marai mârei, vahai vâhei, pasarai pasârei, harai hârei, vihaḍai vihâḍei, bhavai bhâvei, — disai desei, milai melei, visai vesei, tûsai tosei.

c) Der Causativstamm ist von dem des Präsens noch hinsichtlich des auslautenden Stammkonsonanten verschieden: mujjhai mohei, bujjhai bohei, rundhai rohei, jujjai joei, chindai cheei, vijjai veei, rajjai ranjei, piyai pâei u. pajjâvai, jâyai janei, gacchai gamei.

d) Der Causativstamm geht aus auf *vei* oder auf *âvei* und hat dann sonstige Unregelmäſsigkeiten:

ciṭṭhai u. ṭhâi ṭhavei u. ṭhâvei,

dei dâvâvei u. davâvei, muyai moyâvei u. muyâvei.

karei kârâvei u. karâvei kârei, rohai rovei, âruhai ârovei.

§ 71. Defectiva.

Kein P. p. p. haben: vaccai, ei, jâi gehen; pecchai sehen.

Kein Futurum: acchai und ciṭṭhai.

Bei *jâyai* fehlt auſserdem das Abs. etc.

Kein Präsens haben, resp. ersetzen es durch ein anderes:

sprechen (bhaṇai): vaccham, vottuṃ, vattavva, vutta, vuccai vâei.

sehen (pâsai): daccham, daṭṭhuṃ, diṭṭha, dîsai, daṃsei und darisei.

§ 72. Das Verbum substantivum:

1) amhi	'mhi	ich bin	Part. präs.:	santa, santî
asi	'si	du bist		samâṇa, samâṇî
atthi	'tthi	er ist.	Präteritum:	âsi, âsî für alle Personen.

Statt *mhi* kommt auch *mi* vor. — Der Plural ist sehr selten; es sind belegt: *mha* und *mho* wir sind; *ttha* ihr seid; (*atthi* sie sind.)

2) Präs. Imp.

Sing.	homi	Plur.	—	Sing.	—	Plur.	—
	hosi		—		hohi hosu		hoha
	hoi		honti, hunti		hou		hontu

Opt. hojjâ, hojja, hujja

Fut. hohî

Abs. houṃ. Ger. hoyavva.

3) bhavai und havai, bhavissai, bhaviyavva, bhûya.

---

5. Kapitel. Partikeln.

Präpositionen.

§ 73. Die Präpositionen — oder der Stellung der meisten gemäſs besser Postpositionen genannt — bilden keine scharf ausgeprägte Kategorie, da zwar einige ausschlieſslich ihr, die Mehrzahl aber der Kategorie des Substantivs, Adjektivs und Adverbiums ebenfalls angehören. Die meisten Präpositionen sind eigentlich Adverbia, die einen Casus regieren, und wie nun statt der Adverbia oft Adjektiva in Aposition zum Nomen eintreten, so können auch statt der Präpositionen Adjektiva resp. Participia mit dem betreffenden Casus gebraucht werden. cf. § 91, 5. Viele der jüngeren Präp. werden auch absolut als Adverbia gebraucht.

Die meisten Präpositionen regieren den Genitiv. Statt aber zum Nomen in diesem Casus gesetzt zu werden, können sie auch mit der Stammform zusammen ein Compositum bilden, und zwar nicht blos die von noch deutlich erkennbarem nominalen Charakter, sondern auch einige andere, wie uvari, purao; wohl stets pabhiiṃ.

1) Den Accusativ regieren:

antareṇa, viṇâ ohne, *jâva* bis, *pai* nach.
mottuṃ aufser, *gahâya* (*âdâya*) mit.

2) Den Instrumental regieren:

saddhiṃ, samaṃ (*samayaṃ*), *samâṇaṃ, saha* mit;
viṇâ ohne. (auch c. Acc.) [*paraṃ* nach.]

3) Den Ablativ regiert:

ârabbha, seit.

4) Den Genitiv regieren:

aggao, purao vor. *uvari uvariṃ* über. *abbhantare* innerhalb. *parao* jenseits. *antiyaṃ, mûlaṃ, pâsaṃ, samîraṃ* zu. *aṭṭhâ, aṭṭhâe, aṭṭhâ, aṭṭhayâe, kae, kajje, kajjeṇa* wegen. *pacchao, piṭṭhao* hinter. *ahe, heṭṭhâ, heṭṭhao, heṭṭheṇa* unter. *bâhiṃ* aufserhalb. *sammuhaṃ, paḍisammuhaṃ* entgegen. *antie, mûle, pâse, pâsammi*, bei, zu. *samakkhaṃ, paccakkhaṃ* in Gegenwart von.

Adverbia.

§ 74. Jedes Adjektiv kann als Adverb verwandt werden, zu welchem Zwecke es die Endung des Accusativ Sing. Neutr. annimmt, z. B. *sundaraṃ* schön. Derselben Regel fügen sich adjektivische Composita z. B. *s'âyaraṃ* aufmerksam. Die Adverbia haben natürlich auch eine Comparation, insofern vom Comparativ und Superlativ der Adjektiva Adverbia gebildet werden und diese Comparationssuffixe *taraṃ* und *tamaṃ* auch an einzelne ursprüngliche Adverbia treten können. z. B. suṭṭhuyaraṃ. Eigentlich adverbiale Endungen finden sich bei den correlativen Adverbien: ta*ttha*, ta*hiṃ*; tao, ta*tto*; ta*yâ*, tâ*he*; ta*hâ*.

Eine andere Art, Adverbia oder adverbiale Ausdrücke zu bilden, geht vom Substantivum aus, insofern der Instrumentalis eines Nomens häufig adverbiale Kraft hat, z. B. *kameṇa* allmählich, *niyameṇa* notwendig, *kiccheṇa* mit Mühe, *suheṇa* angenehm, *pâeṇa* meist. Diesem Gebrauche schliefsen sich Instrumentale von einigen Adjektiven an, z. B.: *cireṇa* lange, *aireṇa* in Kürze, bald etc.

§ 75. Die wichtigsten Adverbia sind folgende.

a) Ortsadverbia:

ettha[*ṃ*] *iha*[*ṃ*]	hier	*tattha* *tahiṃ*	dort dorthin	*jattha* *jahiṃ*	wo wohin

kiha wohin?

kattha[*ṃ*] *kahiṃ*	wo? wohin?	*katthai* *kahiṃci*, *pi*	irgend wo irgend wohin.

io *etto*	von hier	*tao* *tatto*	von dort	*jao* (?) *jatto*	von wo	*kao*, *kuo* *katto*	von wo?

egattha an einem Orte, *annattha* anderswo, *savvattha* überall. *ekkao* von einer Seite, *savvao*, *samantâ*, *samantao* von allen Seiten. *disi disi* überall, *diso disiṃ* überall hin. *abhimuhaṃ*, *sammuhaṃ*, *savaḍammuhaṃ* entgegen, und die mit °*huttaṃ*, °*âhuttaṃ* gebildeten Adverbia. *uddhaṃ* oben, *uvariṃmi* oberhalb. *bâhiṃ*, *bâhiṃmi* aufserhalb, *bâhirâo* von aufsen. *aggao* voraus, *purao* vorne, *pacchâ*, *pacchao* hinterher. *egante* abseits. — *dûrâo*, *dûrao* von ferne. *antarâ* unterwegs.

b) Zeitadverbia:

ajja *eṇhiṃ*, °*aṃ* *ettâhe* *saṃpai*, °*yaṃ* *iyâṇiṃ*	jetzt	*tayâ*, *tâ* *tao*, *to* *tâhe*	dann	*jayâ* *jâhe*	wann	*kayâ* wann? *kayâi* irgend wann.

annayâ ein ander mal; *jâva* — *tâva*, *jâ* — *tâ* während — da.

kallaṃ gestern, *sue* morgen, *puvviṃ*, *puvvaṃ purâ* früher, *paidiṇaṃ* täglich. *niccaṃ*, *niccaso*, *sayâ*, *sai*, *sayayaṃ* immer. *jhatti*, *jhaḍatti*, *dhasatti*, *sahasâ*, *sahasa cciya* plötzlich. *navaraṃ*, *navari* darauf, sofort. *pacchâ* nachher, darauf. *puṇo*, *puṇo vi*, *puṇo puṇo*, *puṇaravi* wiederum. *etth'antare*, *etth' antaraṃmi*, *tâva ya* unterdessen.

c) Adverbia der Art und Weise:

na, *mâ* nicht, *tahâ*, *evaṃ* ja, *itthaṃ*, *evaṃ* so. *tahâ* so, *jahâ*, *iva*, *viya*, *piva*, *va* wie, *kaha*(*ṃ*) wie? *kahavi*, *kahakahavi* irgend wie. *sammaṃ* auf richtige Weise, *annahâ* auf andere Weise, *savvahâ* auf alle Weise. *samaṃ* zusammen, *piho*, *vîsuṃ* besonders. *aîva*, *ahiyaṃ*, *dhaṇiyaṃ*, *bâḍhaṃ* gar sehr. *îsiṃ*, *daraṃ*, *maṇâgaṃ*, *kiṃci* wenig. *avassaṃ*, *avassa*, *niyameṇa* notwendig. *pakâmaṃ*, *sacchandaṃ* nach Wunsch. *visesao*, *viseseṇa*, *savisesaṃ* besonders, vorzüglich. *lahu*(*ṃ*), *sigghaṃ* schnell, *saṇiyaṃ*, *kameṇa* allmählich. *suṭṭhu* gut, *seyaṃ* besser, *bahuso* vielfach, *bhujjo* mehrfach. *sayaṃ* selbst, *kevalaṃ* nur.

Konjunktionen.

§ 76. Das Gebiet der Konjunktionen ist gegen das der Adverbia nicht scharf begrenzt. So dienen die relativen Adverbia, namentlich in Verbindung mit den correlaten Demonstrativen als Konjunktionen, z. B. *jahiṃ* — *tahiṃ* wo — dort, *jatto* — *tatto* von wo — von dort; *jayâ* — *tayâ*, *jâhe* — *tâhe* als — da, *jâva* — *tâva*, *jâ* — *tâ* während — da. *tâva jâva* soweit bis; *tao to* darauf; *etth'antare* etc. unterdessen. Die wichtigsten übrigen Konjunktionen sind:

ca, *ya*, *u* und, *pi*, *vi*, *avi* auch, *na ya* und nicht, *tu*, *u*; *puṇa*, *uṇa* aber, *na uṇa* nicht aber. *aha*, *io ya* nun. *kiṃ tu* jedoch, *vâ*, *ahavâ ahava*, *uyaha* oder, *hi* denn. *tahavi* dennoch.

eva, *ceva*, *ciya*, *ceya* eben, *tâva* quidem, hervorhebende Partikeln. *kkhu*, *khu*, *hu*; *khalu*; *kira*, *kila*; *nûṇaṃ* wahrlich, bekräftigende Partikel. *jahâ*, *jaha* wie; *jao*, *jeṇa* weil, *tamhâ*, *tâ* darum. *tahâ* ferner. *tahâ hi* nämlich. *ti tti* am Ende, *jahâ* am Anfange der oratio indirecta. *iya* so. *jaṃ*, *jeṇa* dafs, *jai* wenn, *jaivi* (*jaha vi*) — *tahavi* obschon — so doch. *kîsa* warum? *nanu*, *kiṃ* Fragepartikel.

Interjektionen.

§ 77. *aho*, *ahaha*, *hâ*, *dhî* ach! weh! *bho*, *are*, *ai* he! *dhir-atthu* (c. Gen.) wehe über! *alaṃ* (c. Inst.) genug! *namo* (c. Gen.) Preis, Heil! *hale* Freundin!

III. Abschnitt. Syntax.

1. Kapitel. Subjekt und Prädikat. Satzkonstruktion.

§ 78. Das Prädikat stimmt mit seinem Subjekte im grammatischen Genus und Numerus überein. z. B. sayam eva appâ vivâhâvio 54, 10 wo appâ (âtmâ) auf eine Frau geht; annesiyâ savvao tubbhe na kahiṃci diṭṭhâ 15, 29, obschon hier *tubbhe* sich auf eine Person bezieht.

§ 79. Bilden mehrere coordinierte Nominative das Subjekt, so wird das Prädikat nur auf einen, und zwar den am nächsten stehenden, bezogen, wie in den neuindischen Sprachen, z. B. pesio leho kosalliyâiṃ ca 63, 27. kulaṃ sîlaṃ jâî jaso lajjâ ya pariccattâ 24, 32. bandhu-piyâ sahiyâo nayaraṃ gehaṃ ca tujjha kajjeṇaṃ cattaṃ mae 81, 22. kiṃ vâ karei mama virahe mahârâo ambâ ya 21, 10. tao.. samâgao.. Pupphacûlo râyâ. Dhaṇû mantî, Kaṇeradatto, anne ya.. bahave râyâṇo 17, 27. — Um der Notwendigkeit dieser Konstruktion zu entgehen, wird aus zwei Subjekten gern ein pluralisches Dvandva gebildet: Varadhaṇuṇâ bhaṇiyâ Bambhadatta'Buddhilâ 10, 18. payaṭṭâ kumâra'Varadhaṇû 12, 15 der Prinz und Varadhanu gingen weiter.

§ 80. Bezieht sich das Prädikat auf zwei Personen verschiedenen Geschlechts (masc. und fem.), so steht es meistens, im Neutrum Plur., wie im Marâṭhî und Guzerâtî: tâhe râyâ sâ ya jaya'hatthimmi ârûḍhâiṃ 34, 29. do vi aḍaviṃ pavesiyâiṃ 35, 4. teṇa tâṇi ammâ'piyaro pucchiyâṇi 37, 29. (ammâ'piyaro) viraha'mahâgaheṇa gahiyâi ciṭṭhanti 77, 31. (râyâ devî ya) niya'bhavaṇe gayâi 84, 6 paccâsanne gayâi devaule 85, 14. (Maṇippabho Mayaṇarehâ ya) uvaviṭṭhâiṃ tay'antie 44, 14.

Es ist mir wahrscheinlich, daſs die wenigen Fälle, wo der Plur. masc. steht, wie 35, 1 gayâ ujjâṇaṃ, nach Maſsgabe obiger Regel zu verbessern sind.

§ 81. Die Copula wird zuweilen gesetzt: kâ'si tumaṃ 15, 25 mama cciya dohittî tumaṃ hosi 15, 27. Meistens fehlt aber die Copula: ko so jaṇo 14, 8. ke amhe 12, 19. tubbhe Bambhadatta'Varadhaṇuṇo 12, 20. eso so mâyanga'dârao 3, 2. esâ kâi annâ 6, 17. asâro saṃsâro. bhanguraṃ sarîraṃ etc. 14, 21. Dies ist gewöhnlich der Fall im Anfang einer Erzählung bei Nennung der Hauptpersonen: ih' eva nayarîe Dhaṇapavaro nâma seṭṭhî. tassa Dhaṇasaṃcayâ nâma bhajjâ 12, 21. Doch kann auch *atthi* im Anfange, oder *âsî* am Ende des Satzes stehen.

§ 82. Die Konstruktion ist sowohl die aktive als auch die passive. Beachtung verdient die besonders beliebte Konstruktion mit dem Participium prät. pass. und dem Gerundium. Bei derselben ist zu unterscheiden, ob das Verbum transitiv oder intransitiv ist.

1) Ist das Verbum transitiv, so tritt das Agens (logisches Subjekt) in den Instrumental und das Objekt der Handlung wird zum Subjekt des Satzes, mit welchem das Participium oder Gerundium in Genus und Numerus übereinstimmt: teṇa so siṭṭho. so s'âyaraṃ daṭṭhavvo 9, 11. kahaṃ mae so nâyavvo 12, 28. taṃ tassa piuṇâ suyaṃ 37, 11. paḍivannaṃ ca teṇa. In letzterem Beispiele ist das Subjekt nicht ausgedrückt; es ist in solchen Fällen meist *taṃ* oder ein ähnliches, den Inhalt des letzten Satzes zusammenfassendes Pronomen zu ergänzen.

2) Ist das Verbum intransitiv, so tritt das Agens in den Nominativ beim Participium prät. pass., welches mit dem Subjekte in Genus und Numerus übereinstimmt: kumâro vaṇaṃ (oder vaṇe) gao. Das Gerundium tritt aber in den Nom. Sing. neutr. und das Agens (logisches Subjekt) in den Instrum. - unpersönliche Konstruktion: dûraṃ gan-

tavvaṃ. hoyavvam ettha mayakariṇâ. 87, 29. Letztere Konstruktion ist beim Participium eigentlicher Intransitiva seltener, da ja hier die persönliche Konstruktion ihre Stelle hat. Doch finden sich einige Beispiele: guluguliyaṃ hatthiṇâ, hesiyaṃ turangeṇa 62, 36.

Anm.: Man beachte, dass einige Part. p. p. sowohl activ als passiv gebraucht und demgemäss konstruiert werden, z. B.: *âraddha*, *patta*, *paḍivanna* etc. Nicht zu verwechseln ist dieser Gebrauch mit der doppelten Konstruktion von *bhaṇiya* etc., siehe § 83.

---

2. Kapitel. Gebrauch der Casus.

Nominativ.

§ 83. Der Nominativ als Casus des Subjekts und des Prädikat-Ausdrucks ist im Vorhergehenden behandelt. Auch ist dort schon angegeben, dafs bei der Umwandlung der aktiven Konstruktion in die passive das Subjekt der ersteren in den Instr., das Objekt in den Nominativ als grammatisches Subjekt des passivischen Satzes tritt: z. B. so saddaṃ karei; teṇa saddo kao. so taṃ bhaṇai; teṇa sâ bhaṇiyâ. Da aber *bhaṇai* auch die Sache als Objekt haben kann, so wird auch gesagt: teṇa bhaṇiyaṃ. Beide Konstruktionen kommen bei *vutta* vor. Erstere ist bei *pucchiya*, letztere bei *kahiya*, *sâhiya* die übliche. — Ein doppelter Nominativ steht bei den Verben: etwas werden, zu etwas gemacht werden: râyâ domuho jâo 30, 20 (so) mantî jâo 1, 27. (sâ) rannâ savva'rajja'sâmiṇî kayâ 53, 2. selbst: do bhâgâ kayaṃ rajjaṃ. A.

§ 84. Bemerkenswert ist der gelegentliche Gebrauch eines Adjektivs in Apposition zum Subjekt statt eines Adverbiums. Man sagt: gao sammuho, und gao sammuhaṃ. payaṭṭo vaṇâ'bhimuho 35, 3. gayâ puvvâ'bhimuhî 43, 7. aber auch: nîo niya'gharâ'bhimuhaṃ 13, 26. turio pahâvio so 71, 35. aber auch: dûraṃ ugghâḍae turiyaṃ 75, 32. Vergl. § 73. — statt eines Infinitivs: tav'vandao ei 31, 30. gao râiṇo pekkhago 64, 6.

§ 85. Der Nominativ steht ferner bei Ausrufen mit *aho*: aho dujjayattaṃ mohassa, aho duddantayâ indiyâṇaṃ 3, 35. Dagegen steht bei *dhir-atthu* der Genitiv.

Accusativ.

§ 86. Der Accusativus ist der Casus, in welchen die zu Erfüllung des Verbalbegriffes nötige nominale Ergänzung tritt, z. B. pubaviṃ bhamanteṇa 14, 34 ujjâṇa'kâṇaṇâṇi.. vihareṃjâ 34, 27. jûyaṃ ramei 69, 1 paribhamai cakka'bhamaṇaṃ 72, 2. pasûyâ dârayaṃ 43, 21. tunnâga'sippaṃ uvajîvai 65. 11. Er lebt vom Bettlerhandwerk [1]). Gewöhnlich ist der Accusativ daher Casus des Objcktes, d. h. desjenigen, worauf die Thätigkeit des Verbums geht.

§ 87. Bei einigen Verben kann ein doppelter Accusativ, der Person und der Sache stehn [2]): so.. taṃ gabbhaṃ pucchai 37, 32. Er fragt sie nach ihrem Sohne. Hierhin gehören auch die Causativa, z. B. maggehi Ayalaṃ ucchuṃ 59, 6. Lass den Acala um Zuckerrohr bitten. Gewöhnlicher ist aber auch hier die passive Konstruktion, bei welcher der Accusativus der Sache bleibt, z. B. pucchio râyâ pauttiṃ 54, 22. bhaṇio kumaro vayaṇaṃ 83, 17. ahaṃ tae akkhâṇayaṃ pucchevavvâ 50, 10. — Bei Causativen: savvaṃ davvaṃ davâvio 66, 19. maggio Cittangao Mayaṇamanjariṃ râiṇâ 50, 1. pahirâvio mahaggha'vatthe 64, 38. te ya tâo peḍâo goṇhaviyâ 67, 36. kârâvio pâṇiggahaṇaṃ kumâro 6. 37. tumaṃ aṭṭha Bhâṇuvega'kannâo vivâhâvio 25, 25; selbst: kannâṇaṃ aṭṭhottara'sahassaṃ pâṇiṃ gâhio 46, 28. wo *pâṇiṃ gâhio* soviel wie *vivâhâvio* im vorletzten Beispiele ist. Steht aber bei Causativen, die als solche gefühlt werden, die Sache im Nominativ, so tritt die Person in den Instr.: paccaiya'purisehiṃ . . . surangâ khaṇâviyâ 6, 8.

§ 88. Bei Verben der Bewegung wie: *gacchai gaya*, *âgacchai âgaya*, *vaccai*, *paviṭṭha pavesiya*, *patta* etc. steht das Ziel entweder im Accusativ oder im Locativ:

âgacchasu râyaulaṃ 72, 20 vâsa'bhavaṇe âgacchai 50, 6. patto Aṭṭhâvayaṃ 14, 17 patto gehammi 59, 28. paviṭṭho -nagaraṃ 3, 1. paviṭṭho tammi 48, 33. pavesiyâ niya'mandiraṃ 15, 29. pavesio bhavaṇe 56, 29. gayâ Kosambiṃ 10, 12 Merummi gao 54, 9. vacca masâṇassa pacchima'bhâgaṃ 68, 8 nage vaccai 54, 26.

§ 89. Der Accusativ von *aṭṭha*, *aṭṭha* und *nimitta* dienen zur Umschreibung des Zweckes oder der Absicht. Doch steht statt *atthaṃ* auch *atthâ aṭṭhâ*, *atthâe aṭṭhâe*. Vereinzelt steht: sarîra'cintaṃ gao 49, 17. statt des Datiys *cintâe* 49, 33.

§ 90. Der Accusativ steht bei Maſsangaben:

a) räumlich: gayâ thevaṃ bhûmi'bhâgaṃ 12, 11. gao bârasa joyaṇâiṃ 48, 29. jâva annâṇi cattâri angulâṇi vaḍḍhai 37, 2.

b) zeitlich: ṭhio ya kaṇci kâlaṃ 8, 30. bhiḍiyâ mahaiṃ velaṃ 84, 37. aṇegâṇi amha diyahâṇi joyantâṇaṃ coraṃ 73, 17.

---

1) In diesen Rahmen paſst auch die gelegentliche Setzung des Accusativs bei einem Verbum, welches gewöhnlich einen andern Casus regiert, z. B. annaṃ pasatto 81, 23 statt annâe.

2) Hierhin gehören nicht Wendungen wie: karei kimpi uvâyaṃ 59, 18. 60, 13. 65, 23. wo uvâyaṃ Apposition zu kimpi ist: er macht etwas als Mittel.

Instrumentalis.

§ 91. Der Instrumentalis bezeichnet:

1) das Werkzeug oder Mittel (res efficiens), z. B.: egeṇa ceva sareṇa do vi viṇivâiyâ 1, 14. kareha pasâyaṃ jîviya'ppayâṇeṇa 3, 11. Hierhin gehören auch die Redensarten: teṇa kajjaṃ, teṇa paoyaṇaṃ, um etwas zu thun sein.

2) die handelnde Person (agens) in der passiven Konstruktion, siehe oben § 82, 1.

3) die bewirkende Ursache einer Handlung oder eines Geschehens (causativus), z. B.: mama hatthâo pamâeṇa khaggayaṃ nivâḍiyaṃ 42, 9. appabhaeṇa niya'purise paṭṭhâviûṇa 3, 3. tehi vi aṇukampâe moyâvio Namuî 3, 31.

4) die Art und Weise (modalis), z. B. kavaḍeṇa ya khanti visaṃ 86, 8. moṇeṇa acchai 17, 11. vaiyâe acchio 33, 30. uvavâseṇa ṭhio 31, 28. akâraṇeṇa ohne Grund, suheṇa angenehm. Zuweilen wird dem Adverbium der Instr. des Adjektivs hinzugefügt: suhaṃ suheṇaṃ, samaṃ sameṇa, majjhaṃ majjheṇa, tivihaṃ tiviheṇa.

Dieser Gebrauchssphäre des Instr. gehört auch die Anwendung desselben in folgenden Fällen an: khaṇeṇaṃ flugs, acireṇa kâleṇa. kaivaya'diṇehiṃ 40, 13. majjheṇaṃ vaccanto 60, 11. eeṇaṃ maggeṇaṃ atthi kantâraṃ 79, 29. ferner: nâmeṇa „mit Namen" nach Eigennamen.

5) die Begleitung (sociativus) savva'baleṇa nîhario nayarâo 48, 26. asiṇâ kaḍḍhieṇa piṭṭhao ei 66, 1. Meistens werden in diesem Falle die Präpositionen *saha*, *samaṃ*, *samâṇaṃ*, *saddhiṃ* „mit", die Participia *sahiya*, *sameya;* resp. *viṇâ* ohne, *rahiya* etc. gebraucht.

Anm.: Der Instr. steht für den Abl. Plur., siehe § 95.

Dativ.

§ 92. Vom Dativ finden sich nur wenige Spuren. Er hat die Bedeutung des Zweckes. Namentlich bei *attha* hat er sich erhalten: *atthâe aṭṭhâe;* siehe oben § 89.

Ablativ.

§ 93. Der Ablativ, dessen allgemeinste Bedeutung die Bezeichnung eines Ausgangs- oder Anfangspunktes ist, findet folgende Verwendung. Er bezeichnet:

1) sowohl den räumlichen Ausgangspunkt für irgend eine Bewegung: nagarâo niggao, âgao; hatthâo bhaṭṭhaṃ; uttiṇṇo sandaṇâo, als auch den zeitlichen Anfangspunkt irgend eines Geschehens bâla'bhâvâo ârabbha; jaddivasâo diṭṭho 70, 24. seit welchem Tage.

2) den Ursprung sowohl in sachlicher Beziehung: Gandhârâo sâvao 31, 27. egâo bhadda'mâhaṇa'kulâo bhajjâ pariṇiyâ A 12, als auch

namentlich in **begrifflicher** Beziehung, d. h. die Ursache, das Motiv: siṇehâo aîva pamuiya'hiyaeṇa gahio 45, 8. jal'aṭṭhâ gao 9, 31 maccharinîo ya eyâo savattittaṇao 53, 1. So berührt und deckt sich teilweise der Ablativus causae mit dem Instrumentalis; nur dürfte letzterer Casus den specielleren, der Ablativ den allgemeineren Grund bezeichnen.

3) den entfernten Punkt bei räumlichen und zeitlichen Abstandsbestimmungen: niya'nayarâo dûre 69, 12 paḍhama'samayâo jâva chammâs'âuya'sesaṃ 27, 14, sowie den bekannten Gegenstand bei Vergleichen: Sakka'vaṇṇiya'rûva'sirîo ahiyayaraṃ 27, 4.

§ 94. Der Ablativ steht bei Verben, welche bedeuten a) sich fürchten, scheuen: mâ bîhasu . . raṇṇa'kalahâo 81, 34. uvviggo ya saṃsâra'vâsâo 86, 28. — b) schützen, befreien: hatthi'saṃbhamâo rakkhiyâ 17, 15. jai eyâo rogâo muccâmi 17, 4; aber auch: jîveṇa muccae 71, 7. — c) ablassen etc.: niyattasu imâo saṃgâmâo, uvaramasu eyâo asubh'ajjhavasâṇâo 3, 38. uvasâmio verâ'ṇubandhâo 45, 29. — d) nachstehen, unterliegen: bhaggo kukkuḍo bîya'kukkuḍâo 10, 19.

§ 95. Im Plural ist der Ablativ nicht recht gebräuchlich; er wird vertreten durch den Genitiv: nâ 'haṃ eesiṃ uccarâmi 60, 3 . . . . . pariggahâṇa veramaṇaṃ 40, 26 und durch den Instrumental: jharei romakûvehiṃ seo 4, 23. jâhe tehiṃ na bhîo 22, 5.

Genitiv.

§ 96. Der Genitiv kann im Prâkṛit wie in den übrigen indogermanischen Sprachen die verschiedenartigsten Beziehungen zwischen zwei Substantiven ausdrücken, doch werden die ungewöhnlicheren lieber durch Zusammensetzung, als durch den bestimmten Casus ausgedrückt. Erwähnt sei nur der Genitivus objectivus: aho dujjayattaṃ mohassa, aho duddantayâ indiyâṇaṃ. neben dem Gen. subjectivus: aho ummâhayattaṃ visayâṇaṃ 3, 35 und der Genitivus partitivus: eyâṇa kaṇiṭṭheṇaṃ 85, 18 anteurassa paḍhamâ 68, 28 jo eesiṃ welcher unter ihnen. gaha'nakkhattâṇaṃ sasaharo-vva etc. 84, 18, 19 wie der Mond unter den Planeten und Gestirnen.

Selten steht der Genitiv mit Ellipse des regierenden Wortes z. B.: devâṇaṃ pi ahiyaṃ 27, 1 für devâṇaṃ pi **rûvâo** ahiyaṃ cf. 27, 4.

§ 97. Der **Genitivus absolutus** bezeichnet einen begleitenden Umstand wie der Locativus absolutus und giebt meist eine Zeitbestimmung (während): râiṇo nivannassa ahaṃ tae akkhâṇayaṃ puccheyavvâ 50, 10 vimukka'jîyâṇa vaccihisi 77, 33. Weitere Beispiele 21, 20; 30, 30; 43, 6; 73, 1, 16; 83, 3. Häufig steht ein solcher Genitivus in einem Satze, dessen Subjekt ein Wort ist, welches Zeit im allgemeinen oder eine bestimmte Zeit bedeutet: tahâ karentassa aikkanto koi kâlo 1, 24. vaccantâṇa ya âgayâ rayaṇî 60, 29. bahûṇi diṇâṇi evaṃ eie dummaṇâe 11, 21. In einigen Fällen liefse sich der Genitiv hier besser als Dativ oder auch als abhängiger Genitiv auffassen, doch ist überall die Deutung als Gen. abs. möglich. Weitere Beispiele: 21, 21. 40, 4. 41, 29. 43, 8. 45, 4. 54, 30. 65, 19. 25. 73, 18. 78, 23. 82, 33. — Der Genitiv zur Bezeichnung der Zeit findet sich in seltenerer Anwendung: pancama'diṇassa 54, 26. kaivaya-diṇâṇa 40, 13 v. l.

§ 98. Einzelne Worte regieren den Genitiv:

1) Die Adjektiva, welche ähnlich bedeuten, als *sarisa*, *sâriccha*: maha sariso 26, 12 Indagaindassa sâriccho 71, 33, desgl. *santiya* gehörend, siehe § 100 — vereinzelt steht: guṇâṇaṃ aṇurattâ 59, 17.

2) Das Verbum *bharei* füllen: hiraṇṇa'suvaṇṇa'mottiyâṇaṃ thâlaṃ bhareûṇa 64, 6. pâyasa'ghaya'dahiyâṇaṃ bhariûṇaṃ bhaṇḍae 80, 24. — *pahavai* Macht haben über: na ya tassa kiṃci pahavai 35, 24. — *sumarai* sich erinnern: sumariya Rayaṇavaîe 15, 17.

3) bei den Präpositionen: *aggao purao uvari abbhantare pacchao heṭṭhâ bâhiṃ* etc. siehe § 73, und nach den Interjektionen: *namo*, *dhir-atthu*, z. B. dhir-atthu me vavasiyassa 7, 34.

§ 99. Der Genitiv hat auch die Funktion des alten Dativs übernommen und steht daher auf die Frage wem. Regelmäfsig ist seine Verwendung zur Bezeichnung des entfernteren Objekts, wie: teṇa tassa dinnaṃ, kahiyaṃ, siṭṭhaṃ etc., aber auch in anderen Wendungen, und wo wir den Dativ oder die Umschreibung mit für, nach etc. gebrauchen: tassa khamâmi; tumhaṃ royae; kayaṃ se nâmaṃ. Pavaṇacando vâîṇaṃ na uṇa sîsâṇaṃ 69, 20. ukkaṇṭhiyaṃ tuha daṃsaṇassa me hiyayaṃ 57, 16. Im Sanskrit würde *darçanîya* stehen. — Sogar zur Bezeichnung des Zweckes: jalaṇassa gao 85, 15 nach Feuer, um Feuer zu holen. bhattassâ 'tigao A. 15.

§ 100. Besondere Erwähnung verdient der auch im Sanskrit statthabende Gebrauch des Genitivs bei Verben des Seins zum Ausdruck des Besitzes: kiṃ natthi mama, jaṃ anna'râîṇaṃ atthi 39, 4. tassa ya Bambha'râiṇo . . mahârâyâṇo cattâri mittâ âsi 4, 36. tassa ya râiṇo satta taṇayâ jâyâ 39, 15. etc. Zu gröfserer Deutlichkeit kann auch der Genitiv von santiya „gehörend" abhängig gemacht werden: esa dhavala'hatthî mama santio 47, 7. dieser weifse Elephant gehört mir.

Über den Genitiv statt des Abl. Plur. siehe § 95.

Locativ.

§ 101. Der Locativ bezeichnet den ruhenden Punkt. Er dient daher zu Ortsbestimmungen der mannigfaltigsten Art:

1) Bezeichnet er den Ort, wo irgend ein Vorgang stattfindet oder auf den er Bezug hat: Some nayare . . Maṇicûḍo . . âsi 1, 1 mamma'paese hao 80, 36. cintae maṇe 74, 17 jo jâi juvai'vagge sabbhâvaṃ 76, 21. citte amarisa'jutto 69, 14 kare ghettûṇa 56, 23. puḍae ghettûṇa jalaṃ 9, 32. pâesu ceva gantuṃ payaṭṭâ 6, 23. aber auch *pâchiṃ pâtthiyâ.*

2) Bezeichnet er den Ort, auf den ein Vorgang gerichtet ist. Er wechselt daher mit dem Accusativ des Zieles, siehe § 88. kûve chuhâmi 66, 4. pakkhittâ nahayale 43, 17. kumâr'uttamange akkhae pakkhivai 6, 32. vâhiyaṃ tammi vaṃsa'kuḍange taṃ khaggaṃ 7, 31, auch übertragen: sâmitte ṭhâvemi tumaṃ 43, 32.

Zusatz. Hierhin gehört auch der Locativ von Abstrakten, der den Infinitiv umschreibt: mâraṇe chiddaṃ 58, 7 eine Gelegenheit ihn zu töten. paraloya'cintaṇe buddhî 77, 8.

§ 102. Der Locativ bezeichnet ferner das, worauf eine Gemütserregung oder Leidenschaft gerichtet ist: mucchio tâsu 29, 5. nirao paro'vayâre 69, 19, aṇurâo guṇesu 58, 4. bhâvesu ya savva'sattesu mettiṃ 43, 18. paḍibandho amhârisesu 57, 27. adiṭṭhâe vi Rayaṇavaie jâo kumâro tammaṇo 12, 15. Statt des Locativs findet sich zuweilen Umschreibung mit *uvari*: mama cie Devadattâe uvari... paḍibandho 63, 28. jai tumho 'vari râo bhavissai eyâsiṃ 8, 35.

Ähnlich ist der Gebrauch des Locativs in folgenden Fällen: ko moho ettha bandhûsu 46, 18. subhâ'bhimâṇo tesu moha'vilasiyam eva 4, 3. jatto dhammammi 46, 13.

§ 103. Der Locativ steht bei Zeitangaben: avara'diyahe, pabhâe, addharatte etc.

§ 104. Der Locativus absolutus, d. h. der Locativ eines Participiums mit oder ohne ein zugehöriges Nomen oder Pronomen, drückt eine temporale oder causale Nebenbestimmung aus. Jugabâhummi jîvamâṇe 41, 22. Mûladeve paviṭṭhe 50, 20. jâe vi bhitti'sandhe 74, 37. tammi volie 49, 16. tammi âgae 49, 32. mayâ apaḍivanne vi 41, 12. evaṃvatthie 41, 19. Als ein elliptischer Loc. abs. ist der Locativ von *kâraṇa* aufzufassen: akâraṇe kuddho 71, 27. eya'kâraṇe mailiyaṃ kulaṃ 86, 15. na nikkâraṇe bhaṇanti âyariyâ. A.

§ 105. Selten steht der Locativ bei Geben statt des Genitivs: dâûṇa jaṇesu 64, 20.

---

3. Kapitel. Gebrauch der Tempora und Modi.

§ 106. Das prâkṛitische Verbum bildet kein System von einheitlichem Plan. Zeitbestimmung und Modalität sind nicht scharf von einander geschieden noch auch consequent ausgebildet. Charakteristisch ist die entschiedene Vorliebe für das Participium präteriti passivi, welches das bis auf wenige Reste fehlende Präteritum vertritt.

Präsens.

§ 107. Das Präsens ist eigentlich ein Aorist und bezeichnet eine Handlung oder einen Vorgang ohne die Zeit zu bestimmen, welche vielmehr meist aus dem Zusammenhang hervorgeht[1]). Es ist daher:

1) wirkliches Präsens d. h. es drückt die als gegenwärtig gedachte Handlung aus. In dieser Bedeutung kann das Präsens nicht durch ein anderes Tempus vertreten werden.

2) aoristisches Futur, d. h. es geht auf eine unbestimmte Zukunft: adiṭṭhe tammi marai 25, 11 wenn er sie (die Leiche) nicht sieht, wird er sterben. annahâ na jememi 25, 11 unter andern Bedingungen werde ich nicht essen. Es findet sich auch in Bedingungssätzen, wo das Futurum ebenfalls stehen kann: jai me paî na hoi, to nûṇaṃ marâmi 11, 30. jai mama . . deha, to aham avi . . demi 39, 25 aber auch: jai na jaṃpasi, to dâhaṃ 10, 24. jai . . râo . . bhavissai, to paḍâgaṃ câlissâmi 8, 36.

3) In der 1. Person Sing. und Plur. hat das Präsens häufig die Bedeutung des Wollens oder Sollens, und ist daher von uns als erste Person Imperativi aufgeführt worden.

4) Präsens historicum. Als solches findet es in der Erzählung seine vorzüglichste Verwendung und wechselt stets mit dem Präteritum d. h. dem dies vertretenden Part. prät. pass.

Optativ.

§ 108. Der Optativ steht:

1) Bei Aufforderungen oder höflichen Befehlen: to tumaṃ amûḍho vaḍe vilaggejjâsi 29, 12. Wegen der Ähnlichkeit der Bedeutung mit dem Imperativ nimmt der Optativ in der 2. Sing. auch die imperativischen Endungen *hi* und *su* an, cf. § 58: jai amhehiṃ kajjaṃ, to Pancaselagaṃ dîvaṃ ejjâhi 29, 5. tâ taṃ savvaṃ supurisa app'âyattaṃ karejjâsu 81, 10. In der 2. Plur. ist ja stets dieselbe Endung in beiden Modis: khamejjaha avarâhaṃ 25, 26.

2) wenn etwas als zweifelhaft, möglich oder erwünscht dargestellt werden soll: kabavi âṇiyaṃ hojjâ, die Feder könnte ja auf irgend eine

---

1) Daher steht es gern in Nebensätzen, weil die Zeitlage gewöhnlich aus dem übrigen Satze erhellt: jâva esa kumâro rajja'dhurâ'vahaṇa'jogo hoi, tâva amhehiṃ eyaṃ rajjaṃ pâleyavvaṃ 5, 10. jâva . . ciṭṭhâmi ahaṃ, tâva tumaṃ . . âgao 8, 16.

Weise hierhin gebracht sein. tâ vi tâva diṭṭhie nirakkhijjâ. Auch dann würde man sie doch mit einem Blicke als solche erkennen 49, 35. jayâ tumaṃ râyâ hojjâsi, tayâ tumaṃ eyassa gâmaṃ dejjâsi 37, 9. jahâ Pañcaselâ'hivaî hojjâmi tti, to kiha' jâmi 29, 19.

3) als Ausdruck der Zukunft. Da nämlich eine mögliche Handlung nur eine zukünftige sein kann, so greift die Sphäre des Optativs in die des Futurs über, und kann ersterer daher das zweite vertreten. tâ so bâlao keṇai vaṇayareṇa v â v â i j j i s s a i, ahavâ âhâra'virahio sayam eva v i v a j j e j j â. Nun wird das Knäblein von irgend einem wilden Tiere umgebracht werden, oder es dürfte (d. h. wird) auch von selbst aus Nahrungsmangel umkommen 43, 22.

Imperativ.

§ 109. Der I m p e r a t i v ist der Modus des Befehls; er wird gebraucht wie in den meisten Sprachen. Seine Vertretung durch den Optativ, siehe § 108, 1, durch das Gerundium § 114.

Futurum.

§ 110. Das F u t u r u m bezeichnet ein zukünftiges Ereignis, und zwar ein als wirklich, nicht blos möglicherweise eintretend gedachtes: anno vi jo evaṃ karissai, tassâ 'haṃ niggahaṃ kâhâmi 5, 22.

§ 111. Wie im Deutschen kann das Futurum des Hinweises auf die Zukunft entbehren, um dann ein ungewisses Ereignis mit subjektiver Gewissheit zu bezeichnen: ajjaṃ kira se vijjâ'siddhî bhavissai 8, 27. jetzt wird sein Zauber vollendet sein. pâṇiya'nimittaṃ oiṇṇo bhavissai 13, 12. er wird wohl um zu trinken abgestiegen sein. jai ihâ 'ḍavie bhavissai, to lahissâmo 13, 20. wenn er in diesem Walde wirklich ist, dann werden wir ihn finden.

Nach dieser Seite hin berührt sich also das Futurum mit dem Optativ als Ausdruck des Ungewissen. Es steht daher auch in direkten und indirekten Fragen, welche nicht lange unentschieden bleiben sollen: so cintei: kettio so hohî? er dachte: wie mag er wohl beschaffen sein. ajâṇanto, jo eesiṃ sâvao bhavissai nicht wissend, wer von diesen ein Gläubiger ist. (Beide Beispiele aus den Appendices zum Pariçishṭaparvan).

Die Participia.

§ 112. Das Participium fügt zu einem Nomen eine verbale Nebenbestimmung, deren Zeit durch das Tempus des Participa mit Rücksicht auf die Handlung des Hauptverbums bestimmt wird. Ihre Bedeutung ist teils eine adjektivische, so dafs sie auch in Composition treten, z. B.: guru'soy'â u l i j j a n t a'mâṇasassa jâyâ rayaṇi 13, 31. ruṭṭho râyâ. a i k k a n t a'bâla'bhâvo. b h a v i s s a'cakkavaṭṭî 12, 25., teils eine mehr verbale, eigentlich participielle: palointeṇa.. diṭṭho 10, 38. paloento pecchai 7, 29. evamâi bhaṇio.. kârâvio pâṇiggahaṇaṃ kumâro 6, 36.

Durch Zufügung des part. präs. *santa*, *samâṇa* zum Part. prät. pass. wird ein Participium perfecti gebildet: vâvâiyâ santâ 44, 30. cuyâ samâṇâ 44, 26. — Hier sei auch noch die Verwendung des Part. präs. als Conditionalis erwähnt (Hem. 3, 180), obschon in unseren Texten sich dafür kein Beleg findet.

§ 113. Seine häufigste Verwendung findet das Part. prät. pass. als Präteritum, namentlich als erzählendes Tempus. Die dabei üblichen Konstruktionen sind oben § 82 angegeben. — Durch Zufügung des Verbum substantivum (*atthi*, *âsi*) oder von *jâya* kann die Zeit und Natur dieses an sich unbestimmten Präteritums präcisiert werden; doch lassen sich die etwas spärlichen Beispiele noch nicht als bestimmte Ansätze zum weiteren Ausbau des Verbalsystems auffassen.

Gerundium.

§ 114. Das Gerundium wird äufserst selten adjektivisch oder substantivisch gebraucht. Interessant ist folgender Fall, wo das Gerundium genau wie im Lateinischen gebraucht wird: na esa avasaro pacchâ valiyavassa 13, 19 non hoc (est) tempus redeundi.

Meistens wird das Gerundium konstruiert wie das Part. prät. pass. bei der Bildung des Präteritum, und bildet dann den Imperativus resp. Optativus Passivi: tâ s'âyaraṃ daṭṭhavvo 9, 11 er soll mit Aufmerksamkeit behandelt werden. na tae kassavi sâhiyavvaṃ 11, 16 du darfst es keinem sagen. atthi tae saha vattavaṃ kiṃpi 17, 2 ich mufs etwas mit dir besprechen.

Insofern der Optativ sich mit dem Futurum berührt, kann auch das Gerundium zur Umschreibung des Futurum (Passivi) gebraucht werden: kahaṃ mae so nâyavvo 12, 26 wie werde (oder soll) ich ihn erkennen?

Wie das Futurum, so kann auch das Gerundium gebraucht werden, um die Gewifsheit auszudrücken, cf. § 111. tâ bhaviyavvaṃ keṇai imiṇâ siddha'puriseṇa 57, 11 drum wird er wohl irgend ein vorzüglicher Mensch sein. iha niyaḍa'vattiṇâ vasameṇa bhaviyavvaṃ 13, 20 hier mufs eine Wohnstätte in der Nähe sein. hoyavvam ettha mayakariṇâ 81, 29 hier mufs ein toller Elephant sein. Aktivisch ausgedrückt würde der letzte Satz lauten: mayakarî ettha bhavissai, worüber man § 111 vergleiche.

Absolutivum.

§ 115. Das Absolutivum fügt eine verbale Bestimmung zum Hauptverbum in der Weise, dafs beide dasselbe Agens haben. Mit

Bezug auf die Handlung des Hauptverbums drückt das Absolutivum eine vorausgehende vollendete Handlung aus, die entweder selbst oder deren Resultat wenigstens die Haupthandlung begleitet, z. B. iti kaliûṇa gacchai, so überlegt habend, d. h. in diesem Gedanken ging er[1]).

Infinitiv.

§ 116. Der Infinitiv ist stets von einem andern Worte abhängig und bezeichnet den reinen Verbalbegriff ohne die Bedeutung der Absicht. Selten entspricht er dem Supinum, wie es im Sanskṛit oft der Fall ist. so vi na sakkai coraṃ geṇhiuṃ 65, 21 auch der kann den Dieb nicht abfassen; passivisch aber wie im Sanskṛit: na ya sakko pahaṇeuṃ 79, 3 er kann nicht getötet werden; na ya tîrai keṇai geṇhiuṃ 65, 22 er kann von keinem gefafst werden.

Der Infinitiv kann auch durch ein abstraktes Verbalnomen im Lokativ ersetzt werden, siehe § 101 Zusatz, z. B. eso Ayalo mama ghar'âgamaṇe nivâreyavvo 68, 16 es soll diesem Acala verboten sein, in mein Haus zu kommen. Es könnte auch heifsen: mama gharaṃ âgantuṃ.

4. Kapitel. Wortstellung.

§ 117. Die prâkṛitische Wortstellung, wie wir sie in den mitgeteilten Prosastücken kennen lernen, ist frei, ohne willkürlich zu sein. Sie dient nicht mehr ausschliefslich der Kennzeichnung oder Hervorhebung der Satzteile als solcher, obschon die grammatische Funktion stets ein wirksamer Faktor für die Stellung der Worte blieb: sondern sie hängt ebenso von der Natur der darzustellenden Sache, dem Zusammenhange und dem Wohllaute ab. In der richtigen Abmessung des Einflusses, der jedem der genannten Faktoren zukommen soll, beruht offenbar zum grofsen Teile die Kunst des Prosastiles. Denn zu einer höheren Entwicklung der Prosa, zum Periodenbau, mangelten der Sprache die Mittel: die Nebensätze gewannen keine freie Gliederung, da die Deutlichkeit meistens im Hauptsatz ein auf den Nebensatz hinweisendes correlates Bindeglied, jo — so, jâva — tâva, jai — to, jai vi — tahavi etc. verlangt, was bei häufiger Anwendung zu unerträglicher Steifheit geführt haben würde. Nur die Freiheit in der Bildung von Composita

1) Als Fehler mufs es bezeichnet werden, wenn 84, 5 zum Absolutivum sein von dem des Satzes verschiedenes Subjekt im Nominativ zugefügt wird voliûṇa sâ rayaṇî . . gayâ s'âṇanda'hiyayâiṃ als die Nacht verflossen war, gingen sie frohen Mutes heim

blieb, aber immerhin macht das Prâkṛit keinen so ausgiebigen Gebrauch von diesem Stilmittel, wie die gelehrte Sprache, das Sanskṛit.

§ 118. Als grammatisches Prinzip der Wortstellung darf man aufstellen: daſs das Bestimmende dem Zubestimmenden vorausgeht, speziell der Genitiv dem regierenden Worte, das abhängige Nomen der Präposition, das Objekt dem Verbum, desgleichen andere nähere Bestimmungen desselben, wie Adverbium, Participium und Absolutivum, endlich der Infinitiv dem regierenden Worte. Die einfache Satzstellung ist: 1. Subjekt, 2. Objekt, 3. Prädikat; bei der passivischen Konstruktion: 1. Instr., 2. Prädikat, 3. Subjekt, oder: 1. Instr., 2. Subjekt, 3. Prädikat.

§ 119. Der Genitiv steht vor dem regierenden Worte. Auf den den Dativ vertretenden Genitiv bezieht sich natürlich diese Regel nicht. Von derselben finden sich einige Ausnahmen. Namentlich, wenn auf das regierende Wort ein besonderer Nachdruck fällt, steht es voran: aho dujjayattaṃ mohassa, aho duddantayâ indiyâṇaṃ, aho ummâhayattaṃ visayâṇaṃ 3, 35 aho aṇiccayâ saṃsârassa, asârayâ sarîrassa 27, 21., ferner wenn das regierende Wort durch und mit dem vorhergehenden verbunden ist: majjhaṇha'kâlattaṇao ya dava'daḍḍhayâe ya raṇṇassa 21, 27. Der Genitivus objectivus steht gern nach: vahaṭṭhayâe tassa 1, 21 aṇumaggeṇa kumârassa 20, 26. Wenn das regierende Wort einen Grund angiebt, steht es meist voran: maraṇa'pajjavasâṇayâe jîvaloyassa 5, 6. vallabhayâe bhâuṇo 5, 6. dunnivârayâe indiyâṇaṃ 5, 14. duppariccayaṇîyattaṇao pâṇâṇaṃ K.

§ 120. Der Objekts-Accusativ steht vor dem Verbum, sei dasselbe nun ein Verbum finitum oder ein Participium resp. Absolutivum. Doch wird auch hier wiederum die Stellung umgekehrt, wenn das Hauptgewicht auf das Verbum fällt; so bei Imperativen: uvasamasu uvasamasu kovâ'ṇalaṃ 3, 13. pariharâhi dahiṃ 38, 36. karesu maṇa'samâhiṃ, mâ karesu kassai uvariṃ paosaṃ etc. 42, 17. muncasu uvveyaṃ, avalambesu dhîrayaṃ etc. 43, 36. ferner: vissâriûṇa râya'sâsaṇaṃ, agaṇiûṇa niyabhûmiṃ 2, 8. agaṇiûṇa Bambha'mittattaṇaṃ, avamanniûṇa vayaṇîyayaṃ 5, 14. ähnlich 42, 4.

§ 121. Adverbielle Bestimmungen stehen vor dem Verbum, samaṃ viharantâ 1, 3. âsannaṃ carantâ 1, 13. s'âyaraṃ daṭṭhavvo 9, 11. sâ'isayaṃ alaga'phâsaṃ aṇubhavanteṇaṃ 3, 33. Unter Umständen kann das Adverbium auch nachstehen: ghurughuranti varâhâ, pokkâranti bheravaṃ sivâo 43, 11.

Steht beim passiven Verbum auſser dem Instr. agentis noch ein anderer Instr. (rei efficientis oder causae etc.), so steht letzterer zwischen ersterem und dem Verbum: vâheṇa egeṇa ceva vâṇeṇa do vi vinivâiyâ

1, 14, 16. taṃ pi kumâreṇa vâruṇ'attheṇa paḍihayaṃ 23, 32, 36. ruṭṭhâe addâeṇa âhayâ 31, 9. diṭṭho ohîe Sakkeṇa 26. 12. Kaṇayamanjarîe . . . kougeṇa vaṇṇaehiṃ lihiyaṃ jahâsarûvaṃ sihi'picchaṃ 49, 18.

§ 122. Umgekehrt wird aber auch das Verbum von Adverbien, Participien und Absolutiven angezogen, sofern letzteren eine bestimmte Stelle durch ihre Bedeutung zukommt, z. B. annayâ pâraṃbhiyâ citta-sabhâ râiṇâ 49, 11 annayâ gao nage Naggaî 54, 29. avaraṇha'samae pâraddho nacciuṃ 18, 13. Ebenso werden von satzeröffnenden Adverbien oder adverbialen Ausdrücken Absolutiva angezogen, so dafs ihr Objekt hinter sie treten mufs: tao hantûṇa Asaṇivegaṃ 24, 1. tao jiṇiûṇa rakkhasaṃ 22, 16. tayaṇantaraṃ ca phusiûṇa... nayaṇa'juyalaṃ 21, 8. gosammi ya âucchiûṇa gâma'ṭhakkuraṃ 14, 1. So wird die Stellung des Hauptverbums oft dadurch beeinflufst, dafs es von einem Participium oder Absolutivum angezogen wird: veṇṭalikâûṇa pakkhittam uttarîyaṃ 7, 23. parissamaṃ neûṇa mukko karî 7, 25. evaṃ soûṇa gayâ kappaṃ. 44, 37. rûvavai tti kâûṇa gahiyâ nivaḍamâṇî 43, 18. vaṇâiṃ paloyanteṇa diṭṭho teṇa mahâkarî 7, 20. paloento pecchai... 7. 29. paloenteṇa diṭṭhaṃ 7, 35, 37. In ähnlicher Weise ziehen sich Participium und Absolutivum, resp. zwei Absolutiva an, wobei zuweilen ein Chiasmus entsteht: kolhuya'rasiaṃ souṃ bhanjeûṇa vayaṇaṃ 2. 10. kâvâliya'vesaṃ kâûṇa vanciûṇa mâyanga-mayaharaṃ 10, 6. °kilanto aikkamiûṇa aḍaviṃ 7, 9.

§ 123. Ein sehr wichtiges Moment für die Wortstellung ist der Zusammenhang der Handlung und der Erzählung. Es ist natürlich, dafs innerhalb eines Satzes die Stellung der einzelnen Worte möglichst genau mit dem Nacheinander der einzelnen Momente der Handlung übereinstimme. Weiter ist zu beachten, dafs in lebhafterer Erzählung das dieselbe weiterleitende Element sich vordrängt. Daher findet sich sehr oft das Verbum als Kernpunkt der Erzählung im Anfang. So in folgender Stelle 47, 21—24: gaṇiṇi'aṇunnâyâ gayâ sâhuṇi'sahiyâ Sudaṃsaṇa-puraṃ. diṭṭho ajjâe Nami'râyâ. dinnaṃ paramam'âsaṇaṃ. vandiûṇa Namî uvaviṭṭho dharaṇîe. sâhio ajjâe asesa'suha'kârao jiṇinda'ppaṇîo dhammo. dhammakahâ'vasâṇe ya bhaṇiyaṃ etc. Sehr deutlich wird dies, wenn die Sätze mit und verbunden werden. Da nämlich *ca, ya* eigentlich nur Worte verbindet, so mufs es, um Sätze zu verbinden, hinter das wichtigste Wort, welches nun in den Anfang zu stehen kommt, treten. Welches das wichtigste Wort ist, ergiebt der Zusammenhang; wenn derselbe aber nicht für ein anderes Wort einen besonderen Nachdruck verlangt, so tritt das Verbum als das wichtigste Element der Erzählung in den Vordergrund und nimmt *ca, ya* nach sich. Daher heifst es stets: teṇa bhaṇiyaṃ, aber: bhaṇiyaṃ ca teṇa. Statt teṇa kann natürlich irgend eine andere männliche oder weibliche Person genannt sein. Nur wenn auf die redende Person ein ganz besonderer Nachdruck fällt, tritt diese in den Anfang; so einmal 46, 3 tiyaseṇa ya bhaṇiyâ Mayaṇarehâ. — Eine ähnliche Rolle wie *ca*, *ya* spielt auch *pi*, *vi* namentlich bei Substantiven.

Die Wichtigkeit eines Satzteiles ist häufig nur eine relative d. h. durch den Zusammenhang bedingte; und hängt somit die Stellung desselben im Anfange oder Ende des Satzes davon ab, ob er zu dem vorhergehenden oder dem folgenden Satze in näherer Beziehung steht. Man wird dies bei aufmerksamer Lektüre beobachten, und enthalte ich mich, Beispiele anzuführen, welche mehr Raum erfordern würden, als hier diesem Gegenstand gewidmet werden kann.

§ 124. Endlich hat auch das Streben nach Wohlklang, nach harmonischer Abrundung des Satzes Einfluſs auf die Wortstellung, wenn es auch schwer sein dürfte, allgemeine Regeln hierfür aufzustellen. Doch sei hier auf eine häufige Erscheinung hingewiesen, die ich Verflechtung nennen möchte. Wenn nämlich ein Satzteil aus einem zusammengesetzten Ausdrucke besteht, durch dessen Länge das Gleichgewicht der übrigen gestört werden könnte, so wird in diesen Ausdruck ein anderes Wort, meist das Verbum, eingeschoben, z. B. palointeṇa ya kumâreṇa tad·ega·desâ'valambio diṭṭho Bambhadatta·nâm'·ankio leho 11, 1. tao aṇicchamâṇaṃ pi kahakahavi niyattiûṇa Sâgaradattaṃ 12, 15. tattha ya pavisamâṇo gâma·sahâ·majjha·-ṭṭhieṇa diṭṭho gâma·ṭhakkureṇaṃ 13, 24. Auch in drei Teile kann ein solcher längerer Ausdruck zerlegt werden: evaṃviha·-rûva·nevaccha·visesâ kalladiṇe ajja vâ na diṭṭhâ kâvi ettha bâlâ 8, 20.

Eine andere Bedeutung hat es oft, wenn der Genitiv von dem regierenden Worte getrennt wird. Er tritt dann meist in den Anfang des Satzes, um einen gröſseren Nachdruck zu erhalten: imâe bâliyâe jo paṭṭa·cchâiya·vaccho sa·mitto bhunjihî bhoyaṇaṃ, sa hohî bhattâro tti 6, 35. Vergl. 8, 20. 21, 18.

Anhang.

Über die Çaurasenî.

Wenn es auch nicht im Plane dieses Werkes liegt, andere Dialekte als die Mâhârâshṭrî zu lehren, so wird doch aus praktischen Rücksichten eine kurze Aufzählung der wichtigsten Abweichungen des vornehmsten Bühnenprâkṛits, der Çaurasenî, nicht unwillkommen sein. Bei der folgenden Skizze, die nichts weiter als eine Anleitung für den Anfänger sein soll, benutzte ich die Werke Vararuci's, Hemacandra's, Lassen's und namentlich die grundlegenden Arbeiten Pischel's (Beiträge zur vergl. Sprachforschung VIII, p. 794 ff. Jenaer Litteraturzeitung 1875, p. 794 ff.).

Die Çaurasenî steht zwar ungefähr auf derselben Stufe sprachlicher Entwicklung wie die Mâhârâshṭrî, macht aber wegen der gröfseren Übereinstimmung mit dem Sanskṛit in manchen Einzelheiten und der geringeren Anzahl von Neubildungen und Doppelformen einen entschieden altertümlicheren Eindruck.

Für das lautliche Gewand der Çaurasenî (und Mâgadhî) ist die Behandlung intervokalischer dentaler Verschlufslaute charakteristisch: die mediae bleiben meistens unverändert, die tenues werden stets erweicht, z. B. *ido, jado, tadhâ, kadham*. Dadurch bekommen auch manche flektierte Wörter ein anderes Aussehen: *bhaavadâ* statt *bhayavayâ*, *kadhedi* statt *kahei* etc. Selbst das anlautende *t* von te (= tava) und tâvat (wenn enklitisch) wird erweicht: *de*, *dâva*. Im grofsen und ganzen stimmen sonst die Lautgesetze der Çaurasenî mit denen der Mâhârâshṭrî brahmanischer Quellen überein, also Ausfall von *k*, *g*, *c*, *j*, Wandel von *gh* und *bh* in *h*, von *n* in *ṇ* (auch anlautend und geminiert), von *p* in *v* (wenn auch viele Ausgaben von Dramen *b* statt *v* schreiben) — wenn diese Laute unverbunden sind, wobei aber §§ 22, 23 in Geltung bleiben. Von Grammatikern angegebene Abweichungen, wie der Wandel von *ry* in *yy*, von *nt* in *nd*, von *ṇy*, *ny*, *jñ* in einzelnen Worten zu *ññ*, finden nach Pischel in den besten nordindischen Handschriften der Dramen keine Bestätigung. Trotz der Übereinstimmung der Grundzüge des

Lautwandels können doch, weil derselbe in manchen Punkten arbiträr ist, einzelne Worte verschiedenes Aussehen erhalten. z. B. *vuassa* statt *vayamsa*, *vakka* statt *vanka*, *kedava* statt *kaiyava*, *diasa* statt *diyaha*, *pekkhadi* statt *pecchai* etc.

Bezüglich der Deklination ist zu beachten, daſs der in der Mâhârâshṭrî arbiträre Anusvâra im Auslaute der Endungen in der Çaurasenî stehen muſs im Nom. Acc. Sing. und Plur. der Neutra: *im uṃ*, *âiṃ îiṃ ûiṃ* (die Endung *ṇi* ist sehr selten), im Instr. Gen. und Loc. Plur.: *hiṃ ṇaṃ suṃ*; dagegen nicht stehen darf im Instr. Sing. auf *eṇa*.

Bei den Nomina beachte man folgendes: der Abl. Sing. endet auf *do*, vor dem auslautender kurzer Stammvokal verlängert wird; die Endung des Loc. Sing. der *a*-Stämme ist nur *e*; die masc. und neutr. *i*- und *u*-Stämme haben im Gen. Sing. *ṇo*, im Loc. Sing. *ṇi*; der Nom.. Acc. Plur. der masc. *i*- und *u*-Stämme ist dem der Feminina gleich. wogegen die ursprünglichen *in*-Stämme *iṇo* haben; der Acc. Plur. der masc. *a*-Stämme hat *â* oder *e*. — Hier möge auch erwähnt sein, daſs Abstrakta meist auf *ttaṇa*, Nomina agentis auf *ittaa* gebildet werden.

Bei den geschlechtlichen Pronomina endet der Gen. Plur. nur auf *ṇaṃ* (nicht auf *siṃ*), der Loc. Sing. der Masc. und Neutra auf *ssiṃ*, die Feminina haben im Sing. neben *âe* nicht *îe*. — Der Nom. Sing. des Stammes *ima* lautet *aaṃ iaṃ idaṃ*. Im Instr. Sing. masc. und neutr. sind die Formen *imiṇâ ediṇâ* die üblichen. *edaṃ* und *idaṃ* setzen nach auslautendem Anusvâra (proklitischer Worte?) ein wahrscheinlich aus *nu* entstandenes *ṇ* vor: *kiṃ ṇedaṃ*.

Die gewöhnlichen Formen des ungeschlechtlichen Pronomens sind: *ahaṃ*, *maṃ*, *mae me*, *mama maha me*, *mai*.

amhe, *amhe ṇo*, *amhehiṃ*, *amhâṇaṃ ṇo*, *amhesuṃ*.

tumaṃ, *tumaṃ*, *tae tue de*, *tava tuha de* (*tujjha*), *tui*.

tumhe, *tumhe*, *tumhehiṃ*, *tumhâṇaṃ*, *tumhesuṃ*.

Beim Verbum ist der Unterschied von der Mâhârâshṭrî nicht unbeträchtlich.

Das Präsens hat folgende Endungen: *mi*, *si*, *di*; *mha*, *dha*, *nti*.

Imperativ 2 — (*ssa*), *hi* 3 *du*; 2 *dha*, 3 *ntu*. In der I. Konj. dient der Verbalstamm als 2 Imp. Sing.; seltener tritt, namentlich bei ursprünglichen Âtmanepadi Verben, die Endung *ssa* an.

Der Optativ wird meist durch den Imperativ vertreten. Die wenigen echten Optativformen scheinen folgendes Paradigma zu ergeben: *laheaṃ* und *lahe*, *lahesi*, *lahe*; *lahemha*, *lahedha*, *lahe*(?).

Nur das I. Futurum ist üblich. Vor dem Futurcharakter *issa* (1. Sing. *issaṃ*) fällt der thematische Vokal der I. Konj. ab, der der

II. Konj. wird meist in *a* gewandelt. Auch in anderen Fällen wird das sanskṛitische *aya* nicht in *e* kontrahiert.

Der Infinitiv endet auf *idum*.

Das Absolutivum hat nur *ia*. Unregelmäfsig sind *kadua* kṛitvâ, *gadua* gatvâ.

Im Gerundium sind neben den Formen auf *idavva* die auf *aṇîa* und einige der im Sanskṛit auf *ya* gebildeten üblich. Das Part. prät. pass. lautet auf *da*, wo in der Mâhârâshṭrî *ya* steht. Die unregelmäfsigen Participia sind dieselben.

Das Passiv hat *îya* statt *ijja*. Es scheinen viele unregelmäfsige Passiva zu fehlen.

Über abweichende Verbalstämme und Flexionsweisen wie *bhaṇâdi*, *jâṇâdi*, *suṇâdu* wird man sich bei der Lektüre zu orientieren haben.

Mehrere Partikeln haben abweichende Form, z. B. *jjevva* (*jevva*) statt *ccia cia*, *evvaṃ* statt *evaṃ*, *via* statt *vva va*, *idha* statt *iha*. (*idâṇiṃ* im Anfange) *dâṇiṃ* im Innern des Satzes statt *eṇhiṃ*.

In vielen Manuskripten und Ausgaben sind die Prâkṛitstellen arg entstellt, weil die Abschreiber Anlehnung an das Sanskṛit einerseits, und an die Mâhârâshṭrî anderseits suchten. Wer wollte leugnen, dafs spätere Autoren selbst sich stets von diesen Fehlerquellen fern gehalten hätten?

I. Bambhadatta.

Some nayare Caṇḍavaḍiṃsayassa ranno putto Muṇicando nâma âsi. so ya nivviṇṇa·kâma·bhogo Sâgaracandassa antie pavvaio. annayâ uggaṃ pavvajjaṃ karento, gurûhiṃ samaṃ viharanto, des'antaraṃ payaṭṭo[1], bhikkh'aṭṭhâ gâmaṃ paviṭṭho, satthena mukko, pacchâ aḍavîe pabbhaṭṭho. taṃ pi taṇhâ·chuhâ·kilantaṃ pecchanti cattâri govâla·dâragâ. taṃ paḍiyariya tao tad·desaṇâe paḍibuddhâ pavvajjaṃ[2] paḍivajjiyâ. do dugancham kâûṇa deva·logaṃ gayâ. tao Dasapure nagare Saṇḍillassa mâhaṇassa Jasamaî·dâsîe do vi puttâ jamalagâ[3] teṇ'eva bambhaṇeṇa jâyâ. atikkanta·bâla·bhâvâ jovvaṇaṃ pattâ. annayâ khetta[4]rakkhaṇ'aṭṭhâ aḍaviṃ gayâ. tattha vaḍa·pâyavassa heṭṭhâ pasuttâ vaḍa·koṭṭarâo niggantûṇa ḍakko bhuyanga·meṇa ego dârago. bîo vi sappo'valambha·nimittaṃ bhamanto teṇ' evâ 'hiṇâ ḍaṭṭho. tao akaya·paḍiyârâ do vi mayâ santâ Kâlinjara[5]nage migîe jamalatteṇa jâyâ. puvva·pîi·saṃbandhâo[6] âsannaṃ carantâ vâheṇa egeṇa ceva sareṇa do vi viṇivâiyâ. tao mayâ[7] Gangâ·tîre do vi haṃsâ egâe haṃsîe gabbhaṃmi uvavannâ, jâyâ, kâla·kkameṇa aikkanta·bâla·bhâvâ. annayâ[8] tah' eva[9] samaṃ bhamantâ egeṇa macchabandheṇa egâe pâsiyâe jhatti[10] geṇhiûṇa khandharaṃ vâliûṇa[11] viṇivâiyâ. tao Vâṇârasîe nayarîe mahâ·dhaṇa·samiddhassa Bhûyadinnâ'bhihâṇassa pâṇâ'hivaiṇo puttattâe uvavannâ. tah' eva aîva pîi·saṃjuttâ Citta·Saṃbhûya·nâmâṇo ya bhâyaro jâyâ.

io ya taṃmi visae Vâṇârasîe Sankho nâma râyâ, Namuî·nâmo ya se mantî. annayâ kahavi tahâvihe khûṇe[12] jâe jaṇa·pacchannaṃ vah'aṭṭhayâe tassa Bhûyadinno pâṇâ'hivaî âṇatto râiṇâ. teṇa vi pacchanno vihio bhaṇio ya: rakkhâmi ahaṃ tumaṃ, jai bhûmi·hara·ṭhio mama putte pâḍhesi. jîviy'atthiṇâ paḍivannaṃ teṇa. tahâ karentassa aikkanto koi kâlo. annayâ Bhûyadinneṇa vinnâyaṃ, jahâ: mama pattî eeṇa saha acchai. mâreum·âḍhatto. Citta·Saṃbhûehiṃ uvayâri-tti kâûṇa nâsâvio. pacchâ Hatthiṇâure nayare Saṇaṃkumârassa cakkavaṭṭiṇo mantî jâo. io ya tehi vi Citta·Saṃbhûya·mâyanga·dârachiṃ rûva·jovvaṇa·lâyaṇṇa·naṭṭa·gîy'âi·kalâ·pagarisa·pattehiṃ visaraya·veṇu[13]·vîṇâ·saṇâhaṃ gandhavvaṃ gâyantehiṃ sayalo

1) B pavatto. 2) A pavvajjiya. 3) A jalavimalagâ. 4) A chetta. 5) B kâlanjara. 6) B atikkantabâlabhâvâ. 7) B sammâ. 8) A om. 9) A takkoheva. 10) B om. 11) B tâloûṇa. 12) B khuṇṇe, A tahâvi dehe khaṇe. 13) A tisarisave. B veṇa.

Vâṇârasî'jaṇo haya-hiyao kao. annayâ Mayaṇa'mahûsave jâe pavaunâsu nâṇâvihâsu loga'caccarîsu[1] naccantesu taruṇa'taruṇî'gaṇesu Citta'Saṃbhûy'âi'pâṇâṇaṃ pi caccarî niggayâ[2]. tao tesiṃ sâ'isayaṃ gîyaṃ naṭṭaṃ ca soûṇa pasûṇa[3] vi citta'haraṃ savvo vi nayarî'logo visesao taruṇî'jaṇo tâṇa samîvaṃ gao. tao paura'câuvvejja'loeṇa îsâluyâe râyâṇaṃ vinnaviyaṃ, jahâ: deva, eehiṃ savvo vi logo viṭṭâlio[4]-tti. nivârio tâṇaṃ nayarî'paveso. gao ko vi kâlo. annayâ komuî'mahûsavaṃmi lol'indiyattaṇao koûhala'parâ vissâriûṇa râya-sâsaṇaṃ agaṇiûṇa niya'bhûmiṃ[5] paviṭṭhâ nayariṃ. tao pecchaṇayaṃ pecchamâṇâṇaṃ airasao kolhuya'rasiaṃ[6] souṃ bhanjeûṇa vayaṇaṃ niggayaṃ geyaṃ[7]. tao vatthâ'vaguṇṭhiya'muhâ gâiuṃ pavattâ. egaṃmi dese tao taṃ samâyaṃṇiûṇa' sui'suhaṃ tâṇa geyaṃ samantao pariyariyâ savva'logeṇaṃ, bhaṇiyaṃ ca: keṇa eyaṃ kinnarâ'ṇukâriṇâ mahura'geeṇa[8] amaya'raseṇ' eva[9] savaṇâṇa sokkham'uppâiyaṃ?[10] tao kaḍḍhiûṇa uttarijjâiṃ paloiyaṃ muhaṃ jâva: te ceva ee mâyanga-kumâre[11]-tti, tao: haṇa haṇa-tti bhaṇantehiṃ pâya'ppahâra'caveḍ'âîhiṃ hammamâṇâ niggayâ nayarîo, pattâ bâhir'ujjâṇaṃ. tao visaṇṇâ dummaṇâ cintiuṃ pavattâ: dhir-atthu amhâṇaṃ rûva'jovvaṇa'kalâ'kosall'âi'guṇa'ka-lâvassa, jeṇa mâyanga'jâi'kalanka'metteṇa savvo so dûsio, loga'paribhûyâ ya jâya-tti. guru'veraggaṃ gayâ. akahiûṇaṃ bandhavâṇaṃ maraṇa-kaya'nicchayâ payaṭṭâ[12] dakkhiṇa'disâ'muhaṃ. tao dûra'des'antara'gaehiṃ diṭṭho ego giri'varo. tam'âruhantehiṃ egaṃmi silâyale vikiṭṭha[13]tava-sosiy'ango suha'jjhâṇo'vagao vagghâriya'pâṇî kâussaggeṇa[14] âyâvemâṇo diṭṭho ego mahâ'muṇî. taṃ pecchiya jâya[15]harisâ gayâ tassa samîvaṃ. tao bhatti'bahumâṇa'puvvayaṃ vandio bhayavaṃ. teṇa vi jhâṇa-samattîe dhamma'lâbha'puvvayaṃ: kuo bhavanto samâgaya-tti saṃbhâsiyâ. tehi vi puvva'vuttanta'kahaṇâ[16]puvvaṃ[17] sâhio niyayâ'hippâo, jahâ: ettha giri'vare paḍaṇaṃ karemo. tao maharisiṇâ bhaṇiyaṃ[18]: na juttaṃ tumhârisâṇaṃ[19] aṇega'satthâ'vabohâ'vadâya'buddhiṇaṃ pâgaya[20]jaṇa-ceṭṭhiyaṃ-ti. kareha sârîra'mâṇasâ'ṇeya'dukkha'bîya'bhûya'kamma'vaṇa-dahaṇa'sahaṃ jiṇinda'paṇîyaṃ sâhu'dhammaṃ-ti. tao mahâ'vâhi'pîḍiehiṃ va âurehiṃ suvejjassa va nissankiyaṃ paḍicchiyaṃ tassa vayaṇaṃ, bhaṇiyaṃ ca: deha, bhayavaṃ[21], amha niya'vayaṃ! teṇa vi jogga-tti kaliûṇa dinnâ tâṇa dikkhâ. kâla'kkameṇa ya jâyâ gîyatthâ. tao chaṭṭh'aṭṭhama-dasama'duvâlas'addhamâsa'mâs'âiehiṃ vicitta'tavokammehiṃ appâṇaṃ bhâvemâṇâ gâmâṇugâmaṃ viharantâ kâl'antareṇa pattâ Hatthiṇâuraṃ. ṭhiyâ bâhir'ujjâṇe. annayâ mâsa'khamaṇa'pâraṇae Saṃbhûo sâhû paviṭṭho

1) B logaṃ°, A °cakkarisu 2) B na gâyâ. 3) A paṇasû. 4) B viṭṭhâlio 5) A bhûmigaṃ. 6) B kolhuyâṇaṃ ca aṇhakolhagasarisaṃ. 7) A om. 8) B gioṇa. 9) A amayâraseṇam ca, B asaparaseṇeva 10) B sokkhâmuṇeiyaṃ. 11) B °ri. 12) B payaṭṭha. 13) B vikaṭṭha. 14) A kâûsa°. 15) A om. 16) A kaha, B kahaṇâ. 17) B om. 18) B bhaṇiyâ. 19) A tumhâṇaṃ. 20) A pâgayaṃ B pâya. 21) B vor deha.

nagaraṃ. gehâṇugehaṃ iriyâ·samio bhamanto râyamagg'âvaḍio diṭṭho Namui·mantiṇâ, paccabhinnâo, jah': eso mâyanga·dârao ranno annesiṃ ca jâṇâvesai-tti appa·bhaeṇa niya·purise paṭṭhaviûṇa jaṭṭhi·muṭṭhi·lauḍa-pahârehiṃ kayatthiya niddhâḍâvio. tao tassa niravarâhassa hammantassa kova·karâliyassa teo·lesâ tesiṃ ḍahaṇa[1]nimittaṃ muhâo niggayâ. tao kasiṇ'-abbha·paḍalehiṃ va dhûma·nivahehiṃ[2] samantâ andhayâriyaṃ nayaraṃ. tao bhaya[3]koûhalehiṃ âgayâ nâgarayâ vandiuṃ, sa·pariyaṇâ pasâiuṃ payattâ. Saṇaṃkumâra·cakkavaṭṭî vi tap·pasâyaṇ'atthaṃ âgao. paṇamiûṇa kay'anjaliuḍeṇaṃ bhaṇiyaṃ teṇa: bhayavaṃ, khameha amhârisehiṃ manda-bhaggehiṃ aṇejjehiṃ avaraddhaṃ-ti, saṃhara tava teyaṃ, kareha pasâyaṃ jîviya·ppayâṇeṇaṃ! bhujjo na evaṃ karissâmo-tti. jâhe na pasîyai, tâhe Citta·sâhû jaṇa·vâyaṃ suṇiya[4] bahula·dhûma·châiyaṃ ca gayaṇaṃ daṭṭhûṇa tassa samîvam·âgao. bhaṇio teṇa: bho Saṃbhûya, uvasamasu uvasamasu kovâ'ṇalaṃ! uvasama·pahâṇâ ceva maharisao bhavanti; avaraddhe vi na kovassâ 'vagâsaṃ denti, jao duranto savvâ'ṇattha·heû caraṇ'indhaṇa·davâ'ṇalo koho. bhaṇiyaṃ ca:

jaha vaṇadavo vaṇadavaṃ davassa jalio khaṇeṇa niddahai |
evaṃ kasâya·pariṇaö jîvo tava·saṃjamaṃ dahai ||

annaṃ ca:

koho pîiṃ paṇâsei koho duggai·vaḍḍhaṇo |
paritâva·karo koho appâṇassa parassa ya ||
mâs'uvavâsu karai, vicittu vaṇa[5]vâsu nisëvai,
paḍhai nâṇu[6] jhâṇeṇa niccu appâṇaṃ bhâvai, |
dhârai dudharu bambhaceru, bhikkhâsaṇu bhunjai:
jasu[7] rosu, tasu sayalu eu nipphalu saṃpajjai ||

evam·âi uvasama·ppahâṇehiṃ jiṇinda·vayaṇa·jal'ohehiṃ vijjhâvio koh'-aggî. gao veraggaṃ. tao niyatto tap·paesâo. gayâ[8] ya[8] tam[9]·ujjâṇaṃ. cintiyaṃ ca[10] ṇehiṃ[8]: kaya·saṃlehaṇâ amhe, tâ eṇhiṃ juttam·aṇasaṇaṃ kâuṃ-ti. ṭhiyâ aṇasaṇe. tao Saṇaṃkumâreṇaṃ nâyâ'macca·vuttanteṇaṃ kovam·uvagaeṇaṃ daḍha·rajju·baddho neyâvio so tâṇa samîvaṃ. tehi vi aṇu-kampâe moyâvio Namuî. Saṇaṃkumâro vi tesiṃ vandaṇ'atthaṃ s'anteuro gao tam·ujjâṇaṃ. vandiyâ te bhatti·bahumâṇa·puvvaṃ anteura·sahieṇa. tao itthî·rayaṇa·Suṇandâe pâesu paḍantîe sâ'isayaṃ alaga[11]phâsam·aṇu-bhavanteṇaṃ kâum·âraddhaṃ niyâṇaṃ Saṃbhûeṇaṃ. tao Citta·muṇiṇâ cintiyaṃ: aho dujjayattaṃ mohassa! aho duddantayâ indiyâṇaṃ! aho[12] ummâhayattaṃ[13] visayâṇaṃ! jeṇ' esa[14] sucariya·tavo vi suciya·jiṇinda-vayaṇo vi juvaî·vâl'agga·phâseṇa[15] vi erisam·ajjhavasai. tao paḍibohiu[16]-kâmeṇa bhaṇio so: bho uvaramasu eyâo asubh'[17]ajjhavasâṇâo, jao asârâ

1) B haṇaṇa. 2) A om. 3) B haya. 4) A muṇiya. 5) B ṇavaṇu. 6) B nâṇa. 7) Mss jâsu. 8) B om. 9) A om. ta. 10) A vva. 11) Mss alaka. 12) B add. a. 13) B °hi°. 14) B jeṇa sa. 15) A phaṃsa. 16) B °uṃ. 17) B suaha.

pariṇâma·dâruṇâ saṃsâra·paribbhamaṇa[1]heû kâma·bhogâ; nisevijjantâ vi karenti ahiyag'ummâhayaṃ[2], duha·rûvâ ya[3] te paramatthao; suhâ'bhimâṇo tesu moha·vilasiyam·eva. bhaṇiyaṃ ca:

jaha kacchullo kacchuṃ kaṇḍuyamâṇô duhaṃ muṇai sokkhaṃ[4] |
moh'âurâ maṇussâ taha kâma·duhaṃ suhaṃ benti ||

kiṃ ca: bhoga·nibandhaṇaṃ mâṇussayaṃ sarîraṃ kevalâ'sui·rûvaṃ ceva savvaṃ, ao na kiṃci taṃmi râga·kâraṇaṃ. jao bhaṇiyaṃ:

sukka·soṇiya·saṃbhûyaṃ asuî[5]rasa·vaḍḍhiyaṃ |
taya·ratta·maṃsa·mey'aṭṭhi·minja·sukka·viṇimmiyaṃ || 1 ||
naveṇa[6] rasa·soehiṃ galantam·asuî·rasaṃ |
amejjha·kotthalo dehaṃ[7] chavi·mettaṃ maṇoharaṃ || 2 ||
âḍhayaṃ ruhirass' eva vasâe addha·âḍhayaṃ |
kuḍavo[8] pitta·siṃbhâṇaṃ sukkassa ya tad·addhayaṃ || 3 ||
sirâ·sayâi satt' eva nava ṇhâru·sayâ bhave |
na sarîraṃmi eyaṃmi suittaṃ kiṃ pi vijjae || 4 ||
maṇunnam·asaṇaṃ pâṇaṃ khâimaṃ sâimaṃ varaṃ |
sarîra·sangam·âvannaṃ savvaṃ pi asuî bhave || 5 ||
varaṃ vatthaṃ varaṃ pupphaṃ varaṃ gandha·vilevaṇaṃ |
viṇassae[9] sarîreṇaṃ varaṃ sayaṇam·âsaṇaṃ || 6 ||
ullî dantesu duggandhâ muhe vi asuî raso |
vilîṇo nâsigâe[10] vi siṃbho vahai niccaso || 7 ||
atthîsu îsiyâiṃ[11]-ti kaṇṇesu asubho malo |
jharei roma·kûvehiṃ seo durabhi·gandhao || 8 ||
eyârise sarîraṃmi savva·rogâṇa âgare[12] |
su·nicchiy'âgamo houṃ mâ mujjha muṇi·puṃgava || 9 ||

evam·âi aṇusâsio vi na paḍibuddho eso. mohassa ukkaḍayâe kayaṃ ca niyâṇayaṃ Saṃbhûiṇâ: jai imassa tavassa atthi phalaṃ, to jamm'antare cakkavaṭṭî hojjâhaṃ[13]-ti. saccaviyam[14]·imaṃ teṇa, jahâ:

aivisamo moha·tarû aṇâi·bhava·bhâvaṇâ·viyaya·mûlo |
dukkhaṃ ummûlijjai accantaṃ appamattehiṃ ||

tao mariuṃ Sohamme kappe do vi devâ jâyâ. tatto[15] Citta·jivo cuo Purimatâle ibbha·putto jâo. Saṃbhûya·jîvo tao cuo santo (Kampilla·pure Bambho nâma râyâ, tassa Culaṇî nâma devî) tîe udare coddasa·mahâ·sumiṇa·sûio[16] uppanno jâo ya kameṇaṃ. kayaṃ ca se nâmaṃ Bambhadatto-tti. vaḍḍhio[17] deho'vacaeṇaṃ kalâ·kalâveṇa ya. tassa ya Bambha·râiṇo uttama·vaṃsa·saṃbhûyâ mahârâyâṇo[18] cattâri mittâ âsi. taṃ jahâ:

Kâsi·visayâ'hivaî Kaḍao Gayaura·vaî Kaṇeradatto |
Kosala·visayâ'hivaî Dîho Campâ'hivaî Pupphacûlo-tti ||

te accanta·neheṇa paropparaṃ viraham·aṇicchantâ samuiyâ ceva vaccharam·ekkekkaṃ parivâḍie viviha·kîlâ·visesehiṃ sa·rajjesu ciṭṭhanti. annayâ te samuiyâ ceva Bambha-samîvam·âgayâ. ciṭṭhantâṇa ya tâṇaṃ maraṇa·pajjavasâṇayâe jîva·loyassa Bambhassa manta·tant'osah'âîṇam·asajjho uppanno sira·rogo. tao teṇa vâharâviyâ Kaḍag'âiṇo[1] mittâ; tâṇa ucchange mukko Bambhadatto; vuttâ ya te, jahâ: tubbhehiṃ esa rajjaṃ kâreyavvo. evaṃ rajja-cintaṃ kâûṇa kâlagao. kayaṃ se vayaṃsehiṃ peyakicc'âiyaṃ. tao Kaḍag'âîhiṃ bhaṇiyaṃ: jâva esa kumâro rajja·dhurâ·vahaṇa·jogo hoi, tâva ambehiṃ eyaṃ rajjaṃ pâleyavvaṃ-ti manteûṇa savva·sammaeṇa Dîhaṃ ṭhaviûṇa gayâ sa·rajjesu sesâ. gaesu ya tesu so Dîho parivâlei[2] sayala·sâmaggiyaṃ rajjaṃ, paloei bhaṇḍâraṃ, pavisai anteuraṃ, mantai samaṃ Culaṇîe; tao dunnivârayâe indiyâṇaṃ agaṇiûṇa Bambha·mittattaṇaṃ avamanniûṇa[3] vayaṇîyayaṃ saṃpalaggo samaṃ Culaṇîe. evaṃ pavaḍḍhamâṇa[4]visaya·suha·rasâṇaṃ gacchanti diṇâ. tao Bambha·râiṇo bîya·hiyaya·bhûeṇa Dhaṇu·nâmeṇa mantiṇâ avitahaṃ muṇiyaṃ, cintiyaṃ ca ṇeṇa, jahâ: jo evaṃvihaṃ pi akajjam·âyarai, so kiṃ Bambhadatta·kumârassa udayaṃ icchai-tti cintiûṇa Varadhaṇû nâma kumâro egante bhaṇio, jahâ: putta[5], eyassa mâyâ duccâriṇî jâyâ; tâ eyassa rahasi jâṇâvehi eyaṃ vaiyaraṃ-ti kumârassa. tahâ kayaṃ teṇa. tao kumâro mâu·duccariyam·asahamâṇo tîe jâṇâvaṇâ·nimittaṃ kâya·koilâ·saṃgahaṇaṃ ghettûṇa anteura·majjhe gantuṃ bhaṇai: anno vi jo evaṃ karissai, tassâ 'haṃ niggahaṃ kâhâmi-tti bhaṇai. anna·diyahe bhadda·kariṇîe saha saṃkiṇṇa·gayaṃ[6] ghettûṇa tah' ev' âgao. tao Dîheṇa eyaṃ muṇiya bhaṇiyâ Culaṇî: ahaṃ kâgo, tumaṃ koila-tti. tîe saṃlattaṃ: bâlo kumâro, jaṃ vâ taṃ vâ ullavai. tao teṇa vuttaṃ: na eyaṃ annahâ; tâ[7] mârijjau kumâro rai·viggha·karo; mamaṃmi sâhiṇe tuha anne suyâ bhavissanti-tti. tao rai·neha·paravvasâe erisaṃ[8] pi maṇasâ vi acintaṇîyaṃ paḍisuyam·imîe. jao:

mahilâ âlaṃ kulaharaṃ[9] mahilâ loyaṃmi duccariya·khettaṃ |
mahilâ duggai·dâraṃ mahilâ joṇî aṇatthâṇaṃ ||
mârai piya·bhattâraṃ haṇai suyaṃ taha paṇâsae atthaṃ |
niya·gehaṃ pi palîvai nârî râg'âurâ pâvâ ||

bhaṇiyaṃ ca tîe: jai kahavi teṇa uvâeṇa mârijjai, jahâ jaṇâ'vavâo rakkhijjai. teṇa vuttaṃ: evam·imaṃ kajjaṃ: kumârassa vivâhaṃ karemo; tas·sâmaggîe saha aṇega·khambha·paiṭṭhiyaṃ gûḍha·niggama·pavesaṃ[10] karemo jau·haraṃ. tattha vivâhâ'ṇantaraṃ suha·pasuttassa aggi·dâṇeṇa alakkhiyaṃ kajjaṃ karissâmo-tti mantiûṇa egassa[11] mahârâiṇo dhûyâ

1) Mss Kaḍakâiṇo. 2) A °lai. 3) B avagaṇiûṇa. 4) A pavvaṭṭamâṇa, B paccaddhumâṇa. 5) A puttao. 6) A ghiyam, B geyaṃ. 7) Mss °to. 8) A eyaṃ. 9) Metrum! eine Kürze zuviel. 10) A paesaṃ. 11) B gayassa.

variyâ, pâraddhâ ya vivâha'nimittaṃ sayalâ sâmaggî. io ya Dhaṇu'mantiṇâ Bambhadatta'kajjâ'vahieṇa vinnatto Dîha'râyâ, jahâ: esa mama putto Varadhaṇû kumâro[1] rajja'dhurâ'cintaṇa'samattho vaṭṭai[2]; ahaṃ puṇa para-loga'hiyaṃ karemi-tti. tao teṇa kaiyaveṇa bhaṇio: alaṃ annattha pauttheṇaṃ! iha'ṭṭhio ceva dâṇ'âiṇâ dhammaṃ karehi[3]-tti. imaṃ ca paḍivajjiûṇa Dhaṇuṇâ Gangâ'tîre mahaî pavâ kâriyâ. tattha panthiya'parivvâyag'âiṇa[4] pakâmaṃ anna'pâṇaṃ dijjiuṃ pavattaṃ. dâṇa'mâṇo'vagâra'gahiehi ya paccaiya'purisehiṃ du'gâuya'pamâṇâ surangâ khaṇâviyâ, jâva jau'haraṃ pattaṃ-ti. io ya sâ vahû viviha'nevaccha[5]pariyaṇa'parigayâ pura'varaṃ saṃpattâ, pavesiyâ. mahâ'vibhûie jâva vittaṃ[6] pâṇiggahaṇaṃ. tay'aṇantaraṃ visajjiûṇa jaṇa'samûhe pavesio kumâro saha vahûe jau'haraṃ. tao tattha vahû'sahijjassa[7] âsaṇo'vaviṭṭha'Varadhaṇu'sahiyassa visajjiya'sesa-pariyaṇassa gayaṃ jâmiṇî'jâma'dugaṃ.

tao samantâ paliviyaṃ vâsa'bhavaṇaṃ ucchalio hâhâ'ravo. tao kiṃ kâyavvaṃ-ti mûḍha'mâṇaseṇa pucchio Varadhaṇû: kim'eyaṃ-ti. teṇa bhaṇiyaṃ, jahâ: sâ râya'dhûyâ leha-pesaṇeṇa viṇivâriyâ; esâ kâi annâ; imâe paḍibandho na kâyavvo-tti. ettha jau'hare paṇhi'ppahâraṃ desu, jeṇa niggacchâmo. teṇa tahâ kayaṃ. tao bhettûṇa taṃ surangâe ni-ggantûṇa duvâra'dese gayâ. io ya Dhaṇu'mantiṇâ puvvam'eva do paccaiya-purisâ surangâ'duvâre turangam'ârûḍhâ dhariyâ. te Varadhaṇussa saṃ-keya'miliya'âsesu ya te kumâre âroviya gayâ. kumârâ vi ya payaṭṭâ gantuṃ[1] gayâ ya pannâsa'joyaṇa'mettaṃ bhûmi'bhâgaṃ. dîhar'addhâṇa-kheeṇaṃ nivaḍiyâ turangâ. pâesu ceva gantuṃ payaṭṭâ[8] pattâ ya Koṭṭâ-'bhihâṇa'gâmaṃ. tao kumâreṇa Varadhaṇû bhaṇio, jahâ: chuhâ vâhati[9], daḍhaṃ parisanto mhi. taṃ tattha saṃṭhaveûṇa paviṭṭho gâmaṃ; muṇ-ḍayaṃ[10] ghettûṇ' âgao. muṇḍâviyaṃ kumârassa sîsaṃ, parihâvio kasâya-vattho. caur'angula'pamâṇa'paṭṭa[11]bandheṇa sirivacchâ'laṃkiyaṃ[12]châiyaṃ vacchatthalaṃ. Varadhaṇuṇâ vi kao vattha'parâvatto. paviṭṭhâ gâm'-abbhantaraṃ. tâva ya ekka'diya'vara'mandirâo niggantûṇa dâsa'ceḍeṇa bhaṇiyâ te: eha, bhunjaha-tti. tao gayâ tattha râyâ'ṇurûva'paḍivatti'juttaṃ bhunjâviyâ te. tad'avasâṇe ya ekkâ pavara'mahilâ Bandhumaim'uddissa kumâra'uttam'ange akkhae pakkhivai. bhaṇai ya: esa imâe kannagâe varo-tti. eyam'âyaṇṇiûṇa bhaṇiyaṃ Varadhaṇuṇâ: kim'eyassa mukkha'baḍuyassa kae appâṇaṃ kheeha? tao ghara'sâmieṇa bhaṇiyaṃ: sâmi, suvvau! puvvaṃ nemittieṇa sâhiyaṃ amhaṃ, jahâ: imâe bâliyâe jo paṭṭa'cchâiya'vaccho sa'mitto bhunjihî bhoyaṇaṃ, sa hohî bhattâro-tti. evam'âi bhaṇio[13] taṃmi diyahe kârâvio pâṇiggahaṇaṃ kumâro-tti. bîya'diṇe bhaṇio kumâro Vara-dhaṇuṇâ: dûraṃ gantavvaṃ-ti. tao Bandhumaîe sabbhâvaṃ kahiya

1) B om. 2) B havai. 3) A °ha. 4) A add ya. 5) Mss nevattha. 6) A vannaṃ. 7) B viviha'nevattha'pariyaṇa'sahiyassa. 8) B pavattâ. 9) B vâhayatti. 10) A gaṇ°. 11) A paṭṭaya. 12) A ṃ. 13) B °iyaṃ.

niggayâ. gacchantâ pattâ dûra·gâm'antaraṃ. tattha salil'atthî Varadhaṇû paviṭṭho. lahum·âgantûṇa bhaṇai, jahâ: Dîha·râiṇâ Bambhadattassa savvao panthâ bandhâviya-tti jaṇa·vâo ettha mae suo. tâ kumâra, nassâmo! tao payaṭṭâ ummaggeṇaṃ pattâ mahâ'ḍaiṃ. tao kumâraṃ vaḍassa heṭṭhâ ṭhaviuṃ tisâ'bhibhûyaṃ gao Varadhaṇû jal'aṭṭhâ. tâva ya diṇâ'vasâṇe diṭṭho Varadhaṇû Jama·bhaḍehiṃ va Dîha·niutta·narehiṃ. hammamâṇo dûra·desam·âgao. kumârassa sannâ kayâ. palâṇo Bambhadatto, paḍio ya[1] duggama·kantâraṃ.

tao taṇhâ·chuhâ·parissama·kilanto aikkamiûṇa mahâ'ḍaiṃ taiya·diṇe pecchai tâvasam·ekkaṃ. daṃsaṇa·metteṇ' eva jâyâ tassa jiviy'âsâ. pucchio ya so: bhayavaṃ, kattha tumhâṇam·âsamo? teṇa vi kahiuṃ nîo[1] kulavaisamîvaṃ. paṇamio kulavaî. bhaṇio ya teṇa: vaccha[2], kahiṃ te âgamaṇaṃ? bahu·paccavâyam·araṇṇaṃ[3]. tao teṇa savvaṃ jahâ'vatthiyam·avitahaṃ sâhiyaṃ. tao so bhaṇio kulavaiṇâ, jahâ: haṃ tuha jaṇayassa culla·tâo-tti; tâ niyaṃ cev'[4] âsama·payaṃ tumha; jahâ·suhaṃ ciṭṭhaha-tti. muṇiûṇa tassa cittâ'hippâyaṃ acchiuṃ payatto. tâva ya samâgao jalaya·kâlo. tattha so ajjaeṇa[5] sayalâo dhaṇuvvey'âiyâo mah'attha·vijjâo guṇâvio. annayâ saraya·samayammi phala·kanda·mûla·kusuma·sâmiheya[6]·nimittaṃ araṇṇa-parisare gacchantesu tâvasa·kumâresu so vi koûhaleṇa nirubbhanto[7] vi[7] kulavaiṇâ gao raṇṇaṃ. tattha sarasa·phala·kusuma·samiddhâiṃ vaṇâiṃ paloyanteṇa diṭṭho teṇa mahâ·karî. kao ya teṇa gala·gajjiya·ravo. tao aṇumaggeṇa calio karî tay·abhimuhaṃ. tao teṇa tassa purao veṇṭalî·kâûṇa pakkhittam·uttarîyaṃ. teṇâ' vi tak·khaṇaṃ ceva soṇḍâe gahiya khittaṃ gayaṇe. jâva koh'andho jâo, tâva teṇa chaliûṇa dakkhattaṇao gahiyaṃ. tao teṇa nâṇâviha·kilâe parissamaṃ neûṇa mukko karî.

tao payaṭṭo gantuṃ paḍipaheṇaṃ mûḍha·puvvâ'vara·disâ·bhâgo. io tao paribhamanto pecchai giri·naî·taḍa·sanniviṭṭhaṃ purâṇa·paḍiya·bhavaṇa-khaṇḍa·bhitti·metto'valakkhiyaṃ jiṇṇa·pura·varaṃ. tad·daṃsaṇaṃmi ya jâya·koûhallo disi disi nihitta·diṭṭhî paloento pecchai pâsa·parimukka-kheḍaya·khaggam·ekkaṃ viyaḍa·vaṃsa·kuḍaṅgaṃ. taṃ ca daṭṭhûṇaṃ kougeṇa khellaṃ vâhiyaṃ tammi vaṃsa·kuḍaṅge taṃ khaggaṃ. ekka-pahâreṇa nivaḍiyâ vaṃsa·kuḍaṅgî[8]. vaṃs'antarâla·ṭṭhiyaṃ ca nivaḍiyaṃ ruṇḍam·egaṃ dara·phuranta·uṭṭha·uḍaṃ[9] maṇohar'âyâraṃ sira·kamalaṃ. daṭṭhûṇa teṇa taṃ sa·saṃbhanteṇa: hâ dhir-atthu me vavasiyassa-tti nindiyam·attaṇo bâhu·balaṃ. tao pacchâyâva·paraddheṇa paloenteṇa[10] diṭṭhaṃ baddhaṃ uddha·calaṇaṃ dhûma·pâṇa·lâlasaṃ kabandhaṃ. samahiyaṃ se addhii jâyâ. puṇo vi paloenteṇa diṭṭhaṃ pavaram·ujjâṇaṃ, tattha

1) A om. 2) Mss vattha. 3) Mss araṇam. 4) Mss ceva. 5) B ahijjae. 6) B dh. 7) B °teṇeva. 8) B hat von girinai bis hier: vaṃsakuḍangi, diṭṭhaṃ olambiyaṃ khaggaṃ taṃ gahiya chinnâ vaṃsajâlî. 9) B hoṭṭha·uha. 10) B paraddhaveṇa paloiyanteṇa.

ya samantao asoga'vara'pâyava'parikkhittaṃ[1] sattabhûmiyaṃ pâsâya'bhavaṇaṃ. daṭṭhûṇa ya taṃ avalaggo kameṇa sattabhûmigâe[2]. diṭṭhâ ya tattha viyasiya'kuvalaya'dal'acchî vijjâhara'sundari-vva parigaliya'vijjâ ekkâ pavara'mahilâ. pucchiyâ ya sâ teṇa: sundari, kâ si tumaṃ? tao sâ sasajjhasam'eva jaṃpiuṃ payattâ, jahâ: mahâ'bhâga, mahanto maio[3] vaiyaro; tâ tumaṃ ceva sâhasu: ko tumaṃ, kahiṃ vâ payaṭṭo? tao soûṇa tîse[4] koil'âlâva'mahuraṃ vayaṇa'vinnâsaṃ samâvajjiya'mâṇaseṇa avitahaṃ bhaṇiyaṃ teṇa: sundari, ahaṃ Pancâlâ'hivaiṇo Bambha'râiṇo putto Bambhadatto nâma. tao tav'vayaṇa'savaṇâ'ṇantaram'eva âṇanda'vâha'paripuṇṇanayaṇâ sahasa-cciya abbhuṭṭhiyâ, harisa'phulla'nayaṇâ paḍiyâ tassa calaṇesu, roviuṃ payattâ. tao kâruṇṇa'gahiya'hiyaeṇaṃ teṇ' unnâmiya'vayaṇaṃ: mâ ruvasu-tti bhaṇanteṇa saṃṭhaviyâ pucchiyâ ya: sundari, kâ si tumaṃti. tao phusiya'nayaṇâ bhaṇiuṃ payattâ: kumâra, ahaṃ tuha mâulagassa Pupphacûla'râiṇo dhûyâ tumha ceva viiṇṇâ. vivâha'diyahaṃ paḍicchamâṇî niya'ghar'ujjâṇa'dîhiyâ'puliṇe kîlantî duṭṭha'vijjâhareṇa ih' âṇîyâ. jâva ya bandhu'virah'aggi'saṃpalittâ ciṭṭhâmi ahaṃ, tâva tumaṃ acintiya'hiraṇṇavuṭṭhi[5]samo sahasa-cciya âgao. tâ jâyâ me jîviy'âsâ, jaṃ tumaṃ[6] diṭṭho si-tti. tao teṇa vuttâ: kahiṃ puṇa so maha[7] sattû, jeṇa se'parikkhemi bala'visesaṃ? tîe bhaṇiyaṃ: „sâmi, dinnâ me teṇa paḍhiya'siddhâ Saṃkarî nâma vijjâ. bhaṇiyaṃ ca: tuha sâ sumariya'mettâ sahi'dâs'âi'parivârâ houṃ âesaṃ kâhî, paccaṇîyaṃ tujjh' antiyam'entî[8] nivârehî, sâhissai ya mama ceṭṭhiyaṃ tuha pucchiyâ santî. sumariyâ ya sâ mae, tâ sâhemi. Naṭṭumatto[9] nâm' esa vijjâharo, jeṇ' âṇîyâ haṃ. na ya so maha puṇṇâ'hiyâe teyaṃ sahiuṃ sakkai-tti maṃ mottuṃ vijjâ'nimmiyaṃmi[10] siya'ratta'paḍâyâbhûsie pâsâe, pesiuṃ ca maha vaiyara'jâṇâvaṇ'atthaṃ niya'bhagiṇîṇam'antie Jâṇâvaṇiṃ nâma vijjaṃ, sayaṃ gao vaṃsa'kuḍangaṃ. vijjaṃ sâhiya niggao ya maṃ pariṇehi-tti[11]. ajjaṃ ca kira se vijjâ'siddhî bhavissai. tao eyaṃ soûṇa Bambhadatteṇa Pupphavaie siṭṭho tan'nihaṇaṇa'vaiyaro. sa'harisaṃ ca bhaṇiyaṃ tîe: ajjautta, sohaṇaṃ kayaṃ, jaṃ so durappâ nihao. tao sâ teṇa gandhavva'vivâheṇa vivâhiyâ. ṭhio ya kaṃci kâlaṃ tîe samaṃ. annayâ nisuo teṇa divva'vilayâṇa[12] âlâvo. pucchiyâ sâ teṇa: kassa esa saddo? tie vuttaṃ: ajjautta, eyâo tassa tuha vairiṇo Naṭṭumattassa[13] bhagiṇîo Khaṇḍa'Visâha[14] nâmâo vijjâhara'kumârîo tan'nimittaṃ vivâho'vagaraṇaṃ ghettûṇam[15]'âgayâo. tâ tubbhe tâva avakkamaha lahuṃ, jâva eyâsiṃ bhâvaṃ uvakkamâmi-tti. jai tumhe 'vari râo bhavissai eyâsiṃ, to haṃ pâsâo'variṃ rattaṃ paḍâgaṃ câlissâmi-tti, annahâ siyaṃ-ti.

tao[16] theva'velâe dhavala'paḍâgaṃ daṭṭhuṃ[17] saṇiyam'avakkanto tap-

1) A samukkhittaṃ 2) A °mibhûgâo. 3) A °iya. 4) A tie. 5) Mss buddhi 6) A tume. 7) B mahatta. 8) A °miṃti, B °gaṃti. 9) A Naṭṭhu°, B Naccu°. 10) Mss nimi°, B add. imaṃ. 11) A °hatti, B °hitti. 12) B vali°. 13) B nadummattassa, A naḍḍhumittassa. 14) B °hi 15) A ghettum. 16) A to. 17) B °ûṇa.

paesâo, patto giri·niunja·majjhaṃmi. diṭṭhaṃ ca mahâ·sara·varaṃ. majjio[1] jahâ·vihiṃ taṃmi, uttiṇṇo ya uttara·pacchima·tîre. diṭṭhâ ya tattha ekkâ vara·kannagâ. cintiyaṃ ca teṇa: aho me puṇṇa·pariṇaî, jeṇ' esâ diṭṭhi·goyaraṃ pattâ! tao so vi siṇeha·nibbharaṃ paloio tîe. tao paloyantiyâ patthiyâ sâ tap·paesâo, jâva theva·velâe tîe ceva pesiyâe ceḍîe samappiyaṃ vattha·juyalaṃ puppha·tambol'âiyaṃ ca. bhaṇiyaṃ ca tîe: jâ sâ tume diṭṭhâ mahâ·sara·tîre[2], tîe pesiyam·imaṃ. vuttâ ya ahaṃ tîe: hale Vaṇalaie[3], eyaṃ mahâ'ṇubhâvaṃ amhaṃ tâya·mantiṇo mandire sarîra·ṭṭhiiṃ[4] kâreha. tâ eha tumhe! tao kumâro pasâhiyâ'laṃkio gao Nâgadevâ'macca·mandiraṃ. vutto ya tîe mantî: esa tumha sâmiṇo Sirikantâe dhûyâe pesio, tâ s'âyaraṃ daṭṭhavvo. mantiṇâ tah' eva kayaṃ. bîya·diṇe nîo râya·samîvaṃ. teṇa vi abbhuṭṭhiûṇa dhure dinnam·âsaṇaṃ. pucchio so vuttantaṃ. bhutt'uttara·kâle ya: amhârisehiṃ tumhaṃ na annaṃ visiṭṭhaṃ sâgaya·kiccaṃ kâuṃ tîrai-tti bhaṇiya s'âyaraṃ dinnâ Sirikantâ kannayâ. pahâṇa·diṇe vitto vivâho. annayâ kumâreṇa pucchiyâ piyâ: kim·atthaṃ majjha egâgiṇo dinnâ tumaṃ? tîe vuttaṃ: ajjautta, esa amha tâo baliya·dâiya·pellio imaṃ visamaṃ pallîṃ samassio. so ya nayara·gâm'âi hantûṇa dugge pavisai-tti. Sirimaîe tâyassa pattîe cauṇhaṃ puttâṇaṃ uvari ahaṃ jâyâ vallahâ aîva piuṇo. jovvaṇa·tthâ ya ahaṃ vuttâ rannâ: putti. savve viruddhâ mama râiṇo; tâ iha·ṭṭhiyâe ceva jo tuha maṇoramo varo, so kahiyavvo-tti. tao ahaṃ pallîo niggantûṇa mahâ·sara·varaṃ gantûṇa purise paloemi jâva, tumaṃ diṭṭho puṇṇehiṃ-ti. esa paramattho-tti. tao Sirikantâe samaṃ visaya·suhaṃ mâṇantassa gacchanti diṇâ.

annayâ so palli-nâho niya·bala·samio gao visayaṃ hantuṃ. so vi teṇa samaṃ gao. tâva ya diṭṭho teṇa tag·gâma·bâhir'âsanne kamala·sara·tîre sahasa-cciya Varadhaṇû. so vi taṃ paccabhijâṇiûṇaṃ asaṃbhâvaṇîya·daṃsaṇaṃ roviuṃ payatto[5]. saṃṭhavio teṇa. suha·nisaṇṇeṇa pucchio Varadhaṇuṇâ kumâro: mama parokkhe kiṃ tae aṇubhûyaṃ? teṇa vi savvaṃ siṭṭhaṃ-ti. teṇa vi pucchieṇa vuttaṃ: kumâra, suvvau! tayâ haṃ naggoha·heṭṭhâ tumaṃ ṭhaviya jal'aṭṭhâ gao. tao diṭṭhaṃ mae mahâ·saraṃ. tao puḍae ghettûṇa jâva jalaṃ tuh' antie payaṭṭo, tâva ya sahasa·cciya sannaddha·baddha·kavaehiṃ tâḍio Dîha·bhaḍehiṃ: re re Varadhaṇû, kahiṃ Bambhadatto-tti bhaṇantehiṃ. mae bhaṇiyaṃ: na·yâṇâmi. tao tehiṃ daḍhayaraṃ tâḍijjamâṇeṇa[6] bhaṇiyaṃ mae, jahâ: vaggheṇa bhakkhio. tehiṃ vuttaṃ: daṃsehi taṃ paesaṃ[7]! tao haṃ io tao bhamanto kavaḍeṇa gao tuha daṃsaṇa·pahaṃ. palâyasu-tti kayâ tuha[8] sannâ. mayâ vi parivvâyaga·dinnâ muhe kayâ guliyâ. tap·pabhâveṇa ya jâo nicceyaṇo.

1) A jjh. 2) A om. tîre. B °saro°. 3) A ho Lâvaṇṇa°. 4) B °cchiiṃ. 5) B pautto. 6) A °ṇehiṃ. 7) B desaṃ. 8) A om.

tao mao-tti nâûṇa gayâ te. cireṇa ya kaḍḍhiyâ muhâo mayâ guliyâ[1]. tao tumaṃ gavesiuṃ payaṭṭo[2], na ya mae diṭṭho. gao egaṃ gâmaṃ. tattha diṭṭho ego parivvâyago. teṇa vuttaṃ: tuha tâyassa ahaṃ mitto Vasubhâgo nâma. kahiyaṃ ca teṇa, jahâ: Dhaṇû palâo; mâyâ ya te mâyanga'pâḍae pakkhittâ Diheṇa. tao eyaṃ soûṇa mahâ'dukkheṇa ahaṃ gao Kampilla'puraṃ. kâvâliya'vesaṃ kâûṇa vanciûṇa mâyanga'mayaharaṃ avahariyâ mâyâ. tao egaṃmi gâme piu'mittassa Devasammassa mâhaṇassa ghare mottûṇa mâyaraṃ tumam'aṇṇesanto ih' âgao.

evaṃ suhaṃ dukkhaṃ mannantâ jâva acchanti, tâva ekko puriso samâgao. teṇa vuttaṃ, jahâ: mahâ'bhâga, na kahiṃci hiṇḍiyavvaṃ; tumh' aṇṇesaṇ'atthaṃ Dîha'niuttâ narâ ih' âgaya-tti. tao do vi lahuṃ vaṇa'gahaṇâo niggantuṃ bhamantâ gayâ Kosambiṃ. tattha nayarî'bâhir'-ujjâṇaṃmi diṭṭhaṃ doṇhaṃ seṭṭhi'suyâṇaṃ Sâgaradatta'Buddhila[3]nâmâṇaṃ paṇî'kâûṇa saya'sahassaṃ saṃpalaggaṃ kukkuḍa[4]jujjhaṃ. hao Sâgaradatta'kukkuḍeṇa Buddhila'kukkuḍo; puṇo vi Buddhila'kukkuḍeṇa hao Sâgaradatta'kukkuḍo. tao bhaggo Sâgaradatta'kukkuḍo Buddhila'kukkuḍassa sammuhaṃ kiramâṇo vi nâ 'hilasai jujjhiuṃ-ti hâriyaṃ Sâgaradatteṇa lakkhaṃ. etth' antaraṃmi ya Varadhaṇuṇâ bhaṇiyâ Sâgaradatta'Buddhilâ: kim'eso sujâî vi bhaggo kukkuḍo bîya'kukkuḍâo? tâ pecchâmi, jai na kuppaha tubbhe. Sâgaradatto bhaṇai: bho mahâ'bhâya, peccha peccha, jao n'atth' ettha koi mama davva'lobho, kiṃ tu abhimâṇa'siddhîe[5] paoyaṇaṃ. tao paloio Varadhaṇuṇâ Buddhila'kukkuḍo. diṭṭhâo ya tac'calaṇa-nibaddhâo suddha[6]laṇhâo lohamaya'sûîo. lakkhio ya so joyanto Buddhileṇa. tao samîvam'âgantuṃ: jai na jaṃpasi sûî'vaiyaraṃ, to dâhaṃ tuha lakkh'-addhaṃ-ti nihuyaṃ sâhiyaṃ Varadhaṇuṇo. teṇâ 'vi: bho nirûviyaṃ mae, paraṃ na kiṃci dîsai-tti jaṃpanteṇa vi, jahâ Buddhilo na lakkhai, tahâ kahaṃci loyaṇ'anguli'saṃcâra'ppaogao jâṇâvio Sâgaradatto. teṇâ 'vi kaḍḍhiûṇâ 'lakkhaṃ piva sûî'obheḍio niya'kukkuḍo. teṇa ya parâjio bîya-kukkuḍo-tti hâriyaṃ Buddhileṇa vi lakkhaṃ. tao jâyâ doṇha vi sarisarî[7]. parituṭṭho ya Sâgaradatto papphulla[8]vayaṇo: ajjauttâ, gihaṃ gammau-tti vottum'âroviuṃ rahavare do vi gao niya'gehaṃ. kaya'uciya[9]kicco niccaṃ[10] pecchai piîe.

tan'neha'niyantiyâṇam'annayara'diṇe âgao ego dâsa'ceḍo. saddio câ 'ṇeṇa Varadhaṇû, nîo egante. tao sûî'vaiyarâ'jaṃpaṇe, jaṃ te sukkhiyam'âsi Buddhileṇa addha'lakkhaṃ, tan'nimittam'eso pesio câlîsa'sâhasso hâro-tti vottuṃ samappiuṃ[11] ca hâra'karaṇḍiyaṃ gao dâsa'ceḍo. Varadhaṇû vi taṃ ghettûṇ' âgao Bambhadatt'antiyaṃ, sâhiya'sarûvo ya darisei se karaṇḍiyâo kaḍḍhittu hâraṃ. paloianteṇa ya kumâreṇa tad'ega'desâ'-

1) A guḍiyâ. 2) A tt. 3) A überall Vuddhila. 4) AB kukaḍa; B überall. 5) B siddhi. 6) A suṭṭhu. 7) B saribhari. 8) B pu°. 9) B cc. 10) A tth. 11) B °yaṃ.

valambio diṭṭho Bambhadatta·nâm'ankio leho, pucchiyaṃ ca: vayaṃsa, kass' eso leho? Varadhaṇû bhaṇai: ko jâṇai[1]? bahave Bambhadatta-nâmagâ purisâ santi; kim·ettha cojjaṃ? tao avaherî[2]pare kumâre Varadhaṇuṇâ egante[3] neuṃ[3] vihâḍio leho, diṭṭhâ ya tassa majjhaṃmi imâ gâhâ:

patthijjasi[4] jai vi jae jaṇeṇa saṃjoya·jaṇiya·jatteṇa[5] |
taha vi tumaṃ ciya dhaṇiyaṃ Rayaṇavaî muṇai[6] mâṇeuṃ ||

cintantassa ya kaham·avagacchissam·imîe bhâv'atthaṃ-ti Varadhaṇuṇo biya-diṇe âgayâ egâ pavvâiyâ. sâ ya pakkhiviûṇ' akkhaya·kusumâṇi kumâra·uttam'[7]ange: puttaya, vâsa·sahassâû bhavasu-tti bhaṇantî Vara-dhaṇum·egante nei; mantiûṇa ya teṇa samaṃ kiṃ pi paḍigayâ. tao pucchio kumâreṇa Varadhaṇû: kim·esâ jaṃpai? so bhaṇai: eyâe imaṃ saṃlattaṃ: jo so tumhâṇaṃ Buddhileṇa karaṇḍaṃmi hâro pesio, teṇaṃ samaṃ leho samâgao; tassa paḍilehaṃ samappeha! mayâ bhaṇiyaṃ: eso Bambhadatta·râya·nâm'ankio dîsai; tâ sâhaha, ko eso Bambhadatto? tîe bhaṇiyaṃ: summau, kiṃ tu na tae kassa vi sâhiyavvaṃ. atthi ih'eva nayarîe seṭṭhi·dhûyâ Rayaṇavaî nâma kannayâ. sâ ya bâla·bhâvâo ceva aîva mama nehâ'ṇurattâ. jovvaṇam·aṇupattâ, diṭṭhâ ya mae anna·diṇaṃmi sâ kiṃci jhâyamâṇî. tao haṃ gayâ tîe samîvaṃ, bhaṇiyâ ya mayâ: putti Rayaṇavai, kiṃ cintesi[8]? pariyaṇeṇa bhaṇiyaṃ: bahûṇi diṇâṇi evam·eîe dummaṇâe. tao puṇo puṇo pucchiyâ vi mae jâva na kiṃci jaṃpai, tâva bhaṇiyaṃ tassa sahîe Piyangulaiyâe: bhayavai, esâ lajjantî na kiṃ pi tujjha sâhiuṃ sakkai, tâ ahaṃ kahemi. io gayaṃmi kaṃmi vi diṇe kiḍ'attham·ujjâṇa·gayâe bhâugassa Buddhila·seṭṭhiṇo lakkha·paṇeṇaṃ jujjhâventassa kahavi tap'paes'âgao diṭṭho apuvvo ko vi vara·kumâro. taṃ ca daṭṭhûṇ' esâ erisî jâyâ. taṃ ca mae soûṇa lakkhio tîe mayaṇa-viyâro. bhaṇiyâ ya sa·siṇehaṃ: putti, sâhasu sabbhâvaṃ! tao kahakahavi sabbhâvam·uvagayâ bhaṇai: bhayavai, tumaṃ mama jaṇaṇî; tâ n'atthi kiṃpi tumham·akahaṇiyaṃ. eyâe Piyangulaiyâe jo kahio, so Bambhadatta-kumâro jai me paî na hoi, to nûṇaṃ marâmi. tao eyam·âyaṇṇiûṇa bhaṇiyâ sâ mae: vacche, dhîrâ hohi! tahâ karissaṃ, jahâ tuha samîhiyaṃ saṃpajjissai[9]. tao sâ kiṃci satthâ jâyâ. kalla·diṇaṃmi ya hiyay'âsâsaṇ'-atthaṃ bhaṇiyâ mae: vacche, diṭṭho so mae Bambhadatta·kumâro. tîe soum·evaṃ samûsasiya·hiyayâe bhaṇiyaṃ: bhayavai, tumha pasâeṇa savvaṃ sundaraṃ bhavissai; kiṃ tu tassa vissâsa·nimittaṃ Buddhila-vavaeseṇe 'maṃ[10] hâra·rayaṇaṃ karaṇḍae pakkhiviûṇa pesehi Bambhadatta-nâm'ankiyaṃ ce 'maṃ lehaṃ! nirûviyaṃ[11] ca taṃ tahâ kallaṃ mae. tâ

---

1) A jâṇei. 2) B avâharî. 3) B om. 4) AT °ai. 5) A junneṇa. 6) A maṇai. 7) A uttim°, B kumârott°. 8) AB kiṃcitesiṃ. 9) A saṃpajjai. 10) B °ṇa imaṃ. 11) A niroviyaṃ.

mahâ'bhâga, kahio tuh' eso leha'vaiyaro. sampayam padileham dehi! mae vi samappio tîe imo padileho:

guru'guṇa'vara'dhaṇu[1] kaliu-tti māṇium muṇai[2] Bambhadatto[3] vi[3] |
Rayaṇavaiṃ[4] rayaṇavaiṃ[4] cando viya[5] candaṇî'jogo ||

soum ce 'maṃ Varadhaṇu'sâhiyam[6]'adiṭṭhâe vi Rayaṇavaîe jâo kumâro tam'maṇo. tad'daṃsaṇa'samâgamo'vâyam'aṇṇesamâṇassa ya gayâṇi kaivaya[7]diṇâṇi.

annaṃmi ya diṇe samâgao bâhirâo Varadhaṇû. saṃbhanto bhaṇiuṃ payatto[8], jahâ: kumâra, iha nayara'sâmiṇo Kosalâ'hiveṇa amhâṇa gavesaṇa-nimittaṃ pesiyâ paccaiya'purisâ, pâraddho ya nayara'sâmiṇâ uvakkamo-tti summai bahuso ghuṇâhuṇî[9]. tao nâum'eyaṃ vaiyaraṃ Sâgaradatteṇa goviyâ do vi bhûmi'harae. samâgayâ rayaṇî. bhaṇio kumâreṇa Sâgaradatto: tahâ kuṇasu, jahâ amhe avakkamâmo! evaṃ c' âyaṇṇiûṇa niggao nayarîo Sâgaradatto. gayâ thevaṃ bhûmi'bhâgaṃ. tao aṇicchamâṇaṃ pi kahakahavi niyattiûṇa Sâgaradattaṃ payaṭṭâ kumâra-Varadhaṇû. gacchantehi ya nayarîe bâhiṃ jakkh'âyayaṇ'ujjâṇa'pâyav'[10]antarâla'parisaṃṭhiyâ paharaṇa'samanniya'raha'vara'samîva'tthâ diṭṭhâ ekkâ pavara'mahilâ. tao tîe s'âyaram'abbhuṭṭhiûṇa bhaṇiyaṃ: kim'ettiyâo velâo[11] tumhe samâgayâ? taṃ ca souṃ kumâro bhaṇai: bhadde, ke amhe? tîe bhaṇiyaṃ: sâmi, tubbhe[12] Bambhadatta'Varadhaṇuṇo. kumâro bhaṇai: kaham'evam' avagayaṃ? tîe bhaṇiyaṃ: summau[13]! ih' eva nayarîe Dhaṇapavaro nâma seṭṭhî. tassa Dhaṇasaṃcayâ nâma bhajjâ. tîe ham'aṭṭhaṇhaṃ[14] puttâṇam' uvari dhûyâ[15] jâyâ. aikkanta'bâla'bhâvâe majjhaṃ na ruccai kovi puriso. tao jakkham'imam'ârâhium'âḍhattâ. jakkheṇa vi muha bhatti'tuṭṭheṇa paccakkheṇa houṃ bhaṇiyâ: vacche, tuha bhavissa'cakkavaṭṭî Bambhadatta-kumâro paî bhavissai. mae bhaṇiyaṃ: kahaṃ mae[16] so nâyavvo? jakkheṇa bhaṇiyaṃ: payaṭṭo Buddhila'Sâgaradattâṇaṃ kukkuḍa'jujjhe jo diṭṭho tuh' âṇandaṃ jaṇehî, so nâyavvo Bambhadatto-tti. sâhiyaṃ ca me teṇa, jaṃ kiṃci kukkuḍa'jujjha'kâlâo Varadhaṇu'sahâyassa, sâmi, tuhe 'ha[17] vittaṃ. jaṃ ca jahâ mae hâra'pesaṇ'âi'kiccam'evam'âyariyaṃ-ti. soum'evaṃ sâ'ṇurâgo kumâro samârûḍho tîe[18] saha taṃ raha'varaṃ. pucchiyâ ya sâ: kao'huttaṃ gantavvaṃ? Rayaṇavaîe bhaṇiyaṃ: atthi Magahâ'puraṃmi mama piuṇo kaṇiṭṭha'bhâyâ Dhaṇasatthavâho nâma seṭṭhî; so ya muṇiya'vaiyaro tumham'amhaṃ ca samâgamaṇaṃ sundaraṃ mannissai. tâ tâva tattha gamaṇaṃ kirau; tad'uttara'kâlaṃ jah' icchâ

---

1) Doppelsinn! 2) A mahaṇti, B maṇṇai. 3) steht in AB im Anfange. Aber in den Katthân am Ende. 4) A °vai, K °vai °vaîṃ. A das zweite Wort rayaṇi°. 5) A cciya. 6) A ṃmi. 7) B kayavai. 8) B pavatto. 9) A ghuṇohuṇî. 10) B vâyav. 11) B om. 12) B tumhe. 13) A summaiu. 14) B ṇṇ. 15) A dhiyâ. 16) A mayâ. 17) B tubbhaha. 18) A tâo.

tumhâṇaṃ. tao Rayaṇavai·vayaṇeṇa payaṭṭo tay·abhimuho kumâro. kao Varadhaṇû[1] sârahî. gâmâṇugâmaṃ ca gacchamâṇâ[2] niggayâ Kosambi-jaṇavayâo, saṃpattâ giri·gahaṇam·egaṃ. tattha ya Kaṇṭhaya·Sukaṇṭhayâ-'hihâṇâ duve cora·seṇâvaiṇo; te ya daṭṭhûṇa pahâṇa·rahaṃ vibhûsiyam·itthî·rayaṇaṃ ca appa·parivârattaṇao saṃnajjhiûṇa payattâ pahariuṃ. kumâreṇâ 'vi viviha·bhangehiṃ paharanteṇaṃ jittâ te palâṇâ diso disiṃ. tao puṇo vi raha·var'ârudho calio kumâro, bhaṇio Varadhaṇuṇâ: kumâra, dadha·parissantâ tumhe, tâ muhutta·mettaṃ niddâ·suham·ettha' eva rahe seveha!· tao Rayaṇavaîe saha sutto kumâro jâv' acchai, tâva giri-naim·egaṃ pâviûṇa thakkâ turangamâ. tao kahavi paḍibuddho kumâro, uṭṭhio viyambhamâṇo. paloiyâiṃ pâsâiṃ: na diṭṭho Varadhaṇû. pâṇiya·nimittam·oiṇṇo bhavissai-tti kaliûṇa saddio sa·saṃbhamaṃ. paḍivayaṇam·alabha-mâṇeṇa parâmusiyaṃ raha·dhur'aggaṃ, diṭṭhaṃ ca taṃ bahala-lohiy'-âliddhaṃ.[3] tao vâvâio Varadhaṇu-tti kaliûṇa, hâ hao si-tti bhaṇamâṇo nivaḍio rah'ucchange. puṇo vi laddha·ceyaṇo, hâ bhâi Varadhaṇu-tti bhaṇamâṇo palâve kâum·âḍhatto. kahakahavi saṃṭhavio Rayaṇavaîe taṃ bhaṇai, jahâ: sundari, na najjai phuḍaṃ: kiṃ Varadhaṇû mao, kiṃ vâ jîvai. tâ ahaṃ tass'[4] aṇṇesaṇ'atthaṃ pacchao[5] vaccâmi. tîe vuttaṃ: ajjautta, na esa avasaro pacchâ·valiyavvassa; kuo? jeṇâ 'ham·egâgiṇî cora·sâvay'âîhiṃ bhîmam·imam·araṇṇaṃ. annaṃ ca: iha niyaḍa·vattiṇâ vasameṇa[6] bhaviyavvaṃ, jeṇaṃ parimaliyâ[7] kusa·kaṇṭayâ dîsanti. tao tah' eva paḍivajjiûṇa tîe saha payaṭṭo Magaha·visayâ'bhimuhaṃ kumâro, patto ya tav·visaya·sandhi·saṃṭhiyaṃ ekkaṃ gâmaṃ. tattha ya pavisamâṇo gâma·sahâ·majjha·ṭhieṇa diṭṭho gâma·ṭhakkureṇaṃ. daṃsaṇâ'ṇantaram·eva na esa sâmanno-tti kaliûṇa so'vayâra·kaya·paḍivattiṇâ[8] pûio nîo niya-gharâ'bhimuhaṃ-ti.[9] diṇṇo âvâso. suha·nisaṇṇo ya bhaṇio teṇa kumâro: mahâ·bhâga[10], gâḍham·uvviggo viya lakkhîyasi.[11] kumâreṇa bhaṇiyaṃ: majjha bhâyâ corehiṃ[12] saha bhaṇḍaṇaṃ kuṇanto na najjai, kim·avatth'-antaraṃ patto.[13] tâ mae tay·aṇṇesaṇa·nimittaṃ tattha gantavvaṃ. teṇa bhaṇiyaṃ: alaṃ kheeṇa; jai ihâ 'ḍavîe bhavissai, to lahissâmo[14]-tti bhaṇiûṇa pesiyâ niyaya·purisâ, gaya·paccâgachiṃ siṭṭhaṃ tehiṃ, jahâ: amhehiṃ koi kahiṃci na saccavio[15], kevalaṃ pahe[16] nivaḍio esa vâṇo pâvio. tav·vayaṇ'âyaṇṇaṇaṃmi ya: nûṇaṃ viṇivâio-tti paritappiûṇa[17] guru·soy'âulijjanta·mâṇasassa jâyâ rayaṇî; pasutto ya Rayaṇavaîe saha kumâro. ekka·jâmâ'vasesâe rayaṇîe sahasâ taṃmi gâme nivaḍiyâ cora[18]-dhâḍî. sâ ya kumâra·pahâra·kaḍuyâviyâ bhaggâ parammuhâ kayâ.[18] ahiṇandio[19] kumâro sayala·gâmâ'hiṭṭhieṇaṃ gâma·pahuṇâ. gosammi ya

---

1) Mss °dhaṇu. 2) A gamm°. 3) A âlivvaṃ. 4) B tad. 5) A pavvao. 6) B vasemeṇa. 7) B °mi°. 8) B °ḍipa°. 9) B vi, A? 10) A °ya. 11) B °iyasi. 12) B °reṇaṃ, A add. vidiṇṇo. 13) B add. mitto. 14) B bh. 15) B na amhehiṃ visasaṃ paccavio. 16) B pahâra. 17) A °cûṇa. 18) A om. 19) A bh.

âucchiûṇa gâma'ṭhakkuraṃ tat'taṇaya'sahâo[1] patthio Râyagihaṃ, patto jahâ'ṇukkameṇa tattha.

nayara'bâhiriyâe ekkaṃmi parivvâiy'âsame ṭhaviûṇa Rayaṇavaiṃ payaṭṭo nayar'abbhantaraṃ. taṃ pavisamâṇeṇa[2] ya diṭṭhaṃ ekkaṃmi paese viviha'kamma'nimmiyaṃ[3] dhavala'haraṃ. tattha diṭṭhâo do pavara-kannâo. tâo ya kumâraṃ daṭṭhûṇa payaḍiya'garuyâ'ṇurâgâo[4] bhaṇiuṃ payattâo: kiṃ juttaṃ tumhârisâṇa vi mahâ'purisâṇa bhattâ'ṇurattaṃ jaṇam'ujjhiya paribhamiuṃ? teṇa vuttaṃ: ko so jaṇo, jeṇ 'evaṃ bhaṇaha? tâhiṃ vuttaṃ: pasâo kîrau âsaṇa'gahaṇeṇa. tao nisaṇṇo; kao majjaṇa-bhoyaṇ'âio uvayâro. tay'avasâṇe ya bhaṇiuṃ payattâo, jahâ: mahâ'satta, atthi ih' eva Bharahe Veyaḍḍha'giri'dâhiṇa'seḍhîe Sivapuraṃ nayaraṃ, Jalaṇasiho râyâ, tassa ya Vijjusihâ nâma devî. tîe amhe duve dhûyâo. jeṭṭho ya amha Naṭṭumatto[5] bhâyâ. annayâ[6] amha piyâ Aggisihâ'bhihâṇeṇa mitteṇa samaṃ goṭṭhîe ciṭṭhai jâva, tâva pecchai gayaṇe Aṭṭhâvaya-pavvayâ'bhimuhaṃ jiṇavara'vandaṇa'nimittaṃ gacchantaṃ surâ'sura'samû-haṃ. taṃ daṭṭhûṇa râyâ vi mitteṇa dhûyâhi ya sahio payaṭṭo, kameṇa ya patto Aṭṭhâvayaṃ. vandiyâo jiṇinda'paḍimâo. kappûr'âgaru'dhûvaya-vuddhâ'ravinda'surahi'gandhehiṃ[7] kao uvayâro. tip'payâhiṇaṃ[8] kâuṃ niggacchanteṇaṃ[9] egassa asoga'pâyavassa heṭṭhâ diṭṭhaṃ câraṇa'muṇi-juyalaṃ, paṇamiûṇa ya taṃ nisaṇṇâ tay'âsanne. tao tehiṃ patthuyâ[10] dhammakahâ, jahâ: asâro saṃsâro, bhanguraṃ sarîraṃ, saray'abbha-vibbhamaṃ jîviyaṃ, taḍi'vilasiyâ'ṇugâri jovvaṇaṃ, kiṃpâga'phalo'vamâ bhogâ, saṃjhâ'râya'samaṃ visaya'sokkhaṃ, kus'agga'jala'bindu'cancalâ lacchî, sulahaṃ dukkhaṃ, dulahaṃ suhaṃ, aṇivâriya'ppasaro maccû. tâ evaṃ-ṭhie chaḍḍijjau moha'ppasaro, kîrau jiṇinda'paṇie[11] dhamme maṇaṃ-ti. evaṃ[12] suṇiya laddha'sammatt'âiṇo jah'âgayaṃ paḍigayâ sur'âiṇo. tao laddhâ'vasareṇa bhaṇiyaṃ Aggisihiṇâ mitteṇa, jahâ: bhayavaṃ, eyâṇaṃ bâliyâṇaṃ ko bhattâ bhavissai-tti. tehiṃ bhaṇiyaṃ: eyâo bhâi'vahagassa bhajjâo bhavissanti. tao eyaṃ suṇiya sâma'muho jâo râyâ. etthâ 'vasare vutto amhehiṃ: tâya, saṃpayaṃ ceva sâhiyaṃ muṇihiṃ saṃsâra'sarûvaṃ. alaṃ amhâṇam'evaṃvihâ'vasâṇeṇa visaya'suheṇaṃ-ti. paḍivannaṃ ca taṃ tâeṇaṃ. evaṃ ca vallahayâe bhâuṇo catta'niya'deha'suha'kâraṇâo[13] tassa ceva ṇhâṇa'bhoyaṇ'âiyaṃ cintantîo[14] ciṭṭhamha jâv' anna'diṇe amha bhâuṇâ puhaviṃ bhamanteṇa diṭṭhâ tumha mâulagassa dhûyâ Pupphavaî kannayâ. taṃ ca rûv'âi'khitta'citto hariy' [15] âgao. tad'diṭṭhim'asahanto vijjaṃ sâhiuṃ gao. ao uvari[16] tubbhe nâya'vuttantâ. tâhe mahâ'bhâga, taṃmi kâle tubbh' antiyâo âgantûṇa Pupphavaîe sâmeṇa[17] vuttâo amhe, sâhio bhâu-

1) B pavattaṇayasaho. 2) A pavisanâṇoṇa. 3) B nimmaviyaṃ. 4) B °râo. 5) B Naḍumatto. 6) A om. 7) B add. ya. 8) A tipa°. 9) A niga°. 10) B pavuyâ. 11) A °ya. 12) A eyaṃ. 13) A °ṇao. 14) A °tie, B °tieu. 15) B hariya. 16) B °riṃ. 17) B sâmaṇṇa.

vuttanto. taṃ suṇiya[1] soya'nibbharâo roviuṃ payattâo. saṃṭhaviyâo mahura'vayaṇehiṃ[2] Pupphavaîe. annaṃ ca: Saṃkari'vijjâ'sayâsâo viiya-tumha'vuttantâe bhaṇiyaṃ tîe: sumarijjau muṇi'vayaṇaṃ, mannijjau Bambhadatto bhatta-tti. tam'âyaṇṇiûṇa jâyâ'[3]ṇurâgâhiṃ manniyam' amhehiṃ. tao rahasa'paravasattaṇao Pupphavaîe câliyâe[4] siya'saṃkeya-paḍâgâe annattha katthai pautthe tumammi nâṇâviha'gâma'nagar'âisu bhamantîhiṃ tumaṃ na jâhe kahiṃci diṭṭho, tâhe visaṇṇâo ih' âgayâo. tao appatakkiya'hiraṇṇa'vuṭṭhi[5]vibbhamam[6]'ettha tuha daṃsaṇaṃ jâyaṃ-ti. tâ bho[7] mahâ'bhâga, sumariûṇa Pupphavai'vaiyaraṃ kîrau amhâṇaṃ samîhiyaṃ! eyaṃ suṇiya sa'harisaṃ manniyaṃ kumâreṇa. nivvattiûṇa gandhavva'vivâhaṃ ṭhio rattîe tâhiṃ samaṃ. gosa'kâle ya vuttâo: gacchaha tubbhe Pupphavai'samîvaṃ; tîe samaṃ tâva acchiyavvaṃ, jâva maha rajja'lâbho hoi. evaṃ kâhâmo-tti bhaṇiya gayâo tâo. gayâsu tâsu jâva paloei pâsâiṃ, tâva na[8] taṃ[8] dhavala'haraṃ, na ya so pariyaṇo. cintiyaṃ ca teṇa: esâ vijjâharî mâyâ; annahâ kaham'eyaṃ indiyâla-vibbhamaṃ tâṇa vilasiyaṃ?

tao kumâro sumariya Rayaṇavaîe tay'aṇṇesaṇa'nimittaṃ gao âsamâ-'bhimuhaṃ. jâva na tattha Rayaṇavaî na ya anno koi, tao kaṃ pucchâmi-tti kaliûṇa paloiyâiṃ pâsâiṃ, na ya koi[9] saccavio. tao tîe ceva vaiyaraṃ cintayantassa khaṇ'antareṇ' âgao ekko kallâṇ'âgiî pariṇao puriso. pucchio[8] so[8] kumâreṇa: bho mahâ'bhâya, evaṃviha'rûva'nevaccha[10]visesâ kalla'diṇe ajja vâ na diṭṭhâ kâ vi ettha bâlâ? teṇa ya bhaṇiyaṃ: puttaya, kiṃ so tumaṃ Rayaṇavaîe bhattâ? kumâro bhaṇai: evaṃ! teṇa bhaṇiyaṃ: kallaṃ sâ mae ruyantî diṭṭhâ avar'aṇha'velâe; gao ya tîe samîvaṃ, pucchiyâ ya sâ mae: putti, kâ si tumaṃ, kao vâ samâgayâ, kiṃ vâ soya'kâraṇaṃ, kahiṃ vâ gantavvaṃ? tao tîe kiṃci kahiyammi paccabhinnâyâ[11] bhaṇiyâ ya: mama-cciya dohittî tumaṃ hosi. muṇiya'vuttanteṇa ya mayâ tîe culla'piuṇo gantûṇa siṭṭhaṃ. teṇa ya[12] jâṇiya'visesâ[13] s'âyaraṃ pavesiyâ niya'mandiraṃ. aṇṇesiyâ savvao tubbhe na kahiṃci diṭṭhâ. tâ saṃpayaṃ sundaram'aṇuṭṭhiyaṃ, jam'âgayâ. evaṃ c'[14]âlaviûṇa nîo teṇa kumâro satthavâha'mandiraṃ. kaya'savvo'vayârassa ya Rayaṇavaîe vittaṃ pâṇiggahaṇaṃ. tao tîe saha visaya'suham'aṇuhavanto ciṭṭhai.

annayâ Varadhaṇuṇo divasao-tti pakappiyaṃ bhojjaṃ bhuñjanti bambhaṇ'âiṇo jâva, sayaṃ ceva Varadhaṇû jaṇiya'bambhaṇa'veso bhoyaṇa-nimittam'âgao bhaṇiuṃ payatto, jahâ: bho sâhijjau tassa bhojja'kâriṇo. jahâ: jai majjha bhoyaṇaṃ payacchaha, to tassa para'loya'vattiṇo vayaṇo'-yarammi uvaṇamai. siṭṭhaṃ[15] ca tehiṃ tam'âgantûṇa kumârassa. viṇiggao

1) A nisu°. 2) Mss add. dhamma'desaṇâe. 3) B rajjâyâ. 4) Mss vâliyâo. 5) B buddhi. 6) A visabbhamamo, B vibbhamâm. 7) B ho. 8) A om. 9) B kovi. 10) Mss novattha. 11) A paccabhijjâyâ. 12) B vi. 13) B jâṇiyaṃ visesaṃ. 14) A b. 15) Mss siṭṭhiṃ.

kumâro. sa'harisaṃ ca paloio so kumâreṇa paccabhinnâo ya. âlingiuṃ paviṭṭho mandiraṃ. nivvatta'majjaṇa'bhoyaṇâ'vasarammi ya pucchio teṇa Varadhaṇû niya'pauttiṃ. sâhiuṃ payatto, jahâ: tîe rayaṇîe niddâ'vasam'uvagayâṇa tumhâṇa piṭṭhao[1] dhâviûṇa niviḍa[2]kuḍang'antara'ṭṭhiya'taṇuṇâ ekkeṇa cora'puriseṇa pahao vâṇeṇa.[3] tap'pahâra'veyaṇâe parâyattattaṇao nivaḍio mahi'yalaṃmi. avâya'bhîruttaṇao na sâhiyaṃ tumhaṃ. volîṇo raha'varo taṃ'antarâlaṃ. aham'avi parinivida'taru'antarâla'majjheṇa saṇiyaṃ saṇiyaṃ avakkamamâṇo kahakahavi patto taṃ gâmaṃ, jattha tumhe nivasiyâ. sâhiyâ ya tag'gâmâ'hiveṇa tumha pautti. samuppanna'hiyaya-toso ya pauṇa[4]pahâro bhoyaṇa'patthaṇa'vavaeseṇa samâgao ihaiṃ jâva, diṭṭhâ tumhe. evaṃ ca sa'harisaṃ[5]'aviratta'cittâṇaṃ janti diyahâ.

annayâ ya mantiyaṃ paropparaṃ Bambhadatta'Varadhaṇûhiṃ: kettiyaṃ kâlaṃ mukka'purisayârehiṃ acchiyavvaṃ? evaṃ ca cintayantâṇaṃ niggamo-'vâyam'ussuyâṇaṃ samâgao mahu'mâso. taṃmi ya payatte Mayaṇa'mah'-ûsave niggae nayari'jaṇavae ujjâṇesu kouhalleṇaṃ gayâ do vi kumâra[6]-Varadhaṇû. tao payatte nibbhare kîlâ'rase kîlantesu[7] viviha'kîlâhiṃ taruṇa'nara'nârî'satthesu atakkiyaṃ ceva maya[8]paravvaso gâliya'miṇṭho[9] nirankuso viyario râya'hatthî: samucchalio[10] kalayalo; bhaggâo kîlâ'goṭṭhîo. evaṃ ca payatte[11] hallohalae ekkâ bâliyâ samunnaya'paoharâ viyaḍa-niyamba'bimbâ matta'kari'karo'rû[12] bhaya'vevir'angî saraṇaṃ vimaggamâṇâ paḍiyâ kariṇo diṭṭhi'pahaṃ. tao ucchalio[13] hâhâ'ravo, kûiyaṃ se pariyaṇeṇa. tatth' antare dara'gahiyâe tîe purao hoûṇa hakkio kumâreṇa karî, muyâ-viyâ esâ. so vi karî taṃ bâliyaṃ[14] mottûṇa rosa'vasa'vitthâriya'loyaṇo pasâriya'ghora[15]karo taḍḍaviya'kaṇṇo jhatti tad'abhimuhaṃ padhâvio[16]. kumâreṇâ 'vi saṃpiṇḍiya uvarillaṃ pakkhittaṃ tad'abhimuhaṃ. teṇâ 'vi nibbhar'âmarisa'parâhîṇeṇa ghettuṃ taṃ pakkhittaṃ gayaṇe, nivaḍiyaṃ dharaṇîe. jâva karî[17] tattha pariṇavai, tâva dakkhattaṇao samâruhiya kandharâe nibaddham'âsaṇaṃ kumâreṇa. tâḍio tikkh'ankuseṇa, apphâlio kumbha'bhâe, mahura'vayaṇehiṃ mellâvio maccharaṃ[18] karî. tao sam-ucchalio[19] sâhukkâro; jayai kumâro-tti paḍhiyaṃ bandiṇâ. nîo khambhu-ṭṭhâṇam'âgao tam'uddesaṃ naravaî. daṭṭhûṇa taṃ aṇanna'sarisa[20]ceṭṭhiyaṃ vimhayaṃ gao bhaṇiuṃ payatto[21]: ko uṇa eso? tao kumâra'vaiyarâ-'bhinneṇa sâhio vuttanto mantiṇâ. tao tuṭṭheṇa râiṇâ nîo niya'bhavaṇaṃ kumâro[22], kârâvio[23] majjaṇa'bhoyaṇ'âi'uciya'karaṇijjaṃ. tao bhoyaṇâ'vasâṇe dinnâo aṭṭha dhûyâo kumârassa. sohaṇa'diṇa[24]muhutteṇa vittaṃ[25] pâṇi-ggahaṇaṃ. jahâ'suhaṃ ṭhiyâ tattha kaivaya[26]diṇe.

1) A piṭṭha. 2) A ṭṭh. 3) B h. 4) B paothaṇa. 5) A saharotvam. 6) B add. Bambhadatta. 7) B ḍ. 8) A magga. 9) A mimtho. 10) A tth? 11) B ṭṭ. 12) A °ru, B varoru. 13) B tao ullasio, A to utthatio. 14) A add. vi. 15) A ghore, B om. 16) B h. 17) B kari, A kiṇra. 18) A jh. 19) A tth. 20) Mss °saṃ. 21) A pautto. 22) A om, 23) A kârivite. 24) B soṇadiṇṇâ. 25) B vattaṃ. 26) A kati°, B kayao.

annayâ egâ mahilâ âgantûṇa kumâra·samîvaṃ bhaṇiuṃ payattâ, jahâ: kumâra. atthi tae saha vattavvaṃ kiṃpi[1]. teṇa vuttaṃ: bhaṇa[2]! tîe[2] vuttaṃ[2]: atthi ih' eva nayarîe Vesamaṇo nâma satthavâho, tassa dhûyâ Sirimaî nâma. sâ mae bâla·bhâvâo[3] ârabbha pâliyâ. jâ tumae hatthi·saṃbhamâo rakkhiyâ, tîe hatthi·saṃbham'uccariyâe[4] ujjhiûṇa bhayaṃ, jîviya·dâyago-tti muṇiûṇa[5] tumaṃ s'âhilâsaṃ paloio[6]. tao accanta·sundara·rûva·jovvaṇa·lâyaṇṇa·kalâkosallâṇa pagariso-tti kâuṃ samuppanno tîe[7] tujjho 'vari[8] daḍham·aṇurâo. tao tap·pabhiiṃ taṃ ceva paloemâṇî thambhiya-vva lihiya-vva kîliya-vva ṭank'ukkariya[9]-vva niccala·nihitta·loyaṇâ khaṇam·ekkaṃ ṭhiyâ. voliṇe hatthi·saṃbhame kahakahavi parijaṇeṇa nîyâ niya·mandiraṃ. tattha vi na majjaṇa[10]bhoyaṇ'âiyaṃ deha·ṭṭhiiṃ[11] karei, kevalaṃ moṇeṇa acchai. tâhe mae vuttâ: putti, kîsa ayaṇḍi-cciya asabbhâviṇî jâyâ, jeṇa majjha vi avahîresi vayaṇaṃ? tâva sa·vilakkhaṃ hasiûṇa bhaṇiyaṃ tîe: kim·amba[12] tumhâṇa vi akahaṇijjam·atthi? kiṃ tu lajjâ etthâ 'varajjhai; tâ suvvau: jeṇâ 'haṃ hatthi·saṃbhamâo rakkhiyâ, teṇa saha pâṇiggahaṇaṃ jai na hoi, to me avassaṃ[13] maraṇaṃ saraṇaṃ-ti. tao eyam·âyaṇṇiûṇa ya kahio tîe piuṇo vuttanto. teṇâ 'vi tuha samîve ahaṃ pesiyâ. tâ paḍicchasu imaṃ bâliyaṃ! manniyaṃ ca teṇa. pasattha·diyahe vitto vivâho. Varadhaṇuṇo vi Subuddhi·nâmeṇâ 'macceṇa Nandâ'bhihâṇaṃ[14] kannaṃ dâuṃ kayaṃ vîvâha-mangalaṃ. evaṃ ca doṇha vi visaya·suham·aṇuhavantâṇaṃ aikkantâ kaivi[15] vâsarâ. ucchaliyâ[16] savvao tesiṃ pauttî.

tao gayâ Vâṇârasiṃ. tao Bambhadattaṃ bâhiṃ ṭhaviya gao Varadhaṇû Kaḍaya·samîvaṃ. harisio eso sa·bala·vâhaṇo niggao sammuho. tao samâicchiûṇ' âroviuṃ hatthi·khandhe pavesio niya·bhavaṇe. kameṇa ya dinnâ niya·dhûyâ Kaḍayâvaî nâma aṇega·gaya·haya·raha·bhaṇḍâra·sameyâ. pasattha·diṇe[17] vitto vivâho[18]. tîe samaṃ visaya·suham·aṇuhavantassa vaccai[19] kâlo. tao dûya·saṃpesaṇeṇa samâgao sa·bala·vâhaṇo Pupphacûlo râyâ, Dhaṇû mantî, Kaṇeradatto[20], anne ya Candasîha·Bhavadatt'âdao bahave râyâṇo. tehiṃ Varadhaṇû seṇâvai·pae[21] ahisinciûṇa pesio Diha·râiṇo uvariṃ, payatto aṇavarayaṃ gantuṃ. etth' antare pesio Dîheṇa Kaḍag'âiṇa dûo. nibbhacchio[22] so tehiṃ. appaṇo vi aṇavaraya·payâṇaehiṃ[23] gacchantâ pattâ Kampilla·puraṃ. tao samantao niruddha·niggama·pavesaṃ kayaṃ taṃ. tao so Diha·râyâ: kettiyaṃ kâlaṃ vile paviṭṭhehiṃ[24] acchiyavvaṃ-ti sâhasam·avalambiûṇa niggao sammuho. samâvaḍiyaṃ mahâ·samaraṃ doṇha vi sennâṇa. tao bhaggaṃ niya·sennaṃ daṭṭhûṇa Diho: kâûṇa porusaṃ annahâ vi n'atthi mokkho-tti kaliûṇa sammuham·uvaṭṭhio. tao taṃ

1) B atthi kiṃci vattavvaṃ tumaeṇa saha. 2) B om, A taṇa statt bhaṇa. 3) A °ao. 4) A vv? 5) B muttiûṇa. 6) A palovio. 7) B tîe.} 8) B °riṃ. 9) B ukâriya. 10) B sayaṇa. 11) B ṭṭhiyaṃ. 12) B kiṃ mao. 13) Mss °ssa. 14) B Vandâ°. 15) B kaivai. 16) A uvvaliyâ. 17) Mss diṇṇe. 18) A vivâho. 19) A vaccae. 20) B °ru°. 21) B seṇâvai. 22) Mss tth, B add. ya, 23) A aṇavarachiṃ. 24) A panaciṭṭhehiṃ.

pecchiûṇa Bambhadatto saṃdhukkiya'kovâ'ṇalo calio tad'abhimuhaṃ. laggam'âohaṇaṃ. tao gaṇḍiva'khagga'kunta'gayâ'bhiṇḍimâla'pamuhehiṃ pahariûṇa mukkaṃ Bambhadattcṇa cakkaṃ. teṇa Dîha'râiṇo kabandhîkayaṃ sarîraṃ. tao jayai cakkavaṭṭi-tti ucchalio[2] kalayalo. siddha-gandhavvehiṃ mukkâ kusuma'vuṭṭhî. vuttaṃ ca, jah': esa bârasamo cakkavaṭṭî uppanno. tao pura'jaṇavaeṇa nâgariya'loeṇa ya abbinandijjamâṇo paviṭṭho niya'mandiraṃ. kao sayala'sâmantehiṃ mahâ'cakkavaṭṭi-rajjâ'bhiseo. pasâhiyaṃ cirantaṇa'cakkavaṭṭi'kameṇa cha'khaṇḍaṃ pi Bharahaṃ. samâgayaṃ Pupphavai'pamuhaṃ sayalam'anteuraṃ. evaṃ cakkavaṭṭittaṇaṃ kuṇantassa gacchanti diṇâ.

annayâ naḍeṇa vinnatto, jahâ: mahârâya, ajja Mahuyarî[3]gîyaṃ nâma naṭṭa'vihiṃ uvadaṃsissâmi[4]-tti. teṇa vuttaṃ: evaṃ hou-tti. tao avar'aṇha'samae pâraddho nacciuṃ. etth' antare dâsa'ceḍie sayala'kusuma-samiddhaṃ Bambhadattassa kusuma'dâma'gaṇḍam'uvaṭṭhaviyaṃ. taṃ pecchantassa Mahuyarî'gîyaṃ ca suṇantassa viyappo jâo: evaṃviha'nâḍaya-vihî diṭṭha'puvvâ mae. evaṃ cintantassa[5] Sohamme Paumagumme vimâṇe diṭṭha'puvva-tti sumario puvva'bhavo. gao ya mucchaṃ paḍio ya[6] bhûmie. tao[6] pâsa'parivattiṇâ sâmanta'loeṇa sarasa'candaṇ'âlimpaṇeṇa[7] samâsatthî'kao. tao râiṇâ sumariya'puvva'bhava'bhâi'vaiyareṇa tay-aṇṇesaṇ'atthaṃ rahassaṃ govinteṇa[8] bhaṇio niya'hiyaya'nivviseso Varadhaṇû nâma mahâ'macco. jahâ: lambiûṇa imaṃ silog'addhaṃ[9] ghosâvesu nagare tiya'caukka'caccaresu: jo imassa silogassa pacchim'addhaṃ pûrei, tassa râyâ niya'rajjassa addhaṃ dei-tti. evaṃ ca paidiṇaṃ payattam'âghosaṇaṃ, lambio[10] ya bahusu paesesu pâo.

atrâ 'vasare sa pûrvabhavikaç Citrâbhidhânas tatsahodarajîvaḥ Purimâtalanagarâd ibhyaputro bhûtvâ saṃjâtajâtismaraṇo gṛihîtavratas tatrai 'vâ 'gataḥ. samavasṛito Manoramâbhidhâne kânane. tatra yathâprâsuke bhûbhâge nikshipya pâtrâdyupakaraṇaṃ sthito dharmadhyânopagataḥ kâyotsargeṇa. atrâ 'ntare âraghaṭṭikena paṭhyamânam

âsva[11] dâsau mṛigau haṃsau mâtangâv amarau tataḥ |

idaṃ çlokârdhaṃ niçamya prâha muniḥ:

eshâ nau shashṭhikâ jâtir anyonyâbhyâṃ viyuktayoḥ ||

tato 'sâv âraghaṭṭikas tacchlokârdham patrake vilikhya praphullâsyapaṅkajo gato râjakulam. paṭhitaḥ prabhoḥ purataḥ sampûrṇaḥ[12] çlokas. tataḥ snehâtirekeṇa gato mûrchâṃ râjâ. tataḥ kshubhitâ sabhâ. roshavaçagatena parishajjanena: etadvacanena râje 'dṛiçîṃ daçâṃ gata iti capeṭâbhir hantum ârabdho 'sau. hanyamâno: na mayâ 'yam pûrita iti vilapann asau vimocitaḥ kadarthakebhiḥ pṛishṭaç ca: ko 'sya pûraka iti. sa

1) B kkh 2) A utth°. 3) B mahurayaṃ 4) B daṃs°. 5) A cintentassa. 6) B om. 7) A vilamp°. 8) A gova°. 9) A addhayaṃ. 10) Mss v. 11) Mss âçva 12) B paripûrṇa

prâhâ: 'raghaṭṭasamîpavartî munir iti. tato râjâ 'pi candanarasasekâdibhir labdhacetano 'vagatamunivarâgamavṛittântas tadbhaktisnehâkṛishṭacittaḥ saparikaro niryayau. dadṛiçe ca tena munir udyâne. tushṭacetasâ vanditaḥ. savinayam upavishṭas tadantike muninâ "rabdhâ dharmadeçanâ[1], darçitâ bhavanirguṇatâ. varṇitâḥ karmabandhahetavaḥ. çlâghito mokshamârgaḥ, khyâpitaḥ çivasaukhyâtiçayaḥ. saṃvignâ parishan, na bhâvito Brahmadattaḥ: prâha ca: bhagavan, yathâ svasaṃgamasukhenâ "hlâditâ vayam, tathâ "hlâdayatu bhagavân râjyasvîkaraṇena, paçcât tapaḥ samam eva karishyâvaḥ; etad eva vâ tapasaḥ phalam. munir âha: yuktam etad bhavadupakârodyatânâm; kevalaṃ durlabhe 'yam manushyâvasthâ, satatapâtukam âyuç, cañcalâ çrîr, anavasthitâ dharmabuddhir, vipâkakaṭavo vishayâs, tadâsaktânâṃ dhruvo narakapâto, durlabham punar mokshabîjaṃ viçeshato viratiratnam, na tattyâgâd dustaranarakapâtahetukakatipayadinabhâvirâjyâçrayaṇam âhlâdayati cittaṃ vidushâm. tat parityaja kadâçayaṃ, smara prâgbhavânubhûtaduḥkhâni, piba jinavacanâmṛitarasaṃ, saṃcarasva taduktamârgeṇa, saphalîkuru manushyajanme 'ti. sa prâha: bhagavan, upanatasukhatyâgenâ 'dṛishṭasukhavâñchâ[2] ajñânalakshaṇam. tan mai 'vam âdiça, kuru matsamîhitam! tataḥ punaruktam ukto 'pi yathâ na pratibudhyate, tadâ cintitam muninâ: âṃ[3] jñâtam, pûrvabhave Sanatkumâracakristrîratnâlakasaṃsparçavedanâjâtâbhilâshâtirekeṇa mayâ nivâryamâṇenâ' pi kṛitaṃ tatprâptyarthaṃ Saṃbhûtena satâ nidânaṃ, tad idaṃ vijṛimbhate, 'taḥ kâladashṭavad asâdhyo 'yaṃ jinavacanamantratantrâṇâm iti. gato muniḥ, kâlântareṇa mokshaṃ ca prâptaḥ. râjño 'pi cakrisukham anubhavato 'titaḥ kaçcit kâlaḥ.

anyadai 'kena dvijeno[4] 'kto 'sau[5]: aho nṛipeça, mame "dṛiçî vâñcho 'tpannâ, yadi cakribhojanam bhuñje. râjño 'ktam: bho dvija, na mâmakam annaṃ tvam bhoktuṃ kshamaḥ, yato mâṃ hitvâ etad annam anyasya na samyak pariṇamati. dvijeno 'ktaṃ: dhig astu te râjyalaksmîmâhâtmyam, yad annamâtradâne 'py âlocayasi. tato râjñâ asûyayâ anujñâtam, bhojitaç câ 'sau âhâradânena svabhâryâputrasnushâduhitṛipautrâdibândhavavṛindânvitaḥ. gataḥ svagṛiham, âgatâyâm[6] niçîthinyâm[7] pariṇamaty anne 'tyantajâtonmâdaprasaro 'napekshitamâtṛisnushâbhaginîvyatikaro gurumadanavedanânashṭacittaḥ pravṛitto 'nyonyam akâryam âcarituṃ dvijaparijanaḥ. pratyûshasi lajjito[8] dvijaḥ parijanaç câ 'nyonyam âsyaṃ darçayitum apârayan nirgato nagarâc, cintitaṃ ca dvijena: katham animittavairiṇâ râjñe 'tthaṃ viḍambito 'ham. tato marshitena tena vaṇe 'ṭatâ dṛishṭa eko ajâpâlakaḥ, karkarikâbhir açvatthapatrâṇi kâṇîkurvaṃç, cintitaṃ ca tena: madvivakshitakâryakaraṇayogyo 'yam iti kṛitvo 'pacaritas tena

1) B om. dharma. 2) B dridha°. 3) Mss â. 4) B dvijâtino. 5) A om 6) A âgatâṃ. 7) B nisishat. 8) A lâto.

dânasanmânâdibhiḥ. kathitas tena svâbhiprâyas tasya rahasi. tenâ 'pi pratipannam. anyadâ gṛihân nirgacchato Brahmadattasya kuḍyântaritatanunâ 'moghavedhyatvena golikayai 'kakâlam utpâṭite locane. tato râjñâ vṛittântam avetyo 'tpannakopena saputrabândhavo 'sau ghâtitaḥ purohito, anyân api dvijân ghâtayitvo 'kto mantrî, yathai: 'shâm akshîṇi sthâle nikshipya mama purato nidhehi, yenâ 'haṃ svahastamardanena sukham utpâdayâmî 'ti. mantriṇâ 'pi klishṭakarmodayavaçatâṃ tasyâ 'vagamya çâkhoṭakataruphalâni sthâle nikshipya ḍhaukitâni tasya. so 'pi raudrâdhyavasâyopagatas tâny akshibuddhyâ mardayan svaṃ sukhâ-kurvan dinâny ativâhayati. evaṃ ca vidadhato 'tîtâni katicid dinâni. tataḥ saptavarshaçatâni shoḍaçottarâṇi âyur anupâlya tatkshaye pravardhamânaraudrâdhyavasâyo mṛitvo 'tpannaḥ saptamanarakapṛithivyâṃ trayastriṃçatsâgarâyur nârakaḥ.

II. Saṇaṃkumâra.

atthi ih 'eva Bhârahe vâse Kurujangale jaṇavae Hatthiṇâuraṃ nayaraṃ. tattha Kuru'vaṃse Âsaseṇo râyâ, Sahadevî bhâriyâ, coddasamahâsumiṇa'sûio cauttha'cakkavaṭṭî Saṇaṃkumâro nâma. so saha[1]paṃsukîlieṇa Sûra'Kâlindî'taṇaeṇa Mahindasîheṇa saha gahiya'kalâ[2]kalâvo jovvaṇam'aṇuppatto. annayâ vasanta'mâse[3] râyautta'nâgaraya'sahio gao kîlaṇ'atthaṃ'ujjâṇaṃ. kîliûṇa ya tattha visiṭṭha'kîlâhiṃ âsa'parivâhaṇ'atthaṃ ârûḍhâ turangamesu râya'kumârâ. Saṇaṃkumâro vi Jalahikallolâ'bhihâṇaṃ turangam'ârûḍho. mukkâ sama'kâlam'âsâ. tao vivarîya'sikkhattaṇao pancama'dhârâe laggo kumâra'turangamo addaṃsaṇî'hûo khaṇa'metteṇa. laggo vinnâya'vuttanto râyâ sa'pariyaṇo magge. etth' antarammi laggo caṇḍa'mâruo. teṇa bhaggo turaya'paya[4]maggo. Mahindasîheṇa vinnatto râyâ: niyattau[5] mahârâo; ahaṃ kumâra'suddhiṃ lahiûṇa valissaṃ. niyatto râya. Mahindasîho vi laggo aṇumaggeṇa kumârassa. paviṭṭho bhîsaṇaṃ mahâ'ḍaiṃ. hiṇḍantassa aigayaṃ varisam'egaṃ. ega'divasammi ya gao thevaṃ bhûmi'bhâgaṃ. tâva nisuo sârasa'ravo, agghâio aravinda'parimalo, payaṭṭo tay'abhimuhaṃ. diṭṭhaṃ ca sara'varaṃ. nisuo mahuro giya'veṇu-ravo. haris'upphulla'loyaṇo jâva gacchai, tâva pecchai taruṇî'yaṇa'majjha-saṃṭhiyaṃ Saṇaṃkumâraṃ. vimhiya'mâṇaso cintei: kiṃ maṇa'vibbhamo esa, kiṃ vâ saccaṃ ceva esa Saṇaṃkumâro? viyappanto[6] jâva ciṭṭhai, tâva paḍhiyaṃ bandiṇâ:

1) B saha. 2) A om. 3) A add. râyâ 4) A pagaya. 5) A om. alles bis niyatto, 6) B vig°.

jaya Asaseṇa'nahayala- mayanka[1] Kuru'bhavaṇa[2]laggaṇe khambha |
jaya tihuyaṇa'nâha Saṇaṃkumâra jaya laddha'mâhappa ||

tao Saṇaṃkumâro-tti kaya'nicchao Mahindasîho. paṃoy'âûriya'mâṇaso ya apuvva'ras'antaraṃ'aṇubhavanto gao Saṇaṃkumâra'daṃsaṇa'pahaṃ. dûrâo ceva Saṇaṃkumâreṇa pariyâṇiûṇa abbhuṭṭhio. pâya'vaḍaṇ'uṭṭhio ya uvaûḍho gâḍhaṃ. duve vi paṃoy'âûriya'mâṇasâ uvaviṭṭhâ dinn'âsaṇesu. vijjâhara'logo ya uvasanta'gey'âi'kalayalo pâsesu alliṇo. tay'aṇantaraṃ ca phusiûṇa âṇanda'jala'bhariyaṃ nayaṇa'juyalaṃ bhaṇiyaṃ Saṇaṃkumâreṇa: vayaṃsa, kahaṃ tumaṃ'egâgî ettha bhîsaṇâ'raṇṇe âgao, kahaṃ ca ettha'ṭṭhio viyâṇio haṃ, kiṃ vâ karei mama virahe mahârâo ambâ ya? kahiyaṃ jahâ'vattaṃ Mahindasîheṇa. tao majjâvio vara'vilâsiṇîhiṃ Mahindasîho. kayaṃ'uciya'karaṇijjaṃ. bhoyaṇâ'vasâṇe ya puṭṭho ṇeṇa Saṇaṃkumâro, jahâ: kumâra, turangameṇa avahario tumaṃ tayâ kahiṃ gao, kahiṃ ṭhio, katto vâ erisî riddhî? Saṇaṃkumâreṇa cintiyaṃ: na juttaṃ niya'cariya'kahaṇaṃ niya'muheṇa sap'purisâṇaṃ, tâ kahâvemi para-muheṇaṃ. tao bhaṇiyâ kannâ'saya'majjha'gayâ[3] pariṇiyâ khayar'inda'dhûyâ niya'daiyâ Vaulamaî: pie, nisesaṃ maha vaiyaraṃ vijjâe âbhoeûṇa sâhesu Mahindasîhassa; mama puṇa niddâe ghummanti loyaṇâiṃ-ti bhaṇiûṇ' uvavanno[4] raihare. Vaulamaî vi sâhiuṃ'âḍhattâ kumâra'cariyaṃ.

tattha[5] tayâ tumha niyantâṇa ceva asseṇâ 'vahario kumâro pavesio teṇa ghorâe aḍavîe. bîya'diyahe vi tah' eva vaccantassa âsassa jâo majjh'aṇha'samao. khuhâ'pivâs'âuleṇa ya[6] âseṇa nillâliyâ jîhâ, uddha-ṭṭhio ceva sâs'âûriya'galo, thakko, uttario kumâro. choḍiyâ paṭṭâḍhâ, ûsâriyaṃ pallâṇaṃ, jâva ghummiûṇa nivaḍio âso, mukko akajja'kâri-tti kaliûṇaṃ panca[7]pâṇehiṃ. taṃ bukka[8]pesaṇaṃ ca mottûṇa gao kumâro, uday'aṇṇesaṇa'parâyaṇo ya[9] hiṇḍiuṃ'âḍhatto. na kahiṃ pi âsâiyaṃ'udayaṃ. tao dih'addhâṇayâe sukumârayâe ya majjh'aṇha'kâlattaṇao ya dava'daḍḍhayâe[10] ya raṇṇassa aîva hallohalî'hûo. dûra'desaṃmi daṭṭhûṇa sattacchayaṃ pahâvio tay'abhimuhaṃ, patto ya tassa châyâe uvaviṭṭho, paḍio loyaṇe bhanjiûṇa dharaṇîe. etth' antaraṃmi ya tap'puṇṇâ'ṇubhâveṇaṃ tan'nivâsiṇâ jakkheṇa âṇeûṇa sisira'sîyalaṃ[11] jalaṃ sitto savv'angesu âsâsio. laddha'ceyaṇeṇa ya pîyaṃ salilaṃ. pucchio teṇa so[12]: ko tumaṃ, katto vâ eyaṃ'âṇiyaṃ salilaṃ-ti. teṇa bhaṇiyaṃ: ahaṃ jakkho ettha nivâsî; salilaṃ ca Mâṇasa-saravarâo tuha nimittaṃ'âṇiyaṃ. tao kumâreṇa bhaṇiyam: esa maha[13] saṃtâvo paraṃ[14] Mâṇasasara'majjaṇeṇa jai avagacchai-tti. taṃ soûṇa bhaṇiyaṃ: ahaṃ saṃpâḍemi bhavao maṇorahaṃ-ti[15] bhaṇiûṇa kâûṇa karayala'saṃpuḍe nio Mâṇasasaraṃ, majjio[16] vihiṇâ. tattha ya vasaṇ'-

---

1) B mi⁰. 2) B bhû. 3) B om. 4) B uvaṇṇo. 5) B atthi. 6) B hinter âseṇa. 7) Mss ca. 8) B bukke, A vukka. 9) B om. 10) A ddh, B ḍh 11) B sâyaraṃ. 12) B om. 13) B mahâ. 14) B para. 15) Mss ⁰raha-tti. 16) A macchio.

âvaḍiyaṃ-ti kâûṇa kuddheṇa Veyaḍḍha'vâsiṇâ Asiyakkha'jakkheṇa saha jujjhaṃ samvuttaṃ. teṇa ya paḍhamaṃ guru'sakkar'oha[1]nibbharo moḍiya-taru'varo pavaṇo mukko. tao nahayalaṃ bahula'dhûlie andhâriyaṃ.[2] tao vimukk'aṭṭaṭṭahâsâ[3] jaliya'jalaṇa'piṅgala'kesâ mahuṇinta'jâlâ'karâla'pisâyâ mukkâ. jâhe tehiṃ[4] na bhîo, tao mukka'nayaṇa'jâlâ'phulingehiṃ nâga-pâsehiṃ baddho. tao juṇṇa'rajjû iva teṇa te toḍiyâ'daḍha'kara'ghâehiṃ[5] laggo. tao muṭṭhi'pahâreṇa khaṇḍâkhaṇḍiṃ kao. puṇo vi rakkhaseṇa guru'maccharena ghaṇa[6]loha'jaḍiya'moggareṇa hao vacchatthale kumâro. teṇâ 'vi mahâkâya'candaṇa'taruṃ ummûliûṇa atthoḍio uḍḍhaṃ[7] vaṭṭanto ûruesu; chinna'dumo-vva paḍio bhûmîe. tao rakkhaseṇa dûram'ukkhiviûṇa[8] giri'varo kumârasso 'variṃ mukko. teṇa daḍha'pîḍiy'ango jâo nicceyaṇo kumâro. laddha'sanno ya teṇa samaṃ bâhu'juddheṇa laggo. kumâreṇa kara'moggar'âhao saya'sakkaro[9]-vva[10] kao. amaro-tti kâuṃ na mao; virasam'âraḍiûṇa naṭṭho. kouga'daṃsaṇ'attham'âgaehiṃ deva'vijjâharehiṃ puppha'vuṭṭhî mukkâ: aho jio jakkho kumâreṇaṃ-ti.

tao jiṇiûṇa rakkhasaṃ pacchima'disâe gae sûre uvvalio[11] sara'varâo ajjautto, gao thevaṃ bhûmi'bhâgaṃ. diṭṭhâo tattha Nandaṇa'vaṇassa majjha'gayâo maṇoramâo aṭṭha Disâkumârîo-vva divvâo Bhâṇuvega-vijjâhara'dhûyâo. paloio tâhiṃ sasiṇiddhâe diṭṭhîe so. teṇa vi cintiyaṃ: kâo puṇa imâo-tti pucchâmi uvasappiûṇaṃ. gao tâsiṃ samîvaṃ. pucchiyaṃ mahura'vâṇîe ekkaṃ kannagam'uddisiûṇa: kâo tubbhe, kiṃ-nimittam'imaṃ suṇṇam'araṇṇaṃ[12]'alaṃkiyaṃ tubbhehiṃ? tâhiṃ bhaṇiyaṃ: io nâ'idûrammi Piyasaṃgamâ'bhihâṇâ[13] amha purî atthi. tâ tumaṃ pi tatth' eva tâva vîsamasu-tti bhaṇiûṇa kiṃkara-darisiya-maggo payaṭṭâvio ajjautto. atthamio ya ravî, patto ya nayariṃ. neyâvio ya tâhiṃ kancuiṇâ râya'bhavaṇaṃ. diṭṭho ya râiṇâ abbhuṭṭhio ya. kayam'uciyaṃ karaṇijjaṃ[14]. bhaṇio ya Bhâṇuvega'râiṇâ. jahâ: mahâ'bhâga, maha imâo aṭṭha kannagâo; eyâsiṃ ca tumaṃ puvvaṃ ceva Accimâliṇâ muṇiṇâ varo âiṭṭho; jahâ: jo Asiyakkhaṃ jakkhaṃ[15] jiṇissai, so eyâsiṃ bhatta-tti. tâ pariṇesu imio! ajjautteṇâ 'vi taha-tti paḍivajjiûṇa savvam'aṇuṭṭhiyaṃ. tao pautto[16] vîvâho, baddhaṃ kankaṇaṃ, sutto ya rai'bhavaṇammi[17] tâhiṃ saddhiṃ pallanke. jâva niddâ'viramammi[18] bhûmîe appâṇaṃ pecchai, cintiyaṃ ca teṇa: kim'eyaṃ-ti. pecchai ya kare kankaṇaṃ-ti. tao avisaṇṇa'maṇo[19] gantuṃ payaṭṭo. diṭṭhaṃ ca raṇṇa'majjhammi giri'vara'sihare maṇimaya-khambha'paiṭṭhiyaṃ divvaṃ bhavaṇaṃ. teṇa cintiyaṃ: iyaṃ pi indiyâla-ppâyaṃ bhavissai-tti. gao ya tay'âsanne itthîe karuṇa'sareṇaṃ ruyantie sad-

1) B oḍa 2) B andhayariyaṃ. 3) A aṭṭaṭṭâhâsa 4) B tao. 5) B ppahâeṇaṃ. 6) A om. 7) B uddhaṃ. 8) B ukkaviûṇa. 9) B sayasikkaro (pracaṇḍa-vâtâhatacûta iva). 10) A vi. 11) B ubilio. 12) B suṇṇaraṇṇaṃ. 13) A hihâṇâ. 14) A ⁰ṇiyaṃ. 15) A om 16) A vitto 17) Mss ⁰ṇaṃ. 18) B ⁰maṇ 19) A avisamaṇṇamaṇu, B avisatyamaṇo.

dam nisámei. pavitṭho ya bhavaṇaṃ [1]gaya'bhao, diṭṭhâ ya sattama'bhûmiyâe divva'kannagâ kannenaṃ sareṇaṃ ruyantî bhaṇantî ya: Kuru'kula'nahayala-mayalanchaṇa Saṇaṃkumâra anna'jammaṇmi vi mahaṃ[2] tumaṃ ceva nâho hojjasu-tti bhaṇantî puṇo puṇo rovium'âraddhâ. tao dinn'âsaṇeṇa niya'nâm'âsankieṇa pucchiyâ ajjautteṇa: kiṃ tumaṃ tassa Saṇaṃkumârassa hosi, jeṇa tae eyassa saraṇaṃ paḍivannaṃ? tîe bhaṇiyaṃ: so bhattâ maṇoraha'metteṇaṃ[3]-ti, jeṇâ 'haṃ[4] Sâkeya'pura'narindeṇa Suraheṇa Canda-jasâ'jaṇaṇîe iṭṭhâ dhûyâ-tti kâûṇa dûy'âṇîya'tadîya'cittaphala'rûva'vimohiyâ tassa puvvaṃ udaya'dâṇeṇa dinnâ, na ya vitto[5] vivâho-tti. tâva ya aham'egeṇa vijjâhara'kumâreṇa kuṭṭima'talâo iham[6]-âṇiyâ. gao ya so imaṃmi vijjâ'viuruvvie[7] dhavala'hare maṃ mottûṇa kahiṃ pi. jâva evaṃ jaṃpai sâ kannagâ, tâva ya teṇa Asaṇivega'suya'Vajjavegeṇa vijjâharâ'hameṇa âgantûṇa ukkhitto gayaṇa'maṇḍalaṃ ajjautto. to sâ hâhâ'ravaṃ kuṇamâṇî mucchâ'parâhîṇâ nivaḍiyâ dharaṇi'vaṭṭhe[8]. tâva ya muṭṭhi'ppahâreṇa vâvâiûṇa taṃ duṭṭha'vijjâharaṃ samâgao akkhaya'sarîro tîse[9] samîvam' ajjautto. samâsâsiyâ (sâhio niya[10]vuttanto teṇa) vivâhiyâ ya. sâ ya Suṇandâ'bhihâṇâ itthî'rayaṇaṃ bhavissai. theva-velâe ya samâgayâ Vajja-vega'bhagiṇî Saṃjhâvalî nâma, vâvâiyaṃ ca daṭṭhûṇa bhâuyaṃ kovam'uvagayâ. puṇo vi sumariyaṃ nemittiya[11]vayaṇaṃ, jahâ: bhâi'vahagassa bhajjâ hohî, ajjauttaṃ vivâh'attham'uvaṭṭhiyâ. sâ vi tassâ 'ṇumaîe tah' eva vîvâhiyâ.

etth' antare samâgayâ ajjautta'samîvaṃ duve vijjâharâ. paṇâma-puvvayaṃ bhaṇiyaṃ tehiṃ: deva, Asaṇivego vijjâhara'baleṇa jâṇiya-putta'maraṇa'vuttanto tumha 'variṃ samâgacchai. ao[12] Candavega[13]-Bhâṇuvegehiṃ pesiyâ amhe Haricanda'Candaseṇâ'bhihâṇâ niya'niya[14]-puttâ; raho sannâho ya pesio; amha piyaro vi tumha calaṇa'sevâ-nimittaṃ paesaṃ pattâ ceva. tay'aṇantaraṃ ca samâgayâ Candavega-Bhâṇuvegâ ajjautta'sâhejja[15]nimittaṃ. Saṃjhâvalîe dinnâ Pannatti vijjâ. tao ajjautto Candavega'Bhâṇuvegâ ya niya'vijjâhara'bala'sameyâ Asaṇi-vega'baleṇa samaṃ jujjhiuṃ payattâ[16]. tao bhaggesu dosu vi balesu ajjauttassa Asaṇivegeṇa[17] samaṃ mahâ'jujjhe samâvaḍie teṇa mukkaṃ mahorag'atthaṃ; taṃ ca kumâreṇa garula[18]sattheṇa viṇihayaṃ. puṇo mukkaṃ teṇa aggey'atthaṃ, taṃ pi kumâreṇa vâruṇ'attheṇa paḍihayaṃ. puṇo vi mukkaṃ vâyavvaṃ, taṃ pi sell[19]'attheṇa paḍipelliyaṃ. tao gahiya'gaṇḍîvo nârâe mucanto pahâvio so. kumâreṇa nijjîvaṃ kayaṃ tassa câvaṃ. puṇo kaḍḍhiya'maṇḍalaggo[20] uṭṭhio; kumâreṇa tassa karo[21] chinno. tao bâhu'jujjhaṃ[22] icchanto âgao; kumâreṇâ 'vi cakkeṇa muddha-vigalaṃ sarîraṃ kayaṃ. tao tak'khaṇam'evâ 'saṇivega'vijjâhara'râyalacchi

1) B gayaṃ tao. 2) B mahaṃ. 3) A mi°. 4) B jeṇa ahaṃ. 5) B vatto. 6) A viham. 7) A viûrûviâ. 8) B ṭṭ. 9) B so. 10) B niyaya. 11) A nemitti. B ni°. 12) B a. 13) Mss meist caṇḍa°. 14) B om. 15) B sâheya. 16) B pavattâ. 17) A °ga. 18) A °ḍa. 19) A sel°. 20) B °laugo. 21) A asi. 22) A juddham.

sayala'vijjâhara'samoyâ Saṇaṃkumâraṃ saṃkantâ. tao hantûṇa Asaṇivegaṃ thuvvanto Candavega'pamuhehiṃ nabhâo raheṇa vijjâhara'sahio oyario[1] pâsâya'vaḍiṃsae, diṭṭho ya tattha harisiyâhiṃ Suṇandâ'Saṃjhâvalîhiṃ, vutto ya tâhiṃ: ajjautta, sâgayaṃ-ti. tao laddha'jayâ gayâ Veyaḍḍhaṃ aṇega'vijjâhara'vijjâharî'loga'parigayâ mangala'tûra'rav'âûrijjamâṇa'diyantâ, paviṭṭhâ niyaya'mandiresu. kao ya Saṇaṃkumârassa sayalavijjâhara'râyâ'bhiseo. tao suhaṃ suheṇa acchanti. annayâ ya Candavegeṇa vinnatto cakkî, jahâ: deva, majjha muṇiṇâ Accimâliṇâ siṭṭhaṃ, jahâ: tuha eyaṃ kannâ'sayaṃ, Bhâṇuvegassa aṭṭha kannâo cakkî pariṇehî; so ya Saṇaṃkumâra'nâmâ cauttho cakkavaṭṭî jiṇehiṃ samâiṭṭho, so ya io mâsa'metteṇaṃ ehî Mâṇasasaravaraṃ-ti. tattha majjaṇ'uttiṇṇaṃ vasaṇ' âvaḍiyaṃ-ti nâûṇa Asiyakkho nâma jakkho puvva'bhava'verî dacchihî[2]. kahaṃ so puvva'bhava'verî? bhaṇṇai.

atthi Kancaṇapuraṃ nâma nayaraṃ. tattha Vikkamajaso nâma râyâ, tassa panca anteura'sayâiṃ. tattha Nâgadatto nâma satthavâho. tassa rûva'jovvaṇa'lâyaṇṇa'sohagga'guṇehiṃ sura'sundarîṇa vi ajjhahiyâ[3] Viṇhusirî nâma bhajjâ. sâ[4] Vikkamajaseṇa kahiṃci diṭṭhâ. mayaṇ'âureṇa anteure vûḍhâ[5]. tao Nâgadatto tav'vioe: hâ pie cand'âṇaṇe, kattha gayâ? dehi me daṃsaṇaṃ-ti, evaṃ vilavanto ḍimbha'parigao ummattîbhûo kâlaṃ gamei. tao[6] ya so Vikkamajaso râyâ avahatthiya[7]rajja'kajjo agaṇiya'jaṇâ'vavâo avamanniya'vara'taruṇi'panca'sayâ'varoho tîe Viṇhusirie samaṃ accanta'rai'pasatto kâlaṃ gamei. annayâ tâhiṃ anteuriyâhiṃ rannâ paribhûyâhiṃ îsâ'paravvasâhiṃ kammaṇa'jogeṇa viṇivâiyâ Viṇhusirî. tao râyâ tîe maraṇeṇa accanta'sog'âuro aṃsu'jala'bhariya'nayaṇo, jahâ Nâgadatto, tahâ ummattî'bhûo. Viṇhusirî'kalevaraṃ na dahiuṃ dei. tao mantîhiṃ mantiûṇa râyâṇaṃ vanciya raṇṇe kalevaraṃ neûṇa chaḍḍiyaṃ. râyâ tam'apecchanto parihariya'pâṇa'bhoyaṇo ṭhio tiṇṇi diṇe. mantîhiṃ: adiṭṭhe tammi marai-tti kaliûṇa nîo raṇṇaṃ. diṭṭhaṃ ca taṃ râiṇâ galantapûi'nivahaṃ sulusulenta[8]kimi'jâlaṃ vâyas'âyaḍḍhiya[9]nayaṇa'juyalaṃ[10] khaga'caṇḍa'tuṇḍa'khaṇḍiyaṃ durabhi'gandhaṃ. taṃ pecchiya kalevaraṃ râyâ tak'khaṇeṇa sajjhasa'paravvaso appâṇaṃ nindium'âḍhatto: kahaṃ jassa kae, re jîva, kulaṃ sîlaṃ jâi[11] jaso lajjâ ya pariccattâ, tattha erisî avatthâ jâyâ? tao veragga'magga'vaḍio rajjaṃ raṭṭhaṃ puraṃ'anteuraṃ ca sayaṇa'vagg'âi paricaiya tiṇam'iva Suvvay'âyariya'samîve nikkhanto. tao cauttha'chaṭṭh'aṭṭham'âi'vicitta'tavokammehiṃ appâṇaṃ bhâviya saṃlehaṇâ'puvvaṃ gao Saṇaṃkumâra'kappaṃ. [12]âu'kkhae Rayaṇapure seṭṭhisuo Jiṇadhammo nâma jâo. so ya jiṇa'vayaṇa'bhâviya'maî sammattamûlaṃ duvâlasa'vihaṃ sâvaga'dhammaṃ pâlento jiṇinda'pûyâ'rao kâlaṃ

1) A ûy°, B uy°. 2) B datth°, A °hiṃi. 3) A ajjhâhiyâ. 4) A add. vi. 5) A hû°, B rû[1]. 6) A io. 7) B avihi°. 8) B salasalanta. 9) B âi°. 10) A juyaṃ. 11) A jâtiti 12) A add. aha.

gamei. io ya so Nâgadatto piyâ'viraha'dukkhio naṭṭha'citto guru'aṭṭa-jjhâṇa[1]parikhaviya'sarîro marium bahu'tiriya'joṇîsu bhamiûṇa[2] Sîhaure nayare Aggisammo nâma bambhaṇa'suo jâo. kâleṇa ya tidaṇḍiya'vayaṃ[3] ghettuṃ do'mâsa'khamaṇ'âi'tavo'rao Rayaṇapuram'âgao. tattha Harivâhaṇo nâma râyâ bhagavaya'bhatto. so teṇa tatth' âgao nâo, jahâ: ettha kovi mahâ'tavassî âgao. pâraṇaya'diṇe râiṇâ nimantio gharam'âgao. etth' antare Jiṇadhammo sâvago tattha deva'jogeṇa âgao. taṃ daṭṭhuṃ puvva-jâya'vereṇa muṇiṇâ rosâ'ruṇa'loyaṇeṇa râyâ bhaṇio: jai mamaṃ bhuñjâvesi, to imassa seṭṭhissa piṭṭhîe[4] uṇha'pâyasaṃ pattîe bhuñjâveha! rannâ bhaṇio: anna'purisa'piṭṭhîe bhuñjâvemi. tao muṇiṇâ vi jamm'antara'jaṇiya'verâ-'ṇubandheṇa vutto râyâ: na annahâ jememi. tao rannâ aṇurâgeṇa paḍi-vannaṃ. seṭṭhî vi puṭṭhi'ṭṭhiya'patti'dâhaṃ: dukkaya[5]kamma'phalam'evam' uvaṭṭhiyam-ti mannamâṇo sammaṃ sahai. tao bhutte sa'soṇiya'ṇhâru-maṃsa'vasâ'paṭṭhîo ukkhayâ pattî. tao gharaṃ gao sammâṇiûṇa sayaṇa-vaggaṃ khâmeûṇa ya ceiya'pûyaṃ kâûṇa ghettûṇa samaṇa'dikkhaṃ niggao nayarâo, gao giri'sihare. tattha aṇasaṇaṃ kâûṇa [6]puvva'disam'addha-mâsaṃ kâussaggeṇa ṭhio, evaṃ sesâsu vi disâsu addha'mâsaṃ addha-mâsaṃ. tao piṭṭhîe[7] giddha'kâya[8]siv'âihiṃ[8] khajjanto pîḍaṃ sammaṃ sahiya namokkâra'paro[9] mariuṃ[10] Sohamma'kappe Indo jâo. bhagavo vi tass' eva vâhaṇaṃ Erâvaṇo jâo. teṇa âbhiogiya'kammuṇâ tao Erâvaṇo cuo nara'tiriesu hiṇḍiya Asiyakkho jakkho jâo. Sakko vi tao cuo Hatthiṇâure nayare Saṇaṃkumâra'cakkî jâo. eyaṃ ca[11] vera'kâraṇaṃ-ti.

taṃ muṇiṇâ evaṃ siṭṭhe mae tuha antaravâsa'nimittaṃ Bhâṇuvegaṃ visajjiya Piyasaṃgama'puri[12]nivesa'puvvaṃ tumaṃ aṭṭha Bhâṇuvega-kannâo vivâhâvio mukko ya kâraṇeṇaṃ[13] tatth' eva: kajja'samattîe sevaṃ[14] karehâmo-tti. khamejjaha[15] avarâhaṃ, jaṃ mukko vaṇammi! tâ vinnavemi: mannaha me kannâ'sayassa pâṇiggahaṇaṃ-ti; tâo vi tumh' aṭṭha vahûo pecchantu sâmiṇo muha'kamalaṃ-ti. evaṃ hou-tti mannie[16] samâgayâo tâo. mahayâ-vibhûîe vivâhiyam'[17]ajjautteṇa kannâ'sayaṃ. das'uttareṇa devî'saeṇa sahio bhuñjae bhoe. evaṃ vaccai[18] kâlo. ajja puṇa ajjautteṇa evaṃ samâṇattaṃ, jahâ: gantavvam'ajja, jattha jakkheṇa saha jujjhiyaṃ, taṃ saraṃ-ti. tao etth' âgayâṇa[19] majjha tumhehiṃ[20] saha pecchaṇayâ'vasare daṃsaṇaṃ jâyaṃ-ti.

etth' antarammi uṭṭhio suha'pasutto raiharâo Saṇaṃkumâro. gayâ ya mahayâ'vaḍayareṇa[21] Veyaḍḍhaṃ. vinnatto ya avasaraṃ lahiûṇa Mahindasiheṇa, jahâ: kumâra, dukkheṇa tuha jaṇaṇi'jaṇayâ kâlaṃ gamenti;

1) B °ṇeṇa. 2) B add. tao. 3) B tidaṇḍiyaṃ. 4) B puṭṭhio. 5) A dukkhaṃya, B dukaya. 6) A ṇanuvvadisaṃ. 7) A pa°. 8) B kâgehiṃ. 9) A pari. 10) A mao. 11) B om. 12) A pura. 13) B kâru°. 14) A sa evaṃ. 15) B marisejjaha. 16) B °io. 17) B °yâ. 18) A vaccao. 19) A ettha ga°. 20) B tubbhehiṃ. 21) B ca°.

tâ tad'daṃsaṇeṇaṃ kîrau pasâo ambârisa'jaṇassa-tti. vinnattâ'ṇantaraṃ' eva gayâ mahayâ'gaya'ṇiṭṭhiya[1]nâṇâviha'vimâṇa'haya'gay'âi'vâhaṇ'ârûḍha-vicitta'ves'âharaṇa'bhûsiya'vijjâhara'vandra[2]sammaddeṇaṃ Hatthiṇâuraṃ-ti. âṇandiyâ jaṇaṇi'jaṇayâ nâyara'jaṇo ya. tao mahayâ'vibhûie raṇṇâ Âsaseṇeṇa Saṇaṃkumâraṃ payai[3]samaggeṇa rajjaṃmi ahisinciûṇa Mahindasîhaṃ seṇâvaiṃ niunjiya dhamma'titthayara'titthe tahâvihâṇaṃ therâṇaṃ antie pavvajjâ'vihâṇeṇaṃ sa'kajjam'aṇuṭṭhiyaṃ-ti. Saṇaṃkumâro vi parivaḍḍha-mâṇa[4]kosa'bala'sâro vikkanto rajjam'aṇupâlei. uppannâṇi ya cakka-pamuhâṇi coddasa vi rayaṇâṇi nava nihîo ya. kayâ ya tesiṃ pûyâ. tay-aṇantaraṃ cakka'rayaṇa'daṃsiya'maggo mâgaha'vara'dâma'pabhâsa'sindhu-khaṇḍa'ppavây'âi[5]kameṇa Bharahaṃ[6] uyaviya[7] vâsa'sahasseṇ' âgao Gaya-puraṃ. diṭṭho ohie[8] Sakkeṇa: puvviṃ Suhammavaî[9] maha sariso âsi-tti. bandhu'neheṇa âṇatto Vesamaṇo: kareha Saṇaṃkumârassa rajjâ-'bhiseyaṃ. imaṃ ca hâraṃ vaṇamâlaṃ chattaṃ mauḍaṃ câmara'juyaṃ kuṇḍala'juyaṃ dûsa'juyaṃ sîhâsaṇaṃ pâuyâ'juyaṃ pâyapîḍhaṃ ca pâhuḍaṃ ḍhoejjaha![10] vattavvaṃ ca[11] tae, jahâ: mahârâya, Sakko tumhaṃ vattaṃ pucchai. Vesamaṇo vi: evaṃ hou-tti, pâhuḍaṃ Sakka'viiṇṇaṃ ghettûṇa gao Gayapuraṃ. Rambhâ'Tilottamâo ya pesiyâo Sakkeṇa[13] abhiseya-mahûsava'karaṇ'atthaṃ'samappiyaṃ[12] pâhuḍaṃ. vinnatto Vesamaṇeṇa cakkî: tumhâ 'bhiseya'nimittam'amhe Sakkeṇa[13] pesiyâ; tâ taṃ aṇu-mannaha tumhe! evaṃ-ti paḍivanne cakkiṇâ viuvviyaṃ joyaṇa'pa-mâṇaṃ[14] maṇi'pîḍhaṃ. tasso 'vari rayaṇamayam'abhiseya[15]maṇḍavaṃ, tam'majjhe maṇi'pîḍhiyâ, tîe uvari sîhâsaṇaṃ. tattha nivesiya khîroya-jaleṇa rayaṇa'kaṇaya'kalas'âvajjieṇaṃ jaya-jaya-sadda'sammissa[16]giya'rava-muhalaṃ[17] ahisitto surehiṃ; paṇacciyâo Rambhâ'Tilottamâo. savvâ-'laṃkâra'vibhûsiyaṃ karettâ pavesiûṇa mahâ'vicchaḍḍeṇa[18] Gayauraṃ gao, suraloyaṃ Dhaṇay'âi'surayaṇo. cakkî vi bhoe bhunjanto gamei kâlaṃ.

annayâ ya Sohamma'sabhâe siṃhâsaṇa'matthaya[19]ttho Sohammindo Soyâmaṇi[20]nâḍayaṃ pecchanto acchai. eyaṃmi antare ego Îsâṇa'kappâo Saṃgamâ'bhihâṇo devo Sohamminda'pâse âgao. tassa ya deha'ppabhâe sabhâ'ṭhiya'savva'devâṇaṃ teo naṭṭho; âicco'dae canda'gahâ iva nippabhâ jâyâ surâ. gae ya taṃmi surehiṃ vimhiehiṃ Sohammindo pucchio, jahâ: keṇa kâraṇeṇaṃ, sâmi, imassa Saṃgama'devassa bâras'âicco'dayâ'hio teo-tti. Indeṇa bhaṇiyaṃ: imeṇa puvva'bhave âyambila'baddhamâṇo nâma tavo kao-tti. tao devehiṃ Indo puṇo vi pucchio, jahâ: anno vi koi erisa'teya'rûva'saṃpanno kiṃ atthi-tti. Indeṇa bhaṇiyaṃ, jahâ: Hatthiṇâure Kuruvaṃse atthi Saṇaṃkumâro nâma cakkavaṭṭî, jassa teo

1) A ṇaº 2) A candra, B canda 3) B ºiṃ. 4) Mss ṭṭ, T vardh. 5) T pratâpâdi. 6) A ºha. 7) B uya. 8) B add. sa. 9) B ºvaiṃ. 10) B yaejjaha. 11) A om. 12) Mss ºiya. 13) A add. ya. 14) A jâyaṇamâṇaṃ. 15) B ahiº. 16) A misa. 17) B mahulaṃ. 18) A vitthaddeṇa, B vitthaḍena. 19) A maccbaya B thoya. 20) B sâ.

rûvaṃ ca devâṇaṃ pi ahiyam'iti. tao Vijaya'Vejayanta'devâ asaddahantâ bambhaṇa'rûveṇa gayâ[1]. tao padihâreṇa! mukka'dârâ paviṭṭhâ râya-samîvaṃ. diṭṭho ya tehiṃ râyâ gandha'tell'abbhaṅgaṇa'kiccaṃ kuṇanto. vimhiyâ Sakka'vaṇṇiya'rûva'sirio ahiyayaraṃ rûv'âi'sampayaṃ daṭṭhuṃ. pucchiyâ ya raṇṇâ: kim'etthaṃ'âgayâ? te bhaṇanti, jahâ: tumha rûvaṃ tihuyaṇe vi vaṇṇijjai; tad'daṃsaṇa'kougeṇaṃ-ti. puṇo vi raṇṇâ ai'rûva-gavvieṇa vuttâ[2]: bho bho vippâ, kiṃ[3] majjha rûvaṃ tumhehiṃ diṭṭhaṃ! thevaṃ kâlaṃ padikkhaha[4], jâva atthâṇaṃ uvavisâmi. evaṃ-ti jaṃpiya niggayâ diyâ. cakkî vi lahuṃ majjiûṇa maṇḍaṇa'vihûsaṇaṃ siṅgâraṃ ca kâûṇa uvaviṭṭho siṃhâsaṇe. vâhariyâ diyâ. te sarîraṃ daṭṭhûṇa visaṇṇâ. bhaṇiyaṃ ca tehiṃ: aho maṇuyâṇaṃ rûva'lâvaṇṇa'jovvaṇâṇi [5]khaṇa'diṭṭha-naṭṭhâṇi! taṃ soûṇa bhaṇiyaṃ cakkiṇâ: bho kim'evaṃ tumhe vi soya-parâ mama sarîraṃ nindaha? tehiṃ bhaṇiyaṃ: mahârâya, devâṇaṃ rûva-jovvaṇa'teyâ padhama'samayâo jâva cham'mâs'âuga'sesaṃ tâva avaṭṭhiyâ bhavanti, tao hîyanti; maṇuyâṇaṃ puṇo te ya vaḍḍhamâṇâ bhavanti jâva jîviya'majjho, tao pareṇa hîyanti: tumha puṇa rûva'jovvaṇa'sirîe accherayaṃ dîsai, jao saṃpai ceva sâ khala'metti-vva naṭṭhâ khaṇeṇa. raṇṇâ bhaṇiyaṃ: kahaṃ tumhe jâṇaha? tehiṃ paramattho Sakka'pasaṃs'âio[6] siṭṭho. vim-hieṇa ya keûra'bhûsiyaṃ bâhu'juyalaṃ paloyanteṇa vicchâyaṃ[7] diṭṭhaṃ, vacchatthalaṃ pi hâra[8]vibhûsiyaṃ[9] vivaṇṇam'uvalakkhiyaṃ. taṃ ca pecchiûṇa cintiyaṃ: aho aṇiccayâ saṃsârassa, asârayâ sarîrassa, ettiya-metteṇa vi kâleṇa rûva'jovvaṇa'teyâ paṇaṭṭhâ! tâ ajutto bhave padibandho; annâṇaṃ sarîra[10]moho, mukkhattaṇaṃ rûva'jovvaṇâ'bhimâṇo, ummâo bhog'-âsevaṇaṃ, gaho ceva pariggaho. tâ ujjhiûṇam'eyaṃ karemi paraloya-hiyaṃ-ti cintiûṇam'abhisitto rajje putto.

aṇuhariyaṃ dhîra tume cariyaṃ niyayassa puvva'purisassa |
Bharaha'mahâ'naravaiṇo tihuyaṇa'vikkhâya'kittissa. ||

icc-âi uvabûhiûṇa[11] gayâ devâ. cakkî vi tak'khaṇam'eva taṇaṃ va padilaggaṃ ujjhiya savvaṃ pariggahaṃ Ray[12]'âyariya'samîve pavvaio. itthî'rayaṇa'pamuhâṇi savva'rayaṇâṇi sesa'ramaṇîo âbhioiya'surâ mahâ'na-rindâ nihio savvahâ, kiṃ bahuṇâ: samattha'khandhâvâra'vâsiṇo vi jaṇâ cham'mâse jâva maggâ'ṇulaggâ, bhariyâ[13] na sîhâvaloieṇâ[14] 'vi teṇa saccaviya-tti. tao chaṭṭha'bhatteṇa bhikkhâ'nimittaṃ goyaraṃ paviṭṭhassa padhamam'eva ciṇâ'kûraṃ chaliyâ'takkeṇa dinnaṃ. taṃ bhottûṇa puṇo vi chaṭṭho'-vavâso kao. tak'kâla'pabhii teṇ' eva doseṇa, kacchû jaro khâso sâso bhattacchando[15] akkhi'dukkhaṃ poṭṭadukkhaṃ, eyâo satta vâhîo dâruṇâo sammaṃ vâsa'sae satta ahiyâsiya ugga'tave tatta'tave ghora'tave kare-

1) B âgayâ. 2) A muttâ, B bu°. 3) A ki. 4) B cch. 5) B add. ya. 6) A va°. 7) B bâhujuyalaṃ. 8) B hârâi. 9) B vihû°. 10) B °raṃ. 11) A uvavvahiûṇa, B ovabûhiûṇa ya. 12) A râbây. 13) B bhamiyâ. 14) B °lovieṇâ. 15) A °atth°, B °âch°.

mâṇassa âmosahi'khelosahi'vipposahi'jallosahi'savvosahi'pabhiîo savva[1]-laddhîo uppannâo. tao vi sarîra'paḍiyâraṃ na karei. puṇo vi Sakkeṇa pasaṃsio: aho Saṇaṃkumârassa muṇiṇo dhîrayâ! vâhi'kayatthio vi na karei tap'paḍiyâraṃ. tam'asaddahantâ te ceva devâ savara'vejja'rûveṇ'âgayâ. bhaṇiyaṃ ca: bhayavaṃ, tuha vâhi'pasamaṃ karemo. bhayavaṃ tuṇhikko acchai. jâhe puṇo puṇo bhaṇanti. tâhe muṇiṇâ bhaṇiyaṃ: tumhe kiṃ sarîra'vâhiṃ pheḍeha, uyâhu kamma'vâhiṃ? tehiṃ bhaṇiyaṃ: sarîra'vâhiṃ. tao bhayavayâ niṭṭhuhaṇeṇa ghasiûṇa kaṇaya'vaṇṇâ kayâ angulî daṃsiyâ; bhaṇiyaṃ ca: ahaṃ sayam'eva iyara'vâhiṃ pheḍemi; tumhe jai saṃsâra-pheḍaṇa'samatthâ, to pheḍeha! do vi devâ vimhiya'maṇâ: tumhe ceva saṃsâra'vâhi'pheḍaṇe[2] parama'vejja-tti pasaṃsiûṇa[3] Sakka'santiya'vaiyaram' âveiûṇa deva'rûveṇa paṇamiûṇa gayâ sa'ṭṭhâṇaṃ. bhayavaṃ ca kumârattaṃ maṇḍaliyattaṃ ca pannâsaṃ pannâsaṃ vâsa'sahassâiṃ, vâsa'lakkhaṃ ca cakkavaṭṭittaṃ, vâsa'lakkhaṃ ca sâmaṇṇam'aṇupâleûṇa gao Sammeya-sela'siharaṃ. tattha silâyale âloyaṇâ'vihâṇeṇa mâsieṇa bhatteṇa kâlagao. Saṇaṃkumâre kappe uvavanno; tao cuo Mahâvideha'vâse[4] sijjhihi-tti.

III. Udâyaṇa.

teṇaṃ kâleṇaṃ teṇaṃ samaeṇaṃ Sindhu'Sovîresu jaṇavaesu Vîyabhae[5] nâmaṃ nagare hotthâ; Udâyaṇe[6] nâma râyâ, Pabhâvaî devî. tîse jeṭṭhe putte Abhiî nâma[7] juvva'râyâ hotthâ; niyae bhâiṇejje Kesî nâma hotthâ. se ṇaṃ Udâyaṇe râyâ Sindhu'Sovîra'pâmokkhâṇaṃ solasaṇhaṃ jaṇavayâṇaṃ Vîyabhaya[8]'pâmokkhâṇaṃ[9] tiṇhaṃ tevaṭṭhîṇaṃ[10] nayara'sayâṇaṃ Mahaseṇa-pâmokkhâṇaṃ dasaṇhaṃ[11] râyâṇaṃ[11] baddha'mauḍâṇaṃ viiṇṇa[12]'seya'câm-ara-vâya'viyaṇâṇaṃ[13] annesiṃ ca râîsara'talavara'pabhiiṇaṃ âhevaccaṃ kuṇamâṇe viharai. evaṃ ca tâva eyaṃ.

io ya, teṇaṃ kâleṇaṃ teṇaṃ samaeṇaṃ Campâe nayarîe Kumâranandî nâma suvaṇṇakâro itthi'lolo parivasai. so jattha surûvaṃ dâriyaṃ pâsai suṇei vâ, tattha panca'sayâ suvaṇṇassa dâûṇa taṃ pariṇei. evaṃ ca teṇa panca'sayâ piṇḍiyâ[14]. tâhe so îsâluo ekka'khambhaṃ pâsâyaṃ karettâ tâhiṃ samaṃ lalai. tassa ya mitto Nâilo nâma samaṇo'vâsao. annayâ ya Pancasela'dîva'vatthavvâo vâṇamantario Suravai'nioeṇaṃ Nandîsara-vara'dîvaṃ jattâe patthiyâo. tâṇaṃ ca Vijjumâlî nâma Pancaselâ'hivaî; so cuo. tâo cintanti: kaṃ pi vuggâhemo. jo amhaṃ bhattâ bhavai.

1) A satta. 2) B ⁰ṇa 3) B ⁰siya. 4) B mahâvideharu 5) B vii⁰. 6) A dd. 7) B nâmaṃ. 8) A Vii⁰, B Viti. 9) A pa⁰ 10) B ddh, A ṭṭhâ⁰. 11) A ⁰in. 12) A nn, B tiṇṇi. 13) A viṇâṇaṃ.

navaraṃ vaccantîhiṃ Campâe Kumâranandî panca'mahilâ'saya'parivâro uvalalanto diṭṭho. tâhiṃ cintiyaṃ: esa itthî'lolo. eyaṃ vuggâhemo. tâhe so bhaṇai: kâo tumhe? tâo bhaṇanti: amhe Hâsâ'Pahâsâ'bhihâṇâo devayâo. so mucchio tâo pecchai. tâo bhaṇanti: jai amhehiṃ kajjaṃ, to Pancaselagaṃ dîvaṃ ejjâhi-tti bhaṇiûṇa uppaiûṇa gayâo. so tâsu mucchio râule suvaṇṇaṃ dâûṇa paḍahagaṃ nîṇei[1]: Kumâranandiṃ[2] jo Pancaselagaṃ nei, tassa dhaṇa'koḍiṃ so dei. thereṇa paḍahao vârio. vahaṇaṃ kâriyaṃ pacchâyaṇassa bhâriyaṃ. thero taṃ davvaṃ puttâṇa dâûṇa Kumâranandiṇâ saha jâṇavatteṇa patthio. jâhe dûraṃ samudde gao, tâhe thereṇaṃ bhaṇṇai: kiṃci pecchasi? so bhaṇai: kiṃ pi kâlayaṃ dîsai. thero bhaṇai: esa vaḍo, samudda'kûle pavvaya'pâe jâo; eyassa heṭṭheṇaṃ eyaṃ vahaṇaṃ jâhii[3]. to tumaṃ amûḍho vaḍe vilaggejjâsi; tâhe Pancaselâo bhâruṇḍa'pakkhî ehinti. tesiṃ juyalassa tiṇṇi pâyâ[4]. tao tesu suttesu majjhille pâe sulaggo hojjâsi paḍenaṃ appâ bandhio. to te Pancaselayaṃ nehinti. aha taṃ vaḍaṃ na vilaggasi, to eyaṃ vahaṇaṃ valayâmuhe pavisihii[5]; tattha viṇassihisi. evaṃ so vilaggo nîo pakkhîhiṃ. tâhe tâhiṃ vâṇamantarîhiṃ diṭṭho. riddhî ya se dâiyâ. so pagahio[6] nîo[6] tâhiṃ bhaṇio: na eeṇa sarîreṇa bhujjâmo[7] kiṃci; jalaṇa'paves'âi karehi! jahâ Pancaselâ'hivaî hojjâmi-tti, to kiha jâmi? tâhe karayala-puḍeṇa nîo sa ujjâṇe chaḍḍio. tâhe logo âgantûṇa pucchai: kiṃ tume tattha accherayaṃ diṭṭhaṃ? so bhaṇai:

diṭṭhaṃ suyam'aṇubhûyaṃ jaṃ vittaṃ Pancaselae dîve |
isay'acchi[8] candavayaṇe hâ Hâse hâ Pahâse-tti. ||

âḍhattaṃ ca teṇa tay'abhisandhiṇâ jalaṇ'âsevaṇaṃ. vârio ya mitteṇa: bho mitta, na juttaṃ tuha kâurisa'jaṇo'ciyam'eyaṃ ceṭṭhiyaṃ. tâ mahâ-'ṇubhâva:

dulahaṃ mâṇusa'jammaṃ mâ hârasu tuccha'bhoya'suha'heuṃ |
veruliya'maṇî[9]molleṇa koi kiṃ kiṇai kâya'maṇiṃ ||

annaṃ ca. jai vi tumaṃ bhog'atthî, tahâ vi sad'dhammâ'ṇuṭṭhâṇaṃ ceva karesu! jao

dhaṇao dhaṇ'atthiyâṇaṃ kâm'atthîṇaṃ ca savva'kâma'karo |
saggâ'pavagga'saṃgama- heû jiṇa'desio dhammo ||

evam'âi aṇusâsaṇeṇa vârijjanto vi mitteṇa iṅgiṇî'maraṇeṇa mao Pancaselâ-'hivaî jâo.

saḍḍhassa vi nivveo jâo: bhogâṇa[10] kajje kilissai-tti amhe jâṇantâ kîsa acchâmo-tti pavvaio. kâlaṃ kâûṇa Accue uvavanno. ohiṇâ taṃ pecchai. annayâ Nandîsara'vara'jattâe palâyantassa[11] paḍahao galae olaio.

1) A °yaṃ niṇati. 2) Mss °di. 3) B jâhitti, A jâhiccitti. 4) A pâyâo. 5) Mss °hitti. 6) A vamao tao. 7) B bhuṃjâmo. 8) A pasaya° AB °tthi. 9) B maṇu. 10) A bhomâṇa, B bhogâṇu. 11) B palâiyantassa. In der Sanskrit kathâ steht hier anyadâ Nandiçvarayâtrârthaṃ sarve devendrâç calitâḥ. sa çrâvakadevo

tâhe vâento Nandîsaraṃ gao. saḍḍho âgao, taṃ pecchai. so tassa teyaṃ asahamâṇo palâyai. so teyaṃ sâharittâ bhaṇai: bho mamaṃ jâṇasi? so bhaṇai: ko Sakk'âie devo na-yâṇai? tâhe taṃ sâvaga'rûvaṃ daṃsei. jâṇâvio ya. tâhe saṃvegam'âvanno bhaṇai: saṃdisaha kiṃ'iyâṇiṃ karemo[1]. bhaṇai: Vaddhamâṇa'sâmissa paḍimaṃ karehi! tao te sammatta'bîyaṃ hohi-tti. bhaṇiyaṃ ca:

jo kâravei paḍimaṃ jiṇâṇa jiya'râga'dosa'mohâṇaṃ |
so pâvai anna'bhave suha'jaṇaṇaṃ dhamma'vara'rayaṇaṃ ||

annaṃ ca:

dâriddaṃ dohaggaṃ kujâi'kusarîra kumai'kugaîo[2] |
avamâṇa'roya'soyâ na honti jiṇa'bimba'kârîṇaṃ ||

tâhe Mahâhimavantâo gosîsa'candaṇa'dârum ghettûṇa[3], tattha paḍimaṃ nivvatteûṇa kaṭṭha'sampuḍe chubhai[4]. pavahaṇaṃ ca pâsai samudda'majjhe uppâeṇa chaṃ'mâse bhamantaṃ. tâhe aṇeṇa taṃ uppâyaṃ uvasâmiyaṃ. saṃjattiyâṇa sâ khoḍî dinnâ. bhaṇiyâ ya: devâ'hidevassa ettha paḍimâ ciṭṭhai[5]. tâ tassa nâmeṇa vihâḍeyavvâ[6] khoḍî. evaṃ-ti paḍivajjiya gayâ vaṇiyâ. uttiṇṇâ samuddaṃ, pattâ Vîyabhayaṃ[7]. tattha Udâyaṇo râyâ tâvasa'bhatto. daṃsiyâ khoḍî. tassa sâhiyaṃ sura'vayaṇaṃ. milio sasarakkha'mâhaṇ'âi'pabhûo logo. Rudda'Govind'âi'nâmeṇa vâhinti pharusaṃ. tahâ hi. kei bhaṇanti: Bambho ceva devâ'hidevo. jao so caummuho savva-jaya'siddhi'kârao veyâṇaṃ ca paṇeyâ. anne: Viṇhû[8] pahâṇo-tti bhaṇanti, jao so ceva savva'gao logo'vaddava'kârae ya dâṇave viṇâsei; saṃhâra-kâle ya uyara'gayaṃ jayaṃ dhârei. avare: Mahesaro uttama'devo-tti. bhaṇanti, jao so ceva siṭṭhi[9]saṃhâra'kârao ajoṇi'saṃbhavo; tassa ceva bhâgâ Bambha'Viṇhû. em'âi'vigappaṇehiṃ vâhijjamâṇo upphedai[10] parasû. etth' antare âgayâ tattha Udâyaṇassa ranno mahâdevî Ceḍaga'râya'dhûyâ samaṇo'vâsiyâ Pabhâvaî. eie kâûṇa pûyaṃ bhaṇiyaṃ:

gaya'râga'dosa'moho savvannû aṭṭha'pâḍihera'juo |
devâ'hideva'rûvo arihâ me daṃsaṇaṃ deu ||

vâhâvio parasû. paḍantassa vighâyassa[11] vihaḍiyâ[12] khoḍî. jâva diṭṭhâ savv'anga'paḍipuṇṇâ amilâṇa'malla'dâmâ'laṃkiyâ Vaddhamâṇa'sâmi'paḍimâ. aiva âṇandiyâ Pabhâvaî. jâyâ jiṇa'dhamma'pabhâvaṇâ. paḍhiyaṃ ca tie:

'pi Acyutendreṇa samaṃ calitaḥ. tadâ Pañcaçailâdhipates tasya Vidyunmâlinâmno devasya gale paṭaho lagnaḥ uttâri (sic) no tarati. Hâsâ Prâhâsâbhyâm uktam: iyaṃ Pañcaçailadvipavâsino (sic.) sthitiḥ, yat Nandîçvaradvipayâtrârthaṃ calitânâṃ devendrâṇâm puraḥ paṭahaṃ vâdayan Vidyunmâlidevas tatra yâti. tatas tvaṃ khedam mâ kuru. galalagnam imam paṭahaṃ vâdayan gitâni gâyantibhyâm âvâbhyâṃ saha Nandîçvaradvipe yâhi. tataḥ sa tathâ kurvan Nandîçvaradvipoddeçena calitaḥ. çrâvakadevas taṃ sakhedam paṭahaṃ vâdayantaṃ dṛishṭvâ upayogeno 'palakshitavân bhaṇati ca.

1) A °mi 2) A kugai kumaio. 3) B chettûṇa. 4) B bubhaṇei. 5) Im Sanskrittext steht hier yatre 'yam viçeshapûjâm âpnoti, tatre 'yaṃ deyâ. 6) B vivâḍ. 7) B Vi°. 8) Mss viṇhu. 9) Mss siddhi. 10) B upphiḍai. 11) A °gha°. 12) B °he°.

savvaṇṇu soma'daṃsaṇa apuṇabbhava[1] bhaviya'jaṇa'maṇ'âṇanda |
jaya'cintâmaṇi jaya'guru jaya jaya jiṇa Vîra akalanka ||

anteure ya ceiya'gharaṃ kâriyaṃ. Pabhâvaî ṇhâyâ ti'saṃjhaṃ pûei. annayâ devî naccai. râyâ vîṇaṃ vâei. so devîe sîsaṃ na pecchai. addhiî se jâyâ. vîṇâ'vâyaṇayaṃ hatthâo bhaṭṭhaṃ. devî ruṭṭhâ bhaṇai: kiṃ duṭṭhaṃ[2] nacciyaṃ? nibbandhe se siṭṭhaṃ. sâ bhaṇai: kiṃ jîvieṇa[3]? nikkalanko[3] mama suciraṃ sâvaya'dhammo pâlio.

annayâ ceḍiṃ ṇhâyâ bhaṇai: pottâiṃ âṇehi! tîe rattagâṇi âṇiyâṇi. ruṭṭhâe addâeṇa[4] âhayâ: jiṇa'gharaṃ pavisantîe rattagâṇi desi-tti[5]. mayâ ceḍî. tâhe cintei[6]: mae vayaṃ khaṇḍiyaṃ; taṃ kiṃ jîvieṇaṃ-ti. râyâṇaṃ pucchai: bhattaṃ paccakkhâmi. nibbandhe: 'jai paraṃ bohesi' paḍissuyaṃ. bhatta'paccakkhâṇeṇa mayâ devî deva'logaṃ gayâ.

jiṇa'paḍimaṃ Devadattâ dâsa'ceḍî khujjâ sussûsai[7]. devo Udâyaṇaṃ bohei; na saṃbujjhai[8]. so tâvasa'bhatto. tâhe devo tâvasa'rûvaṃ karei. amiya'phalâṇi gahâya âgao. rannâ âsâiyâṇi. pucchio kahiṃ eyâṇi phalâṇi? bhaṇai: nagara'adûra'sâmante âsamo. tahiṃ teṇa samaṃ gao. bhîm'âyârehiṃ tâvasehiṃ hantuṃ pâraddho. nâsanto vaṇa'saṇḍe sâhavo pecchai, tesiṃ saraṇam'uvallîṇo. mâ bhâyasu-tti samâsâsio. tehiṃ niyattâ te tâvasâ. aṇusâsio sâhûhiṃ:

dhammo cev' ettha sattâṇaṃ saraṇaṃ bhava'sâyare |
devaṃ dhammaṃ guruṃ ceva dhamm'atthî ya parikkhae ||
dasa'aṭṭha'dosa'rahio devo dhammo u niuṇa'daya'sahio |
sugurû ya bambhayârî ârambha'pariggaho'varao ||

evam'âi'uvaeseṇa paḍibuddho paḍivanno jiṇa'dhammaṃ. devo attâṇaṃ darisei. dhamme ya thirî'kâûṇa gao suro. jâva[9] atthâṇîe ceva attâṇaṃ pecchai. evaṃ saḍḍho jâo.

io ya Gandhârâo sâvao savvâo jiṇa'jamm'âi'bhûmîo vandittâ Veyaḍḍhe kaṇaga'paḍimâo suṇettâ uvavâseṇa ṭhio: jai[10] vâ mao diṭṭhâo vâ. devayâe daṃsiyâo.[11] tuṭṭhâ ya savva'kâmiyâṇa guliyâ[12] dei sayaṃ. tao niyatto suṇei Vîyabhae[13] nagare[12] jiṇa'paḍimaṃ gosîsa'candaṇa'maiyaṃ. tav'vandao ei, vandai. tattha paḍilaggo Devadattâe paḍiyario. tuṭṭheṇa ya se tâo guliyâo dinnâo. so ya pavvaio.

annayâ guliyam'egaṃ khâi[14]: me[12] kaṇageṇa[15] sariso vaṇṇo hou-tti. tao jâya'parama'rûvâ dhanta'kaṇaga'sarisa'vaṇṇâ jâyâ; Suvaṇṇaguliya-tti tîe nâmaṃ jâyaṃ. puṇo sâ cintei: bhoge bhuñjâmi; esa râyâ tâva mama piyâ, anne ya gohâ[16]. tâhe Pajjoyaṃ roei. taṃ maṇasî-kâuṃ guliyaṃ khâi. tassa devayâe kahiyaṃ: erisa[17]rûvavai-tti. teṇa Suvaṇṇaguliyâe

1) A °ṇu°. 2) A dudu. 3) A om. 4) B addhâeṇa. 5) B disanti. 6) B cintiyaṃ mayaṃ 7) B sususai. 8) B °ae. 9) A nach ceva. 10) B jâo. 11) B saṃ°. 12) A om. 13) A vii°, B bbh. 14) B khâiyaṃ. 15) B kaṇaga. 16) A gohâ, B gehâ. Sansk. K: aparo mattulyâḥ ke 'pi râjâno na santi 'ti. 17) B erisi.

dûo pesio. tîe bhaṇiyaṃ: pecchâmi tâva tumaṃ. so Nalagiriṇâ rattiṃ âgao diṭṭho tîe abhiruio. sâ bhaṇai: jai paḍimaṃ nesi, to jâmi. tâhe paḍimâ n'atthi taṭ'ṭhâṇa'ṭhâvaṇa'joga-tti rattiṃ vasiûṇa paḍigao; annaṃ jiṇa'paḍima'rûvaṃ kâûṇa âgao. tattha ṭhâṇe ṭhavittâ Jiyantasâmiṃ Suvaṇṇaguliyaṃ ca gahâya Ujjeṇiṃ gao. tattha Nalagiriṇâ mutta'purîsâṇi mukkâṇi. teṇa gandheṇa hatthî ummattâ. taṃ ca disiṃ gandho ei; jâva paloiyaṃ, Nalagirissa payaṃ diṭṭhaṃ. kiṃ'nimittam'âgao-tti. jâva ceḍî na dîsai[1]. râyâ bhaṇai: ceḍî nîyâ nâma, paḍimaṃ paloeha! navaraṃ[2]acchai[3] niveiyaṃ. tao râyâ accaṇa'velâe âgao pecchai paḍimâ'pupphâṇi milâṇâṇi. tao nivvaṇṇanteṇa[4] nâyaṃ: paḍirûvagaṃ-ti, hariyâ paḍimâ. tao teṇa Pajjoyassa dûo visajjio: na mama ceḍîe kajjaṃ, paḍimaṃ visajjeha! so na dei. tâhe pahâvio jeṭṭha'mâse dasahiṃ râîhiṃ samaṃ. uttarantâṇa ya Maruṃ khandhavâro tisâe mariuṃ'âraddho. ranno niveiyaṃ. tao tak'khaṇeṇa Pabhâvaî cintiyâ âgayâ. tîe tiṇṇi pukkharâṇi kayâṇi aggimassa pacchimassa majjhimassa ya. tâhe âsattho gao Ujjeṇiṃ. bhaṇio rannâ: kiṃ loeṇa mârieṇa! tujjha ya majjha ya jujjhaṃ bhavau, âsehiṃ raha'hatthipâehiṃ vâ, jeṇa ruccai tava. Pajjoo bhaṇai: rahehiṃ jujjhâmo. tâhe Nalagiriṇâ paḍikappieṇ' âgao. râyâ raheṇa. tao rannâ bhaṇio: asaccasandho si, tahâ vi te n'atthi mokkho. tao ṇeṇa raho maṇḍalîe[5] dinno. hatthî vegeṇa pacchao laggo. so ya karî jaṃ jaṃ pâyaṃ ukkhivai[6], tattha Udâyaṇo sare chubhai, jâva hatthî paḍio. oyaranto baddho Pajjoo. niḍâle ya se anko kao: dâsî'pai-tti. Udâyaṇa'râyâ ya pacchâ niyaya[7]-nayaraṃ pahâvio. paḍimâ ne'cchai. antarâvâseṇa u ruddho ṭhio. tâhe khandaya[8]bhaeṇa dasa vi râyâṇo dhûlî'pâyâre karettâ ṭhiyâ. jaṃ ca râyâ jemei, taṃ ca Pajjoyassa vi dijjai. navaraṃ pajjosavaṇâe sûeṇa pucchio: kiṃ ajja jemesi? so cintei: mârijjâmi. tâhe pucchai: kiṃ ajja pucchijjâmi? so bhaṇai: ajja pajjosavaṇâ, râyâ uvavâsio. so bhaṇai: ahaṃ pi uvavâsio, mama vi mâyâvittâṇi saṃjayâṇi[9]; na-yâṇiyaṃ mayâ, jahâ ajja pajjosavaṇaṃ-ti. rannâ[10] kahiyaṃ: jâṇâmi, jahâ so dhutto; kiṃ puṇa mama eyammi baddhellae[11] pajjosavaṇâ ceva na sujjhai. tâhe mukko khâmio ya. paṭṭo ya sovaṇṇo tâṇ' akkharâṇa châyaṇa'nimittaṃ baddho. so ya[12] se visao dinno. taṃ'pabhii[13] paṭṭa'baddhayâ[14] râyâṇo jâyâ. puvvaṃ mauḍabaddhâ âsi. vitte vâsâ'ratte gao râyâ. tattha jo vaṇiya'vaggo âgao, so tahiṃ ceva ṭhio. tâhe taṃ Dasapuraṃ jâyaṃ.

tae ṇaṃ se Udâyaṇe râyâ annayâ kayâi posaha'sâlâe posahie ege abîe pakkhiyaṃ posahaṃ sammaṃ paḍijâgaramâṇe viharai. tao tassa puvvaratta'varatta'kâla'samayaṃsi jâgariyaṃ karemâṇassa eyârûve ajjhatthie samuppajjitthâ: dhannâ ṇaṃ te gâma'nagarâ, jattha ṇaṃ samaṇe Vîre viharai. dhammaṃ kahei; dhannâ ṇaṃ te râîsara'pabhiîo[1], je samaṇassa Mahâvîrassa antie kevali'pannattaṃ dhammaṃ nisâmenti[2], evaṃ pancâ-'ṇuvvayaṃ[3] satta'sikkhâvaiyaṃ sâvaga'dhammaṃ duvâlasa'vihaṃ paḍivajjanti. evaṃ muṇḍâ bhavittâ âgârâo aṇagâriyaṃ pavvayanti. taṃ jai ṇaṃ samaṇe bhagavaṃ Mahâvîre puvvâṇupuvviṃ dûijjamâṇe ih' eva Vîyabhae âgacchejjâ, tâ ṇaṃ ahaṃ'avi bhagavao antie muṇḍe bhavittâ *jâva* pavvaejjâ. tae ṇaṃ bhagavaṃ Udâyaṇassa eyârûvaṃ ajjhatthiyaṃ jâṇittâ Campâo paḍinikkhamittâ, jeṇ' eva Vîyabhae[4] nayare, jeṇ' eva Miyavaṇe[5] ujjâṇe, teṇ' eva viharai. tao parisâ niggayâ Udâyaṇe[6] ya. tae ṇaṃ Udâyaṇe[6] Mahâvîrassa antie dhammaṃ soccâ haṭṭha'tuṭṭhe evaṃ vayâsî: jaṃ[7] navaraṃ jeṭṭha'puttaṃ rajje ahisincâmi, tao ṇaṃ tubbhaṃ antie[8] pavvayâmi[9]. sâmî bhaṇai: ahâsuhaṃ, mâ paḍibandhaṃ karehi! tao ṇaṃ Udâyaṇe[6] âbhiogiyaṃ[10] hatthi'rayaṇaṃ duruhittâ sae gihe âgae. tao Udâyaṇassa[6] eyârûve ajjhatthie jâe: jai ṇaṃ Abhiiṃ kumâraṃ rajje ṭhavittâ pavvayâmi, to[11] Abhiî rajje ya raṭṭhe ya *jâva* jaṇavae ya mâṇussaesu ya kâma'bhogesu mucchie aṇâiyaṃ[12] aṇavayaggaṃ saṃsâra-kantâraṃ aṇupariyaṭṭissai. taṃ seyaṃ khalu me niyagaṃ bhâiṇejjaṃ Kesiṃ kumâraṃ rajje ṭhavittâ pavvaittae. evaṃ saṃpehettâ sobhaṇe tihi'karaṇa'muhutte koḍumbiya'purise ya saddâvettâ evaṃ vayâsi: khippâm' eva Kesissa kumârassa râyâ'bhiseyaṃ uvaṭṭhaveha! tao mahiḍḍhîe abhisitte Kesî kumâre râyâ jâe *jâva* pasâsemâṇe[13] viharai. tao Udâyaṇe[14] râyâ Kesiṃ râyaṃ âpucchai: ahaṃ-ṇaṃ, devâṇuppiyâ, saṃsâra'bha'uvviggo pavvayâmi. tao Kesî râyâ koḍumbiya'purise saddâvettâ evaṃ vayâsî: khippâm'eva Udâyaṇassa[15] ranno mah'atthaṃ mah'arihaṃ nikkhamaṇâ-'bhiseyaṃ uvaṭṭhaveha! tao mahayâ'vibhûîe abhisitte siviy'ârûḍhe bhagavao samîve gantûṇa pavvaie *jâva* bahûṇi cauttha'chaṭṭh'aṭṭhama'dasama-duvâlasa'mâs'aḍḍhamâs'âîṇi tavokammâṇi kuvvamâṇe viharai.

annayâ ya tassa anta'pant'âhârassa vâhî jâo. so vejjehiṃ bhaṇio: dahiṇâ bhunjâhi! so kira bhaṭṭârao vaiyâe acchio. annayâ Vîyabhayaṃ[16] gao. tattha tassa bhâgiṇejjo Kesî râyâ teṇaṃ ceva rajje ṭhâvio. Kesî kumâro amaccehiṃ bhaṇio: esa parîsaha'parâio rajjaṃ maggai. so bhaṇai: demi. te bhaṇanti: na esa râya'dhammo. vuggâhenti cireṇa; paḍisuyaṃ. kiṃ kajjau? visaṃ se dijjau; egâe pasuvâlie ghare pauttaṃ dahiṇâ saha dejjâhi-tti. sâ ya dinnâ, devayâe avahariyaṃ, bhaṇio ya: maharisi, tujjha visaṃ dinnaṃ, pariharâhi dahiṃ! so pariharai. rogo vaḍḍhium' âraddho. puṇo ya gahio. puṇo vi devayâe avahariyaṃ. taiyaṃ vâraṃ

1) A pah⁰. 2) B ⁰manti. 3) A ⁰vaiyaṃ. 4) AB Vii⁰, B ⁰bbhae. 5) A mio⁰. 6) Mss Uddâyaṇe. 7) A jaṇṇavaraṃ. 8) B ante. 9) A pavajjâmi. 10) B abhiogam. 11) B tato. 12) A aṇâtiyaṃ. 13) A pasâhesamâṇe. 14) A Udd⁰. 15) B Udd⁰ 16) A Vii⁰, B Vâî⁰.

dinnaṃ, taṃ pi avahariyaṃ. sâ tassa pacchao ya[1] hiṇḍiyâ. [2]annayâ pamattâe devayâe dinnaṃ. puṇo vi bhunjanto devayâe nivârio.

tao se Udâyaṇe aṇagâre bahûṇi vâsâṇi sâmaṇṇa·pariyâgaṃ pâuṇittâ saṭṭhiṃ bhattâiṃ aṇasaṇâe cheettâ, jass' aṭṭhâe kîrai nagga·bhâve muṇḍa·bhâve, tam·aṭṭhaṃ patte *jâva* dukkha·pahîṇe-tti.

tassa ya sejjâyaro kumbhagâro. tammi kâlagae devayâe paṃsu·varisaṃ[3] pâḍiyaṃ. to ya aṇavarâhi-tti kâuṃ siṇavallîe Kumbhakâra·vekkho[4] nâma paṭṭaṇaṃ tassa nâmeṇa kayaṃ. tattha so avahariûṇa ṭhavio. Vîyabhayaṃ[5] ca savvaṃ paṃsuṇâ pelliyaṃ. ajja vi paṃsuo acchai.

tae ṇaṃ Abhiî·kumârassa puvvarattâ'varatta·kâla·samayaṃsi evam· ajjhatthie jâe: ahaṃ Udâyaṇassa jeṭṭha·putte Pabhâvaîe attae; maṃ rajje aṭṭhâvettâ[6] Kesiṃ rajje ṭhâvettâ pavvaie. imeṇaṃ mâṇuseṇaṃ dukkheṇaṃ abhibhûe samâṇe Vîyabhayâo[6] niggacchittâ Campâe Koṇiyaṃ uvasaṃpajjittâṇaṃ viula·bhoga·samannâgae yâvi hotthâ. se ṇaṃ Abhiî kumâre samaṇo·'vâsae abhigaya·jîvâ'jîvo Udâyaṇeṇaṃ raṇṇâ samaṇubaddha·vere yâvi hotthâ. tao Abhiî kumâre bahûiṃ vâsâiṃ samaṇo'vâsaga·pariyâgaṃ pâuṇittâ addhamâsiyâe saṃlehaṇâe tîsaṃ bhattâiṃ cheettâ tassa ṭhâṇassâ 'ṇâloiya·paḍikkante kâlaṃ kiccâ Asurakumârattâe uvavanno. egaṃ paliovamaṃ ṭhiî tassa; Mahâvidehe sijjhihi-tti.

IV.—VII. Die vier Pratyekabuddha.

Karakaṇḍû Kalingesu Pancâlesu ya Dummuho[7] |
Namî râyâ Videhesu Gandhâresu ya Naggaî. ||
vasahe ya indakeû valae ambe ya pupphie bohî |
Karakaṇḍu·Dummuhassâ Namissa Gandhâra·ranno ya ||

IV. Karakaṇḍu.

|| tattha Karakaṇḍû. || Campâe nayarîe Dahivâhaṇo râyâ. tassa Ceḍaga·dhûyâ Paumâvaî devî. annayâ ya tîse dohalo jâo: kihâ[8] 'haṃ râya·nevaccheṇa[9] nevacchiyâ[9] mahârâya·dhariya·chattâ ujjâṇa·kâṇaṇâṇi[10] hatthi·khandha·vara·gayâ viharejjâ? sâ luggâ jâyâ, râiṇâ pucchiyâ; kahio sabbhâvo. tâhe râyâ sâ ya jaya·hatthiṃmi ârûḍhâiṃ[11]; râyâ chattaṃ

---

1) A pacchâuo. 2) B om. bis aṇasaṇâe. 3) A varasaṃ. 4) B verako. 5) AB vii⁰. 6) B ahâvettâ. 7) A dumuho. 8) B kilâ 9) B tth. 10) A ⁰ṇe. 11) A ⁰â.

dharei, gayâ ujjâṇaṃ. paḍhama·pâuso ya tayâ vaṭṭai, sîyalaeṇaṃ[1] surahi-gandha·maṭṭiyâ·gandheṇaṃ hatthî[2] ajjhâhao vaṇaṃ saṃbharei. karî vi payaṭṭo vaṇâ'bhimuho, payâo[2] pahâo, jaṇo na tarai piṭṭhao[3] olaggiuṃ. do vi aḍaviṃ pavesiyâiṃ[4]. râyâ vaḍa·rukkhaṃ pecchai[5]. deviṃ bhaṇai: eyassa vaḍassa[3] heṭṭheṇa[6] jâhii, tao tumaṃ sâhaṃ geṇhejjâsi. tâe paḍisuyaṃ. na tarai geṇhiuṃ. râyâ dakkho, teṇa sâhâ gahiyâ. so uttiṇṇo nirâṇando kiṃkâyavvayâ·mûḍho gao Campaṃ.

sâ ya Paumâvaî nîyâ nimmâṇusiṃ aḍaviṃ. jâva tisâio, tâva pecchai talâgaṃ mahaimahâlayaṃ hatthî. tao tattha oiṇṇo abhiramai. imâ vi saṇiyaṃ saṇiyaṃ oiṇṇâ kariṇo, uttiṇṇâ[7] talâgâo. disâo na jâṇai; bhaya-bhîyâ samantao taṃ vaṇaṃ paloei. tao: aho kammâṇa pariṇaî, jeṇa atakkiyam·eva erisaṃ vasaṇam·ahaṃ pattâ! tâ kiṃ karemi[8], kâ me gai-tti [9]soya·paravvasâ roviuṃ payattâ. khaṇa·metteṇa kâûṇa dhîrayaṃ cintiyaṃ tîe: na najjai, bahu·duṭṭha·sâvaya·saṃkule eyaṃmi bhîsaṇe vaṇe kiṃpi havai; tâ appamattâ havâmi. tao kayaṃ cau·saraṇaṃ gamaṇaṃ, garahi-yâiṃ duccariyâiṃ, khâmio sayala·jîva·râsî, kayaṃ s'âgâraṃ bhatta·pacca-kkhâṇaṃ.

jai me hojja pamâo imassa dehass' imâe velâe |
âhâram·uvahi·dehaṃ carime samayaṃmi vosiriyaṃ[10] ||

tao panca·namokkâro me saraṇaṃ, jao so ceva iha·loga·paralogesu kallâṇ'âvaho. bhaṇiyaṃ ca:

vâhi·jala·jalaṇa·takkara- hari·kari·saṃgâma·visahara·bhayâiṃ |
nâsanti tak·khaṇeṇaṃ navakâra·pahâṇa·manteṇaṃ ||
na ya tassa kiṃci pahavai ḍâiṇi·veyâla·rikkha[11]·mâri·bhayaṃ |
navakâra·pahâveṇaṃ nâsanti ya sayala·duriyâiṃ ||

tahâ:

hiyaya·guhâe navakâra·kesarî jâṇa saṃṭhio niccaṃ |
kamm'aṭṭha·ganṭhi·doghaṭṭa·ghaṭṭayaṃ tâṇa parinaṭṭhaṃ ||

tao navakâram·aṇusarantî paviṭṭhâ ega·disâe. jâva dûraṃ gayâ, tâva diṭṭho ego tâvaso. tassa mûlaṃ gayâ. abhivâio so. pucchiyâ teṇa: kao si, ammo, ih' âgayâ? tâhe kahei: ahaṃ Ceḍagassa dhûyâ, jâva hatthiṇâ âṇîyâ. so ya tâvaso Ceḍagassa niyallao. teṇa âsâsiyâ: mâ bîhehi-[12]tti. bhaṇiyâ ya: mâ soyaṃ karehi! îiso[13] ceva saṃjoga·vioga·heû jamma·maraṇa·roga·soga·pauro asâro saṃsâro. vaṇa·phalehiṃ aṇicchantî vi kârâviyâ pâṇa·vittiṃ[14], nîyâ vasimaṃ[15] bhaṇiyâ ya: etto pareṇa hala-kiṭṭhâ bhûmî, taṃ na akkamâmo amhe. eso Dantapurassa visao; Dantavakko ya ettha râyâ. tâ tumaṃ nibbhayâ gaccha eyammi nayare; puṇo susattheṇa

---

1) A sîyâ⁰. 2) AB om. 3) A om. 4) A ⁰â. 5) B kkh. 6) A heṭṭhûṇa. 7) A oiṇṇâ. 8) B add. kattha gacchâmi. 9) Mss sâya. 10) B add. savvaṃ tiviheṇa vosiriyaṃ. 11) B rakkha lies viell. rakkhasâ'ri. 12) A ⁰ha. 13) A ieso. 14) Mss vittî. 15) B am Rande tâpasâçramaṃ.

gacchasu[1] Campaṃ-ti. niyatto tâvaso. iyarâ paviṭṭhâ Dantapuraṃ. gayâ pucchantî sâhuṇî'mûlaṃ. vandiyâ pavattiṇî. pucchiyâ: kao[2] sâvigâ? kahiyaṃ tîe jaha'ṭṭhiyaṃ. paruṇṇâ maṇâgaṃ saṃṭhaviyâ pavattiṇîe: mahâ'ṇubhâve, mâ kuṇasu citta'kheyaṃ, alaṅghaṇîo hu vihi'pariṇâmo. jao:

vihaḍâvai ghaḍiyaṃ pi hu vihaḍiyam'avi kiṃci saṃghaḍâvei |
aiṇiuṇo esa vihî sattâṇa suhâ'suha'kkaraṇe[3] ||

kiṃ ca:

khaṇa'diṭṭha'naṭṭha'vihave khaṇa'pariyaṭṭanta'viviha'suha'dukkhe |
khaṇa'saṃjoga'vioge saṃsâre n'atthi kiṃpi suhaṃ ||
jeṇaṃ-ciya saṃsâro bahuviha'dukkhâṇa esa bhaṇḍâro |
teṇaṃ-ciya iha dhîrâ apavagga'pahaṃ pavajjanti ||

evam'âi[4] aṇusâsiyâ saṃvegaṃ'uvagayâ tâṇaṃ ceva mûle pavvaiyâ. pucchiyâe vi dikkhâe adâṇa'bhaeṇa gabbho na akkhâo. pacchâ ṇâe mayahariyâe[5] sabbhâvo kahio. pacchannaṃ dhariyâ[6] pasûyâ samâṇî saha nâma'muddâe kambala'rayaṇeṇa ya susâṇe chaḍḍei. pacchâ masâṇa'pâleṇa gahio bhajjâe appio. Avakiṇṇao[7]-tti nâmaṃ kayaṃ. sâ ya ajjâ tîe pâṇîe samaṃ mettiṃ karei-tti. sâ ajjâ tâhiṃ saṃjaîhiṃ pucchiyâ: kahiṃ gabbho? bhaṇai: mayago jâo, tâ me ujjhio. so tattha saṃvaḍḍhai. tâhe dâraga-rûvehiṃ samaṃ ramai. so tâṇi [8]ḍimbha'rûvâṇi bhaṇai: ahaṃ tubbhaṃ râyâ, mama karaṃ deha! so lukkha'kacchûe gahio. tâṇi bhaṇai: mamaṃ[9] kaṇḍûyaha! tâhe se Karakaṇḍu-tti nâmaṃ kayaṃ. so ya tâe saṃjaîe aṇuratto. sâ ya se moyae dei, jaṃ vâ bhikkhaṃ laddhaṃ lahei.[10]

saṃvaḍḍhio so susâṇaṃ rakkhai. tattha do saṃjayâ keṇai kâraṇeṇa aigayâ; jâva egattha kuḍange daṇḍagaṃ[11] pecchanti. tattha ego daṇḍa-lakkhaṇaṃ jâṇai, jahâ:

ega'pavvaṃ pasaṃsanti du'pavvâ kalaha'kâriyâ |
ti'pavvâ lâbha'saṃpannâ cau'pavvâ mâraṇ'antiyâ || 1 ||
panca'pavvâ u jâ laṭṭhî pantho kalaha'nivâriṇî |
cha'pavvâ ya âyanko satta'pavvâ arogiyâ || 2 ||
caur'angula'paiṭṭhâṇâ addh'angula'samûsiyâ |
satta'pavvâ u jâ laṭṭhî matta'gaya'nivâriṇî || 3 ||
aṭṭha'pavvâ asaṃpattî nava'pavvâ jasa'kâriyâ |
dasa'pavvâ u jâ laṭṭhî tahiyaṃ savva'saṃpayâ || 4 ||
vankâ kîḍa'kkhaiyâ citta'layâ pollayâ[12] ya daḍḍhâ ya |
laṭṭhî ya [13]ubbha'sukkâ vajjeyavvâ payatteṇa || 5 ||
ghaṇa'vaṭṭamâṇa'pavvâ niddhâ vaṇṇeṇa ega'vaṇṇâ ya |
em'âi'lakkhaṇa'juyâ pasattha'laṭṭhî muṇeyavvâ || 6 ||

1) B gacchejjâsu 2) A kao. 3) B °haṃ ka°. 4) A pamâi. 5) Mss nâe, B verb. mahayariyâe 6) B am Rande pacchannâ 7) A avakaṇṇio. 8) AP dikka, B diṃvva 9) B mama 10) A bh. 11) B daṇḍaṃ. 12) A pollarâ. 13) A ujjha

tao teṇa bhaṇiyaṃ: jo[1] eyaṃ[1] daṇḍagaṃ[2] geṇhissai, so râyâ hohii: kiṃ tu paḍicchiyavvo[3], jâva annâṇi cattâri angulâṇi vaḍḍhai, tâhe jogo-tti. taṃ teṇa mâyanga'ceḍageṇa[4] suyaṃ ekkeṇa ya dhijjâieṇa. tâhe so dhijjâio appasâriyaṃ tassa caurangulaṃ khaṇiûṇaṃ chindei. teṇa'ya ceḍageṇaṃ diṭṭho so uddâlio. so teṇa dhijjâieṇa karaṇaṃ nîo. bhaṇai: dehi daṇḍagaṃ! so bhaṇai: mama masâṇe esa vaḍḍhio, ao na demi. dhijjâio bhaṇai: annaṃ geṇha! so ne'cchai. so dârago na dei. tehiṃ so dârago pucchio: kiṃ na desi? bhaṇai ya: ahaṃ eyassa daṇḍagassa pahâveṇa râyâ hohâmi-tti. tâhe kâraṇiyâ hasiûṇa bhaṇanti: jayâ tumaṃ râyâ hojjâsi, tayâ tumaṃ eyassa gâmaṃ dejjâsi. paḍivannaṃ teṇa. dhijjâieṇa vi anne dhijjâiyâ bhaṇiyâ, jahâ: eyaṃ mârettâ daṇḍagaṃ harâmo. taṃ tassa piuṇâ suyaṃ. tâṇi tiṇṇi vi naṭṭhâṇi jâva Kancaṇa-puraṃ gayâṇi. tattha râyâ aputto mao. âso ahiyâsio tassa bâhiṃ[5] suyan-tassa mûlaṃ'âgao, payâhiṇî'kâûṇa ṭhio. jâva âyareṇa[6] nâyarâ pecchanti lakkhaṇa'juttaṃ, jaya'saddo kao, nandî'tûram'âhayaṃ. imo vi jambhanto uṭṭhio. vîsattho âse vilaggo pavesijjai. mâyango-tti dhijjâiyâ na denti pavesaṃ. tâhe teṇa daṇḍa'rayaṇaṃ gahiyaṃ. taṃ jaliuṃ'âḍhattaṃ. te bhiyâ ṭhiyâ. tâhe teṇa vâḍahâṇagâ hariesâ dhijjâiyâ kayâ. uktaṃ ca:

Dadhivâhanaputreṇa râjñâ ca Karakaṇḍunâ |
vâṭadhânakavâstavyâç câṇḍâlâ brâhmaṇîkṛitâḥ ||

tassa ya ghara'nâmaṃ Avakiṇṇago[7]-tti avahiriûṇa tehiṃ ceva ceḍaga-kayaṃ paiṭṭhiyaṃ Karakaṇḍu-tti. tâhe so dhijjâio âgao: dehi mama gâmaṃ! bhaṇai: jo te ruccai, taṃ geṇhaha! so bhaṇai: mamaṃ Campâe gharaṃ, tâ tie visae dehi! tâhe Dahivâhaṇassa lehaṃ dei: eyassa baṃbhaṇassa dijje egaṃ gâmaṃ[8]! ahaṃ tujjha, jaṃ ruccai, gâmaṃ vâ nagaraṃ vâ demi. so ruṭṭho: duṭṭha'mâyango appâṇaṃ na-yâṇai-tti. dûeṇa paḍiyâgaeṇa kahiyaṃ. Karakaṇḍû kuvio. Campâ rohiyâ, juddhaṃ vaṭṭai. tâhe[9] saṃjaîe suyaṃ. mâ jaṇa'kkhao hohi-tti mayahariyaṃ[10] âpucchiûṇa gayâ taṃ nayaraṃ. Karakaṇḍuṃ ussârittâ[11] rahassaṃ bhindai[12]: esa tava piya-tti. teṇa tâṇi ammâ'piyaro pucchiyâṇi. tehiṃ sabbhâvo kahio. mâṇeṇaṃ na osarai. tâhe sâ Campaṃ aigayâ, ranno gharaṃ aii; nâyâ, pâya'vaḍiyâo dâsîo paruṇṇâo[13]. râiṇâ[14] vi suyaṃ; so vi âgao vandittâ âsaṇaṃ dâûṇa taṃ gabbhaṃ pucchai. sâ bhaṇai: eso jeṇa rohiyaṃ nagaraṃ. tuṭṭho niggao milio. do vi rajjâṇi tassa dâûṇa Dahivâhaṇo pavvaio.

Karakaṇḍû ya mahâ'sâsaṇo jâo. so[15] kila goula'ppio. aṇegâṇi tassa goulâṇi jâyâṇi. jâva saraya'kâle egaṃ go'vacchaṃ thora'gattaṃ seyaṃ pecchai. bhaṇai: eyassa mâyaraṃ mâ duhejjaha! jahâ[16] vaḍḍhio hojjâ,

---

1) A om. 2) A daṇḍaṃ. 3) A paricchiyavvao. 4) A dârageṇa, B ceḍageṇa add. a. R. bhaṇṇamâṇaṃ. 5) B vâhiṃ. 6) A om. 7) A °kaṇṇigo, B °kannago. 8) B dehi mama egaṃ gâmaṃ. 9) A tâe. 10) A °hari. 11) A °ḍûsârittâ. 12) B ei. 13) A °rû°. 14) Mss râyaṇâ. 15) B add. vi. 16) B jayâ.

tayâ annâṇaṃ gâvîṇaṃ duddhaṃ pâejjâha! te govâ paḍisuṇanti. so [1]uvvatta'visâṇo khandha'vasabho[2] jâo râiṇâ diṭṭho. so juddh'ikkao jâo. puṇo kâleṇa râyâ âgao pecchai mahâ'kâyaṃ juṇṇa'vasabhaṃ[2] paḍḍaehiṃ parighaṭṭijjantaṃ. gove pucchai: kahiṃ so vasabho-tti. tehiṃ so dâio tay'avattho. bhaṇiyaṃ ca:

goṭṭh'angaṇassa majjhe [3]ḍhikkiya'saddeṇa jassa bhajjanti |
dittâ vi dariya'vasabhâ sutikkha'singâ samatthâ vi || 1 ||
porâṇaya'gaya'dappo galanta'nayaṇo calanta'visam'oṭṭho |
so ceva imo vasabho paḍḍaya'parihaṭṭaṇaṃ sahai || 2 ||

taṃ târisaṃ pecchiya gao visâyaṃ. cintei aṇiccayaṃ: aho târiso hoûṇa saṃpai eyâriso jâo esa vasabho! tâ savve athirâ saṃsâre payatthâ. tahâ hi: jo tâva bhoga'nibandhaṇaṃ mahâ'moha'heû ya attho, so adhuvo. bhaṇiyaṃ ca:

cavalaṃ sura'câvaṃ-va vijju'leha-vva[4] cancalaṃ |
pââ'valaggaṃ paṃsu[5]-vva dhaṇaṃ athira'dhammayaṃ || 1 ||
atthaṃ corâ vilumpanti uddâlanti naresarâ |
vantarâ ya nigûhanti geṇhanti aha dâiyâ || 2 ||
huyâsaṇo ḍahe savvaṃ jal'uppîlo[6] vinâsae |
savvassa haraṇaṃ câ' vi karei kuvio Jamo || 3 ||

tahâ param'âṇanda'heû iṭṭha'jaṇa'saṃgamo vi aṇicco, kahaṃ:

jahâ saṃjhâe rukkhaṃmi milanti vihagâ bahû |
panthiyâ pahiy'âvâse jahâ des'antar'âgayâ || 1 ||
pahâe janti savve vi annam'annaṃ dis'antaraṃ |
evaṃ [7]kuḍamba'vâse vi saṃgayâ bahavo jiyâ || 2 ||
narâ'mara'tirikkh'âi'joṇîsu kamma'saṃjuyâ[8] |
maccu'ppahâya'kâlaṃmi savve janti diso disiṃ || 3 ||

jaṇu matta'pamattau[9] hiṇḍai [10]pura'pahehi |
moḍâuḍi[11] karantau veḍhiu bahu'narehi |
taṃ joyaṇu aireṇa[12] jaṇa'kkhaya'bhanguraṃ |
jara'rogehiṃ sosijjai[13] rakkhaṃ taha kharauṃ[14] ||

tahâ: gabbhe jamme bâlattaṇaṃmi taruṇattaṇaṃmi theratte |
maṭṭiya'bhaṇḍaṃ va jiyâ[15] savvâ'vatthâsu vihaḍanti ||

em'âi cintanto paḍibuddho, patteyabuddho[16] jâo. kâûṇa panca-muṭṭhiyaṃ loyaṃ devayâ'viiṇṇa'lingo viharai. bhaṇiyaṃ ca:

seyaṃ sujâyaṃ suvibhatta'singaṃ jo pâsiyâ vasabhaṃ[17] goṭṭha'majjhe |
riddhiṃ ariddhiṃ samupehiyâṇaṃ Kalinga'râyâ vi samikkha dhammaṃ ||

1) A accaṃta, B uccita? P uvvatta. 2) B °ho. 3) A ḍhakkiya, B dhaṃkiya a. R. balavanta. 4) A lohaṃ ca. 5) A pâulaggaṃ ghaṃsu, B poâva°. 6) A jaju°, B a. R. jalapravâha. 7) A °ḍu°. 8) A saṃgayâ. 9) A nur mattau. 10) B add. pattaṇa. 11) B moḍâtodi. 12) B ayareṇa vi. 13) A sijjhai. 14) A kharaṃ. 15) B ijiyâ. 16) A om. 17) A °haṃ.

V. Domuha.

|| saṃpai [1]Dummuha·cariyaṃ. || atthi ih' eva Bhârahe vâse Kampillaṃ nâma puraṃ[2]. tattha Hari·kula·vaṃsa·saṃbhavo Jao nâma râyâ. tassa Guṇamâlâ nâma bhâriyâ. so ya râyâ tîe saha rajja·sirim·aṇuhavanto gamei kâlaṃ. annayâ atthâṇa·maṇḍava·ṭṭhieṇa pucchio dûo: kiṃ n'atthi mama, jaṃ anna·râîṇaṃ atthi? dûeṇa bhaṇiyaṃ: deva, citta·sabhâ tumha n'atthi. tao râiṇâ âṇattâ thavaiṇo, jahâ: lahuṃ citta·sabhaṃ karcha! âesaṇâ-'ṇantaraṃ samâḍhattâ. tattha dharaṇîe khannamâṇîe kammagarehiṃ[3] pancama·diṇe savva·rayaṇâmao jalaṇo-vva teyasâ jalanto diṭṭho mahâ-mauḍo, sa·harisehiṃ siṭṭho Jaya·râiṇo. teṇa vi parituṭṭha·maṇeṇaṃ nandî-rava·puvvayaṃ uttârio bhûmi·vivarâo. pûiyâ thavai·m·âiṇo jahâ'riha·vattha-m·âîhiṃ. theva·kâleṇa vi nimmâyâ uttunga·siharâ citta·sabhâ. sohaṇa-diṇe kao citta·sabhâe paveso. ârovio mangala·tûra·saddeṇa appaṇo uttim'-ange mauḍo. tap'pabhâveṇa do·vayaṇo so râyâ jâo. loeṇa tassa Domuho-tti nâmaṃ kayaṃ.

aikkanto koi kâlo. tassa ya râiṇo satta taṇayâ jâyâ. duhiyâ me n'atthi-tti Guṇamâlâ addhiiṃ[4] karei. Mayaṇâ'bhihâṇassa jakkhassa icchai uvâiyaṃ.[5] annayâ ya pâriyâya·manjarî·uvalambha·suviṇa·sûiyâ tîse duhiyâ jâyâ.[6] kayaṃ ca vaddhâvaṇayaṃ. dinnaṃ jakkhassa[7] uvâiyaṃ. kayaṃ ca tîe nâmaṃ Mayaṇamanjarî. kameṇa ya jâyâ jovvaṇa·tthâ.[8]

io ya Ujjeṇîe Caṇḍapajjoya·râyâ. tassa dûeṇa sâhiyaṃ, jahâ: râyâ domuho jâo. Pajjoeṇa bhaṇiyaṃ: kahaṃ? dûeṇa bhaṇiyaṃ: tassa eriso mauḍo atthi; tammi ârovie do muhâṇi havanti. mauḍass'[9]uvariṃ Pajjoyassa lobho jâo. dûyaṃ Domuha·râiṇo pesei: eyaṃ mauḍa·rayaṇaṃ mama pesehi! aha na pesesi, jujjha·sajjo hohi! Domuha·râiṇâ dûo bhaṇio Pajjoya·santio: jai mama jaṃ maggiyaṃ deha, to ahaṃ·avi mauḍaṃ demi. dûeṇa bhaṇiyaṃ: kiṃ maggaha? râiṇâ bhaṇiyam:

deha[10]: Nalagirî hatthî Aggîbhîrû tahâ raha·varo ya |
jâyâ ya Sivâ devî leh'âriya·Lohajangho ya ||

eyaṃ Pajjoyassa rajja·sâraṃ. paḍigao dûo Ujjeṇiṃ. sâhiyaṃ Pajjoyassa Domuha·santiyaṃ paḍivayaṇaṃ. kuddho aîva Pajjoo, calio cauranga·baleṇa: donni lakkhâ mayagalâṇaṃ, donni sahassâ rahâṇaṃ, panca ajuyâṇi hayâṇaṃ, satta koḍîo [11]payâi·jaṇâṇaṃ. aṇavaraya·payâṇaehiṃ patto Pancâla·jaṇavaya-sandhiṃ. iyaro vi Domuha·râyâ cauranga·bala·samaggo nîhario nayarâo. gao paḍisammuhaṃ Pajjoyassa. Pancâla·visaya·sandhîe raio garuḍa·vûho[12] Pajjoeṇa, sâgara·vûho[12] Domuheṇa. tao saṃpalaggaṃ doṇha vi balâṇa jujjhaṃ. so mauḍa·rayaṇa·pahâveṇa ajeo Domuha·râyâ. bhaggaṃ Pajjoyassa

1) A dumuha. 2) B nayaraṃ. 3) A °karehiṃ. 4) B adhiiṃ. 5) B uvavâiyaṃ. 6) A om. 7) A jakkhâ. 8) A jovaṇatthî. 9) A mauḍam. 10) B dehâ. 11) B a. R. = pâyakka. 12) A nûho.

balaṃ. bandhiûṇa Pajjoo pavesio nayaraṃ. dinnaṃ calaṇe[1] kaḍayaṃ. suheṇa tattha Pajjoya'râiṇo vaccai kâlo.

annayâ diṭṭhâ teṇa Mayaṇamanjarî. jâo gâḍhâ'ṇurâo. tao kâm'aggiṇâ ḍajjhamâṇassa cintâ'saṃtâva'gayassa voliyâ kahavi râî. paccûse ya gao atthâṇaṃ. diṭṭho parimilâṇa'muha'sarîro[2] Domuha'râiṇâ; pucchio sarîra'pauttiṃ, na dei paḍivayaṇaṃ. s'âsankeṇa ya gâḍhayaraṃ puṭṭho. tao dihaṃ nîsasiûṇa jaṃpiyaṃ Pajjoeṇa:

Mayaṇa'vasa'gassa, nara'vara vâhi'vighatthassa[3] taha ya mattassa |
kuviyassa marantassa ya lajjâ dûrujjhiyâ hoi ||
tâ jai icchasi kusalaṃ payaccha to Mayaṇamanjariṃ eyaṃ |
niya'dhûyaṃ me nara'vara na desi pavisâmi jalaṇaṃmi ||

tao Domuheṇa nicchayaṃ nâûṇa dinnâ. sohaṇa'diṇa'muhutto[4] kayaṃ pâṇiggahaṇaṃ. [5]kaivaya'diṇehiṃ[6] dhario[7], pûiûṇa visajjio, gao Ujjeṇiṃ Pajjoo.

annayâ âgao Inda'mahûsavo. Domuha'râiṇâ âiṭṭhâ nâyara'jaṇâ[8]: ubbheha indakeuṃ! tao mangala'nandî'mahâraveṇa dhavala'dhaya'vaḍâho ḍoya[9]-khinkhiṇî'jâlâ'laṃkio avalambiya'vara'malla'dâmo maṇi'rayaṇa'mâlâ'bhûsio nâṇâviha'palambamâṇa'phala'nivaha'cincaio ubbhio indakeû. tao naccanti naṭṭiyâo, gijjanti sukai'raiyâ kavva'bandhâ, naccanti nara'saṃghâyâ, dîsanti [10]diṭṭhi'mohaṇâiṃ indayâlâiṃ[11], indayâliṇo[12] ya dijjanti taṃbol'âiṃ[13]; khippanti kappûra'kunkuma'jala'chaḍâ, dijjanti mahâ'dâṇâiṃ, vajjanti muiṅg'âi'âojjâiṃ. evaṃ mahâ'moeṇa gayâ satta vâsarâ. âgayâ puṇṇimâ. pûio mahâ'vicchaḍḍeṇa kusuma'vatth'âîhiṃ Domuha'râiṇâ indakeû. mahâ-tûra'raveṇa annaṃmi 'diṇe paḍio meiṇîe. diṭṭho râiṇâ amejjha'mutta-duggandhe nivaḍio jaṇeṇa parilupppamâṇo ya. daṭṭhûṇa cintiyaṃ: dhir-atthu vijju'reha-vva cancalâṇaṃ pariṇâma'virasâṇaṃ riddhîṇaṃ. evaṃ cintayanto[14] saṃbuddho, patteyabuddho jâo. panca'muṭṭhiyaṃ loyaṃ kâûṇa pavvaio. uktaṃ ca:

jo indakeû suyalaṃkiyaṃ taṃ daṭṭhuṃ paḍantaṃ paviluppamâṇaṃ |
riddhiṃ ariddhiṃ samupehiyâṇaṃ Pancâla'râyâ vi samikkha dhammaṃ ||

1) A ca? ṇe. 2) A om muha. 3) B vâhivighatthassa, A ghâhivighattassa. 4) Mss diṇe, A °ttam. 5) A kai°. 6) B diṇâṇa. 7) A om. 8) A nâiṇajaâura. 9) B ḍova. 10) A diṭha. 11) B °layâiṃ. 12) Mss indi°. 13) A °lâ. 14) B cintiyanto.

VI. Nami.

|| saṃpayaṃ Nami'cariyaṃ. || atthi ih' eva Bhârahe vâse Avanti'jaṇavae Sudaṃsaṇaṃ nâma puraṃ, Maṇiraho nâma râyâ. tassa ya sahoyaro Jugabâhû juvarâyâ. tassa niruvama'rûva'lâyaṇṇâ Mayaṇarehâ nâma bhâriyâ. sâ ya accanta'parama'sâviyâ. tîe putto savva'guṇa'saṃpanno Candajaso nâma. annayâ Maṇiraho Mayaṇareham daṭṭhûṇa ajjhovavanno cintiuṃ payatto[1]: kahaṃ puṇa eyâe saha mama saṃjoo bhavissai? ahavâ tâva paḍhamaṃ pîiṃ karemi, pacchâ citta'bhâvaṃ nâûṇa jahâ'joggaṃ[2] jaissâmi. evaṃ manteûṇa tîe saha pîiṃ ghaḍei. puppha'kunkuma'tambola'vatthâ-'laṃkâr'âiyaṃ pesei. na ya tîe koi anno duṭṭha'bhâvo hiyae. evaṃ kâlo vaccai. annayâ ya Maṇiraheṇa Mayaṇarehâ bhaṇiyâ: sundari, jai mamaṃ purisaṃ paḍivajjasi, to sayala'rajja'sâmiṇiṃ karemi. tîe bhaṇiyaṃ: napuṃs'-[3]itthi'bhâveṇa vajjiyassa purisattaṃ tujjha puvva'kammeṇ' eva jâyaṃ mayâ apaḍivanne vi. jaṃ puṇa rajja'sâmittaṃ, taṃ puṇa ko hariuṃ tarai tuha [4]bhâi'juvarâya'ghariṇî'saddaṃ vahantîe mamaṃ-ti. annaṃ ca: je sap'purisâ[5] havanti, te maraṇa'vasaṇaṃ bahu mannanti, na uṇa ihaloya'paraloya-viruddhaṃ âyaranti. jao:

jîvâṇaṃ hiṃsâe alieṇaṃ taha parassa haraṇeṇaṃ |
para'itthi'kâmaṇeṇaṃ jîvâ narayaṃmi vaccanti ||

tâ mahârâya, evaṃ'vatthie mottûṇa duṭṭha'bhâvam'âyâraṃ paḍivajjasu! evaṃ ca soûṇa tuṇhikko ṭhio. cintiyaṃ ca teṇa: na esâ Jugabâhuṃmi jîvamâṇe annaṃ purisam'icchai. tâ eyaṃ vissambheṇa ghâemo. tao balakkâreṇa geṇhissâmi. na anno koi uvâo atthi-tti. evaṃ kâlo vaccai. annayâ Mayaṇarehâ candaṃ sumiṇe daṭṭhûṇa bhattuṇo sâhei. teṇa bhaṇiyâ: sundari, sayala'puhavi'maṇḍala'nahayalassa [6]miyanka'bhûo suo te bhavissai. tao tîe gabbha'saṃbhavo saṃvutto. taie ya mâse dohalo jâo: jai jiṇâṇaṃ muṇiṇaṃ ca pûyaṃ karemi, sayayaṃ ca titthayarâṇaṃ santiyâo kahâo nisuṇemi. tao jah'icchâe saṃpûriya'ḍohalâ gabbhaṃ suheṇ' uvvahai. annayâ vasanta'mâse Jugabâhû Mayaṇarehâe saha ujjâṇe kîḍ'attham'uvagao khajja'pâṇa'bhoyaṇ'[7]ukkhittassa[8] attha'girîo voliṇo ahesaro; occhâio tama-niyareṇa bhuvaṇ'âbhoo. tao Jugabâhû taṃmi ceva ujjâṇe ṭhio. Maṇiraheṇa cintiyaṃ: sohaṇo eso avasaro. egaṃ tâva: Jugabâhû nayara'bâhir'ujjâṇe ṭhio; bîyaṃ: thova'sahâo; taiyaṃ: rayaṇî; cautthaṃ: timira'niyareṇa andhâriyaṃ vaṇaṃ. tâ gantûṇa mâremo. tâhe Mayaṇarehâe saha nissan-kaṃ ramissâmi. evaṃ cintiûṇa maṇḍalaggaṃ gahâya gao ujjâṇaṃ. Jugabâhû kâûṇa rai'kîlaṃ pasutto kayalî'harae. purisâ causu vi pâsesu nisaṇṇâ. bhaṇiyâ ya te Maṇiraheṇa: kattha Jugabâhû? sâhio ya tehiṃ.

1) A pavatto. 2) B jogaṃ. 3) B napuṃsatthi°. 4) A bhaya. 5) B supu°. 6) A may°. 7) A °ṇa. 8) B khi°.

mâ ettha koi sattû rayaṇîe abhibhavissai-tti addhiîe[1] âgao ahaṃ-ti bhaṇiûṇa paviṭṭho kayalî'harae. sa'saṃbhamam'uṭṭhio Jugabâhû. kao paṇâmo. bhaṇio Maṇiraheṇa: uṭṭhehi, nayaraṃ pavisâmo, alam'ettha[2]-vâseṇaṃ. tao pahuvium[3]-âḍhatto Jugabâhû. etth' antare aviyâriûṇa kajjâ'kajjaṃ, agaṇiûṇa jaṇâ'vavâyaṃ, ujjhiûṇa ya paraloya'bhayaṃ vîsatthahiyao âhao daḍhaṃ nisiya'khaggeṇa kandharâe Maṇiraheṇa, guru'pahâraviyaṇo[4] nimîliy'accho nivaḍio dharaṇi'vaṭṭhe. dhâhâviyaṃ Mayaṇarehâe: aho akajjaṃ akajjaṃ-ti. tao pahâviyâ ujjaya'khaggâ purisâ. bhaṇiyaṃ: kiṃ eyaṃ-ti. saṃlattaṃ Maṇiraheṇa: mama hatthâo pamâeṇa khaggayaṃ[5] nivaḍiyaṃ; alaṃ, sundari, bhaeṇa! tao purisehiṃ nâûṇa Maṇiraha-ceṭṭhiyaṃ balâ nîo nayaraṃ Maṇiraho. sâhio Candajasassa Jugabâhu'vuttanto. âiva kaluṇaṃ kandanto vejja'niyaraṃ geṇhiûṇa âgao ujjâṇaṃ. kayaṃ vejjehiṃ vaṇa'kaṃmaṃ[6]. thov'antareṇa paṇaṭṭhâ vayâ[7], nimîliyaṃ loyaṇajuyalaṃ, nicceṭṭhî'hûyâiṃ angâiṃ, ruhira'nivaha'niggameṇa dhavalî'hûyaṃ sarîraṃ. tao Mayaṇarehâ nâûṇa maraṇâ'vatthaṃ Jugabâhu'kaṇṇa'mûle ṭhâûṇa bhattuṇo mahura'niuṇaṃ bhaṇiuṃ payattâ: mahâ'ṇubhâva, karesu maṇa'samâhiṃ, mâ karesu kassai uvariṃ[8] paosaṃ! bhâvesu ya savvasattesu mettiṃ, pavajjasu cau'saraṇa'gamaṇaṃ, garihasu duccariyaṃ, sammam'ahiyâsesu sa'kamma'vaseṇa samâgayam'imaṃ vasaṇaṃ. bhaṇiyaṃ ca:

jaṃ jeṇa kayaṃ kammaṃ anna'bhave iha'bhave ya satteṇa |
taṃ teṇa veiyavvaṃ[9] nimitta'mettaṃ paro hoi ||

tâ geṇhasu paraloya'pâheyaṃ. avi ya:

paḍivajjasu savvannû devaṃ saddahasu parama'tattâiṃ |
jâ-jîvaṃ guṇa'nihiṇo paḍivajjasu sâhuṇo guruṇo ||
pâṇivahâ'liya'paradhaṇa- [10]mehuṇaya'pariggahâṇa veramaṇaṃ |
tiviham tiviheṇa tahâ kuṇasu tumaṃ jâva'jîvâe ||
aṭṭhârasaṇha sammaṃ pâva'ṭṭhâṇâṇa taha paḍikkamasu |
bhâvesu bhava'sarûvaṃ aṇusarasu maṇe namokkâraṃ ||

jao:

panca'namokkâra'samâ ante vaccanti jassa dasa pâṇâ |
so jai na jâi mokkhaṃ avassa vemâṇio hoi ||

tahâ vosirasu savva'saṅgaṃ; jao:

na piyâ na ceva mâyâ na suyâ na ya bhâyaro na [11]sahi'bandhû |
na ya dhaṇa'nicayâ saraṇaṃ saṃsâre dukkha'pauraṃmi ||
ekko-cciya iha saraṇaṃ [12]jammaṇa'jara'maraṇa'dukkha'taviyâṇa |
sattâṇa suha'nihâṇaṃ jiṇinda'paribhâsio dhammo ||

evaṃ savvaṃ Jugabâhuṇâ uttam'anga'viraiya'kara'mauleṇa paḍicchi-

1) Mss adhiie. 2) A alauha. 3) A vâhûḍium. 4) B ppa⁰, A veyaṇo. 5) B khaggaṃ. 6) A vaṇakâmaṃ. 7) B vâyâ. 8) A ⁰ri. 9) A che⁰. 10) A mehu. B mohuṇa. 11) Mss suhi. 12) A jamajarâ.

yaṃ. theva'velâe suh'ajjhavasâṇo'vagao pancattaṃ uvagao[1]. tao akkaudium'âḍhatto Candajaso. Mayaṇarehâe cintiyaṃ: dhir-atthu majjha rûvassa evaṃvihâ'ṇattha'mûlassa! saṃpai esa pâva'kârî aṇicchamâṇie vi me avassaṃ[2] sîla'bhangaṃ karissai. tâ alaṃ etthâ'vatthâṇeṇa! annattha dese gantûṇa paraloya'kajjam'aṇuciṭṭhâmi. annahâ puttassa vi esa pâvo viṇâsaṃ karissai. evaṃ mantiûṇa sog'âula'hiyayâṇa Candajas'âîṇa aḍḍha'ratta'samae gurudukkha'saṃtatta'maṇâ nîhariyâ ujjâṇâo; gayâ puvvâ'bhimuhî, pattâ mahâ'ḍaiṃ. volîṇâ jâmiṇî vaccantîe. majjh'aṇhe pâviyaṃ pauma'saraṃ. vaṇa'phalehiṃ kayâ pâṇa'vittî. addha'kheya'khinnâ pasuttâ s'âgâraṃ bhattaṃ paccakkhâittâ kayalî'hare. âgayâ rayaṇî tîe. ghurukkanti vagghâ, gunjanti sîhâ, ghurughuranti varâhâ, pokkâranti bheravaṃ sivâo. evaṃ' aṇega'sâvaya'saddavitatthâe namokkâra'cintaṇa'parâe [3]aḍḍha'ratte jâyâ uyare aîva veyaṇâ. kiccheṇa pasûyâ savva'lakkhaṇa'saṃpuṇṇaṃ dâragaṃ. pabhâe ya kambalarayaṇeṇa veḍhettâ Jugabâhu'nâm'ankiyaṃ muddâ'rayaṇaṃ olambiûṇa kandharâe gayâ sara'varaṃ. pakkhâliûṇa ambarâiṃ avaiṇṇâ[4] majjaṇ'atthaṃ. etth' antare jala'majjhâo Kayanto-vva samuddhâio aijaveṇa jalakarî. gahiyâ teṇa suṇḍâe, pakkhittâ nahayale. bhaviyavvayâ'niogeṇa diṭṭhâ Nandîsara'dîva'patthieṇa vijjâhara'juvâṇeṇa. rûvavai-tti kâûṇa gahiyâ nivaḍamâṇî; karuṇaṃ[5] ruyamâṇî[5] nîyâ Veyaḍḍha'pavvayaṃ. bhaṇio ya so ruyamâṇîe: bho mahâ'satta, ajjâ 'haṃ rayaṇîe vaṇa'majjhe pasûyâ dârayaṃ. taṃ ca kayalî'harae mottûṇa saram'avaiṇṇâ jala'gaeṇa ukkhittâ tumae gahiyâ. tâ so bâlao keṇai vaṇayareṇa vâvâijjissai; ahavâ âhâravirahio sayaṃ ceva vivajjejjâ. tâ, mahâ'purisa, avacca'dâṇeṇa pasâyaṃ kuṇasu, mâ vikkhevaṃ karehi, dârayam'âṇehi, mamaṃ vâ tattha nehi-tti. vijjâhara'juvâṇeṇa bhaṇiyaṃ: jai maṃ bhattâraṃ paḍivajjasi, to tujjha âesa'kârî bhavâmi. annaṃ ca: Gandhâre jaṇavae Rayaṇâvahe nayare Maṇicûḍo nâma vijjâhara'râyâ, Kamalâvaî bhâriyâ. tesiṃ putto Maṇippabho ahayaṃ[6]. Maṇicûḍo doṇha vi seḍhîṇa âhevaccaṃ pâleûṇa[7] nivviṇṇa'kâma'bhogo mamaṃ rajje ṭhâviûṇa câraṇa'samaṇa'samîve dikkhaṃ paḍivanno. so ya aṇukameṇa[8] viharanto aîya'vâsare âgao âsi iha; saṃpai ceiya'vandaṇ'atthaṃ Nandîsaraṃ gao. tassa samîve vaccanteṇa mae tumaṃ diṭṭhâ. tâ sundari, sayala'vijjâharîṇa sâmitte ṭhâvemi tumaṃ, paḍivajjasu mamaṃ nâyagaṃ-ti. annaṃ ca: so tujjha taṇao âsâ'vaharieṇa [9]Mahilâ'hivaiṇâ aḍaviṃ viharanteṇa diṭṭho mahâdevîe ya dinno. sâ puttaṃ va pâlei. evaṃ mae Pannattîe mahâ'vijjâe âbhoeûṇa nâyaṃ; na eyam'annahâ. tâ suyaṇu, muncasu uvveyaṃ[10], avalambesu dhîrayaṃ, kuṇasu pasannaṃ maṇaṃ, mâṇesu mae samâṇaṃ jovvaṇa'siriṃ! eyaṃ soûṇa cintiyaṃ Mayaṇarehâe: aho me kamma'pariṇaî, jeṇa [11]announa'vasaṇa'bhâgiṇî

---

1) B gao devaloyaṃ. 2) Mss avassa. 3) B ddh. 4) B avarannâ, A avarâṇṇa. 5) A om. 6) B ahiyaṃ. 7) B °li°. 8) A akka°. 9) A mihilâ°, B mihalâ°. 10) A uvvevaṃ. 11) A aṇṇoṇa.

bhavâmi! tâ kim'ettha kâyavvaṃ? mayaṇa'ghattho ya pâṇî na gaṇei kajjâ'kajjaṃ, na viyârei guṇa'dosaṃ. na muṇai paraloya'viruddhaṃ, nâ 'vikkhai logâ'vavâyaṃ. tâ evaṃ'vatthie sîlaṃ rakkhiyavvaṃ keṇai vakkhe-veṇaṃ-ti cintiûṇa bhaṇio khayaro: supurisa, Nandîsaraṃ nehi maṃ, tatthâ 'vassaṃ tuha piyaṃ karissâmi. tao pamuiya'maṇeṇa viuvviyaṃ vara-vimâṇaṃ. taṃmi âroviûṇa[1] Mayaṇarehaṃ gao Nandîsaraṃ dîvaṃ. taṃmi ya [2]bâvanna'jiṇinda'bhavaṇâiṃ. bhaṇiyaṃ ca:

Anjaṇagirîsu[3] causuṃ solasa [4]Sandahimuhesu selesu |
battîsa Raikaresuṃ Nandîsara'dîva'majjhaṃmi || 1 ||
joyaṇa'saya[5]dîhâiṃ pannâsaṃ vitthaḍâi vimalâiṃ |
bâvattar'ûsiyâiṃ bâvannaṃ honti jiṇa'bhavaṇâ || 2 ||

tao avayariûṇa vimâṇâo Maṇippabheṇa Mayaṇarehâe ya kâûṇa pûyaṃ vandiyâo Usabha'Vaddhamâṇa'Candâṇana'Vârisenâ'hihâṇâo jiṇinda'paḍimâo. vandio Maṇicûḍa'câraṇa'muṇî. uvaviṭṭhâiṃ[6] tay'antie. so bhayavaṃ cau'nâṇî. teṇa âbhoeûṇa[7] Mayaṇarehâe vaiyaraṃ dhammakahâ'puvvayaṃ uvasâmio Maṇippabho. khâmiyâ teṇa Mayaṇarehâ bhaṇiyâ ya: ajja'pabhiiṃ bhagiṇî tumaṃ, bhaṇasu eṇhiṃ: kiṃ karemi? tîe bhaṇiyaṃ: kayaṃ savvaṃ ceva tae Nandîsara'tittha'daṃsaṇeṇaṃ. puṭṭho ya muṇî: bhayavaṃ, sâhasu mama suyassa pauttiṃ[8]! muṇiṇâ bhaṇiyaṃ: suṇasu! Jambû-dîvassa Puvvavidehe Pukkhalâvaî-vijae Maṇitoraṇaṃ nâma nayaraṃ. tattha ya Amiyajaso nâma cakkî âsi. tassa Pupphavaî'bhâriyâe do puttâ âsi: Pupphasiho[9] Rayaṇasiho[10] ya. te ya caurâsî puvva'lakkhâ[11] rajjaṃ kâûṇa saṃsâra'dukkha'bhiyâ câraṇa'samaṇa'samive pavvaiyâ. solasa puvva-lakkhâ jaho'iyaṃ pavvajjaṃ kâûṇa âu'kkhaeṇaṃ Accue kappe Inda-sâmâṇiyâ bâvîsa'sâgarovam'âuyâ[12] devâ uvavannâ. tattha ya amara'suham-uvabhunjiûṇa cuyâ samâṇâ Dhâiyasaṇḍa'bhârah'addhe Hariseṇ'addha-cakkavaṭṭiṇo Samuddadattâe devie puttâ jâyâ; egassa Sâgaradevo, bîyassa Sâgaradatto nâma. te ya asâraṃ rajja'siriṃ nâûṇa bhayavao bârasama-tiloga'guruṇo Daḍhasuvvayassa [tittho bahu'voliṇe suguru][13] samive nikkhantâ. taiya'vâsare vijju'ghâeṇa[14] vâvâiyâ santâ Mahâsukke uva-vannâ sattarasa'sâgarovam'âuyâ[15]. tattha deva'suhaṃ nisevamâṇâ gamenti kâlaṃ. annayâ ya bâvîsaimassa bhayavao kevali'mahimâe gayâ. tattha ya tehiṃ puṭṭho bhayavaṃ: katth' amhe cuyâ samâṇâ uvavajjissâmo? bhayavayâ bhaṇiyaṃ: ih' eva Bhârahe Mahilâe purîe[16] [17]Jayaseṇa'râiṇo tumh' ikko putto bhavissai, bîo uṇa Sudaṃsaṇa'pure Jugabâhû'râiṇo Mayaṇarehâe bhâriyâe putto bhavissai, paramatthao u piyâ putto bhavissaha-tti. evaṃ soûṇa gayâ kappaṃ. tatth' ekko cuo paḍhamaṃ Videhâ-

1) A âmociûṇa. 2) A vâcaṇṇa. 3) A °ro°. 4) B solasuṃdahi°. 5) B mai. 6) A uvaiṭṭhâ ya. 7) A âl°. 8) Mss °tti. 9) B °siṃ°. 10) Mss °siho. 11) B °aṃ. 12) A âû. 13) A om, B am Rande. 14) A pp. 15) Mss âû. 16) B mihilâe nayarie. 17) B jai°.

jaṇavae [1]Mahilâ'purîe Jayaseṇa'râiṇo Vaṇamâlâe devîe gabbhe uvavanno, jâo kâla'kkameṇa: kayaṃ tassa nâmaṃ Paumaraho-tti. jovvaṇa'tthassa ya jaṇao rajjaṃ dâûṇa pavvajjaṃ paḍivanno. so ya Paumaraho mahârûyâ-'hivo jâo. Pupphamâlâ nâma ghariṇî tassa[2]. rajjaṃ aṇupâlantassa ya vaccai kâlo. bîya'devo caiûṇa âu'kkhaeṇa tujjha taṇao jâo. so ya Paumaraho vivarîya'sikkh'âseṇa avahariûṇa aḍaviṃ pavesio. tattha ya ajja pabhâe paribhamanteṇa diṭṭho tujjha taṇao; puvva'bhav'abbhuttha[3]-siṇehâo aîva pamuiya'hiyaeṇa gahio. etth' antare ya [4]râya'payâ'ṇumaggeṇa samâgayaṃ sennaṃ. tao[5] kunjaram'âruhiûṇa gao sa'nayaraṃ. samappio Pupphamâlâe dârao. kayaṃ vaddhâvaṇayaṃ. tattha siṇeheṇaṃ parivaḍḍhai. jâv'eyaṃ so bhayavaṃ vajjarei, tâv' âgayaṃ maṇimaya'khambhaṃ palambiya-muttâhala'mâlaṃ dâra'nihiya'târâ'niyaraṃ phalihamaya'siharaṃ khinkhiṇî-jâla'muhalaṃ tûra'rava'bahariya'diyantaraṃ amara'vah'ugghuṭṭha[6]jaya-jayâ-ravaṃ vimâṇam'egaṃ. nîhario tao vara'rayaṇa'mauḍa'dhârî calanta'maṇi-kuṇḍala'juyalo [7]ruira'hâra'virâiya'vaccho ego suro. so ti'payâhiṇî'kâûṇa nivaḍio Mayaṇarehâe calaṇesu. pacchâ muṇiṇo calaṇa'juyalaṃ nameûṇa uvaviṭṭho dharaṇi'vaṭṭhe[8]. tao vijjâhareṇa jaiṇo aviṇayam'eyaṃ daṭṭhuṃ bhaṇiyaṃ:

amarehi naravarehi ya   parûviyâ honti [9]râya'nîîo |
loventi jattha te-cciya   ko doso tattha iyarâṇaṃ ||
koh'âi'dosa'rahiyaṃ   panc'indiya'sûḍaṇaṃ paṇaṭṭha'mayaṃ |
vara'nâṇa'daṃsaṇa'dharaṃ   tava'saṃjama'saṃjuyaṃ dhîraṃ || 1 ||
mottûṇa samaṇam'eyaṃ   daṃsaṇa'metteṇa nâsiya'tam'ohaṃ |
paṇao si kîsa paḍhamaṃ   imâe taṃ vibuha ramaṇîe || 2 ||

amareṇa bhaṇiyaṃ: khayare'sara, avitaham'eyaṃ, jaṃ tume bhaṇiyaṃ. navaraṃ kâraṇam'ettha suṇesu! âsi Sudaṃsaṇa'pure Maṇiraho râyâ, tassa sahoyaro Jugabâhû. so ya puvva'bhava'vereṇa keṇai vasanta'mâse ujjâṇaṃ gao âhao asiṇâ khandharâe niya'bhâuṇâ Maṇiraheṇa. kaṇṭha'gaya'pâṇo imâe[10] Mayaṇarehâe jiṇa'dhammakahâ'puvvayaṃ uvasâmio verâ'ṇubandhâo sammatt'âi'pariṇâmam'uvagao kâlagao[11], uvavanno pancame kappe dasa-sâgarovam'âû Inda'sâmâṇio devo. so ya ahaṃ-ti. sâ ya majjha dhamm'-âyario, jao eyâe sammatta'mûlaṃ jiṇa'dhammaṃ gâhio. uktaṃ ca:

jo jeṇa suddha'dhammammi   ṭhâvio saṃjaeṇa gihiṇâ vâ |
so ceva tassa jâyai   dhamma'gurû dhamma'dâṇâo ||

ao esâ paḍhamaṃ vandiyâ. bhaṇiyaṃ ca:

sammatta'dâyagâṇaṃ   dup'paḍiyâraṃ bhavesu bahuesu |
savva'guṇa'meliyâhi[12] vi   uvayâra'sahassa'koḍîhiṃ ||

evaṃ soûṇa khayareṇa cintiyaṃ: aho jiṇa'dhamma'sâmatthaṃ! avi ya:

1) B mihalâ. 2) A add. ya, B a. R. 3) A vuttha. 4) B râyâ, A om. ya râya. 5) A gatu. 6) B bahuguṭṭha a. R kiṭṭha. 7) A rucira. 8) B vaṭṭe. 9) B râi. 10) A imîe. 11) A om. 12) A mi°.

saṃsârammi aṇante jîvâ pâvanti[1] tâva dukkhâiṃ |
jâva na karenti dhammaṃ jiṇa'vara'bhaṇiyaṃ payatteṇa ||

tiyaseṇa ya bhaṇiyâ Mayaṇarehâ: sâhammiṇi, bhaṇasu, jaṃ te piya-suhaṃ karemi. tîe bhaṇiyaṃ: na tumhe[2] paramattheṇa piya'suhaṃ kâuṃ samatthâ, jao jamma'jarâ'maraṇa'roga'soga[3]virahiyaṃ mokkha'suhaṃ ceva me piyaṃ. tahâ vi tiyasa'vara, nehi maṃ Mahilâe[4]! tattha puttassa muhaṃ daṭṭhûṇaṃ paraloga'hiyaṃ karissâmi. tao amareṇa tak'kkhaṇam' eva nîyâ Mahilâe. sâ Naminâhassa[5] Mallinâhassa ya tiloya'guruṇo jammaṇa-nikkhamaṇa'nâṇa'bhûmî. ao avayariyâiṃ. titthayara'bhattîe paḍhamaṃ jiṇinda'bhavaṇe vandiyâiṃ ceiyâiṃ, diṭṭhâo ya uvassae sâhuṇîo, gantûṇa paṇayâo[6]. nisaṇṇâiṃ[7] purao. uvaiṭṭho tâhiṃ dhammo:

laddhûṇa mâṇusattaṃ dhammâ'dhamma'phalaṃ ca nâûṇa |
sayala'suha'sâhaṇammî jatto dhammammi kâyavvo ||

em'âi. dhammakahâ'vasâṇe bhaṇiyâ Mayaṇarehâ sureṇa: vaccâmo râya'bhavaṇaṃ, daṃsemi taṇayaṃ. tîe bhaṇiyaṃ: alaṃ saṃsâra'vaddha-ṇeṇaṃ siṇeheṇaṃ! avi ya:

savve jâyâ sa'yaṇâ savve jîvâ ya para'yaṇâ jâyâ |
egegassa jiyassa u ko moho ettha bandhûsu ||

pavvajjaṃ geṇhissâmi ahaṃ. tâ tumaṃ karesu jahâ'ruiyaṃ[8]! so vi sâhuṇîo Mayaṇarehaṃ ca paṇamiûṇa gao niya'kappaṃ. tîe vi tâsiṃ sâhuṇîṇa samîve gahiyâ dikkhâ. kaya'Suvvayâ'nâmâ tava'saṃjamaṃ kuṇamâṇî viharai.

io ya so bâlo Paumaraha'râiṇo nikeyaṇe suhaṃ suheṇaṃ ciṭṭhai[9]. paḍivakkha'râyâṇo tassa râiṇo namiyâ. tao râiṇâ[10] guṇa'nipphaṇṇaṃ[11] bâlassa nâmaṃ kayaṃ Nami-tti. tao panca'dhâî'parivuḍo suheṇaṃ saṃ-vaḍḍhai[12]. aṭṭha'vâseṇaṃ akhilo [13]kalâ'satth'attha'vitthâro dâviya'metto gahiyo. kameṇa jovvaṇa-ttho jâo. Ikkhâga'kul'ubbhavâṇaṃ[14] amara-[15]vahu'viṇijjiya'rûva'sohâṇaṃ kannâṇaṃ aṭṭho'ttara'sahassaṃ pâṇiṃ gâhio. Amaravaî viva tâhiṃ sahio visaya'suham'uvabhunjiûṇa gamei kâlaṃ. Paumaraha'râyâ vi muṇiûṇa asârattaṃ jîva'loyassa Nami'kumâraṃ Videha-jaṇavayassa sâmitte ṭhâviûṇa saṃjama'siriṃ pâviûṇa vara'nâṇa'daṃsaṇa-lâbhaṃ laddhuṃ tiloya'matthayaṃ gao-tti. Nami'râyâ rajja'siriṃ pâlemâṇo gamei kâlaṃ.

io ya so Maṇiraho tîe ceva rayaṇîe phaṇiṇâ daṭṭho[16] kâlagao cautthî-puḍhavîe neraio uvavanno-tti. tao Candajaso sâmantehiṃ mantîhi ya râyâ ṭhavio. te vi bhâyaro do vi sakkâriyâ. Candajaso ya rajja-siriṃ pâlei.

1) A pâveti. 2) A tume. 3) A add. matthu. 4) B mi⁰. 5) A om., add. ya. 6) A vandiyâu. 7) A ⁰â ya. 8) A jahâbhirûviyaṃ. 9) B a. R. saṃvaḍḍhai. 10) Mss râiṇo. 11) B pp. 12) B ciṭṭhai. 13) B kalâsu. 14) Mss abbha-vâṇaṃ. 15) Mss bahu. 16) B daḍḍho.

annayâ ya Nami·râya·santio sayala·rajja·ppahâṇo dhavala·hatthî âlâṇa-khambham bhanjiûṇa Vinjhâ'ḍai·saṃmuhaṃ patthio. so ya Sudaṃsaṇa-purassa samîveṇa[1] vaccai. Candajasassa[2] râiṇo turaya·vâhiyâlîe gayassa diṭṭho maṇussehiṃ, kahio râiṇo. teṇa vi gahiûṇa nayaraṃ pavesio tattha ciṭṭhai. câra·purisehiṃ nâûṇa Nami·râiṇo sâhiyaṃ, jahâ: dhavala·hatthî Candajaseṇa gahio ciṭṭhai; devo pamâṇaṃ-ti. Nami·râiṇâ Candajasassa dûo pesio imeṇ' attheṇaṃ, jah': esa dhavala·hatthî mama santio, evaṃ pesehi! Candajasassa dûeṇa gantûṇa sâhiyaṃ Nami·vayaṇaṃ. Candajaseṇa bhaṇiyaṃ: na kassai rayaṇâṇi akkhara·lihiyâṇi; jo ceva baleṇa ahio havai, tass' eva havanti[3]. avi ya:

ko dei kassa dijjai kam'âgayâ kassa kassa vinibaddhâ[4] |
vikkama·sârehi jae[5] bhujjai vasuhâ narindehiṃ ||

tao asammâṇiya·pûio âgao dûo Mahilaṃ. sâhiyaṃ narindassa Candajasa-vayaṇaṃ. kuvio savva·baleṇa caliûṇa Namî Candajaso'variṃ. io ya Candajaso Nami·râyaṃ âgacchamâṇaṃ nâûṇa bala·samaggo nîharanto samuhaṃ avasauṇeṇa[6] nivârio. tao mantîhiṃ bhaṇio Candajaso: tâva gourâiṃ pihiûṇaṃ ciṭṭhasu, puṇo kâlo'iyaṃ nâûṇa ceṭṭhissâmo. tao râiṇâ taha-tti kayaṃ. evaṃ ca Nami·râiṇâ âgantûṇa rohiyaṃ câuddisiṃ nayaraṃ. loga·pâramparao nisuyaṃ Suvvay'ajjâe, cintiyaṃ ca: mâ jaṇavaya·khayaṃ kâûṇa [7]ahara·gaiṃ vaccantu! tâ do vi gantûṇa uva-sâmemi. gaṇiṇî·aṇunnâyâ gayâ sâhuṇi·sahiyâ Sudaṃsaṇa·puraṃ. diṭṭho ajjâe Nami·râyâ. dinnaṃ paramam-âsaṇaṃ. vandiûṇa Namî uvaviṭṭho dharaṇîe. sâhio ajjâe asesa·suha·kârao jiṇinda·ppaṇîo dhammo. dhamma-kahâ'vasâṇe ya bhaṇiyaṃ: mahârâya, asârâ rajja·sirî, vivâga·dâruṇaṃ visaya·suhaṃ, aidukkha·pauresu viruddha·pâvayârîṇaṃ niyameṇa naraesu nivâso havai. tâ evaṃ·ṭhie niyattasu imâo saṃgâmâo! annaṃ ca: keriso jeṭṭha·bhâuṇâ saha saṃgâmo! Namiṇâ bhaṇiyaṃ: kahaṃ mama esa jeṭṭha-bhâyâ? sâhio jaha·ṭṭhio ajjâe niya·vuttanto sa·paccao[8]. tahâ vi abhimâṇeṇa na uvaramai. tao khaḍakkiyâe[9] nayaraṃ paviṭṭhâ, gayâ râya·gehaṃ. pavesamâṇî saṃnâyâ pariyaṇeṇaṃ, Candajasa·râiṇâ vandiyâ. [dinnaṃ para-mam·âsaṇaṃ. uvaviṭṭho dharaṇi·vaṭṭhe[10] râyâ. nisuyaṃ anteuriyâ·jaṇeṇa]. pagalanta·aṃsu·dhârâ·nayaṇo nivaḍio calaṇesu âgantûṇa so vi ajjâe. uva-viṭṭho dharaṇîe. bhaṇiyaṃ Candajaseṇa: ajje, kim·eyaṃ aiduddharaṃ vaya·gahaṇaṃ? sâhio ajjâe niya·vuttanto. Candajaseṇa bhaṇiyaṃ: kattha so saṃpayaṃ sahodaro-tti. ajjâe bhaṇiyaṃ: jeṇa tumaṃ rohio si. tao harisa·bhar'ubbhanta·hiyao nîhario nayarâo. Namî vi sahoyaram·âgaccha-mâṇaṃ daṭṭhûṇa paḍiyâgao samuhaṃ nivaḍio calaṇesu. jeṭṭha·bhâuṇâ mahâ·pamoeṇa pavesio. ahisitto Candajaseṇa Namî rajja·dhurâe: sayala-

1) B samîvaṃ. 2) B °jasa. 3) A tassa vatti. 4) A va°, AB° vaddhâ. 5) B yao. 6) B uva°. 7) B 1. hd. ahama. 8) A puvvao. 9) A khaluḍikkiyâe. 10) B vaṭṭo.

Avantî'jaṇavayassa sâmi-tti. Candajaso vi samaṇattaṇaṃ[1] paḍivajjiûṇa jahâ'suhaṃ viharai-tti.

io[2] ya Nami'râyâ aicaṇḍa'sâsaṇo doṇhaṃ pi visayâṇaṃ sâmittaṃ nâeṇa pâlei. volîṇo bahuo kâlo. annayâ Nami'râiṇo sarîre cham'mâse jâva dâho jâo. vejjehiṃ paccakkhâo. [3]âleva'nimittaṃ ca devîo valayâ'laṃkiya'bâhâo ghasanti candaṇaṃ. valaya'sadda'jhaṇajhaṇâ[4]raveṇa âpûrijjai bhavaṇaṃ. râyâ bhaṇai: kaṇṇ'âghâo me hoi. devîhiṃ ekkekkeṇa avaṇentîhiṃ savvâṇi valayâṇi avaṇîyâṇi, ekkekkaṃ ṭhiyaṃ. râyâ pucchai: kiṃ valayâṇi na khalakhalenti? sâhiyaṃ, jahâ avaṇîyâṇi. so teṇa dukkheṇa abbhâhao paralogâ'bhimuho cintei: bahuyâṇa doso, na egassa. uktaṃ ca:

yathâ yathâ mahat tantram parikaraç ca yathâ yathâ |
tathâ tathâ mahad duḥkhaṃ sukhaṃ ca na tathâ tathâ ||

tâ jai eyâo rogâo muccâmi[5], to pavvayâmi. taya Kattiya'puṇṇimâ vaṭṭai. evaṃ so cintanto pasutto. pabhâyâe rayaṇîe sumiṇage pâsai. Mandaro'variṃ Seyaṃ, nâga'râyaṃ ca taṃ[6] attâṇaṃ ârûḍhaṃ. nandi'ghosatûreṇa[7] paḍibohio nirâmao. haṭṭha'tuṭṭho cintei: aho pahâṇo sumiṇo diṭṭho-tti. puṇo cintei: kahiṃ[8] mayâ evaṃ'guṇa'jâio pavvao diṭṭha'puvvo-tti. cintiyaṃ teṇa, jâî saṃbhariyâ: puvvaṃ mâṇusa'bhave sâmaṇṇaṃ kâûṇa Pupphuttare vimâṇe uvavanno âsi; tattha devatte Mandaro jiṇamahim'âdisu âgaeṇa diṭṭha'puvvo-tti. saṃbuddho; pavvaio.

bahuyâṇa saddayaṃ soccâ egassa ya asaddayaṃ |
valayâṇa Namî râyâ nikkhanto Mahilâ'hivo ||

VII. Naggai.

|| Naggai'cariyaṃ puṇo || atthi ih' eva Bhârahe vâse Gandhâra'jaṇavae Poṇḍavaddhaṇaṃ nâma puraṃ. tammi Sîharaho nâma râyâ. tass' annayâ Uttarâvahâo do turangamâ uvâyaṇeṇa samâgayâ. tesiṃ parivâhaṇanimittaṃ ârûḍho egammi râyâ, bîe râya'putto. tao savva'baleṇa nîhario nayarâo, patto vâhiyâliṃ. âḍhatto râyâ vâhiuṃ. so ya vivarîya'sikkho: jâva râyâ kaḍḍhai[9], tâva daḍhayaraṃ vaccai. kaḍḍhamâṇassa ya javeṇa dhâvamâṇo gao bârasa joyaṇâiṃ. paviṭṭho mahâ'ḍaiṃ. nivviṇṇeṇa ya mukkâ vaggâ, ṭhio tesu ceva paesu turangamo. vivarîya'sikkho-tti nâyaṃ râiṇâ. avayario, egammi pâyave taṃ bandhiûṇa laggo paribbhamiuṃ. kayâ phalehiṃ pâṇa'vittî. ârûḍho rayaṇi'vâsa'nimittaṃ egammi giri-sihare jâva, pecchai tattha satta'bhûmiyaṃ pâsâyaṃ. paviṭṭho tammi, diṭṭhâ nava'jovvaṇa'rûva'lâyaṇṇâ[10] juvaî. tîe ya sa'saṃbhamaṃ uṭṭheûṇa

1) B saṃmattaṇaṃ. 2) A tao. 3) A °vi 4) B jhaṇa. 5) Mss muṃcâmi, 6) A om 7) A tûṇa 8) Mss kahaṃ 9) A kaṭṭhai. 10) B lâv°.

dinnam·âsaṇaṃ râiṇo. nisanno râyâ. jâo paropparaṃ daḍhâ'ṇurâo. pucchiyâ ya râiṇâ: bhadde, kâ si tumaṃ? kiṃ câ 'raṇṇe egâgiṇî ciṭṭhasi? bhaṇiyaṃ ca tîe: dhîrattaṇam·avalambiûṇa ettha bhavaṇe veiyâe vivâhehi maṃ; pacchâ sa·vittharaṃ niya·vaiyaraṃ sâhissâmi. pahaṭṭha·maṇo ya paviṭṭho taṃmi bhavaṇe râyâ. pecchai tattha jiṇa·bhavaṇaṃ; tass' aggao[1] veî. pûiûṇa paṇamiûṇa[2] ya jiṇaṃ kao gandhavva·vivâho. pasuttâiṃ vâsa·bhavaṇe; voliyâ rayaṇî. pahâe dohi vi kayaṃ jiṇa·vandaṇaṃ. uvaviṭṭho râyâ sîhâsaṇe, sâ vi niviṭṭhâ addh'âsaṇe. bhaṇiyaṃ ca tîe: nisuṇesu, piyayama, me vaiyaraṃ!

atthi ih' eva Bhârahe vâse Khiipaiṭṭhiyaṃ[3] nâma nayaraṃ, Jiyasattû râyâ. annayâ pârambhiyâ citta·sabhâ râiṇâ, samappiyâ cittagara·seṇîe sama·bhâgehiṃ. cittanti cittayarâ aṇege. ego ya Cittangao nâma vuḍḍho cittagaro cittei. aikkanto bahuo kâlo. tassa ya jovvaṇa·tthâ Kaṇaya·manjarî nâma dhûyâ bhattam·âṇei. annayâ patthiyâ gahiya·bhoyaṇâ piu·samîvaṃ; jâv' âgacchai jaṇa·saṃkule râya·pahe java·vimukkeṇ' âseṇa ego âsavâro. sâ ya bhîyâ palâṇâ. pacchâ taṃmi volie[4] piu·sagâsam·âgayâ. Cittangao bhattam·âgayaṃ daṭṭhûṇa sarîra·cintaṃ gao. Kaṇaya·manjarîe tattha koṭṭima·tale kougeṇa vaṇṇaehiṃ lihiyaṃ jahâ·sarûvaṃ sihi·picchaṃ. etth' antare Jiyasattû râyâ citta·sabham·âgao. cittam·avaloyanteṇa diṭṭhaṃ koṭṭima·tale sihi·picchaṃ. sundaraṃ-ti kâuṃ gahaṇa·nimittaṃ karo vâhio. bhaggâo naha·suttîo[5]. vilakkho disâo paloei. Kaṇayamanjarîe hâsa·puvvayaṃ bhaṇiyaṃ: tihiṃ pâehiṃ âsandao na ṭhâi-tti cautthaṃ mukkhaṃ purisaṃ maggantîe ajja tumaṃ cauttha·pâo laddho. râiṇâ bhaṇiyaṃ: kahaṃ? sâhesu paramatthaṃ! tîe hasiûṇa bhaṇiyaṃ: ahaṃ jaṇayassa bhattam·âṇemi jâva, râya·magge ego puriso âsaṃ aivegeṇa vâhei. na se thovâ vi ghiṇâ atthi, jao râya·maggeṇa vuḍḍho bâlo[6] itthî anno vi kovi[7] asamattho vaccai, so pellijjai. tâ ego so âsavâro[8] mahâ·mukkho âsandayassa pâo. bîo pâo râyâ, jeṇa cittayarâṇaṃ sabhâ sama·bhâgehiṃ virikkâ[9]. ekkekka·kuḍumbe[10] bahuyâ cittayarâ. mama piyâ egaṃ aputto, bîyaṃ vuḍḍho, taiyaṃ duggao. evaṃvihassa vi samo bhâgo kao. taio pâo esa mama piyâ, jeṇa eeṇa[11] citta·sabhaṃ cittanteṇa puvva·viḍhattaṃ khaiyaṃ; saṃpayaṃ[12], jaṃ vâ taṃ vâ âhâram·âṇemi, taṃmi âgae sarîra·cintâe gacchai. so sîyalo keriso hoi! râyâ bhaṇai: kaham·ahaṃ cauttho pâo? iyarîe bhaṇiyaṃ: savvo vi tâva jâṇai: kuo ettha tâva sihîṇam·âgamo? kahavi âṇiyaṃ hojjâ. to vi tâva diṭṭhîe nirakkhijjâ[13]. râiṇâ bhaṇiyaṃ: saccaṃ mukkho ahaṃ cauttho pâo âsandayassa. râyâ tîe vayaṇa·viṇṇâsaṃ soûṇa deha·lâyaṇṇaṃ[14] ca pecchiûṇâ 'ṇuratto. Kaṇaya·manjarî vi jaṇayaṃ bhunjâvittâ gayâ sa·gihaṃ. Suguttâ'bhihâṇa·manti-

1) A tassamaggao. 2) A om. 3) Mss Khitipati⁰. 4) A volio 5) A sattî. 6) B om. 7) B koi. 8) Mss âsavâho. 9) B ⁰ra⁰. 10) A okkekko, B kuṭaṃbo. 11) B om. 12) A sampaiṃ. 13) viell. tirakkhijjâ tiraskriyâ? 14) A lâv⁰.

muheṇa maggio Cittangao Mayaṇamanjariṃ[1] râiṇâ. teṇa bhaṇiyaṃ: amhe dariddiṇo; kahaṃ vivâha'mangalaṃ ranno ya pûyaṃ karemo? kahiyam' eyaṃ râiṇo. teṇâ 'vi dhaṇa'dhanna'hiraṇṇ'âîṇa bharâviyaṃ Cittangayassa bhavaṇaṃ. pasattha'tihi'muhutte mahâ'vibhûîe vivâhiyâ Kaṇayamanjarî. viiṇṇo[2] tîe pâsâo mahanto dâsi'vaggo ya. tassa ya râiṇo aṇegâo mahâ·devîo; egegâ vâraeṇa rayaṇîe râiṇo vâsa'bhavaṇe âgacchai. tammi ya diyahe Kaṇayamanjarî'vârao âṇatto. gayâ 'laṃkiya'vibhûsiyâ Mayaṇiyâe dâsa'ceḍîe samaṃ, uvaviṭṭhâ âsaṇe. etth' antare âgao râyâ. kayam' abbhuṭṭhâṇ'âiyaṃ viṇaya'kammaṃ. nivaṇṇo sejjâe râyâ. io puvvam'eva Kaṇayamanjarîe Mayaṇiyâ bhaṇiyâ âsi: râiṇo nivaṇṇassa ahaṃ tae akkhâṇayaṃ puccheyavvâ, jahâ râyâ suṇei. ao Mayaṇiyâe etthâ 'vasare bhaṇiyaṃ: sâmiṇi. jâva râyâ pavaṭṭai[3], tâva kahehi kiṃci akkhâṇayaṃ. iyarîe bhaṇiyaṃ: Mayaṇie, tâva râyâ niddâe suyau[4], tao kahissaṃ. râiṇâ cintiyaṃ: kerisaṃ puṇa imâ akkhâṇayaṃ kahei? ahaṃ pi suṇemi-tti aliya'pasuttaṃ kayaṃ. Mayaṇiyâe bhaṇiyaṃ: sâmiṇi, pasutto râyâ, kahesu akkhâṇayaṃ! iyarîe bhaṇiyaṃ: suṇasu! Vasantauraṃ nayaraṃ, Varuṇo seṭṭhî. teṇa ega'khaṇḍa'pahâṇamayâ deuliyâ karâviyâ hattha'pamâṇâ. tîe cau'hattho devayâ'viseso kao. Mayaṇiyâe bhaṇiyaṃ: sâmiṇi, kahaṃ ega'hattha·pamâṇâe deuliyâe cau'hattho devo mâo[5]-tti. iyarîe bhaṇiyaṃ: niddâiyâ sampayaṃ, kallaṃ kahissaṃ. evaṃ hou-tti bhaṇiûṇa niggayâ Mayaṇiyâ, gayâ sa'gihaṃ. râiṇo koûhallaṃ[6] jâyaṃ: kim'eyam'erisaṃ-ti. nivaṇṇâ ya esâ. jâva biya'diṇe vi tîe vârao âṇatto, tâva[7] tah' eva Mayaṇiyâe bhaṇiyâ: sâmiṇi, taṃ addha'kahiyaṃ kahâṇayaṃ kahesu! iyarîe bhaṇiyaṃ: hale. so devo Caubbhuo[8]. na uṇa sarîrassa taṃ pamâṇaṃ. ettiyaṃ ceva akkhâṇayaṃ. Mayaṇiyâe bhaṇiyaṃ: annaṃ kahesu! Kaṇayamanjarîe bhaṇiyaṃ: hale, atthi mahantâ aḍavî. tîe vitthariya'sâha'pasâho[9] mahanto rattâ'soya'pâyavo. tassa ya châyâ n'atthi. Mayaṇiyâe bhaṇiyaṃ: kaham' erisassa vi taru'varassa châyâ n'atthi? tîe bhaṇiyaṃ: kallaṃ kahissaṃ; sampayaṃ[10] niddâ'paravvasâ. taiya'diṇe vi[11] kougeṇa sâ ceva samâṇattâ. tah' eva Mayaṇiyâe puṭṭhâ. kahiyaṃ: tassa pâyavassa ahe[12] châyâ [na uṇa uvari châyâ][11]. annaṃ puṭṭhâ kahei: egammi sannivese ego mayaharo[13]. tassa mahanto karaho. so ya sacchandaṃ carai. annayâ teṇa caranteṇa patta'puppha'phala'samiddho[14] babbûla'pâyavo diṭṭho. tassa ya saṃmuhaṃ[15] gîvaṃ pasârei, na ya pâvei. tassa ya[16] kajje suiraṃ paritappai. tao suṭṭhuyaraṃ cauddisiṃ kandharaṃ pasârei. jâhe kahavi na pâvei, tâhe tassa roso âgao. teṇa tasso 'variṃ[17] muttaṃ purisaṃ ca vosiriyaṃ. Mayaṇiyâe bhaṇiyaṃ: kahaṃ so mutta'purisaṃ vosirai[18] tasso 'variṃ,

1) Mss °ri. 2) A vidiṇṇo. 3) B ddh. 4) B °ai. 5) B verbessert mâio. 6) A koûhallayaṃ. 7) Mss jâva. 8) Mss °bbhûo. 9) B pp. 10) A °ai. 11) A om. 12) A aho. 13) B a. R. rabâri. 14) A vâtthûla, B babûla 15) B samuhaṃ. 16) B om. 17) B °ri. 18) B °riyaṃ.

jaṃ vayaṇeṇaṃ pi[1] pâveuṃ na tarai? iyarîe bhaṇiyaṃ: kallaṃ sâhissaṃ. tah' eva kahiyaṃ bîya·divase, jahâ: so [2]babbûla·pâyavo andha·kûva·khaḍḍâmajjhe; teṇa khâiuṃ na tarai[3]. evaṃ Kaṇayamanjarîe so râyâ koû-

1) A om. 2) B babûla. 3) Die Sanskritversion hat noch folgende Erzählungen: puṇas tathai 'va nṛipe supte râtrau dâsipṛishṭâ sâ râjñî kathâm âcakhyau: kasmiṃçcin nagare kâcit kanyâ bhṛiçaṃ rûpasaubhâgyavati asti. tadartham tanmâtṛipitṛibhyâṃ trayo varâ âhûtâḥ samâyâtâḥ. tadânim phaṇinâ dashṭâ sâ kanyâ mṛitâ. tayâ samam mohâd eko varas taccitâyâm pravishṭo bhasmasâd babhûva. dvitîyas tadbhasmapiṇḍadâtâ tadbhasmopari vâsaṃ cakâra. tṛitiyas tu suram ârâdhyâ 'mṛitam prâptaḥ. tadamṛitena taccitâyâṃ siktâ kanyâ. prathamaṃ varaṃ ca sadyo 'jivayat. kanyâ' py utthitâ tân trin varân dadarça. râjñî dâsim prâha: he sakhi, brûhi, tasyâḥ kanyâyâḥ ko varo yuktaḥ? dâsi prâha: ahaṃ na vedmi; tvam eva brûhi! râjñî prâha: adya nidrâ samâyâti 'ty uktvâ suptâ. dvitiyadine râtrau dâsîpṛishṭâ sâ 'vadat: yas tasyâh saṃjivakaḥ, sa pitâ; yaḥ saho 'dbhûtaḥ, sa bandhuḥ; yo bhasmapiṇḍadâtâ, sa patir. iti caturthâ kathâ. tathai 'va râtrau nṛipe supto d. p. r. prâha: kaçcin nṛipaḥ svapatnyai divyam alaṃkâraṃ suguptabhûmigṛiho ratnâlokât suvarṇakârair ajighaṭat. tatrai 'kaḥ suvarṇakâraḥ sandhyâm patitâṃ jñâtavân. râjñî prâha: he sakhi, tena kathaṃ ratnâlokasahite suguptabhûmigṛiho yâminîmukhaṃ jñâtaṃ? dâsî (etc. bis) °pṛishṭâ sâ prâha: sa suvarṇakâro râtryandho 'sti 'ti paramârthaḥ. iti pañcami kathâ. punar ekadâ râtrau (etc. bis) prâha: kenâ 'pi râjñâ dvau malimlucau niçchidrapeṭyâṃ kshiptau samudramadhye pravâhitau. kvâ 'pi taṭe sâ peṭî lagnâ. kenacin nareṇa gṛihitâ, udghâṭya tau dṛishṭvâ pṛishṭau: bho yuvayor atra kshiptayor adya katamo divaso 'yam? tayor madhye ekaḥ prâha: caturtho divasaḥ. râjñî prâha: he sakhi, tena caturtho divasaḥ kathaṃ jñâtaḥ? dâsî (etc. bis) râjñî prâha: sa caturthadinavaktâ purushas turyajvari vartate; iti paramârthaḥ. iti shashṭhî kathâ. punar anyadâ dâsipṛishṭâ râtrau sâ râjñî kathâm âcakhyau: kâcit stri sapatniharaṇabhayena nijângabhûshaṇâni peṭyâṃ nikshipya mudrâṃ ca dattvâ âlokabhûmau mumoca. anyadâ sâ stri sakhînivâse gatâ. sapatni ca vijanaṃ vilokya tâm peṭim udghâṭya anekâbharaṇaçreṇimadhyâd ekaṃ hâraṃ nishkâsya svatanayâyai dadau. tanayâ ca svapatigṛihe taṃ guptaṃ cakâra. kiyatkâlânantaraṃ sâ stri tatrâ "yâtâ. tâm peṭiṃ dûrâd avalokya evaṃ jñâtavati, yad asyâḥ peṭyâ madhyân mama hâro 'nayâ 'pahṛita iti. sâ strî tâṃ sapatnîṃ cauryeṇa dûshayâmâsa. sapatni çapathân karoti; hârâpahâraṃ na manyate. tadâ sâ stri tâṃ sapatnîṃ dushṭadevapâdasparçaçapathâya âkarshitavati. tadânim bhayabhrântâ sapatni taṃ hâraṃ tanayâgṛihâd âniya tasyai dadau. dâsî prâha: he svâmini, tayâ kathaṃ jñâto hârâpahâraḥ? râjñî prâha: kalyarâtrau kathayishyâmi. ity uktvâ suptâ. dvitiyadinarâtrau punas tayâ pṛishṭâ râjñî prâha: sâ peṭî svacchakâcamayi asti 'ti paramârthaḥ. iti saptamî kathâ. kasyacid râjñaḥ kanyâ kenâ'pi kheṭenâ 'pahṛitâ. tasya râjñaç catvâraḥ purushâḥ santi: eko nimittavedi, dvitiyo rathakṛit, tṛitiyaḥ sahasrayodhi, caturtho vaidyaḥ. tatra nimittavedi diçaṃ viveda, rathakṛid divyaṃ rathaṃ cakâra; khagâminaṃ taṃ ratham âruhya sahasrayodhi vaidyaç ca vidhyâdharapure gatau. sahasrayodhi taṃ kheṭaṃ hatavân. hanyamânena tena kheṭena kanyâçiraç chinnaṃ. tadai 'va tena vaidyena aushâdhena çiraḥ saṃyojitam. râjâ tu paçcâd âgatebhya ebhyaç caturbhyas tâṃ sutâṃ dadau. kanyâ prâha: eshu madhye yo mayâ saha citâpraveçaṃ karishyati, tam ahaṃ varishyâmi 'ti procya sâ kanyâ surangâdvâri racitayâṃ (citâyâm) pravishṭâ. yas tayâ saha tatra pravishṭaḥ, sa tâṃ kanyâm ûḍhavân. dâsi prâha: he svâmini, caturshu madhye ko 'tra pravishṭaḥ? râjñi prâha: adya ratiçrântâyâ me nidrâ samâyâti 'ty uktvâ suptâ. dvitiyavâsararâtrau punar dâsîpṛishṭâ râjñi prâha: nimittavedi, iyaṃ na marishyati 'ti matvâ citâm pravishṭas tâm ûḍhavân iti paramârthaḥ. iti ashṭami kathâ. punar api râtrau dâsipṛishṭâ râjñi kathâm âha: Jayapuranagare Sundaranâmâ râjâ 'sti. anyadâ viparitâçvena eka evâ 'ṭavyâṃ nitaḥ. valgâṃ çithilikṛitya açvât sa râjâ uttirṇaḥ. tam açvaṃ kvacit tarau baddhvâ svayaṃ itas tato bhraman sa kasmiṃçcit sarasi jalaṃ papau. tatrai 'kâṃ surûpâṃ tâpasaputriṃ dadarça. tâpasaputryâ "hûtaḥ sa tâpasâçramam prâpa. tatra tâpasâs tasya bhṛiçaṃ satkâraṃ cakruḥ. sâ kanyâ tâpasair dattâ râjñâ ca pariṇitâ. tâṃ navoḍhâṃ kanyâṃ gṛihitvâ tam evâ 'çvam adhiruhya paçcâd valitaḥ. antarâlamârge kvacit sarahpalyâṃ râjâ supto 'pi jâgrann evâ 'sti. râjñi tu suptâ nidrâṇâ ca. kenacid râkshasena tatrâ "gatya nṛipasyai 'vaṃ kathitaṃ: shaṇmâsân yâvad bubhukshito 'haṃ, tvâm bhakshyam prâpyâ 'dya tṛipto bhavishyâmi; anyathâ

hala[1]bhûehiṃ [2]eris'akkhâṇaehiṃ chaṃ·mâse jâva vimohio. pacchâ tîe uvari aîva sâ'ṇurâo jâo. tîe ceva samaṃ eganta·rai·pasatto gamei kâlaṃ. navaraṃ savakkio tîe uvari pauviyâo[3] chiddâṇi magganti saṃlavanti ya: eyâe râyâ vasî·karaṇeṇa vasî·kao, jeṇa uttama·kula·pasûyâo vi devîo paricattâo, imîe vi sippiya·duhiyâe aṇuratto na viyârei guṇa·dose, nâ 'vekkhai rajja·kajjâiṃ, na gaṇei davvaṃ viṇâsijjantaṃ imîe mâyâ·vittehiṃ.

io ya Kaṇayamanjarî niya·pâsâo'varae majjh'aṇha·velâe pavisiûṇa diṇe diṇe egâgiṇî vatth'âbharaṇâṇi râya·santiyâiṃ muyai, tâiṃ [4]pii·santiyâiṃ cîvarâiṃ tauya·sîsayâ'laṃkâraṃ ca geṇhai. appaṇo jîvaṃ ca saṃbohei: mâ, jîva, karesu iḍḍhi·gâravaṃ, mâ vaccasu mayaṃ, mâ visumarasu[5] appayaṃ! ranno santiyâ imâ riddhî, tujjha santiyâiṃ eyâiṃ[6] daṇḍa·khaṇḍiyâiṃ, imaṃ c' âharaṇaṃ. tâ uvasanta·maṇo bhava, jeṇa suiraṃ imîe sirîe abhogî bhavasi; annahâ râyâ kandharâe ghettûṇa nîṇehii. imaṃ ca ceṭṭhiyaṃ paidiṇam·uvalakkheûṇa savattîhiṃ râyâ bhaṇio: jai vi tumaṃ·amhâṇam[7] uvari ninneho, tahâ vi ambe tumha akusalaṃ rakkhemo, jao: bhattâra·devayâo havanti nârîo. jâ tuha esâ hiyaya·daiyâ, sâ kiṃ·avi kammaṇaṃ khuḍḍaṃ mantaṃ vâ sâhei. imaṃ aṇatthaṃ na-yâṇasi cîe vasî·kao. râiṇâ bhaṇiyaṃ: kahaṃ? tâhiṃ bhaṇiyaṃ: esâ majjh'aṇhe uvaraya·gayâ dâraṃ pihiûṇa kiṃpi muṇamuṇantî ciṭṭhai diṇe diṇe kaṃci velaṃ. jai na pattiyasi, to nirûvehi keṇai [8]anna·vaggeṇa vâ! imaṃ ca soûṇa râyâ sayam·eva gao. uvaraga·paviṭṭhâe Kaṇayamanjarîe nirûvaṇ'·atthaṃ dâra·desa·ṭṭhieṇa diṭṭhaṃ taṃ puvva·vaṇṇiya·ceṭṭhiyaṃ, suyaṃ ca attaṇo 'ṇusâsaṇaṃ. parituṭṭho ya ̣citteṇaṃ: aho imîe buddhi·kosallaṃ, aho gavva·pariccâo, aho viveo! tâ savvahâ sayala·guṇa·nihâṇaṃ·esâ,

madvâñchitaṃ dehi! râjño 'ktam: brûhi svavâñchitam! teno 'ktaṃ: kaçcid ashṭâdaça-varshiyo brâhmaṇaputraḥ çirasi pitṛidattapadas tvayâ khaḍgena hataḥ saptadinamadhye ced balir diyate, tadâ 'haṃ tvâm muñcâmi, nâ 'nyathe 'ti. râjñâ pratipannam. prabhâte râjâ calitaḥ kuçalena svapure gataḥ. sainikâḥ sarve' pi militâḥ. râjñâ svamantriṇo râkshasavṛittântaḥ kathitaḥ. mantriṇâ suvarṇapurusho nirmâya paṭahavâdanapûrvaṃ nagare bhrâmitaḥ. evaṃ ce 'dghoshitam: brâhmaṇaputro râkshasasya jivitadânena nṛipajivitadânaṃ datte, tasya pitror ayaṃ suvarṇapurusho diyate. iyam udghoshaṇâ shaḍdinâni yâvat tatra jâtâ. saptamadivasa ekaḥ prâjño brâhmaṇaputras tâṃ nirghoshaṇâṃ çrutvâ evam mâtâpitarau abodhayat: prâṇâ gatvarâḥ santi. mâtâpitroç ced rakshaṇam prâṇaiḥ kṛitvâ pradiyate, tadâ varam. tenâ 'haṃ nṛipajivitarakshârthaṃ svajivitaṃ râkshasâya dattvâ suvarṇapurushaṃ dâpayâmi. evaṃ vâraṃ vâram âgraheṇa mâtâpitror anumatiṃ gṛihitvâ râjasamipe gataḥ. râjñâ tu tatpituḥ pâdau çirasi dâpayitvâ svayam âkarshitakhaḍgena pṛishṭau (lies pṛishṭhe) bhûtvâ râkshasasya samipaṃ sa nitaḥ. yâvatâ râkshaso dṛishṭas, tâvatâ nṛipeṇo 'ktam: bho brâhmaṇaputra, ishṭaṃ smara! evaṃ nṛipeṇo 'ktaḥ sa brâhmaṇaputra itas tato netre nikshipan jahâsa. tadâ râkshasas tushṭaḥ prâha: yad ishṭaṃ, tan mârgaye 'ti. sa prâha: yadi tvaṃ tushṭas, tadâ hiṃsâṃ tyaja, jinoditaṃ dayâdharmaṃ kuru! râkshasenâ 'pi tadvacasâ dayâdharmaḥ prapannaḥ. râjâdayo 'pi taṃ dârakam praçaṃsitavantaḥ. atha dâsi prâha: he râjñi, tasya brâhmaṇaputrasya ko hâsyahetuḥ? tayo 'ktaṃ: sâṃpratam me nidrâ samâyâti 'ty uktvâ sâ suptâ. dvitiyadine dâsipṛishṭâ sâ râjñi prâha: he halo, ayaṃ tasya hâsyahetuḥ. nṛiṇâṃ hi mâtâ pitâ nṛipaç çaraṇaṃ, te trayo 'pi matpârçvasthâḥ; aham punaḥ kam anyaṃ çaraṇaṃ çrayâmi 'ti tasya hâsyam utpannam iti paramârthaḥ. iti navami kathâ.

1) B kuu°. 2) A parisi°, B parisa. 3) A paṇṭhâo, B ursprüngl. pauvvâo. 4) B piya. 5) B °ro°. 6) A daṇḍi, B daṇḍi. 7) B amhâṇa. 8) A atta.

maccharinîo ya eyâo savattittaṇao, jao guṇaṃ pi dosaṃ pecchanti. tuṭṭheṇa ya rannâ savva'rajja'sâmiṇî kayâ; paṭṭo ya[1] baddho[1]. evaṃ vaccai kâlo. annayâ Vimalacand'âyariya'samîve râiṇâ Kaṇayamanjarîe ya paḍivanno sâvaya'dhammo.

kâleṇa ya Kaṇayamanjarî devî houṃ cuyâ samâṇâ uppannâ Veyaḍḍhe pavvae Toraṇâure nayare Daḍhasatti'vijjâhara'râiṇo duhiyâ. kayaṃ nâmaṃ Kaṇayamâla-tti. kameṇa ya pattâ jovvaṇaṃ. annayâ rûv'akkhitta'hiyaeṇâ 'vahariyâ Vâsavâ'bhihâṇeṇa khayareṇa. imammi pavvae pâsâyaṃ viuvviûṇa ṭhaviyâ. raiyâ imâ veiyâ: kil' ettha vivâhemi. etth' antare Kaṇayamâlâe jeṭṭha'bhâyâ Kaṇayateo samâgao. te do vi rosâ'ṇala'pajjaliyâ jujjhantâ paroppara'ghâehiṃ maccum'uvagayâ. Kaṇayamâlâ vi bhâi'sogeṇa subahuṃ akkandiûṇa vimaṇa'dummaṇâ imaṃmi pâsâe ciṭṭhai. annayâ âgao ettha Vâṇamantaro nâma ego suro. teṇa sâ bhaṇiyâ sa'siṇehaṃ: vacche, majjha tumaṃ duhiyâ. jâv' ettiyaṃ jampai so suro, tâva Daḍhasatti'vijjâharo putta'duhiyâ'aṇṇesaṇ'attham'âgao. Vantareṇa mâyâe Kaṇayamâlâ annârisa'rûvâ kayâ. putta'duhiyâ'Vâsava'sarîrâiṃ muyaga'rûvâiṃ dharaṇie nivaḍiyâiṃ. tâiṃ daṭṭhûṇa cintiyaṃ Daḍhasattiṇâ: imo mama taṇao Vâsaveṇa viṇâsio, Vâsavo vi Kaṇayateeṇa, vâvâijjamâṇeṇa ya Vâsaveṇa[2] Kaṇayamâlâ viṇâsiyâ. tâ dhir-atthu saṃsârassa bahu'dukkha'paurassa! ko sayaṇṇo eyaṃmi raiṃ karei[3]-tti veraggam'abbhuvagao[4], pavvajjam'uvagao. Vantareṇa ya uvasaṃhariyâ mâyâ. vandio Kaṇayamâlâe sureṇa ya. sâhuṇâ bhaṇiyaṃ: kim'eyam'erisaṃ? sâhio ya Kaṇayamâlâe bhâi'maraṇa'vuttanto. sâhuṇâ bhaṇiyaṃ: mae tiṇṇi [5]muyaga'sarîrâiṃ diṭṭhâiṃ. sureṇa bhaṇiyaṃ: mae mâyâ kayâ. kim'atthaṃ? sureṇa bhaṇiyaṃ: suṇasu kâraṇaṃ! Khiipaiṭṭhie[6] nayare âsi Jiyasattû nâma râyâ. teṇa Cittangayassa cittagarassa duhiyâ pariṇîyâ Kaṇayamanjarî nâma. sâ ya sâviyâ jâyâ. so vi Cittangao tîe panca'namokkâreṇa nijjâmio, mariûṇa Vantaro nâma suro jâo. so ya ahaṃ-ti. annayâ iha-m-âgao; jâv' esâ Kaṇayamâlâ soya'vihurâ diṭṭhâ. jâo imîe uvari aîva siṇeho. cintiyaṃ ca: kim'esâ me puvva'bhave u bandhu-visesâ âsi-tti. ohî pautto. nâyaṃ: Kaṇayamanjarî mama duhiyâ esa-tti mariûṇa khayara'duhiyâ jâyâ. etth' antare tumam'âgao. mayâ cintiyaṃ: esâ piuṇâ saha gamissai-tti; viraha'bhîruṇâ annârisâ kayâ tumha mohaṇ'-atthaṃ, muyagaṃ[7] ca daṃsiyaṃ eîe dehaṃ, pavanno ya tumaṃ pavvajjaṃ-ti. tao[8] mae esa mahâ'ṇubhâgo pavancio-tti jâo haṃ sa'kheo. tâ khamiyavvaṃ tumae duc'ceṭṭhiyam'imaṃ! sâhû vi: dhamma'paḍivatti[9]heuttaṇeṇa uvayârî tumaṃ-ti jampiûṇa uppaio viharai jahâ'samîhiyaṃ. Kaṇayamâlâe vi sura'sâhiya'vuttantaṃ cintayantîe jâyaṃ jâî'saraṇaṃ[10], nâo puvva'bhavo, jahâ: haṃ sâ Kaṇayamanjari-tti, eso ya mama piyâ suro jâo. tao saṃ-

1) A om. 2) A teṇa ya. 3) Mss karetti. 4) Mss abbha°. 5) Mss mayaga. 6) A khitti, B khitipati. 7) A mayaṃgaṃ, B mayagayaṃ. 8) B add. aho. 9) A °ttiya. 10) B umgestellt.

jâya'daḍha'siṇehâe bhaṇio suro: tâya, ko majjha varo hohî? sureṇa ohiṇâ âbhoeûṇa bhaṇiyaṃ: vacche, so tuha puvva'bhava[1]bhattâ vi Jiyasattu'râyâ devo houṃ Daḍhasîha'râiṇo putto jâo Sîharaho nâma. so tuha bhattâ hohî. tîe bhaṇiyaṃ: kahiṃ[2] tassa saṃjoo? sureṇa bhaṇiyaṃ: so ya vivarîya'sikkh'âseṇâ 'vahario etth' âgamissai. tâ nivvuyâ suheṇa ciṭṭhasu, mâ uvveyaṃ[3] karesu! ahaṃ tuh' âesa'saṃpâyago ciṭṭhâmi. ṭhio etth' eva pâsâe so suro. Kaṇayamâlâ vi sura'loeṇa saha suheṇaṃ gamei kâlaṃ. sâ ya, ajjautta, ahaṃ-ti. kallaṃ so suro ceiyâṇa vandaṇ'atthaṃ Meruṃmi gao jâva, tumam'avar'aṇhe patto si. aiukkaṇṭhiyâe[4] ya so vi tâo âgacchamâṇo na mae paḍivâlio, sayam'eva appâ vivâhâvio-tti. esa sâhio niya'vuttanto mae, jo tae puṭṭho-tti.

Sîharahassa vi taṃ[1] vuttantaṃ soûṇa jâî'saraṇam'uppannaṃ. etth' antare samâgao [5]sura'gaṇa'sahio so suro. paṇamio râiṇâ; ahiṇandio sa'harisena sureṇaṃ. sâhio[6] Kaṇayamâlâe niya'vivâha'vaiyaro surassa; pamuio so. uciya'samullâveṇa samâgao majjh'aṇho, bhutto taṃ divvam'âhâraṃ sa'bhârio râyâ. evaṃ ṭhio mâsam'egaṃ tattha. bhaṇiyâ ya râiṇâ Kaṇayamâlâ: pie, paḍivakkha'vaggo uvaddavissai me rajjaṃ. tâ vaccâmi ahaṃ; aṇumannasu tumaṃ! tîe bhaṇiyaṃ: piyayama, jaṃ tumam'âṇavesi-tti. paraṃ tuha dûre nayaraṃ; tâ kahaṃ pâya'câreṇa gamissaha? tâ geṇhaha Pannattiṃ vijjaṃ mamâhiṃto! gahiyâ ya rannâ. sâhiyâ ya jah'utta[7]vihâṇeṇa. âpucchiûṇa Kaṇayamâlaṃ gao sa'nayaraṃ. kao mahûsavo nayare. pucchio râyâ pauttiṃ[8] sâmant'âîhiṃ. kahiyâ jahâ'vattâ. vimhiyâ savve vi. bhaṇiyaṃ ca tehiṃ:

vaccai jattha sa'uṇṇo | viesam'aḍaviṃ samudda'majjhe vâ |
nandai tahiṃ tahiṃ ciya | tâ bho puṇṇaṃ samajjiṇaha[9] ||

evaṃ vaccai kâlo. râyâ paucama'diṇassa taṃmi nage vaccai. ciṭṭhai Kaṇayamâlâe samaṃ kaivi diṇe. logo ya jaṃpai: nage aîi râyâ. tao kâleṇa jaṃhâ nage aîi, taṃhâ Naggaî esa-tti paiṭṭhiyaṃ nâmaṃ loeṇa râiṇo. annayâ gao nage Naggaî. râyâ bhaṇio Vâṇamantareṇa: suiraṃ ṭhio etthâ 'haṃ; saṃpayaṃ sâmi'âeso âgao. so avassaṃ kâyavvo. kâlakkhevo[10] tattha bahû bhavissai. esâ ya Kaṇayamâlâ mama virahe adhiiṃ karissai. tâ jahâ ekkalliyâ na bhavai, tahâ kâyavvaṃ-ti jaṃpiûṇa gao suro. râiṇâ vi: na anno uvâo[11] maṇa'nivvuie[12]-tti kâraviyaṃ taṃmi nage[13] nayaraṃ ramaṇiyaṃ. uvalobheûṇ'[14] âṇiyâo[15] aṇegâo payâo. kâriyâiṃ jiṇa'bhavaṇâiṃ. paiṭṭhâviyâo tesu taṃ'paḍimâo. jattâ'mahûsavaṃ ca kuṇantassa nâeṇa rajjaṃ parivâlayantassa[16] aikkanto koi kâlo.

annayâ aṇujattaṃ[17] niggao pecchai kusumiyaṃ cûyaṃ. râiṇâ egâ

---

1) A om. 2) Mss kahaṃ. 3) A °vam. B 1 hd. 4) A °ṭhayâo. 5) A suraṃ-gaṇâ, B 1. hd. 6) A sâhiûṇa. 7) B otta. 8) A paura. 9) A samu°. 10) A khevo. 11) A uvâvâo. 12) A maṇaneenie, B maṇinivvuie. 13) A om. 14) B °heuṇa. 15) A âṇiyâo. 16) B pâl°, pari a. R. 17) B jaṇṇjuttam.

manjarî gahiyâ, evaṃ khandhâvâreṇa layanteṇa manjarî·patta·pavâla·lay'-âiyaṃ. kaṭṭhâ'vaseso kao. paḍiniyatto pucchai: kahiṃ so cûya·rukkho? amacceṇa daṃsio. kiha eyâ'vattho? bhaṇai: tumhehiṃ egâ manjarî gahiyâ. pacchâ savveṇa khandhâvâreṇa geṇhanteṇa evaṃ kao. so cintei: nûṇaṃ jâva riddhîo, tâva ceva sohâ; riddhîo puṇa savvâo cancalâo-tti cintayanto saṃbuddho jâo.

so cûya·rukkhaṃ tu maṇâ'bhirâmaṃ[1] sa·manjarî·pallava·puppha·cittaṃ |
riddhiṃ ariddhiṃ samupehiyâṇaṃ Gandhâra·râyâ vi samikkha dhammaṃ. ||

[samikkhe-tti ârshatvât samikshate 'ngîkurute. etâni ca caritâni yathâ pûrvaprabandheshu dṛishṭâni, tathâ likhitâni.]

cattâri vi te viharantâ Khiipaiṭṭhie[2] nayare gayâ. tattha cau·dâre[3] devaule puvveṇa Karakaṇḍû paviṭṭho, Dummuho dakkhiṇeṇa. kiha sâhussa aṇuṃmuho[4] ciṭṭhâmi-tti teṇa Vâṇamantareṇa dakkhiṇeṇa vi muhaṃ kayaṃ. Namî avareṇa. tao vi muhaṃ kayaṃ. Naggaî uttareṇa, tao vi muhaṃ kayaṃ. Karakaṇḍussa bâlattaṇâo sâ kaṇḍû atthi ceva. teṇa kaṇḍûyaṇagaṃ gahâya masiṇa·kaṇṇo kaṇḍûyao. tao taṃ teṇa egattha saṃgoviyaṃ. taṃ Dummuho pecchai. so bhaṇai:

jahâ rajjaṃ ca raṭṭhaṃ ca puraṃ anteuraṃ tahâ |
savvaṃ eyaṃ pariccajja saṃcayaṃ kiṃ kares' imaṃ ||

jâva Karakaṇḍû paḍivayaṇaṃ na dei, tâva Namî bhaṇai:

jayâ te peie rajje kayâ kiccakarâ bahû |
tesiṃ kiccaṃ pariccajja ajja kiccakaro bhavaṃ ||

[paitṛike pitur âgate râjye kṛitâ kṛityakarâ niyogino bahavas tadai 'va kṛityakaratvaṃ kartuṃ tavo 'citam ity upaskâras. teshâṃ kṛityam parâparâdhaparibhâvanâdikaṃ kartavyam parityajyâ 'dya kṛityakaro niyuktako 'nyadoshacintako bhavân kim iti jâta iti çeshaḥ.]

tâhe Gandhâro bhaṇai:

jayâ savvaṃ pariccajja mokkho ya ghaḍasî bhavaṃ |
paraṃ garahasî kîsa atta·nîsesa·kârae ||

tâhe Karakaṇḍû bhaṇai:

mokkha·magga·pavannesu sâhûsu bambhayârisu |
ahiyatthaṃ nivârento na dosaṃ vottum·arihasi ||

[sup·vyatyayâd ahitârthân nivârayantaṃ na doshaṃ, mantu·lopâd doshavantaṃ, vaktum arhasi.] tathâ câ "rshaṃ:

rûsao vâ paro mâ vâ visaṃ vâ pariyattao |
bhâsiyavvâ hiyâ bhâsâ sa·pakkha·guṇa·kâriyâ ||

imâm anuçâstiṃ Karakaṇḍûkṛitâṃ te pratipannâḥ kâleṇa ca catvâro mokshaṃ gatâ iti.

1) B °hi°. 2) B khitipati°. 3) B bâro. 4) A aṇuṃmuho. B annaho umuho.

VIII. Mûladeva.

atthi Ujjeṇî nayarî. tîe ya asesa'kalâ'kusalo aṇega'vinnâṇa'niuṇo udâra'citto kayannû paḍivanna'sûro guṇâ'ṇurâî piyaṃvao dakkho rûva-lâvaṇṇa'târuṇṇa'kalio Mûladevo nâma râyautto Pâḍaliputtâo jûya'vasaṇ'-âsatto jaṇagâ'vamâṇeṇa puhaviṃ paribhamanto[1] samâgao. tattha guliyâ-paogeṇa parâvattiya'veso vâmaṇay'âkâro vimhâvei vicitta'kahâhiṃ gandhavv'-âi'kalâhiṃ nâṇâ'kougehi ya nâyara'jaṇaṃ. pasiddho jâo. atthi ya tattha[2] rûva'lâyaṇṇa[3]vinnâṇa'gavviyâ Devadattâ nâma pahâṇâ gaṇiyâ. suyaṃ ca teṇa: na ranjijjai[4] esâ keṇai sâmaṇṇa'puriseṇa atta'gavviyâ. tao koueṇa[5] tîe [6]khobhaṇ'atthaṃ paccûsa'samae âsanna'ttheṇa âḍhattaṃ sumahura-ravaṃ bahu'bhangi'gholira'kaṇṭhaṃ annanna'vaṇṇa'saṃveha'ramaṇijjaṃ gandhavvaṃ. suyaṃ ca taṃ Devadattâe cintiyaṃ ca: aho auvvâ vâṇî; tâ divvo esa koi, na maṇussa'metto, gavesâvio ceḍîhiṃ. gaviṭṭho[7] diṭṭho Mûladevo vâmaṇa'rûvo; sâhiyaṃ jaha'ṭṭhiyam'eie. pesiyâ tîe tassa vâharaṇ'-atthaṃ Mâhavâ'bhihâṇâ khujja'ceḍî. gantûṇa viṇaya'puvvayaṃ bhaṇio tîe: bho mahâyasa, amha sâmiṇî Devadattâ vinnavei: kuṇaha pasâyaṃ, eha amha gharaṃ! teṇa ya viyaḍḍhayâe bhaṇiyaṃ: na paoyaṇaṃ me gaṇiyâ'jaṇa'sangeṇa. nivârio visiṭṭhâṇa vesâ'jaṇa'saṃsaggo. bhaṇiyaṃ ca:

yâ vicitraviṭakoṭinighṛishṭâ madyamâṃsaniratâ 'tinikṛishṭâ |
komalâ vacasi cetasi dushṭâ tâṃ bhajanti gaṇikâṃ na viçishṭâ || 1 ||
yo 'patâpanaparâ 'gniçikhe 'va cittamohanakarî madire 'va |
dehadâraṇakarî kshurike 'va garhitâ hi gaṇikâ çalike 'va || 2 ||

ao n'atthi me gamaṇâ'bhilâso. tîe vi aṇegâhiṃ [8]bhaṇii'bhangîhiṃ ârâhiûṇa cittaṃ mahâ'nibbandheṇa kare ghettûṇa nio gharaṃ. vaccanteṇa ya sâ khujjâ kalâ'kosalleṇa vijjâ'paogeṇa ya apphâliûṇa kayâ pauṇâ. vimhaya'khitta'maṇâe pavesio so bhavaṇe. diṭṭho Devadattâe vâmaṇa'rûvo auvva'lâvaṇṇa'dhârî, vimhiyâe ya[9] davâviyam'âsaṇaṃ. nisaṇṇo ya so, dinno tambolo, daṃsiyaṃ ca Mâhavâe attaṇo rûvaṃ, kahio ya vaiyaro, suṭṭhu-yaraṃ vimhiyâ. pâraddho âlâvo mahurâhiṃ viyaḍḍha'bhaṇiîhiṃ, âgarisiyaṃ teṇa tîe hiyayaṃ. bhaṇiyaṃ ca:

aṇuṇaya'kusalaṃ parihâsa'pesalaṃ laḍaha'vâṇi'dullaliyaṃ |
âlavaṇaṃ[10] pi hu cheyâṇa kammaṇaṃ kiṃ ca mûlîhiṃ ||

etth' antare âgao tatth' ego viṇâ'vâyago. vâiyâ teṇa vîṇâ. ranjiyâ Devadattâ, bhaṇiyaṃ ca[9] tâe[11]: sâhu! bho viṇâ'vâyaga, sâhu! sohaṇâ te kalâ. Mûladeveṇa bhaṇiyaṃ: aho aiṇiuṇo Ujjeṇî'jaṇo, jâṇai sundarâ-'sundara'visesaṃ. Devadattâe bhaṇiyaṃ: bho kiṃ ettha khûṇaṃ? teṇa bhaṇiyaṃ: vaṃso ceva asuddho, sa'gajjhâ[12] ya tantî. tîe bhaṇiyaṃ:

1) B bbh. 2) B add. aivatara. 3) B lâv⁰. 4) A ⁰ae. 5) B ⁰g⁰. 6) B ⁰h⁰. 7) A gaviḍo. 8) B verb. bhaṇiya. 9) B om. 10) B laṃbaṇaṃpâ. 11) A om. 12) A bbh.

kahaṃ jâṇijjai? daṃsemi ahaṃ. samappiyâ vîṇâ; kaḍḍhio vaṃsâo pâhaṇago, tantîe vâlo. sa mâriûṇa vâiuṃ payatto. kayâ parâhîṇa'mâṇasâ sa'pari-yaṇâ Devadattâ. paccâsanne ya kareṇuyâ sayâ ravaṇa'sîlâ âsi, sâ vi ṭhiyâ ghummantî olambiya'kaṇṇâ. aîva vimhiyâ Devadattâ vîṇâ'vâyago ya[1]. cintiyaṃ ca: aho pacchanna'veso Vissakammâ esa. pûiûṇa pesio tîe vîṇâ-vâyago. âgayâ bhoyaṇa'velâ. bhaṇiyaṃ Devadattâe: vâharaha angama-ddayaṃ, jeṇa do vi amhe majjâmo! Mûladeveṇa bhaṇiyaṃ: aṇumannaha, ahaṃ ceva karemi tumha[2] abbhangaṇa'kammaṃ. kim'eyaṃ pi jâṇâsi? na-yâṇâmi sammaṃ[3], paraṃ ṭhio jâṇagâṇa sayâse. âṇiyaṃ campaga-tellaṃ. âḍhatto abbhangiuṃ. kayâ parâhiṇa'maṇâ. cintiyaṃ ca ṇâe[4]: aho vinnâṇâ'isao, aho auvva'karaya'phâso! tâ bhaviyavvaṃ keṇai imiṇâ siddha'puriseṇa pacchanna'rûveṇa, na payaîe evaṃ'rûvassa imo pagariso-tti. tâ payaḍî'karâvemi rûvaṃ. nivaḍiyâ calaṇesu, bhaṇio ya: bho mahâ-'ṇubhâva, asarisa'guṇehiṃ ceva nâo uttama'puriso paḍivanna'vacchalo dakkhiṇṇa'pahâṇo ya tumaṃ. tâ[5] daṃsehi me attâṇayaṃ! bâḍhaṃ ukkaṇṭhiyaṃ tuha daṃsaṇassa me hiyayaṃ. Mûladeveṇa ya puṇo puṇo nibbandhe kae îsi hasiûṇa avaṇiyâ vesa'parâvattiṇî guliyâ. jâo sahâva-ttho, diṭṭho diṇa'nâho-vva dippanta'teo, Aṇango[6]-vva mohayanto[7] rûveṇa sayala'jaṇaṃ, nava'jovvaṇa'lâyaṇṇa[8]sampuṇṇa'deho harisa'vas'ubbhinna-romancâ puṇo nivaḍiyâ calaṇesu. bhaṇiyaṃ ca: mahâ'pasâo-tti. abbhangio sa'hatthehiṃ majjiyâiṃ do vi jimiyâiṃ mahâ'vibhûîe, pahirâvio[9] deva-dûse[10], ṭhiyâiṃ visiṭṭha'goṭṭhîe. bhaṇiyaṃ ca tîe: mahâ'bhâga, tumaṃ mottûṇa na keṇai aṇuranjiyaṃ me avara'puriseṇa mâṇasaṃ. tâ saccaṃ[11]-eyaṃ:

nayaṇehi ko na dîsai keṇa samâṇaṃ na honti ullâvâ |
hiyay'âṇandaṃ jaṃ puṇa[12] jaṇei[13] taṃ mâṇusaṃ viralaṃ ||

tâ mamâ 'ṇuroheṇa ettha ghare niccam'ev' âgantavvaṃ. Mûladeveṇa bhaṇiyaṃ: [14]guṇa'râiṇi, anna'desîesu[15] niddhaṇesu amhârisesu na rehae paḍibandho, na ya thirî'havai. pâeṇa savvassa vi kajja'vaseṇa ceva neho. bhaṇiyaṃ ca:

vṛikshaṃ kshîṇaphalaṃ tyajanti vihagâḥ çushkaṃ saraḥ sârasâḥ
pushpam paryushitaṃ tyajanti madhupâ dagdhaṃ vanântam mṛigâḥ |
nirdravyam purushaṃ tyajanti gaṇikâ bhrashṭaṃ nṛipaṃ sevakâḥ
sarvaḥ kâryavaçâj jano 'bhiramate kaḥ kasya ko vallabhaḥ ||

tîe bhaṇiyaṃ: sa'deso para'deso vâ akâraṇaṃ sap'purisâṇaṃ. bha-ṇiyaṃ ca:

---

1) A om. 2) A tuha. 3) A sammâ. 4) B ṇṇâo. 5) B add. varaṃ. 6) B ⁰gu. 7) A mohanto. 8) B lâv⁰. 9) AB ⁰io, A parih⁰. 10) B ⁰ehiṃ. 11) A pavvam. 12) A Stellung: j. p. h. 13) A jâṇai. 14) B add. he. 15) A desîsaesu.

jalahi·visaṃghaḍieṇa vi nivasijjai Hara·siraṃmi candeṇaṃ |
jattha gayâ tattha gayâ guṇiṇo sîseṇa vubbhanti[1] ||

tahâ: attho vi asâro; na tammi viyakkhaṇâṇa bahumâṇo, avi ya guṇesu cevâ 'ṇurâo havai-tti. kiṃ ca:

vâyâ sahassa·maiyâ siṇeha·nijjâiyaṃ[2] saya·sahassaṃ |
sab·bhâvo sajjaṇa·mâṇusassa koḍiṃ visesei ||

tâ savvahâ paḍivajjasu imaṃ patthaṇaṃ-ti. paḍivannaṃ teṇa. jâo tesiṃ neha·nibbharo saṃjogo.

annayâ râya·purao paṇacciyâ Devadattâ. vâio Mûladeveṇa paḍaho. tuṭṭho tie[3] râyâ. dinno varo. nâsi·kao tie. so ya[4] aiva jûya·pasangî; nivasaṇa·mettaṃ pi na rahae. bhaṇio ya sâ'ṇuṇayaṃ tie piya·vâṇîe: piyayama, komui·mayankasse 'va hariṇa·paḍibimbaṃ tumhaṃ sayala·guṇ'-âlayâṇaṃ kalankaṃ ceva jûya·vasaṇaṃ. bahu·dosa·nihâṇaṃ[5] ca eyaṃ. tahâ hi:

kula·kalankaṇu sacca·paḍivakkhu[6] |
guru·lajjâ·soya·karu[7]
dhamma[8]vigghu atthaha paṇâsaṇu |
jaṃ dâṇa·bhogehi rahiu
putta·dâra·pii·mâi·sosaṇu[9] |
jahiṃ ṇa muṇijjai deu[10] guru
jahiṃ na vi kajju akajju |
taṇu·saṃtâvaṇu[11] kugai·pahu
piya tahiṃ jûi[12] marajju ||

tâ savvahâ pariccayasu[13] imaṃ. airaseṇa[14] ya na sakkae Mûladevo parihariuṃ.

atthi ya Devadattâe gâḍhâ'ṇuratto[15] mûlillo mittaseṇo Ayala·nâmâ satthavâha·putto. dei so jaṃ maggiyaṃ. saṃpâḍei vatth'âbharaṇ'âiyaṃ. vahai ya so Mûladevo'vari paosaṃ, maggai ya chiddâṇi[16]. tassa sankâe na gacchai Mûladevo tîe gharaṃ avasaram·antareṇa. bhaṇiyâ ya Devadattâ jaṇaṇîe: putti, pariccaya Mûladevaṃ! na kiṃci niddhaṇa·cangeṇa paoyaṇam·eṇa. so mahâ'ṇubhâvo dâyâ Ayalo pesei puṇo puṇo bahuyaṃ davva-jâyaṃ[17]. tâ taṃ ceva angî·karesu savv'appaṇayâe. na ekkammi paḍiyâre donni karavâlâiṃ mâyanti[18]. na ya aloṇiyaṃ silaṃ koi caṭṭei. tâ munca jûyâriyam·imaṃ-ti. tîe bhaṇiyaṃ: nâ 'haṃ, amba, egantena dhaṇâ-'ṇurâgiṇî, guṇesu ceva me paḍibandho. jaṇaṇîe bhaṇiyaṃ: kerisâ tassa jûyakârissa[19] guṇâ? tîe bhaṇiyaṃ: amba, kevala·guṇamao khu so; jao:

dhîro udâra·citto dakkhiṇṇa·mahoyahî kalâ·niuṇo |
piya·bhâsî ya kayannû guṇâ'ṇurâî visesannû ||

1) B vajjhanti. 2) B jih. 3) B tiso. 4) A om. 5) B niyâṇaṃ 6) A savvapaḍivaraku. 7) B hara. 8) B °u 9) B mosaṇu. 10) B deva. 11) A saṃtavaṇu. 12) B jûva. 13) B °pariccayasu. 14) B °sioṇa. 15) A °ttao. 16) B ḍḍ. 17) A davvam. 18) B mâiṃti. 19) A °rassa.

ao na pariccayâmi eyaṃ. tao sâ 'ṇegehiṃ[1] diṭṭhantehiṃ âḍhattâ paḍibohiuṃ: alattae maggie nîrasaṃ[2] paṇâmei, ucchu'khaṇḍe patthie choiyaṃ paṇâmei, kusumehiṃ jâiehiṃ beṇṭa'mettâiṃ[3] paṇâmei. coiyâ ya[4] paḍibhaṇai: jârisaṃ'eyaṃ, târiso eso te piyayamo; tahâ vi tumaṃ na pariccayasi. Devadattâe cintiyaṃ: mûḍhâ esâ! teṇ' evaṃvihe diṭṭhante dei.

tao annayâ[5] bhaṇiyâ jaṇaṇî: ammo, maggehi Ayalaṃ ucchuṃ! kahiyaṃ ca tîe tassa. teṇa vi sagaḍaṃ bhareûṇa pesiyaṃ. tîe bhaṇiyaṃ: kiṃ' ahaṃ kariṇiyâ, jeṇ' evaṃvihaṃ sa'patta'ḍâlaṃ ucchuṃ pabhûyaṃ pesijjai! tîe bhaṇiyaṃ: putti, udâro khu so, teṇa evaṃ pesiyaṃ-ti. cintiyaṃ ca ṇeṇa: annâṇaṃ pi sâ dâhi-tti. avara'diyahe Devadattâe bhaṇiyâ Mâhavî: halâ, bhaṇâhi Mûladevaṃ, jahâ: ucchûṇa uvari saddhâ Devadattâe: tâ pesehi me! tîe vi gantûṇa kahiyaṃ. teṇa vi gahiyâo donni ucchu'laṭṭhîo niccholiûṇa kayâo duy'angula'pamâṇâo gaṇḍiyâo[6], câujjâeṇa ya avacuṇṇiyâo, kappûreṇa ya maṇâgaṃ vâsiyâo, mûlâhi[7] ya maṇâgaṃ bhinnâo; gahiyâiṃ abhiṇava'mallagâiṃ[8], bhariûṇa tâiṃ[9] ḍhakkiûṇa ya pesiyâṇi. ḍhoiyâiṃ ca gantûṇa Mâhavîe, daṃsiyâṇi tîe vi jaṇaṇîe. bhaṇiyâ ya: peccha, ammo, purisâṇa antaraṃ-ti; tâ ahaṃ[10] eesiṃ guṇâṇaṃ'aṇurattâ. jaṇaṇîe cintiyaṃ: accanta'mohiyâ esâ, na pariccayai attaṇâ imaṃ; tâ karemi kiṃpi uvâyaṃ, jeṇa eso vi[11] kâmuo gacchai viesaṃ; tao sutthaṃ[12] havai-tti cintiûṇa bhaṇio Ayalo: kahasu eîe purao [13]aliya'gâm'antara'gamaṇaṃ, pacchâ Mûladeve paviṭṭhe maṇussa'sâmaggîe âgacchejjaha[14]; vimâṇejjaha ya taṃ, jeṇa vimâṇio santo desa'ccâyaṃ karei. tâ saṃjuttâ ceṭṭhejjaha! ahaṃ te vattaṃ dâhâmi. paḍivannaṃ ca teṇa. annaṃmi diṇe kayaṃ tah' eva teṇa. niggao aliya'gâm'antara'gamaṇa'miheṇa[15]. paviṭṭho ya Mûladevo. jâṇâvio jaṇaṇîe Ayalo, âgao mahâ'sâmaggîe, diṭṭho ya pavisamâṇo Devadattâe. bhaṇio ya Mûladevo: îiso ceva avasaro, paḍicchiyaṃ ca jaṇaṇîe eyapesiyaṃ davvaṃ; tâ tumaṃ pallanka'heṭṭhao muhuttagaṃ ceṭṭhaha tâva! ṭhio so pallanka'heṭṭhao. lakkhio Ayaleṇa. nisaṇṇo pallanke Ayalo. bhaṇiyâ ya sâ teṇa: kareha ṇhâṇa'sâmaggiṃ! Devadattâe bhaṇiyaṃ: evaṃ-ti; tâ uṭṭhaha, niyaṃsaha pottiṃ[16], jeṇa abbhangijjaha! Ayaleṇa bhaṇiyaṃ: mae diṭṭho ajja suviṇao, jahâ niyatthio[17] ceva abbhangiyagatto ettha pallanke ârûḍho ṇhâo-tti. tâ saccaṃ suviṇayaṃ karesu. Devadattâe bhaṇiyaṃ: naṇu viṇâsijjai[18] mah'agghiyaṃ tûliyaṃ gaṇḍuyaṃ' âiyaṃ! teṇa bhaṇiyaṃ: annaṃ te visiṭṭhataraṃ dâhâmi. jaṇaṇîe bhaṇiyaṃ: evaṃ-ti. tao tattha-ṭṭhio ceva abbhangio uvvaṭṭio[19] uṇha'khali[20]udagehiṃ pamajjio. bhario teṇa heṭṭha'ṭṭhio Mûladevo. gahiy'âuhâ paviṭṭhâ purisâ. sannio jaṇaṇîe Ayalo. gahio teṇa Mûladevo vâlehiṃ, bhaṇio ya: re saṃ-

---

1) A aṇ⁰. 2) B niraṃ saṃ⁰. 3) B ⁰âṇi. 4) B i. 5) A add. ya. 6) B gaṇḍalio, a. R. addhangula. 7) B sûlâhi. 8) B mallogâiṃ. 9) B tâṇi. 10) A mahaṃ. 11) B va. 12) A mucchaṃ. 13) B ⁰yaṃ. 14) A ⁰âha. 15) B nibheṇa. 16) A potti. 17) B cch. 18) A ⁰ato. 19) B uva⁰. 20) A khalâ.

payaṃ nirûvehi, jai koi[1] atthi te saraṇaṃ! Mûladeveṇa ya nirûviyâiṃ pâsâiṃ jâva, diṭṭhaṃ nisiyâ'si'hatthehiṃ veḍhiyam'attâṇayaṃ maṇûsehiṃ. cintiyaṃ ca: nâ 'ham'eesiṃ uccarâmi, kûyavvaṃ ca mae [2]vaira'nijjâyaṇaṃ; nirâuho sampayaṃ, tâ na porisassâ[3] 'vasaro-tti cintiya bhaṇiyaṃ: jaṃ te royai, taṃ karehi! Ayaleṇa cintiyaṃ: uttama'puriso koi[4] esa âgaîe ceva najjai. sulabhâṇi ya saṃsâre mahâ'purisâṇa vasaṇâiṃ. bhaṇiyaṃ ca:

ko ettha sayâ suhio kassa va[5] lacchî[6] thirâi pimmâiṃ |
kassa va na hoi khaliyaṃ bhaṇa ko va na khaṇḍio vihiṇâ ||

bhaṇio Mûladevo: bho evaṃvihâ'vatthaṃ[7] gao mukko sampayaṃ tumaṃ. mamaṃ pi vihi'vaseṇa kayâvi vasaṇa'pattassa evaṃ ceva karejjaha!

tao vimaṇo'dummaṇao[8] niggao nayarâo Mûladevo. peccha kahaṃ eeṇa chalio-tti cintayanto[9] ṇhâo sarovare, kayâ paḍivattî[10]. cintiyaṃ: gacchâmo viesaṃ, tattha gantûṇa karemi kiṃpi imassa [11]paḍivippi'uvâyaṃ. paṭṭhio Beṇṇâyaḍa'saṃmuhaṃ. gâma'nagar'âi'majjheṇa vaccanto patto duvâlasa-joyaṇa'pamâṇâe aḍavîe muhaṃ. cintiyaṃ ca: tattha jai koi vaccanto vâyâ'metta[12]sahejjo vi duio lajjhai, to[13] suhaṃ ceva chijjai aḍavî. jâva thova'velâe âgao visiṭṭh'âkâra'daṃsaṇîo sambala'thaiyâ'saṇâho ḍhakka-bambhaṇo. pucchio ya: bho bhaṭṭa, kiṃ[14] dûraṃ gantavvaṃ[15]? teṇa bhaṇiyaṃ: atthi aḍavîe parao Vîranihâṇaṃ nâma thâmaṃ, taṃ gamissâmi. tumaṃ puṇa kattha patthio? iyareṇa bhaṇiyaṃ: Beṇṇâyaḍaṃ. bhaṭṭeṇa bhaṇiyaṃ: tâ ehi, gacchamha! tao payaṭṭâ do vi. [16]majjh'aṇha'samae ya vaccantehiṃ diṭṭhaṃ sarovaraṃ. ḍhakkeṇa bhaṇiyaṃ: bho vîsamâmo khaṇam'egaṃ-ti. gayâ udaga'samîvaṃ, dhoyâ hattha'pâyâ. gao Mûladevo pâli'saṃṭhiya'rukkha'châyaṃ. ḍhakkeṇa choḍiyâ sambala'thaiyâ, gahiyâ vaṭṭayaṃmi[17] sattuyâ. te jaleṇa ullettâ[18] laggo bhakkhiuṃ[19]. Mûladeveṇa cintiyaṃ: erisâ ceva bambhaṇa'jâî bhukkhâ'pahâṇâ havai, tâ pacchâ me dâhî. bhaṭṭo vi bhuñjittâ bandhiûṇa thaiyaṃ payaṭṭo. Mûladevo vi, nûṇaṃ avar'aṇhe dâhî, cintento[20] aṇupayaṭṭo. tattha vi tah' eva bhuttaṃ, na dinnaṃ tassa. kallaṃ dâhi-tti âsâe gacchai eso. vaccantâṇa ya âgayâ rayaṇî. tao vaṭṭâo osariûṇa vaḍa'pâyava'heṭṭhao pasuttâ. paccûse puṇo vi patthiyâ; majjh'aṇhe tah' eva thakkâ; tah' eva bhuttaṃ ḍhakkeṇa, na dinnaṃ eyassa. jâva taiya'diyahe[21] cintiyaṃ Mûladeveṇa: [22]nicchinna'pâyâ aḍavî, tâ ajja avassaṃ mama dâhî esa. jâva tattha vi na dinnaṃ. nicchinnâ[23] ya tehiṃ aḍavî. jâyâo doṇha vi annanna'vaṭṭâo. tao bhaṭṭeṇa bhaṇiyaṃ: bho tujjha esâ vaṭṭâ, mamaṃ puṇa esâ. tâ vacca tumaṃ eyâe! Mûladeveṇa bhaṇiyaṃ: bho bhaṭṭa, âgao haṃ tujjha

1) A kovi. 2) B vayara. 3) A °ru°. 4) A ko. 5) A vi. 6) Mss lacchi. 7) A °ttha, B tthâ. 8) A °ṇo. 9) B °ti°. 10) B °ṭṭi. 11) A °viṇṇi, B vippiyaṃ. 12) B om. 13) Mss tâ. 14) A ke. 15) A gavva. 16) B majjhanna. 17) B vaṭṭi°. 18) B ulittâ. 19) A °io, B khâiyaṃ. 20) B cintanto. 21) B divase. 22) AB ṇṇ. 23) A nitthiṇṇâ.

pabhâveṇaṃ; tâ majjha Mûladevo nâmaṃ: jai kayâi kiṃpi paoyaṇaṃ me sijjhai, to[1] âgacchejja Beṇṇâyaḍe[2]. kiṃ ca tujjha nâmaṃ? ḍhakkeṇa bhaṇiyaṃ: Saddhaḍo, jaṇa·kayâ'vaḍankeṇa Nigghiṇasammo nâma. tao patthio bhaṭṭo sa·gâmaṃ, Mûladevo vi Beṇṇâyaḍa·sammuhaṃ-ti.

antarâle ya diṭṭhaṃ vasimaṃ. tattha paviṭṭho bhikkhâ·nimittaṃ. hiṇḍiyaṃ asesaṃ gâmaṃ. laddhâ kummâsâ, na kiṃpi annaṃ. gao jal'-âsayâ'bhimuhaṃ. etth' antarammi ya tava·susiya·deho mahâ'ṇubhâvo mahâ-tavassî mâso'vavâsa·pâraṇaya·nimittaṃ diṭṭho pavisamâṇo. taṃ ca pecchiya harisa·vas'ubbhinna[3]pulaeṇa cintiyaṃ Mûladeveṇa: aho dhanno kayattho ahaṃ, jassa imaṃmi kâle esa mahâ·tavassî daṃsaṇa·paham·âgao! tâ avassa·bhaviyavvaṃ mama kallâṇaeṇa. avi ya:

Marutthalîe jaha kappa·rukkho daridda·gehe jaha hema·vuṭṭhî[4] |
mâyanga·gehe jaha hatthi·râyâ muṇî mahappâ taha ettha eso ||

kiṃ ca:

daṃsaṇa·nâṇa·visuddhaṃ panca·mahavvaya·samâhiyaṃ dhîraṃ |
khantî·maddava·ajjava- juttaṃ [5]muttî·pahâṇaṃ ca || 1 ||
sajjhâya·jjhâṇa·tavo- vahâṇa·nirayaṃ visuddha·lesâgaṃ |
panca·samiyaṃ ti·guttaṃ akiṃcaṇaṃ catta·gihi·sangaṃ || 2 ||

su·pattaṃ esa sâhû; tâ:

erisa·patta·su·khette visuddha·lesâ[6]jaleṇa saṃsittaṃ |
nihiyaṃ tu davva·sassaṃ iha para·loe aṇanta·phalaṃ ||

tâ ettha k'âlociyâ? demi eyassa ee kummâse[7]. jao adâyago esa gâmo, eso ya mahappâ [8]kaivaya·gharesu darisâvaṃ dâûṇa[9] paḍiniyattai; ahaṃ puṇa do tiṇṇi[10] vâre hiṇḍâmi, to puṇo labhissaṃ; âsanno avaro biio[11] gâmo: tâ payacchâmi savve ime-tti. paṇamiûṇa tao samappiyâ bhagavao kummâsâ. sâhuṇâ vi tassa pariṇâma·payarisaṃ muṇanteṇa davv'âi·suddhiṃ ca viyâṇiûṇa: dhamma·sîla, thove dejjaha-tti bhaṇiûṇa dhariyaṃ pattayaṃ. dinnâ ya teṇa pavaḍḍhamâṇâ'isaeṇa. bhaṇiyaṃ ca teṇa:

dhannâṇaṃ khu narâṇaṃ kummâsâ hunti sâhu·pâraṇae |

etth' antaraṃmi gayaṇ'antara·gayâe risi·bhattâe Mûladeva·bhatti·ranjiyâe bhaṇiyaṃ devayâe: putta Mûladeva, sundaraṃ·aṇuciṭṭhiyaṃ tume! tâ[12] eyâe gâhâe pacch'addheṇa maggaha, jaṃ royae, jeṇa saṃpâḍemi savvaṃ! Mûladeveṇa bhaṇiyaṃ:

gaṇiyaṃ ca Devadattaṃ danti·sahassaṃ ca rajjaṃ ca ||

devayâe bhaṇiyaṃ: putta, niccinto viharasu! avassaṃ risi·calaṇâ-'ṇubhâveṇa aireṇa ceva saṃpajjissai[13] eyaṃ. Mûladeveṇa bhaṇiyaṃ:

---

1) Mss tâ. 2) A ve⁰, B vinn⁰. 3) A bh, B jjh. 4) A vuḍḍhî. 5) Mss mutti. 6) B saddhâ. 7) A ⁰so, B ⁰so. 8) B kaya⁰. 9) B add. ya. 10) A tiṃhi. 11) A viu. 12) A to. 13) B samupajjissai.

bhayavai, evam'eyaṃ-ti. tao vandiya risiṃ paḍiniyatto, risî vi gao ujjâṇaṃ. laddhâ avarâ bhikkhâ Mûladeveṇa. jemio patthio ya Veṇṇâyada-sammuhaṃ, patto ya[1] kameṇa tattha.

pasutto rayaṇîe bâhiṃ pahiya'sâlâe. diṭṭho ya carima'jâme suviṇao[2]: paḍipuṇṇa'maṇḍalo nimmala'ppabho[3] mayanko uyaraṃ me paviṭṭho. anneṇa vi kappaḍieṇa eso ceva diṭṭho, kahio teṇa kappaḍiyâṇaṃ. tatth' egeṇa bhaṇiyaṃ: labhihisi[4] tumaṃ ajja ghaya'gula[5]sampuṇṇaṃ mahattaraṃ[6] roṭṭagaṃ. na-yâṇanti ee suviṇassa paramatthaṃ-ti[7] na kahiyaṃ Mûladeveṇa. laddho kappaḍieṇa bhikkhâ'gaeṇa ghara'châyaṇiyâe jaho'vaiṭṭho roṭṭago[8]. tuṭṭho ya eso niveio ya kappaḍiyâṇaṃ. Mûladevo vi gao egam'ârâmaṃ. âvajjio tattha kusum'occaya-sâhijjeṇa[9] mâlâgâro. dinnâiṃ teṇa puppha-phalâiṃ. tâiṃ ghettuṃ sui'bhûo gao [10]suviṇa'sattha'pâḍhayassa gehaṃ, kao tassa paṇâmo. pucchiyâ khemâ'roga'vattâ[11]. teṇa vi saṃbhâsio sa'bahumâṇaṃ, pucchio ya paoyaṇaṃ. Mûladeveṇa ya joḍiûṇa kara'juyalaṃ kahio suviṇaga'vaiyaro. uvajjhâeṇa vi bhaṇiyaṃ sa'hariseṇa: kahissâmi suha'muhutte [12]suviṇaya'phalaṃ; ajja tâva atihî hosu amhâṇaṃ. paḍivannaṃ ca Mûladeveṇa. ṇhâo jimio ya vihhûie. bhutt'uttare[13] ya bhaṇio uvajjhâeṇa: putta, pattâ[14] pavarâ[15] me esâ kannagâ, tâ pariṇesu mamo 'varoheṇa eyaṃ tumaṃ-ti. Mûladeveṇa bhaṇiyaṃ: tâya, kahaṃ annâya'kula'sîlaṃ jâmâuyaṃ karesi? uvajjhâeṇa bhaṇiyaṃ: putta, âyâreṇa ceva najjai akahiyaṃ pi kulaṃ. bhaṇiyaṃ ca:

âcâraḥ kulam âkhyâti deçam âkhyâti jalpitam |
saṃbhramaḥ sneham âkhyâti vapur âkhyâti bhojanam ||

tahâ:

ko kuvalayâṇa gandhaṃ karei mahurattaṇaṃ ca ucchûṇaṃ |
vara'hatthîṇa[16] ya lîlaṃ viṇayaṃ ca kula'ppasûyâṇaṃ ||

ahavâ:

jai honti guṇâ to kiṃ kuleṇa guṇiṇo kuleṇa na hu kajjaṃ |
kulam'akalankaṃ guṇa'vajjiyâṇa guruyaṃ ciya kalankaṃ ||

evam'âi'bhaṇiihiṃ paḍivajjâvio suha'muhutteṇa pariṇâvio. kahiyaṃ suviṇaya'phalaṃ: satta'diṇ'abbhantareṇa[17] râyâ hohisi. taṃ ca soûṇa jâo haṭṭha'maṇo. acchai ya tattha suheṇaṃ. pancame ya divase gao nayara-bâhiṃ, nisaṇṇo[18] ya campaga'châyâe.

io ya tîe nayarîe aputto râyâ kâlagao. tattha ahiyâsiyâṇi panca divvâṇi. tâṇi âhiṇḍiya nayarî'majjhe niggayâṇi bâhiṃ, pattâṇi Mûladeva'sayâsaṃ. diṭṭho so apariyattamâṇa'châyâe heṭṭhao. taṃ pecchiya gulaguliyaṃ hatthiṇâ, hesiyaṃ turangeṇa, ahisitto[19] bhingâreṇa, vîio[20] camarehiṃ,

———

1) A om. 2) B suv. 3) B paho. 4) B lah⁰. 5) B guḍa. 6) B mahanta. 7) A om. 8) A roḍhago. 9) A kusumavvayasâhajjeṇa. B uccaya⁰. 10) B suviṇaya. 11) B a. R. samappiyaṃ pupph'âi. 12) B sum. 13) A ⁰reṇa. 14) Mss patta. 15) A varâ. 16) A atthiṇa. 17) B abbhiṃ⁰. 18) AB ṇuvaṇṇo, B verbessert nisaṇṇo. 19) A abhisittaṃ. 20) A vijio.

ṭhiyam'uvari puṇḍarîyaṃ. tao kao loehiṃ jaya'jayâ-ravo. caḍâvio gaeṇa khandhe, paisârio[1] ya nayariṃ ahisitto manti'sâmantehiṃ. bhaṇiyaṃ ca gayaṇa'tala'gayâe devayâe: bho bho esa mahâ'ṇubhâvo asesa'kalâ'pârago[2] devayâ'biṭṭhiya'sarîro Vikkamarâo nâma râyâ; tâ eyassa sâsaṇe jo na vaṭṭai, tassa nâ 'haṃ khamâmi-tti. tao savvo sâmanta'manti'purohiy'âio pariyaṇo âṇâ'viheo[3] jâo. tao ya udâraṃ visaya'suham'aṇuhavanto ciṭṭhai. âḍhatto Ujjeṇi'sâmiṇâ Viyâradhavaleṇa saṃvavahâro jâva, jâyâ paropparaṃ nirantarâ pîî.

io ya Devadattâ târisaṃ viḍambaṇaṃ Mûladevassa pecchiya virattâ aîva Ayalo'variṃ[4]. tao ya[5] nibbhacchio[6] Ayalo: bho ahaṃ vesâ, na uṇa ahaṃ tujjha kula'ghariṇî! tahâ vi majjha geha'ttho evaṃvihaṃ vavaharasi. tâ maṃ'[7] atthâe puṇo na khijjiyavvaṃ-ti bhaṇiya gayâ râiṇo sayâsaṃ. bhaṇio ya nivaḍiya calaṇesu râyâ: teṇa vareṇa kîrau pasâo! râiṇâ bhaṇiyaṃ: bhaṇa, kao ceva tujjha pasâo; kim'avaraṃ bhaṇîyai[8]? Devadattâe bhaṇiyaṃ: tâ, sâmi, Mûladevaṃ vajjiya na anno puriso mama âṇaveyavvo, eso Ayalo mama ghar'âgamaṇe nivâreyavvo! râiṇâ bhaṇiyaṃ: evaṃ, jahâ tujjha royae; paraṃ kahehi, ko puṇa esa vuttanto? tao kahio[9] Mâhavîe[10]. ruṭṭho râyâ Ayalo'variṃ[11]. bhaṇiyaṃ ca: bho mama eie nayarîe eyâiṃ donni rayaṇâiṃ, tâiṃ pi khalî'karei eso. tao hakkâriya ambâḍio bhaṇio ya: re, tumaṃ ettha râyâ, jeṇa evaṃvihaṃ vavaharasi? tâ nirûvehi saṃpayaṃ saraṇaṃ, karemi tuha pâṇa'viṇâsaṃ. Devadattâe bhaṇiyaṃ: sâmi, kim'eiṇâ[12] suṇaha-pâeṇaṃ paḍikhaddheṇaṃ-ti? tâ muncaha eyaṃ! râiṇâ bhaṇio: re, eie mahâ'ṇubhâvâe vayaṇeṇaṃ chuṭṭo[13] saṃpayaṃ, suddhî[14] uṇa teṇ' eve 'ha âṇieṇaṃ bhavissai. tao calaṇesu nivaḍiûṇa niggao râyaulâo. âḍhatto gavesiuṃ diso disiṃ, tahâ vi na laddho. tao tîe ceva ûṇimâe bhariûṇa bhaṇḍassa vahaṇâiṃ patthio[15] Pârasa'ulaṃ.

io ya Mûladeveṇa pesio leho kosalliyâiṃ ca Devadattâe tassa ya râiṇo. bhaṇio ya râyâ: mama eîe Devadattâe uvari mahanto paḍibandho; tâ jai eîe abhiruciyaṃ[16], tumhaṃ vâ royae, to kuṇaha pasâyaṃ, pesaha eyaṃ! tao râiṇâ bhaṇiyâ râya'dovârigâ: bho kim'eyaṃ evaṃvihaṃ[17] lihâviyaṃ[18] Vikkamarâeṇa? kiṃ amhâṇaṃ tassa ya atthi koi viseso? rajjaṃ pi savvaṃ tass' eyaṃ, kiṃ puṇa Devadattâ! paraṃ icchau[19] sâ! tao hakkâriyâ Devadattâ. kahio vuttanto. tâ jai tumha royae, tâhe[20] gaṃmau[21] tassa sagâsaṃ. tîe bhaṇiyaṃ: mahâ'pasâo tumhâ 'ṇunnâyâṇa maṇorahâe amhaṃ. tao mahâ'vibhâveṇaṃ pûiûṇa[22] pesiyâ gayâ ya. teṇa vi mahâ'vibhûîe ceva pavesiyâ. jâyaṃ ca paropparam'ega'rajjaṃ.

---

1) A payasârio. 2) B gao. 3) A viheû. 4) A ⁰ri. 5) A om. 6) B ch, A tth; B add ya. 7) B mama. 8) B bhaṇiyai. 9) A kahio. 10) A mâḍhavio. 11) A ⁰ri. 12) A kiṃ meyaṇâ. 13) A chuddo. 14) A suddhaṃ. 15) A cch. 16) A ⁰rûviyaṃ. 17) A om. 18) A ti bhaṇâviyaṃ. 19) A tth. 20) A tâ. 21) A gaṃmato. 22) A pûj⁰.

acchae Mûladevo tîe saha visaya'suham'aṇubhavanto[1] jiṇa'bhavaṇa'bimba-karaṇa'pûyaṇa'tapparo-tti.

io ya so Ayalo Pârasa'ule viḍhaviya bahuyaṃ davvaṃ pavaraṃ ca bhaṇḍaṃ bhareûṇa âgao Beṇṇâya'ḍaṃ[2], âvâsio ya bâhiṃ. pucchio logo: kiṃ'nâmâ'bhihâṇo ettha râyâ? kahiyaṃ ca: Vikkamarâo-tti. tao hiraṇṇa-suvaṇṇa'mottiyâṇaṃ thâlaṃ bhareûṇa gao râiṇo pekkhago. davâviyaṃ râiṇâ âsaṇaṃ. nisaṇṇo paccabhinnâo ya, Ayaleṇa ya na nâo eso. rannâ pucchiyaṃ: kuo[3], seṭṭhi[4], âgao? teṇa bhaṇiyaṃ: Pârasa'ulâo. rannâ pûieṇa Ayaleṇa bhaṇiyaṃ: sâmi, peseha, kovi uvarimo[5] jo bhaṇḍaṃ nirûvei. tao râiṇâ bhaṇiyaṃ: ahaṃ sayam'ev' âgacchâmi. tao pancaula-sahio gao râyâ, daṃsiyaṃ vahaṇesu sankha'pophala[6]candaṇ'âguru'manjiṭṭh'-âiyaṃ bhaṇḍaṃ. pucchiyaṃ pancaula'samakkhaṃ râiṇâ: bho seṭṭhi, ettiyaṃ ceva imaṃ? teṇa bhaṇiyaṃ: deva, ettiyaṃ ceva. râiṇâ bhaṇiyaṃ: kareha seṭṭhissa addha'dâṇaṃ, paraṃ mama samakkhaṃ toleha! collae toliyâiṃ pancauleṇa. bhâreṇa pâya'ppahâreṇa ya dhasa'veheṇa ya lakkhiyaṃ manjiṭṭha'm'âi'majjha'gayaṃ sâra'bhaṇḍaṃ, râiṇâ ukkellâviyâiṃ[7] collayâiṃ, nirûviyâiṃ samantao jâva diṭṭhaṃ katthai suvaṇṇaṃ, katthai ruppayaṃ, katthai maṇi mottiya'pavâl'âiṃ[8] mah'agghaṃ bhaṇḍaṃ. taṃ ca daṭṭhûṇa ruṭṭheṇa niya'purisâṇa dinno âeso: are, bandhaha paccakkha'coraṃ imaṃ-ti. baddho ya thagathaginta'hiyao tehiṃ. dâûṇa [9]rakkhavâla'jaṇesu[10] gao râyâ bhavaṇaṃ. so vi âṇio ârakkhigeṇa râya'samîvaṃ. gâḍha'baddhaṃ ca daṭṭhûṇa bhaṇiyaṃ râiṇâ: re choḍeha, choḍeha! choḍio annehiṃ. pucchio râiṇâ: pariyâṇasi mamaṃ? teṇa bhaṇiyaṃ: sayala'puhavi'vikkhâe mahâ-narinde ko na-yâṇai? râiṇâ bhaṇiyaṃ: alaṃ uvayâra'bhâsaṇehiṃ, phuḍaṃ sâhasu, jai jâṇasi! Ayaleṇa bhaṇiyaṃ: deva, na-yâṇâmi sammaṃ. tao râiṇâ vâhirâviyâ Devadattâ, âgayâ var'acchara[11]-vva savv'anga'bhûsaṇa'dharâ; vinnâyâ Ayaleṇa. lajjio maṇammi bâḍhaṃ. bhaṇiyaṃ ca tîe: bho esa so Mûladevo, jo tume bhaṇio tammi kâle: mamâ 'vi kayâi vihi'jogeṇa vasaṇaṃ pattassa uvayâraṃ karejjaha. tâ esa so avasaro. mukko ya tumaṃ attha'sarîra'saṃsayam'âvanno vi paṇaya'dîṇa'jaṇa'vacchaleṇa râiṇâ sampayaṃ. imaṃ ca soûṇa vilakkha'mâṇaso: mahâ'pasâo-tti bhaṇiûṇa nivaḍio râiṇo Devadattâe ya calaṇesu. bhaṇiyaṃ ca: kayaṃ mae jaṃ tayâ sayala'jaṇa'nivvui'karassa nîsesa'kalâ'sohiyassa devassa nimmala-sahâvassa puṇṇimâ'candasse'va râhuṇâ kayatthaṇaṃ, tâ taṃ khamau mama sâmî! tumha kayatthaṇ'âmariseṇa mahârâo vi na dei me Ujjeṇie pavesaṃ. Mûladeveṇa bhaṇiyaṃ: khamiyaṃ ceva mae, jassa tuha devî'kao pasâo. tao so puṇo vi nivaḍio doṇha vi calaṇesu paraṃ'âyareṇa. ṇhâvio ya Devadattâe pahirâvio[12] mah'aggha'vatthe; râiṇâ mukkaṃ dâṇaṃ. pesio

1) B ⁰hav⁰. 2) A vo⁰, B bi⁰. 3) A kao. 4) Mss seṭṭhi. 5) B ⁰go. 6) B pho⁰. 7) A ukkeliyâviyâiṃ. 8) A pavâivaṃ. 9) B ⁰le. 10) B jâ⁰. 11) A tth, B ⁰ru 12) A parihâvio.

Ujjeṇiṃ. Mûladeva·râiṇo abbhatthaṇâe khamiyaṃ Viyâradhavaleṇa. Nigghiṇasammo vi rajje niviṭṭhaṃ soûṇa Mûladevaṃ âgao Veṇṇâyaḍaṃ[1]. diṭṭho râyâ. dinno so ceva adiṭṭha·sevâe gâmo tassa raṇṇâ. paṇamiûṇa mahâpasâo-tti bhaṇiûṇa ya so gao gâmaṃ.

io ya teṇa kappaḍieṇa suyaṃ, jahâ: Mûladeveṇa vi eriso sumiṇo diṭṭho, jâriso mae. paraṃ so [2]âesa·phaleṇa râyâ jâo. so cintei: vaccâmi jattha goraso, taṃ pivittâ suvâmi[3], jâva taṃ sumiṇaṃ puṇo vi pecchâmi. — avi so pecchejja, na ya mâṇusâo vibhâsâ.

IX. Maṇḍiya.

Veṇṇâyaḍe[4] ṇayare Maṇḍio nâma tuṇṇâo para·davva·haraṇa·pasatto[5] âsî. so ya duṭṭha·gaṇḍo[6] mi[7]-tti jaṇe pagâsento jâṇu·deseṇa[8] ṇiccam·eva addâ'valeva[9]litteṇa[10] [11]baddha·vaṇa·paṭṭo râya·magge tuṇṇâga·sippaṃ·uvajîvati. cakkamanto[12] vi ya daṇḍa·dharieṇaṃ pâeṇaṃ kilimmanto[13] kahaṃci[14] cakkamati[15]. rattiṃ ca khattaṃ khaṇiûṇa davva·jâyaṃ ghettûṇa — nagara·saṇṇihie ujjâṇ'ega·dese bhûmi·gharaṃ — tattha nikkhivati. tattha ya se bhagiṇî kaṇṇagâ ciṭṭhati. tassa bhûmi·gharassa majjhe kûvo. jaṃ ca so coro[16] davveṇa palobheuṃ sahâyaṃ davva·voḍhâraṃ âṇeti, taṃ sâ se bhagiṇî agaḍa·samîve puvva·ṇatth'[17]âsaṇe ṇivesiuṃ pâya·soya·lakkheṇa[18] pâe geṇhiûṇa taṃmi kûvae pakkhivai. tao so vivajjati. evaṃ kâlo vaccati ṇayaraṃ musantassa. cora·ggâhâ taṃ[7] na sakkenti[19] geṇhiuṃ. tao ṇayare [20]bahu·ravo jâo. tattha ya[11] Mûladevo râyâ [puvva·bhaṇiya·vihâṇeṇa jâo. kahio ya tassa paurehiṃ takkara·vaiyaro, jahâ: ettha nayare pabhûya·kâlo musantassa vaṭṭai kassai takkarassa, na ya tîrai[21] keṇai geṇhiuṃ. tâ kareu kiṃpi uvâyaṃ][22]. tâhe so annaṃ ṇagar'ârakkhiyaṃ ṭhaveti, so vi ṇa sakkati[23] coraṃ geṇhiuṃ. tâhe Mûladevo sayaṃ nîla-paḍaṃ[24] pâuṇiûṇa rattiṃ ṇiggato. Mûladevo[25] aṇajjanto egâe sabhâe ṇivaṇṇo[26] acchati jâva, so Maṇḍiya·coro âgantuṃ bhaṇati: ko ettha acchati? Mûladeveṇa bhaṇiyaṃ: ahaṃ kappaḍio. teṇa bhaṇṇati: ehi, maṇûsaṃ[27] karemi. Mûladevo uṭṭhio. egaṃmi îsara·ghare khattaṃ khayaṃ. su·vahuṃ[28] davva·jâyaṃ ṇîṇeûṇa[29] Mûladevassa uvariṃ caḍâviyaṃ. payaṭṭâ[30] ṇayara·vâhiriyaṃ[31]. Mûladevo purao, coro asiṇâ

---

1) A be°, B °bi. 2) B verb. âusa, a. R. vicâraphaleṇa. 3) A suyâmi. 4) B Bi°. 5) AB nirao. 6) Mss gaḍo. 7) AB om. 8) AB °se, P dd. 9) P addapâlo. 10) AB litto. 11) P om. 12) AB caṃka°. 13) AB kila°. 14) P kahiṃci. 15) A caṃkk, B caṃk. 16) P coraṃ. 17) AB ṇu. 18) P lakkhaṇeṇa. 19) AB add. taṃ. 20) P uva. 21) A tiree, B tirei. 22) P lässt das Eingeklammerte aus und schiebt einen Auszug aus der Geschichte von Mûlâdeva ein mit den Worten: so kahaṃ râyâ jâo. 23) P sakko. 24) P paḍiṃ, B 1. hd. 25) AB so ya. 26) A nivviṇṇo. 27) B maṇussaṃ, A maṇnassaṃ. 28) AB b. 29) B °iûṇa. 30) P paṭhiyâ. 31) B bâ°, P add. jao.

kaḍḍhieṇa[1] piṭṭhao eti. saṃpattâ bhûmi'gharaṃ. coro taṃ davvaṃ ṇihaṇium'âraddho. bhaṇiyâ ya ṇeṇa bhagiṇî: eyassa pâhuṇayassa[2] pâya-soyaṃ dehi! tâe kûva'taḍa'sannivitthe âsaṇe nivesio. tâe pâya'soya-lakkheṇa pâo gahio, kûve chuhâmi[3]-tti. jâva ativa sukumârâ pâyâ, tâe ṇâyaṃ. jah': esa koi [4]aṇubhûya'puvva'rajjo vihaliy'ango. tîe aṇukampâ[5] jâyâ. tao tâe pâya'tale saṇṇio: ṇassa[6]-tti mâ mârijjihisi-tti[7]. pacchâ so palâo. tâe volo[8] kao: ṇaṭṭho ṇaṭṭho[9]-tti. so'y'[10]asiṃ kaḍḍhiûṇa magge olaggo. Mûladevo râya'pahe atisannikiṭṭhaṃ[11] ṇâûṇa[12] [13]caccara'siv'-antario ṭhio. coro taṃ siva'lingaṃ, esa puriso-tti kâuṃ kankamaeṇa[14] asiṇâ duhâ'kâuṃ[15] paḍiniyatto gao bhûmi'gharaṃ. tattha vasiûṇa[16] pahâyâe rayaṇîe tao niggantûṇa gao bâhiṃ[17]. antar'âvaṇe tuṇṇâgattaṃ kareti. râiṇâ[18] purisehiṃ saddâvio. teṇa cintiyaṃ, jahâ: so puriso ṇûṇaṃ ṇa mârio, avassaṃ ca esa[19] râyâ bhavissai-tti. tehiṃ purisehiṃ âṇio. râiṇâ abbhuṭṭhâṇeṇa pûio âsaṇe ṇivesâvio. su'vahuṃ[20] ca piyaṃ[21] âbhâsio saṃlatto: mama bhagiṇiṃ[22] dehi-tti. teṇa diṇṇâ, vivâhiyâ râiṇâ. bhogâ ya se saṃpadattâ[23]. kaisuvi diṇesu gaesu râiṇâ Maṇḍio bhaṇio: davveṇa kajjaṃ-ti. teṇa su'vahuṃ[20] davva'jâyaṃ diṇṇaṃ. râiṇâ saṃpûjito. aṇṇayâ puṇo maggio; puṇo vi diṇṇaṃ. tassa ya corassa atîva sakkâra[24]-sammâṇaṃ paunjati. eeṇa pagâreṇa savvaṃ davvaṃ davâvio. bhagiṇiṃ se pucchati; tîe bhaṇṇati: ettiyaṃ[25] ceva[26] vittaṃ. tao[27] puvv'âveiya'lekkhâ-[28]'ṇusâreṇa savvaṃ davvaṃ[29] davâveûṇa[30] Maṇḍio sûlâe ârovio.

X. a. Agaladatta.

Ujjeṇîe Jiyasattussa raṇṇo Amoharaho nâma rahio[31]: tassa Jasamatî bhajjâ; tîse Agaladatto nâma putto. tassa ya bâla'bhâve ceva piyâ uvarato. so ya annayâ abhikkhaṇaṃ royamâṇo mâyaraṃ pucchati. tîe ṇibandhe kahiyaṃ, jahâ: esa Amohapahâri rahio[31] tuha piu'santiyaṃ siriṃ patto; taṃ ca paccakkha'kaḍuyaṃ tumaṃ ca akaya'vijjaṃ daṭṭhuṃ ato atîva ḍajjhâmi. teṇa bhaṇiyaṃ: atthi kovi, jo maṃ sikkhâvei? tîe bhaṇiyaṃ: atthi Kosambîe Daḍhappahârî ṇâma piu'mitto. gao Kosambiṃ.

1) Lücke in P zwischen puṇa 2) AB °gassa 3) P ech. 4) A °hûtya, P om. aṇu. 5) P Lücke viha — jâyâ. 6) B nassaha. 7) B om 8) AB b B add bâla 9) A om. 10) AB om 11) B kk. 12 B kâûṇa. 13) AP va°, B °ri. 14) P kankaggiṇeṇa 15) P kâûna 16) P Lücke kâûṇa siûṇa. 17) P vahim. 18) P °oo 19) P sae 20) AB bahuṃ. 21) B piuṃ. 22) P Lücke vahum ṇi. 23) Mss ni. 24) AB râiṇa ya se bhoga'saṃpayâ dattâ. 25) B °raṃ. 26) P Lücke bhagiṇi— yaṃ 27) B om. 28) P tâe 29) B lakkhâ 30) P davvâveûṇa. 31) °to

diṭṭho Daḍhappahârî îsattha'sattha'rahacariyâ'kusalo âyario. teṇa putto viva ṇipphâito[1] îsatthe paḍiyakke janta'mukke ya aṇṇâsu vi kalâsu.

aṇṇayâ guru'jaṇâ'ṇuṇṇâto siddha'vijjo sikkhâ'daṃsaṇaṃ kâuṃ râya-kulaṃ gato. tattha ya asi'kheḍaya'gahaṇ'âiyaṃ jahâ'sikkhiyaṃ savvaṃ dâiyaṃ. savvo jaṇo haya'hiyao[2] jâto. râyâ bhaṇai: ṇ'atthi kiṃci acchera-yaṃ. ṇ'eva ya vimhio. bhaṇai ya: kiṃ kiṃ te demi? teṇa viṇṇavio: sâmi, tubbhe mamaṃ sâhukkâraṃ ṇa deha. kiṃ aṇṇeṇa dâṇeṇaṃ-ti.

assiṃ[3] ceva desa'kâle pura'jaṇavaeṇa râyâ viṇṇavio: devâṇuppiyâṇaṃ pure asuya'puvvaṃ sandhi'chejjaṃ; saṃpayaṃ ca davva'haraṇaṃ parimoso ya keṇavi kayaṃ. taṃ arihantu ṇaṃ devâṇuppiyâ ṇagarassa sârakkha-ṇaṃ kâuṃ. tato âṇatto râiṇâ ṇagar'ârakkho: satta'rattassa abbhantare jahâ gheppanti, tahâ kuṇasu-tti. taṃ ca soûṇa, esa thakko mama gama-ṇassa-tti parigaṇanteṇa viṇṇavio râyâ, jahâ: ahaṃ satta'rattassa abbhantare, sâmi, tubbha pâya'mûlaṃ uvaṇemi. taṃ ca vayaṇaṃ râiṇâ paḍisuyaṃ, aṇumaṇṇiyaṃ ca: evaṃ kuṇasu-tti. tato haṭṭha'tuṭṭha'mâṇaso ṇiggao râya'kulâo. cintiyaṃ ca ṇeṇa, jahâ: duṭṭha'purisa'takkarâ pâṇâgâr'âi-ṭṭhâṇesu ṇâṇâviha'liṅga'vesa'paricchaṇṇâ bhamanti; ao ahaṃ eyâiṃ ṭhâṇâiṃ appaṇâ câra'purisehi ya maggâvemi. maggâveûṇa ṇiggao ṇayarâo. ṇiddhâ-iûṇa ekkao ekkassa sîyala'cchâyassa sahayâra'pâyavassa heṭṭhâ ṇiviṭṭho duvvala'maila'vattho cora'ggahaṇo'vâyaṃ cintayanto acchati. ṇavari ya kiṃpi suṇusuṇâyanto taṃ ceva sahayâra'pâyava'cchâyam'uvagao parivvâ-yao[4]. aṃva'pallava'sâhaṃ bhanjiûṇa ṇiviṭṭho. diṭṭho ya teṇa uvvaddha-piṇḍio dîha'jangho. daṭṭhûṇa ya âsankio hiyaeṇa: pâva'kamma'sûyagâiṃ liṅgâiṃ, ṇûṇaṃ esa coro-tti. bhaṇio ya so parivvâyageṇa: vaccha, kao tumaṃ kiṃ'ṇimittaṃ vâ hiṇḍasi? tao teṇa bhaṇiyaṃ: bhagavaṃ, Ujjeṇîo ahaṃ pakkhîṇa'vibhavo hiṇḍâmi. teṇa bhaṇiyaṃ: putta, ahaṃ te viulaṃ attha'sâraṃ dalayâmi. Agaladatto bhaṇati: aṇuggahito mhi tubbhehiṃ. evaṃ ca addaṃsaṇaṃ gao diṇayaro, atikkantâ saṃjhâ. kaḍḍhiyaṃ teṇa tidaṇḍâo satthayaṃ, vaddho pariyaro. uṭṭhito bhaṇati: ṇagaraṃ atigacch-âmo. tato Agaladatto sa'sankito taṃ aṇugacchati cinteti ya: esa so takkaro-tti. paviṭṭhâ ṇayaraṃ. tattha ya uttâṇa'ṇayaṇa'pecchaṇijjaṃ kassavi puṇṇa'visesa'siri'sûyagaṃ bhavaṇaṃ. tattha ya sirivaccha'saṃṭhâ-ṇaṃ saṃdhiṃ chettûṇa atigato parivvâyao[4]. ṇîṇiyâo aṇega'bhaṇḍa'bhariyâo peḍâo. tattha ya taṃ ṭhaveûṇa gao[5]. Agaladatteṇa cintiyaṃ: anta-gamaṇaṃ karemi. tâva ya âgao parivvâyao[4] jakkha'deulâo saiellae dâlidda-purise ghettûṇa. te ya tâo[5] peḍâo[5] geṇhaviyâ niddhâviyâ ya savve ṇayarâo. bhaṇai ya parivvâyao: putta, ettha jiṇṇ'ujjâṇe muhuttâgaṃ ṇiddâ'viṇoyaṃ karemo, jâva rattî galai; tato gamissâmo-tti. tato teṇa laviyaṃ: tâya, evaṃ karemo. tato tehiṃ purisehiṃ ṭhaviyâo peḍâo[5],

1) °tito. 2) °to. 3) asiṃ. 4) °to. 5) °u.

ṇiddâ'vasaṃ ca uvagayâ te. so ya parivvâyao[1] Agaladatto ya sejjaṃ attthariûṇa aliya'sûiyaṃ kâûṇa acchanti[2]. tao ya saṇiyaṃ uṭṭheûṇa avakkanto rukkha'saṃchaṇṇo[3] acchai. te purisâ ṇiddâ'vasa'gae[4] jâṇiûṇa visambha'ghâiṇâ parivvâyaeṇa mâriyâ. Agaladattaṃ ca patta'satthare apecchamâṇo maggiuṃ payatto. magganto ya sâhâ'pacchâiya'sarîreṇa abhimuham'âgacchanto aṃsa'dese asiṇâ âhato. gâḍha'ppahârî'kao paḍio. paccâgaya'saṇṇeṇa ya bhaṇio Agaladatto: vaccha, geṇha imaṃ asiṃ. vacca masâṇassa pacchima'bhâgaṃ! gantûṇa saṃtijjâ'gharassa bhitti'pâse saddaṃ karejjâsi. tattha bhûmi'ghare mama bhagiṇî vasati: tâe asiṃ dâejjasu. sâ te[5] bhajjâ bhavissati, savva'davvassa ya sâmî bhavissasi. ahaṃ puṇa gâḍha'ppahâro aikkanta'jîvo-tti. gao ya Agaladatto asi'laṭṭhiṃ gahâya. diṭṭhâ ya sâ tao bhavaṇâo bhavaṇa'vâsiṇî viva pecchaṇijjâ. bhaṇati ya: kao tumaṃ-ti. dâio Agaladatteṇa asi'laṭṭhî. visaṇṇa'vayaṇa'hiyayâe ya soyaṃ ṇigûhantîe sa'saṃbhamaṃ aiṇîo santejjâ'gharaṃ. diṇṇaṃ âsaṇaṃ. uvaviṭṭho Agaladatto. sasankio se cariyaṃ uvalakkhei. sâ ya atiy-âyareṇa sayaṇijjaṃ raei. bhaṇai ya: ettha vîsâmaṃ kareha! tato so ṇa nidd'âlassaṃ uvagao, vikkhitta'cittâo ya aṇṇaṃ ṭhâṇaṃ gantûṇa ṭhio pacchaṇṇaṃ. tahiṃ ca sayaṇijje puvva'sajjiyâ silâ; sâ tâe pâḍiyâ, cuṇṇiyâ ya sejjâ. sâ ya haṭṭha'tuṭṭha'mâṇasâ bhaṇati; hâ hato bhâu'ghâyago-tti. Agaladatto ya tao ṇiddhâiûṇa vâlesu ghettûṇa bhaṇati: hâ dâsîe dhîe, ko maṃ ghâei[6]-tti. tao sâ pâesu ṇivaḍiyâ, saraṇ'âgayâ mi-tti bhaṇantî. teṇ' âsâsiyâ: mâ vîheha-tti. so ya taṃ ghettûṇa gao râyaulaṃ. pûjio raṇṇâ pura'jaṇavaeṇa ya. bhogâṇa ya bhâgî jâu-tti.

evaṃ aṇṇe vi appamattâ ih' eva kallâṇa'bhâiṇo[7] bhavanti.

X. Agaḍadatta.

atthi jae su'pasiddhaṃ Sankhauraṃ pura'varaṃ guṇa'samiddhaṃ |
tammi ya râyâ jaṇa'jaṇiya'tosao Sundaro nâma || 1 ||
tassa kula'rûva'sarisî samagga'jaṇa'jaṇiya'loyaṇ'âṇandâ |
anteurassa paḍhamâ Sulasâ nâmeṇa vara'bhajjâ || 2 ||
tîe kucchi'pasûo putto nâmeṇa Agaḍadatto-tti |
aṇudiyahaṃ so pavaraṃ vaḍḍhanto[8] jovvaṇaṃ patto || 3 ||
so ya keriso:
dhamm'attha'dayâ'rahio guru'vayaṇa'vivajjio aliya'vâî |
para'ramaṇi'ramaṇa'kâmo nissanko mâṇa'soṇḍîro || 4 ||

1) °to. 2) °ati 3) cch. 4) gayâ. 5) bhe 6) ghâyai. 7) bhâtiṇo.
8) Mss ḍḍ.

majjaṃ piei jûyaṃ ramei pisiyaṃ mahuṃ ca bhakkhei |
naḍa'peḍaya'vesâ'vinda'parigao bhamai pura'majjhe || 5 ||
annaṃmi diṇe ranno puravara'loeṇa vaiyaro siṭṭho
jaha kumareṇa narâ'hiva nayare asamanjasaṃ vihiyaṃ || 6 ||
suṇiûṇa paura'vayaṇaṃ râyâ guru'kova'jâya'ratt'accho |
phuḍa'bhiuḍi'bhâsura'siro eyaṃ bhaṇiuṃ[1] samâḍhatto || 7 ||
re re bhaṇaha kumâraṃ sigghaṃ ciya vajjiûṇa maha visayaṃ |
annattha kuṇasu gamaṇaṃ mâ bhaṇasu ya jaṃ na[2] kahiyaṃ-ti || 8 ||
nâûṇa vaiyaraṃ so kumaro caiûṇa niya'puraṃ rammaṃ |
khagga'sahâo calio guru'mâṇa'pavaddhiyâ'mariso || 9 ||
langhittâ giri'sari[3]kâṇaṇâi pura'goṭṭha'gâma'vandâiṃ[4] |
niya'nayarâo dûre patto Vâṇârasiṃ nayariṃ || 10 ||
tiya'caccara'm'âisuṃ asahâo bhamai nayara'majjhaṃmi |
citte amarisa'jutto kari-vva jûhâŏ paribhaṭṭho || 11 ||
hiṇḍanteṇaṃ ca tayâ purîĕ[5] maggesu râya'taṇaeṇa |
bahu'taruṇa'nara'sameo ekko kila jâṇao diṭṭho || 12 ||
so ya keriso:
satth'attha'kalâ'kusalo viuso bhâvannuo su'gambhiro |
nirao paro'vayâre kivâluo rûva'guṇa'kalio || 13 ||
nâmeṇa Pavaṇacaṇḍo vâîṇaṃ na uṇa sîsâṇaṃ |
sandaṇa'haya'gaya'sikkhaṃ sâhinto niva'suyâṇa tahiṃ || 14 ||
tassa samîvaṃmi gao caraṇa'juyaṃ paṇamiuṃ samâsîṇo |
katto si tumaṃ sundara aha bhaṇio Pavaṇacaṇḍeṇa || 15 ||
egante gantûṇaṃ Sankhaurâo jahâ viṇikkhanto |
kahio taha vuttanto kumareṇaṃ Pavaṇacaṇḍassa || 16 ||
Caṇḍeṇa tao bhaṇio acchasu etthaṃ kalâŏ sikkhanto |
param'attaṇo ya guṇjhaṃ kassa vi mâ suyaṇu payaḍesu || 17 ||
uṭṭheuṃ ujjhâo patto gehaṃmi râya'suya'sahio |
sâhei mahiliyâe eso maha bhâuya'suo-tti || 18 ||
ṇhaviûṇaṃ kumara'varaṃ dâûṇaṃ pavara'vattham'âbharaṇaṃ |
to bhoyaṇâ'vasâṇe bhaṇiyam'iṇaṃ Pavaṇacaṇḍeṇa || 19 ||
bhavaṇa'dhaṇaṃ parivâro sandaṇa'turay'âi santiyaṃ majjha |
savvaṃ tujjh' âyattaṃ vilasasu hiya'icchiyaṃ kumara || 20 ||
evaṃ so kira saṃtuṭṭha'mâṇaso mukka'kûra'vavasâo |
ciṭṭhai tass' eva ghare savvâŏ kalâŏ sikkhanto || 21 ||
guruyaṇa'guru'viṇaya'pavaṇṇa'mâṇaso sayala'jaṇa'maṇ'âṇando |
bâvattariṃ kalâo geṇhai theveṇa kâleṇaṃ || 22 ||
evaṃ so kumara'varo nâya'kalo parisamaṃ kuṇemâṇo |
bhavaṇ'ujjâṇe ciṭṭhai aṇudiyahaṃ tap'paro dhaṇiyaṃ || 23 ||

---

1) Mss °yaṃ. 2) B jaṇṇa. 3) B siri. 4) A caṇḍ° viell. vandrâiṃ 5) B puriya

ujjâṇassa samîve pahâṇa·seṭṭhissa santiyaṃ bhavaṇaṃ |
vâyâyaṇa·ramaṇîyaṃ uttungam·aiva vitthiṇṇaṃ || 24 ||
tatth' atthi seṭṭhi·dhûyâ[1] maṇoharâ Mayaṇamanjarî nâma |
sâ ghara·siram·ârûḍhâ aṇudiyahaṃ pecchae kumaraṃ || 25 ||
aha tammi sâ'ṇurâyâ aṇavaraya·paloyaṇaṃ kuṇemâṇî |
vikkhivai kusuma·phala·patta[2]leṭṭhue kiṃpi cintanti || 26 ||
hiyaya·tthaṃ pi hu bâlaṃ kumaro na nirikkhae kalâ·rasio |
âsankâĕ gurûṇaṃ vijjâe gahaṇa·lobheṇaṃ || 27 ||
anna·dinammi tie Vammaha·sara[3]pasara·vihuriya·maṇâe |
gahaṇe kalâṇa satto pahao u asoga·guccheṇaṃ || 28 ||
kumareṇa tammi diyahe sâ bâlâ pulaiyâ ya sa·visesaṃ |
[4]kankelli·pallav'antariya·taṇu·layâ saṃbham'ubbhantâ || 29 ||
cintiyaṃ ca:
kiṃ esâ amara·vilâsiṇî uaha[5] hojja nâga·kanna-vva |
Kamala-vva kiṃ nu esâ Sarassaî kiṃ va paccakkhâ || 30 ||
ahavâ pucchâmi imaṃ kajjeṇaṃ keṇa ciṭṭhaî etthaṃ |
iya cintiûṇa hiyae kumaro payaḍaṃ imaṃ bhaṇai || 31 ||
kâ si tumaṃ vara·bâle îsiṃ payaḍesi kîsa appâṇaṃ |
vijjâ·gahaṇ'âsattaṃ kîsa mamaṃ suyaṇu khobhesi || 32 ||
suṇiuṃ kumâra·vayaṇaṃ viyasiya·diṭṭhîĕ vihasiya·muhîe |
payaḍanta·danta·kiraṇ'âvalîĕ tîe imaṃ bhaṇiyaṃ || 33 ||
nayara·pahâṇassa ahaṃ dhûyâ seṭṭhissa Bandhudattassa |
nâmeṇa Mayaṇamanjari[6] iha ceva vivâhiyâ nayare || 34 ||
jad·divasâo diṭṭho sundara taṃ Kusumacâva·sâriccho |
tad·diyahâo majjhaṃ asuha·tarû vaḍḍhio hiyae || 35 ||
jeṇa:
niddâ vi hu naṭṭhâ loyaṇâṇa dehammi vaḍḍhio dâho |
asaṇaṃ pi no ya ruccai[7] guru·viyaṇâ uttam'angammi || 36 ||
tâva-cciya hoi suhaṃ jâva na kîrai pio jaṇo kovi |
piya·sango jeṇa kao dukkhâṇa samappio appâ || 37 ||
perijjanto u purâ- kaehi kammehi kehivi varâo |
suham'icchanto dullaha- jaṇâ'ṇurâe jaṇo paḍai || 38 ||
tâ jai mae samâṇaṃ sangaṃ na ya kuṇasi taruṇi·maṇa·haraṇaṃ |
bohaṃ[8] tuha niya·vajjhâ phuḍaṃ jao n'atthi me jîyaṃ || 39 ||
so nisuṇiûṇa vayaṇaṃ tîe bâlâĕ cintae[9] hiyae |
marai phuḍaṃ ciya esâ mayaṇa·mahâ·jalaṇa·daḍḍh'angî[10] || 40 ||
nisuṇijjai payaḍam·iṇaṃ Bhâraha·Râmâyaṇesu satthesu |
jaha dasa kâmâ'vatthâ honti phuḍaṃ kâmuya·jaṇâṇaṃ || 41 ||

1) B sûyâ. 2) A patte, B pattu. 3) Mss guru cf v 49. 4) B kiṃ⁰. 5) B ya aha 6) A Mayaṇamanjari-tti nâmaṃ 7) B ruvai, A om. diesen Vers. 8) Mss hohi. 9) B cintie 10) A daddhangi.

padhamâ jaṇei cintaṃ bîyâe mahai saṃgama'suhaṃ-ti. |
dîh'uṇhâ nisâsâ havanti taiyâĕ vatthâe || 42 ||
jarayaṃ jaṇai cautthî pancama'vatthâĕ ḍajjhae angaṃ |
na ya bhoyaṇaṃ ca ruccai chaṭṭhâ'vatthâĕ kâmissa || 43 ||
sattamiyâe mucchâ aṭṭhama'vatthâĕ hoi ummâo |
pâṇâṇa ya saṃdeho navamâ'vatthâĕ pattassa || 44 ||
dasamâ'vatthâĕ gao kâmî jîveṇa muccae nûṇaṃ |
tâ esâ maha virahe pâṇâṇa vi saṃsayaṃ kâhî || 45 ||
paribhâviûṇa hiyae râya'kumâreṇa bhâva'kusaleṇaṃ |
bhaṇiyâ siṇeha'sâraṃ sâ bâlâ mahura'vayaṇeṇa || 46 ||
sundari. Sundara'ranno sundara'cariyassa viula'kittissa |
nâmeṇa Agaḍadattaṃ paḍhama'suyaṃ maṃ viyâṇehi || 47 ||
kala'y'âyariya'samîvaṃ kala'gahaṇ'atthaṃ samâgao ettha |
pavisissaṃ jaṃmi diṇe tae vi ghettuṃ gamissâmi || 48 ||
kahakahavi sâ may'acchî Vammaha'sara'pasara'salliya¹'sarîrâ |
em'âi bahu'payâraṃ bhaṇiûṇa kayâ samâsatthâ || 49 ||
so râya'suo tatto tîe guṇa'rûva'ranjiya'maṇo hu |
niya'nilae saṃpatto cintanto saṃgamo'vâyaṃ || 50 ||
annaṃmi diṇe so râya'nandaṇo vîhiyâĕ maggeṇaṃ |
turay'ârûḍho vaccai tâ nayare kalayalo jâo || 51 ||
avi ya:
kiṃ caliu-vva samuddo kiṃ vâ jalio huyâsaṇo ghoro |
kiṃ pattaṃ riu'sennaṃ taḍi'daṇḍo nivaḍio kiṃ vâ || 52 ||
etth' antaraṃmi sahasâ diṭṭho kumareṇa vimhiya'maṇeṇa |
maya'vâraṇo u matto nivâḍiy'âlâṇa'vara'khambho || 53 ||
miṇṭheṇa vi paricatto mârento soṇḍa'goyaraṃ patte |
savaḍaṃmmuhaṃ calanto Kâlo-vva akâraṇe kuddho || 54 ||
tuṭṭa'paya'bandha'rajjû saṃcuṇṇiya'bhavaṇa'haṭṭa'devaulo |
khaṇa'metteṇa payaṇḍo so patto kumara'purao-tti || 55 ||
taṃ târisa'rûva'dharaṃ kumaraṃ daṭṭhûṇa nâyara'jaṇehiṃ |
gahira'sareṇaṃ bhaṇio[2] osara osara kari'pahâo || 56 ||
kumareṇa vi niya'turayaṃ[3] paricaiûṇaṃ [4]sudakkha'gai'gamaṇaṃ |
hakkârio ga'indo Inda'ga'indassa sâriccho || 57 ||
suṇiuṃ kumâra'saddaṃ danti pajjhariya'maya'jala'pavâho |
turio pahâvio so kuddho Kâlo-vva kumarassa || 58 ||
kumareṇa ya pâuraṇaṃ saṃvelleûṇa hiṭṭha'citteṇaṃ |
dhâvanta'vâraṇassâ soṇḍâ'purao u pakkhittaṃ || 59 ||
koveṇa dhamadhamento danta'cchobhe ya dei so taṃmi |
kumaro vi [5]piṭṭha'bhâe pahaṇai daḍha'muṭṭhi'pahareṇaṃ || 60 ||

1) A pasaralliya. 2) B guhira°, A °yaṃ. 3) Mss turi° 4) M sudu° 5) Mss paṭṭha. B verb. piṭṭha.

tâ odhâvai[1] dhâvai calai khalai pariṇao tahâ hoi |
paribhamai cakka'bhamaṇaṃ roseṇaṃ dhamadhamento so || 61 ||
aiva mahantaṃ velaṃ khellâveûṇa taṃ gayaṃ pavaraṃ |
niyaya'vase kâûṇaṃ ârûḍho tâva khandhaṃmi || 62 ||
aha taṃ ga'inda'kheḍḍaṃ maṇoharaṃ sayala'nayara'loyassa |
anteura'sariseṇaṃ paloiyaṃ naravar'indeṇaṃ || 63 ||
daṭṭhuṃ kumaraṃ gaya'khandha'saṃṭhiyaṃ Suravaiṃ va so râyâ |
pucchai niya'bhicca'yaṇaṃ ko eso guṇa'nihî bâlo || 64 ||
teeṇaṃ ahimayaro somattanaeṇa taha ya nisinâho |
savva'kal'âgama'kusalo vûi sûro surûvo ya || 65 ||
ekkeṇa tao bhaṇiyaṃ kala'y'âyariyassa mandire eso |
kala'parisamaṃ kuṇanto diṭṭho me tattha nara'nâha || 66 ||
to so kala'y'âyario naravaiṇâ pucchio harisieṇaṃ |
ko eso vara'puriso gaya'vara'sikkhâĕ aikusalo || 67 ||
abhayaṃ parimaggeuṃ kala'y'âyarieṇa kumara'vuttanto |
sa'visesaṃ parikahio naravaiṇo bahu'jaṇa'juyassa || 68 ||
taṃ nisuṇiûṇa râyâ niya'hiyae garuya'tosam'âvanno |
saṃpesai paḍihâraṃ kumaraṃ âṇehi mama pâsaṃ || 69 ||
gaya'khandha'pariṭṭhiyao aha so bhaṇio ya dâravâleṇaṃ |
hakkârai nara'nâho âgacchasu kumara râyaulaṃ || 70 ||
rây'âeseṇa tao hatthiṃ khambhaṃmi âgaleûṇaṃ |
kumaro sa'sanka'hiyao patto nara'nâha'pâsaṃmi || 71 ||
jâṇû'kar'uttam'ange mahîĕ viṇihittu garuya'viṇaeṇaṃ |
jâva na kuṇai paṇâmaṃ avagûḍho tâva so rannâ || 72 ||
tambol'âsaṇa'sammâṇa'dâṇa'pûyâi'pûio ahiyaṃ |
kumaro pasanna'hiyao uvaviṭṭho râya'pâsaṃmi || 73 ||

tao cintiyaṃ râiṇâ: [2]uttama'puriso eso[3]. jao:

viṇao mûlaṃ purisattaṇassa mûlaṃ sirîe vavasâo |
dhammo suhâṇa mûlaṃ dappo mûlaṃ viṇâsassa || 74 ||

annaṃ ca:

ko cittei maûraṃ gaiṃ[4] ca ko kuṇai râyahaṃsâṇaṃ |
ko kuvalayâṇa gandhaṃ viṇayaṃ ca kula'ppasûyâṇaṃ || 75 ||

avi ya:

sâli bhareṇa toeṇa jalaharâ phala'bhareṇa taru'siharâ |
viṇaeṇa ya sap'purisâ namanti na hu kassavi bhaeṇa || 76 ||
to viṇaya'ranjieṇaṃ kusala'pauttiŏ[5] pucchio kumaro |
rannâ kalâṇa gahaṇaṃ sa'visesaṃ taha ya puṭṭhaṃ[6]-ti || 77 ||
niya'guṇa'gahaṇaṃ payaḍei no[7] ya lajjâĕ jâva so tâva |
ujjhâeṇaṃ bhaṇiyaṃ pahu niuṇo esa savvattha || 78 ||

1) A uddh°. 2) B uttima. 3) B esa. 4) A gayaṃ. 5) B pauttio. 6) A pucchaṃ. 7) Mss na.

paraṃ mahârâya:

niya'garuya'payâva'pasaṃsaṇeṇa lajjanti je mahâ'sattâ |
iyarâ puṇa aliya'pasaṃsaṇe vi ange[1] na mâyanti || 79 ||
evaṃ ca tassa ranno kumâra'cariyaṃmi khitta'cittassa[2] |
tâ sayalo pura'loo samâgao râya'pâsaṃmi || 80 ||
vara'rayaṇa'ambarâiṃ [3]suyandha'kusumâi phala'saṇâhâiṃ |
mukkâi râya'purao paureṇaṃ parihava'gaeṇaṃ || 81 ||
taṃ pura'jaṇa'kosallaṃ naravaiṇâ appiyaṃ kumârassa |
aha te kaya'paṇivâyâ vinnattiṃ kâum'âraddhâ || 82 ||

taṃ jahâ:

deva imaṃ tuha nayaraṃ Kuvera'pura'vihava'ahiya'dhaṇa'nivahaṃ |
kaivaya'diṇâṇa majjhe corassa vi[4] mandiraṃ jâyaṃ || 83 ||
keṇâ 'vi takkareṇaṃ duṭṭheṇaṃ khatta'câra'niuṇeṇaṃ |
muṭṭhaṃ naravara nayaraṃ eṇhaṃ rakkhesu kiṃ bahuṇâ || 84 ||
kaḍuya'vayaṇehi bhaṇio rannâ ârakkhio pura'varassa |
re re pecchantassa vi muṭṭhaṃ savvaṃ pi tuha nayaraṃ || 85 ||
aha vinnattaṃ teṇaṃ deva aṇegâṇi amha diyahâṇi |
joyantâṇaṃ coraṃ taha vi hu katthai na so diṭṭho || 86 ||
etth' antaraṃmi râyâ vinnatto Agaḍadatta'kumareṇaṃ |
pahu dehi mam' âesaṃ lahemi pura'takkaraṃ sigghaṃ || 87 ||
majjhe satta'diṇâṇaṃ pura'coraṃ no lahâmi jai nâha |
to jaliya'jalaṇa'jâl'âvalîsu jâlemi niya'dehaṃ || 88 ||
eyaṃ kumâra'vayaṇaṃ naravaiṇâ nisuṇiûṇa sa'painnaṃ |
aṇumanniûṇa bhaṇio sijjheu samîhiyaṃ tujjha || 89 ||
aha so gahiya'painno râyâṇaṃ paṇamiuṃ aṇuvviggo |
paribhamai nayara'majjhe joyanto takkara'nivâse || 90 ||

avi ya:

vesâṇa mandiresuṃ pâṇâgâresu jûya'ṭhâṇesu |
kullûriy'[5]âvaṇesu ya ujjâṇa'nivâṇa'sâlâsu || 91 ||
maḍha'sunna'deulesuṃ caccara'cauhaṭṭa'haṭṭa'sâlâsu |
takkara'gamaṃ niyanto hiṇḍai ekkallao kumaro || 92 ||
tâ jâ chaṭṭho diyaho volîṇo no[6] ya takkaro diṭṭho |
sattama'diṇaṃmi kumaro gahio cintâĕ sa'visesaṃ || 93 ||
kiṃ vaccâmi videsaṃ[7] kiṃ vâ tâyassa antiyaṃ jâmi |
hariûṇa taṃ may'acchiṃ kiṃ vâ raṇṇaṃmi gacchâmi | 94 ||
kiṃ tu na juttaṃ eyaṃ nimmala'kula'saṃbhavâṇa purisâṇa |
jaṃ kira niya'jîhâe paḍivannaṃ annahâ hoi || 95 ||

jeṇa:

1) A aṃme. 2) A cattassu. 3) B suiṃdha. 4) A rârassa va. 5) A ulûriy°. 6) A ni, B ne. 7) A sadesaṃ.

chijjau sisaṃ aha hou bandhaṇaṃ vayau savvahâ lacchî |
paḍivanna'pâlaṇe su'purisâṇa jaṃ hoi taṃ hou || 96 ||
neyaṃ mahavvayaṃ khalu   naraṭṭhi'muddâë jaṃ samuvvahaṇaṃ
paḍivanna'pâlaṇaṃ ciya   mahavvayaṃ dhîra'purisâṇaṃ || 97 ||
evaṃ ca bahu'viyappe   niyaya'maṇe bhâviûṇa so kumaro |
avar'aṇhaya'velâe   purassa bâhiṃmi saṃpatto || 98 ||
egassa pavara'kisalaya-   samûha'guvilassa sîya'châyassa |
uttunga'viyaḍa'sâh'âulassa sahayâra'rukkhassa || 99 ||
uvaviṭṭho ciṭṭhai heṭṭhayaṃmi cintâ'bhareṇa [1]suḍhiy'ango |
joyanto disi'cakkaṃ   vijjâ'bhaṭṭho-vva khayar'indo | 100 ||
etth' antaraṃmi ego   sahasâ parivâyago samaṇupatto |
kaya'dhâu'vattha'veso   muṇḍiya'sira'kucca'saccûlo || 101 ||
daṇḍa'ttiya'kuṇḍî'camara'saṃgao   taha gaṇettiyâ'hattho |
kiṃ kiṃpi muṇamuṇinto[2]   saṃpatto kumara'pura o-tti || 102 ||
kari'soṇḍâ[3]bhuya'daṇḍo   visâla'vacchatthalo pharusa'keso |
nava'jovvaṇo rauddo   ratt'accho dîha'jangho ya || 103 ||
nijjhâiûṇa aha so   s'âsanko cintae maṇe kumaro |
evaṃviha'rûveṇaṃ   havijja eso phuḍaṃ coro || 104 ||
etth' antaraṃmi teṇaṃ   bhaṇio kumaro piehi vayaṇehiṃ |
katto si tumaṃ su'purisa   keṇa va kajjeṇa ciṭṭhesi || 105 ||
nâûṇa tassa bhâvaṃ   bhaṇiyaṃ kumareṇa buddhi'niuṇeṇaṃ |
dâliddeṇ' akkanto   bhamâmi nayarîë sunna'maṇo || 106 ||
mâ soyasu putta tumaṃ   ajjaṃ chindâmi tujjha dâliddaṃ |
demi samîhiya'davvaṃ   bhaṇiyaṃ parivâyageṇaṃ-ti || 107 ||
kumareṇaṃ saṃlattaṃ   tumhâṇaṃ ceva paya'pasâeṇaṃ |
nâsai maha dâliddaṃ   saṃpajjai îhiyaṃ kajjaṃ || 108 ||
evaṃ jaṃpantâṇaṃ   nayaṇa'pahaṃ vajjiûṇa divasayaro |
addaṃsaṇam'âvanno   dosa'bhaeṇaṃ va sap'puriso || 109 ||
saṃjh'ujjoyaṃmi gae   payaḍi'hûyaṃmi rayaṇi'tama'niyare |
kaḍḍheuṃ kosâo   karavâlaṃ dâruṇ'âyâraṃ || 110 ||
turiya'gaî saṃcalio   so kumaraṃ bhaṇai ehi maha piṭṭhaṃ |
jeṇa samîhiya'kajjaṃ   savvaṃ kâremi kiṃ bahuṇâ || 111 ||
tâva ya donni[4] vi sigghaṃ   saṃpattâ nayari'majjhayârammi |
paribhamiûṇaṃ thovaṃ   uvaviṭṭhâ ega'desaṃmi || 112 ||
parivâyageṇa tâva ya   îsara'vaṇiyassa mandire tunge |
suha'bheya'bhitti'bhâe   khattaṃ âlehiyaṃ teṇa | 113 ||
jâe vi bhitti'sandhe   khaṇiyaṃ khattaṃ sutikkha'sattheṇaṃ |
sirivaccha'sacchahaṃ su-   ppavesa'niggamaṇam'aigûḍhaṃ || 114 ||
nijjhâiûṇa suiraṃ   nihuya'payaṃ pavisiûṇa so dhutto |

1) A suḍ⁰. 2) B ⁰ṇaṇto 3) Mss suṇḍâ 4) B doṇha

kaḍḍhai mah'aggha'bhaṇḍaṃ pabhûya'peḍâŏ tatth' eva || 115 ||
ṭhaviuṃ kumaraṃ âṇiya devaulâo[1] dariddie purise |
te[2] geṇhâviya tâo nayarâo niggayâ jhatti || 116 ||
tao kumareṇa cintiyaṃ:
âyaḍḍhiûṇa khaggaṃ chaleṇa[3] pahaṇâmi kiṃ ihaṃ duṭṭhaṃ[4] |
ahava na juttaṃ amhaṃ chala'ghâo kula'pasûyâṇaṃ || 117 ||
eya'nivâsaṃ gantuṃ davvaṃ pecchâmi kettiyaṃ hariyaṃ |
kassa kae aṇavarayaṃ musai imaṃ nayari'jaṇa'nivahaṃ || 118 ||
evaṃ te donni vi gahiya'mosayâ pura'varâŏ[5] nikkhantâ |
guru'bhâreṇa kilantâ nayar'ujjâṇaṃmi saṃpattâ || 119 ||
parivâyageṇa bhaṇio kumaro chala'ghâya'mâraṇa'nimittaṃ |
su'purisa garuyâ rayaṇî acchâmo ettha ujjâṇe || 120 ||
paḍivanne kumareṇaṃ tatth' ujjâṇaṃmi te samâsîṇâ |
kila niddaṃ sevemo citteṇaṃ do[6] vi s'âsankâ || 121 ||
khaṇa'metteṇaṃ donni[7] vi dâhiṇa'vâmesu vaccha'mûlassa |
annonna'ghâya'nirayâ aliya'niddâ'pasutta-tti || 122 ||
te vâhittiya'purisâ suttâ vîsattha'mâṇasâ savve |
kumaro vi sattharâo uṭṭhettâ saṇiyam'avakanto[8] || 123 ||
kâuṃ karaṃmi khaggaṃ annassa mahâ'tarussa mûlaṃmi |
pecchanto saṃciṭṭhai apamatto tassa cariyâiṃ || 124 ||
sutta-tti muṇeûṇaṃ teṇaṃ viṇivâiyâ u te purisâ |
sayaṇe tam'apecchanto jâ jovai tattha so kumaraṃ || 125 ||
tâ hakkiûṇa duṭṭhaṃ kumaro âyaḍḍhiûṇa karavâlaṃ |
pahaṇai jangh'âsaṇṇaṃ bhaya'rahio bhîma'bala'jutto || 126 ||
egeṇa pahâreṇaṃ paḍiyaṃ janghâṇa juyalayaṃ tassa |
cakk'âhao-vva rukkho nivâḍio jhatti dharaṇîe || 127 ||
gantuṃ asamattheṇaṃ jîviya'seseṇa teṇa so bhaṇio |
âsi ahaṃ su'pasiddho nâmeṇa Bhuyaṃgamo coro || 128 ||
taha atthi iha masâṇe gehaṃ bhûmîĕ majjhayâraṃmi |
tatth' atthi majjha bhaiṇî Vîramaî[9] nâma juvai-tti || 129 ||
vaḍa'pâyavassa mûle gantûṇaṃ kuṇasu tîĕ vâharaṇaṃ |
jeṇaṃ bhûmi'gharassâ dâraṃ ugghâḍae turiyaṃ || 130 ||
taṃ pariṇiûṇa sundara geṇhasu savvaṃ pi daviṇa'jâyaṃ-ti |
ciṭṭhasu tattha suheṇaṃ ahavâ vasimaṃmi[10] gacchesu || 131 ||
evaṃ jaṃpanto so kumareṇ' âsâsio khaṇaṃ ekkaṃ |
gahiûṇa tassa khaggaṃ patto tâ peya'bhûmîe || 132 ||
gantûṇa kao saddo vaḍassa mûlaṃmi tîĕ juvaîe |
âgantûṇa ya tie [11]gharassa ugghâḍiyaṃ[12] dâraṃ || 133 ||

1) B °lâuo 2) A to. 3) B bal°. 4) A imaṃ kaṭṭhaṃ 5) A vario. 6) A be. 7) B doṇha. 8) B avakkanto. 9) A ghira°, K. Vîrapatnî. 10) B vasa°. 11) A add. vi. 12) A ughâ°.

nijjhâiûṇa suiraṃ rûvaṃ bâlâĕ vimhio sahasâ |
cintai niya'hiyaeṇaṃ esâ Mayaṇassa savvassaṃ || 134 ||
puṭṭho ya tiĕ sundara katto kajjeṇa keṇa v' âyâo |
kahiyâ teṇa pauttî taṃ souṃ dûmiyâ hiyae || 135 ||
bhaṇiûṇa mahura'vayaṇaṃ nîo pâyâla'mandire kumaro |
guru'gauraveṇa tîe dinnaṃ pavar'âsaṇaṃ tattha || 136 ||
sa'ppaṇayaṃ ciya bhaṇio ahayaṃ eyaṃ ca viula'dhaṇa'nivahaṃ |
tumh' âyattaṃ savvaṃ sundara vilasesu sacchandaṃ || 137 ||
payaḍeuṃ vâsa'haraṃ bhaṇio vîsamasu ettha sayaṇijje |
ahayaṃ puṇa gantûṇaṃ âṇemi vilevaṇaṃ tujjha[1] || 138 ||
evaṃ bhaṇiûṇaṃ sâ vâsa'harâo viṇiggayâ sahasâ |
kumaro vi nîi'satthaṃ cintei ah' appaṇo hiyae || 139 ||
mâyâ aliyaṃ loho mûḍhattaṃ sâhasaṃ asoyattaṃ |
nissaṃsayâ taha-cciya mahilâṇa sahâva'yâ dosâ || 140 ||

annaṃ ca:

na gheppaiṃ[2] susiṇehiṃ[3] na vijjaiṃ[4] na ya guṇehiṃ |
na ya lajjaiṃ[5] na ya mâṇiṇa na ya câḍuya'saya'sahassehiṃ || 141 ||
na ya khara'komala'vayaṇihiṃ na vihavi na jovvaṇeṇa
duggejjhaṃ maṇu mahilahiṃ cintahiṃ âyareṇa || 142 ||

ao:

jo jâi juvai'vagge sabbhâvaṃ Mayaṇa'mohio puriso |
duttara'dukkha'samudde nivaḍai so n'atthi saṃdeho || 143 ||
evaṃ ca bhâviûṇaṃ[6] sayaṇa'talaṃ vajjiûṇa so kumaro |
lukko aṇṇa'paese ṭhaviûṇaṃ tattha paḍirûvaṃ || 144 ||
sayaṇijjassa ya uvariṃ janta'paogeṇa jâ silâ ṭhaviyâ |
sâ jhatti[7] tiĕ mukkâ paḍiyâ [8]pallanka'uvarimmi || 145 ||
nâûṇa cuṇṇiyaṃ taṃ [9]pahiṭṭha'hiyayâ pahâsai pâvâ |
maha bhâuyaṃ vahanto kiṃ jâṇasi attaṇo hiyae || 146 ||
suṇiûṇa imaṃ vayaṇaṃ kumaro vi pahâvio tayâhuttaṃ |
gahiyâ kesa'kalâve bhaṇiyâ sâ erisaṃ vayaṇaṃ || 147 ||
hâ pâve ko sakkai maṃ mâreuṃ subuddhi'vihaveṇa |
jo jaggai para'chaḍḍiṃ[10] so niya'chaḍḍîe[11] kiṃ suyai || 148 ||
gahiûṇa ya taṃ[12] bâlaṃ vasumai'bhavaṇâŏ niggao kumaro |
ratto vi aiviratto tîe aikûra'cariehiṃ || 149 ||
gantuṃ râya'samîve rayaṇi'pautti ya sâhiyâ teṇa |
coro khaggeṇa hao tass' esâ âṇiyâ bhagiṇî || 150 ||
taṃ ciya pâyâla'haraṃ bîya'diṇe daṃsiyaṃ[13] naravaissa[14] |
riṭṭhaṃ taṃ naravaiṇâ samappiyaṃ nayara'loyassa || 151 ||

1) A tujjhe. 2) Mss gheppahiṃ. 3) A suhayaṇehiṃ. 4) B vijjai. 5) B °hiṃ. 6) A bhâṇ°, B 1. hd. 7) B maṇjhetti. 8) B palli° 9) B pai°. 10) Mss ṭṭh. 11) B ṭṭh, A balie. 12) B verbessert imaṃ. 13) B darasiyaṃ. 14) Mss° varassa.

tuṭṭheṇaṃ naravaiṇâ
nâmeṇa Kamalaseṇâ
vara'gâmâṇa sahassaṃ
pâikkâṇaṃ lakkhaṃ
evaṃ so laddha'jaso
aliyaṃ muṇei savvaṃ
jao:
tâ lajjâ tâ mâṇo
jâ na viveya'jiya'harâ
evaṃ Mayaṇ'âyatto
tâ egâ vara'vilayâ[3]
dinn'âsaṇo'vaviṭṭhâ
taṃ âgayâ si sundari
bhaṇiyaṃ tîe nisuṇasu
ahayaṃ tumha samîve
eyaṃ tuha saṃdiṭṭhaṃ
jâ gacchai na[4] ya jîyaṃ
annaṃ ca nisuṇiûṇaṃ
duṭṭh'itthî'pariharaṇaṃ
sâhukkâraṃ tujjhaṃ
jîyaṃ pi hu tuha daṃsaṇa-
suṇiûṇa tîĕ vayaṇaṃ
bhaṇiyâ sâ hû itthî
kusale pabhaṇasu gantuṃ
patthâvaṃ lahiûṇaṃ
annaṃmi diṇe sahasâ
bhavaṇaṃmi pavisamâṇâ
âlingiuṃ sa'harisaṃ
sa'siṇehaṃ paripuṭṭhâ
to tehi imaṃ bhaṇiyaṃ
taha vi hu tuha viraha'mahâ-
kaivaya'diṇâṇa majjhe
to kumara nicchaeṇaṃ
evaṃ nisâmiûṇaṃ
patto râya'samîve
tâyassa samîvâo
pahu majjha âṇaṇ'atthaṃ
naravaiṇâ to bhaṇiyaṃ
niya'parivâra'sameo

dinnâ kumarassa niyaya'dhûya-tti |
Kamalâ iva sayala'jaṇa'daiyâ || 152 ||
sayaṃ ga'indâṇa viula'bhaṇḍâraṃ |
turayâṇaṃ[1] dasa'sahassâiṃ || 153 ||
jaṇa'maṇa'nayaṇâṇa puṇṇimâ'yando[2] |
rahio cira'diṭṭha'bâlâe || 154 ||

tâva ya paraloya'cintaṇe buddhî |
Mayaṇassa sarâ pahuppanti || 155 ||
so ciṭṭhai jâva niyaya'bhavaṇaṃmi |
samâgayâ kumara'pâsaṃmi || 156 ||
bhaṇiyâ kumareṇa keṇa kajjeṇa |
sâhasu niyayaṃ abhippâyaṃ || 157 ||
avahiya'hiyao kumâra hoûṇaṃ |
paṭṭhaviyâ Mayaṇamanjarie || 158 ||
sundara guru'viraha'jalaṇa'taviyâe |
tâ sincasu saṃgama'jaleṇaṃ || 159 ||
gaya'kheḍḍaṃ takkarassa vahaṇaṃ ca |
naravai'pamuheṇa ya jaṇeṇaṃ || 160 ||
kîrantaṃ ahiya'vimhiya'maṇâ sâ |
samussuyâ[5] dharai kiccheṇaṃ || 161 ||
dâuṃ hattha'ṭṭhiyaṃ ca tambolaṃ |
siṇeha'sârehi vayaṇehiṃ || 162 ||
mâ hohi samussuyâ diṇe kaivi |
savvaṃ sutthaṃ karissâmi || 163 ||
karah'ârûḍhâ samâgayâ purisâ |
diṭṭhâ kumareṇa hiṭṭha'maṇâ || 164 ||
ammâ'piyarassa kusala'paḍiuttî[6] |
pamukka'ghaṇa'aṃsu'nivaheṇa || 165 ||
ammâ'piyarassa kumara kusalaṃ-ti |
gaheṇa gahiyâi ciṭṭhanti || 166 ||
jai gantûṇaṃ na daṃsaṇaṃ kuṇasi |
vimukka'jîyâṇa vaccihisi || 167 ||
sajjâveûṇa niyaya'khandhâraṃ |
jaṃpai so erisaṃ vayaṇaṃ || 168 ||
ussuya'karahîruhâ duve purisâ |
samâgayâ kahasu jaṃ joggaṃ || 169 ||
vaccasu taṃ kumara tâya'pâsaṃmi |
gantûṇa puṇo niyattesu || 170 ||

1) Mss turi⁰. 2) B indo. 3) B bâlâ. 4) A ni. 5) A samûsuyâ. 6) B ⁰vattu.

dâûṇa alaṃkâraṃ sammâṇeûṇa mahura·vayaṇehiṃ |
niya·dhûyâĕ samco naravaiṇâ pesio kumaro || 171 ||
kâûṇaṃ saṃjattiṃ dûvâveuṃ payâṇayaṃ sibiraṃ |
ega·raheṇaṃ kumaro sayaṃ ṭhio nayara·majjhaṃmmi || 172 ||
jâmiṇi·paḍhame pahare dûîe Saṃgamîĕ pâsammi |
kumareṇa niyaya·puriso paṭṭhavio jâṇaṇ'aṭṭhâe || 173 ||
gantûṇa teṇa bhaṇiyaṃ sibiraṃ amhâṇa pavisiyaṃ magge |
egâgî râya·suo ciṭṭhai tumhâṇa kajjeṇa || 174 ||
tâ sundari gantûṇaṃ âṇasu lahu Mayaṇamanjariṃ[1] ettha[2] |
jeṇa samîhiya·kajjaṃ saṃpajjai ajja tumhâṇaṃ || 175 ||
suṇiûṇa tassa vayaṇaṃ gantûṇaṃ Saṃgamî turiya·turiyaṃ |
niya·sâmiṇîĕ sâhai jaṃ bhaṇiyaṃ kumara·puriseṇa || 176 ||
âyaṇṇiûṇa sahasâ rahasa·samucchaliya·bahala·romancâ |
saṃcalliyâ[3] khaṇeṇaṃ su·sahi·sahâyâ niya·gharâo || 177 ||
pattâ kumara·samîvaṃ ârûḍhâ Mayaṇamanjarî jâṇe |
âruhasu suyaṇu sigghaṃ iya bhaṇiyâ râya·taṇaeṇaṃ || 178 ||
aha coiûṇa turae rajjuṃ gahiûṇa vâma·hattheṇaṃ |
nîhariuṃ nayarîe saṃpatto niyaya·kaḍayaṃmi || 179 ||
turiyaṃ payâṇa·ḍhakkâ davâviyâ teṇa patta·metteṇaṃ |
kâûṇa su·saṃjattiṃ caliyaṃ sennaṃ samatthaṃ pi || 180 ||
aṇavaraya·payâṇehiṃ visayaṃ langhevi bhuvaṇa·pâlassa |
patto mahâ·araṇṇe sâvaya·taru·saṃkule bhîme || 181 ||
aivisama·mahâ·duma·saṃkulaṃmi maggaṃmi vaccamâṇassa |
savva·jaṇâṇaṃ dayaro pâusa·kâlo samaṇupatto || 182 ||
taṃmi ya maṇahara·kâle vaccai kumaro vaṇassa jâ majjhe |
sahasa-tti Bhilla·sâmî tâ paḍio tassa sibiraṃmi[4] || 183 ||
tassa baleṇaṃ bala·dappieṇa sahasâ kumâra·khandhâraṃ |
pavaṇeṇa va ghaṇa·vandaṃ[5] pakkhittaṃ causu vi disâsu || 184 ||
egeṇa sandaṇeṇaṃ sahio niya·paṇaiṇîĕ râya·suo |
raṇa·majjhe so thakko[6] hari-vva mâyanga·jûhassa || 185 ||
tâ bâṇ'âvali·pahayaṃ bhaggaṃ Bhillâṇa taṃ balaṃ sayalaṃ[7] |
annanna·disi·palâṇaṃ gandhagayass' eva kari·jûhaṃ || 186 ||
taṃ puṇa palâyamâṇaṃ Bhilla·vaî pecchiûṇa niya·sennaṃ |
niṭṭhuram'akkosanto sahasâ savaḍaṃmuho calio[8] || 187 ||
aṇavarayaṃ te donni vi annonnaṃ pakkhivanti sara·nivahe |
ekko vi na vicalijjai[9] niuṇattaṇao[10] dhaṇuvvee || 188 ||

tao cintiyaṃ kumâreṇa:

buddhiĕ pavanceṇa ya chaleṇa taha manta·tanta·joeṇa |

1) Mss °ri. 2) B tattha 3) B °ya, A saṃv°. 4) A siv°. 5) B vindaṃ 6) B verh. saṃvakko. 7) B savvaṃ 8) A valio. 9) B vib. 10) A °ṇenau.

pahaṇijjai paḍivakkho   jassa na nîîĕ sakkejja || 189 ||
tâ eso Bhilla'vaî   dhaṇu'guṇa'satthesu laddha'mâhappo |
na ya sakko pahaṇeuṃ   teṇa uvâyaṃ vicintemi || 190 ||
evaṃ ca cintiûṇaṃ   bhaṇiyâ kumareṇa sâ niyâ bhajjâ |
kuṇasu pie singâraṃ   uvavisasu rahassa tuṇḍammi || 191 ||
uvaviṭṭhâe tîe   daṭṭhûṇaṃ rûva'sampayaṃ pavaraṃ |
diṭṭhiṃ[1] tattha nivesai   pahao Mayaṇassa bâṇehiṃ || 192 ||
nîl'uppala'patta'saricchaeṇa ârâ'muheṇa bâṇeṇaṃ |
vacchatthalammi sahasâ   tâ pahao râya'taṇaeṇaṃ || 193 ||
mamma'paesammi hao   paḍio bhûmîĕ Bhilla'naranâho |
îsiṃ viyasiya'nayaṇo   jampai so erisaṃ vayaṇaṃ || 194 ||

avi ya:

nâ' haṃ tuha sara'pahao   pahao Kusumâuhassa bâṇeṇa |
ahavâ kim'ettha cojjaṃ   Mayaṇeṇaṃ ko vi na hu chalio || 195 ||
evaṃ payampiûṇaṃ   kâlagao Bhilla'sâmio jhatti |
etth' antarammi kumaro   niya'parivâraṃ paloei || 196 ||
jâva na rahe na turae   sevaya'purise ya no ya vara'suhaḍe |
ega'raheṇaṃ kumaro   saṃcalio niya'pur'âhuttaṃ || 197 ||
kahakahavi taṃ araṇṇaṃ   so kumaro langhiûṇa bhaya'rahio |
goulam'egaṃ patto   gâvî'nivaheṇa ramaṇîyaṃ || 198 ||
etth' antarammi kumaraṃ   daṭṭhûṇaṃ goulâŏ do purisâ |
pattâ kumara'samîvaṃ   bhaṇanti mahurehi vayaṇehiṃ || 199 ||
katto si tumaṃ naravara   kattha vi vaccihisi kahasu amhâṇaṃ |
Sankhaure vaccâmo   bhaṇiyâ te râya'taṇaeṇaṃ || 200 ||
to tehi puṇo bhaṇiyaṃ   su'purisa amhe vi tujjha[2] sattheṇaṃ |
Sankhaure vaccâmo   jai su'pasâo tumaṃ hosi || 201 ||
evaṃ-ti hou paḍivajjiûṇa joei jâ rahe turae |
tâ [3]satthillaya'purisâ   bhaṇanti eyârisaṃ vayaṇaṃ || 202 ||
eeṇaṃ maggeṇaṃ   atthi mahantaṃ aîva kantâraṃ |
tassa ya majjhe ciṭṭhai   coro Dujjohaṇo caṇḍo || 203 ||
maya'matto gala'gajjiṃ   kuṇamâṇo kari'varo ya aivisamo |
diṭṭhî'viso ya sappo   vaggho taha dâruṇo atthi || 204 ||
anne vi sâvaya'gaṇâ   kûrâ maṃsâ'siṇo ya dup'pecchâ |
evaṃ nâûṇa maṇe   vaccasu eeṇa maggeṇa || 205 ||
kumareṇa tao bhaṇiyâ   mâ kuṇaha bhayaṃ payaṭṭaha pahammi
kusaleṇaṃ Sankhaure   sampattâ demi kiṃ bahuṇâ || 206 ||
evaṃ nisâmiûṇaṃ   anne satthillayâ[4] narâ bahave |
râya'taṇaeṇa samayaṃ   saṃcaliyâ mukka'bhaya'pasarâ || 207 ||

---

1) Mss diṭṭhi.   2) A tumha.   3) B satthillayâ.   4) A °all. B °ill°.

etth' antaraṃmi ego   dîha'jaḍâ'mauḍa'bhûsiya'sarîro
bhasam'uddhûliya'gatto   tisûla'cokkeṇa ya saṇâho || 208 ||
paḍivâraya'pariyario   patthiya'lingeṇa vâvaḍa'kar'aggo |
teyaṃsî supasattho   mahavaio tattha saṃpatto || 209 ||
teṇa ya bhaṇio kumaro   tumha susattheṇa puttaya ahaṃ pi |
Sankhaure vaccâmî   titthâṇaṃ daṃsaṇa'nimittaṃ || 210 ||
annaṃ ca maha samîve   kaivi hu ciṭṭhanti putta dîṇârâ |
bali'pûyaṇ'attha'dinnâ   devâṇaṃ dhammiya'narehiṃ || 210 ||
te geṇhesu mahâyasa   vaccâmo jeṇa nibbhayâ amhe |
evaṃ bahu[1] bhaṇiûṇaṃ   samappio daviṇa'niulo[2]-tti || 212 ||
tâhe so parituṭṭho   âsîsaṃ dei [3]naravai'suyassa |
satthillaehi saddhiṃ   saṃcalio kavaḍa'kaya'veso || 213 ||
muṇiuṃ tassa sa'rûvaṃ   kumaro cintei' hiyaya'majjhaṃmi |
eeṇa samaṃ gamaṇaṃ   na sundaraṃ hoi pariṇâme || 214 ||
evaṃ hiyae paribhâviûṇa kumareṇa coiyâ turayâ |
magge raho payaṭṭo   saṃpatto gahaṇa'desaṃmi || 215 ||
teṇa mahavvaieṇaṃ   bhaṇiyâ satthillayâ imaṃ vayaṇaṃ |
ajja ahaṃ tumhâṇaṃ   pâhuṇayaṃ[4] savvahâ kâhaṃ || 216 ||
atthi iha raṇṇa'majjhe   goulam'egaṃ [5]pabbûya'dhaṇa'nivahaṃ |
tattha mae varisâlo   âvanteṇaṃ kao âsi || 217 ||
taṃmi mae gouliyâ   savve âvajjiyâ niya'guṇehiṃ |
dâhiṃti ajja bhojjaṃ   tâ tumhe[6] pâhuṇâ majjha || 218 ||
evaṃ nimantiûṇaṃ   gantûṇa samâgao mahâvaio |
pâyasa'ghaya'dahiyâṇaṃ   bhariûṇaṃ bhaṇḍae garue || 219 ||
âgantûṇa ya teṇaṃ   bhaṇio kumaro vi mahura'vayaṇehiṃ |
puttaya ajj' amhâṇaṃ   hiya'icchiya'nivvuiṃ kuṇasu || 220 ||
kumareṇa tao bhaṇiyaṃ   guru'viaṇâ majjha uttam'angaṃmi |
vaṭṭai annaṃ ca jaîṇa[7] bhoyaṇaṃ kappae n'eyaṃ[8] || 221 |
satthillayâ ya savve   bhaṇiyâ kumareṇa diṭṭhi'sannâe |
na hu bhottavvaṃ eyaṃ   eeṇa samâṇiyaṃ bhattaṃ || 222 |
avagaṇṇiûṇa kumaraṃ   bhuttaṃ taṃ bhoyaṇaṃ visa'vimissaṃ |
bhunjiya'mette savve   sahasâ nicceyaṇâ jâyâ || 223 ||
Jama'mandiraṃ pavanne   savve[9] te jâṇiuṃ mahâvaio |
mellanto sara'nivahaṃ   pahâvio kumara'vahaṇ'atthaṃ || 224 ||
kumareṇa sa'koveṇaṃ   sara'nivahaṃ vanciûṇa veeṇa |
mamma'paese pahao   egeṇaṃ addha'candeṇaṃ || 225 ||
aha so mahiĕ paḍio   jiviya'seso payaṃpae eyaṃ |
putta ahaṃ so dujao[10]   coro Dujjohaṇo nâma || 226 ||

1) B vihu. 2) A nivalle. 3) Mss naravara. 4) A pâhuṇaṃ. 5) B bahûya 6) B tubbhe. 7) A ina, B jaiṇaṃ. 8) Mss neya. 9) A sahasâ. 10) B verb. ahaṃ dujjeo.

nibbhaya·citteṇa tao maha cittaṃ ranjiyaṃ mahâ·bhâga |
jîviya·seso ahayaṃ saṃvutto bâṇa·ghâeṇa || 227 ||
âyaṇṇasu maha vayaṇaṃ eyassa girissa vâma·pâsaṃmi |
sariyâṇa doṇha majjhe devaulaṃ atthi ramaṇîyaṃ || 228 ||
tassa ya pacchima·bhâe taliṇa·silâ cajjiyâ[1] su·jatteṇam[2] |
taṃ pelliûṇa[3] vâme bhûmi·gharaṃ tattha pavisesu || 229 ||
tass' atthi majjha·bhâe mama mahilâ pavara·rûva·guṇa·kaliyâ |
nava·jovvaṇâ viṇîyâ nâmeṇaṃ Jayasirî saralâ || 230 ||
ritthaṃ aiva mahantaṃ ciṭṭhai majjhaṃmi tassa bhavaṇassa |
tâ taṃ savvaṃ su·purisa app'âyattaṃ karejjâsu || 231 ||
maha puṇa vaṭṭai anto gayaṃmi jîvaṃmi desu kaṭṭhâṇi |
evaṃ so bhaṇamâṇo pancattaṃ pâvio sahasâ || 232 ||
dâru·samûho meliya dinno kumareṇa huyavaho tassa |
âruhiyaṃ pavara·rahaṃ tâva gao kahiya·desaṃmi || 233 ||
do·sariyâṇaṃ majjhe devaule joiyâ silâ teṇaṃ |
ugghâḍiûṇa[4] dâraṃ kao ya saddo jahâ bhaṇio || 234 ||
bhaṇai tao sâ ramaṇî sahasâ gantûṇa dâra·desaṃmi |
koila·mahura·sareṇaṃ majjhe âgaccha bhavaṇassa || 235 ||
pecchavi tîe rûvaṃ s'âṇandaṃ jâ paloae kumaro |
Mayamanjarîĕ tâva ya avahattheṇaṃ hao sahasâ || 236 ||
bhaṇiyaṃ ca:
bandhu·piyâ·sahiyâo nayaraṃ gehaṃ ca tujjha kajjeṇaṃ |
cattaṃ mae alajjira tumaṃ pi annaṃ pasatto si || 237 ||
nisuṇevi tîĕ vayaṇaṃ kumaro vajjevi taṃ vaṇaṃ sahasâ |
sandaṇa·varam·âruhiuṃ saṃcalio aggao tâhe || 238 ||
langhai jâva suheṇaṃ vaṇa·gahaṇaṃ kettiyaṃ pi bhîsaṇayaṃ |
sahasa-tti tâva pecchai nâsantaṃ savara·saṃghâyaṃ || 239 ||
aha pecchiûṇa kumaro bhaya·tasie vaṇayarâṇa saṃghâe |
cintai niya·citteṇaṃ hoyavvaṃ ettha maya·kariṇâ || 240 ||
s'âsanko hiyaeṇaṃ jâva paloei tad·dis'âhuttaṃ |
sasi·sankha·kunda·dhavalaṃ tâ pecchai[5] kari·varaṃ ekkaṃ || 241 ||
pajjhariya·maya·pavâhaṃ moḍintaṃ taru·vare mahâ·kâe |
Mayamanjarî khaṇeṇaṃ uvviggâ hiyaya·majjhaṃmi || 242 ||
kumareṇa tao bhaṇiyaṃ mâ bîhasu muddhi raṇṇa·kalahâo
garuyâṇa saṃpayâ âvayâ ya na hu iyara·purisâṇaṃ || 243 ||
evaṃ bhaṇiûṇa piyaṃ avayario raha·varâŏ so turiyaṃ |
gantûṇa uttarîyaṃ pakkhittaṃ jhatti purao-tti || 244 ||
tâva ya so mâyango chohaṃ jâ dei uttarijjaṃmi |
tâ kumaro vi su·dakkho jhaḍatti âruhai khandhaṃmi || 245 ||

1) A sa°, B va°. 2) B °ja° 3) B campiûṇa. 4) A ugh°. 5) B pecchai jâ.

khaṇa'metteṇaṃ so matta'karivaro 'ṇega'vaṇayara'Kayanto |
sa'vaso kumareṇa kao ahi-vva maṇi'manta'joeṇa || 246 ||
niya'daiyâe purao avaiṇṇo gaya'varassa khandhâo |
puṇar-avi rahaṃmi rûḍho saṃcalio niya'pur'âhuttaṃ || 247 ||
jâ kettiyaṃ paesaṃ kumaro langhei niya'piyâ'sahio |
tâ pecchai so vagghaṃ addhâṇa'taḍaṃmi uvaviṭṭhaṃ || 248 ||
uddhusiya'kesara'saḍhaṃ[1] apphâliya'vasuha'dîha'langûlaṃ |
taṃ pecchiûṇa kumaro hasiûṇaṃ dhâvio samuho[2] || 249 ||
sajjeuṃ rodda'kamaṃ vaggho jâ dei niya'kara'pahâraṃ
[3]veṃḍhiya'vattho hattho chûḍho kumareṇa vayaṇaṃmi || 250 ||
dâhiṇa'hattheṇa puṇo pahao asi'dheṇuyâĕ khandhaṃmi |
gâḍha'pahâreṇa hao dhasatti mahi'maṇḍale paḍio || 251 ||
nijjiṇiûṇa ya vagghaṃ jâva ya langhei thovayaṃ gahaṇaṃ |
pecchai tâva bhuyangaṃ addhâṇe saṃṭhiyaṃ kumaro || 252 ||
kerisaṃ:
ali'ula'kajjala'vaṇṇaṃ phaṇi'maṇi'kiraṇ'oha'bhâsura'sarîraṃ |
do'jîhaṃ ratt'acchaṃ dhamaṇî'dhaya[4]mukka'pukkâraṃ || 253
savaḍaṃmuhaṃ uventaṃ daṭṭhûṇaṃ Mayaṇamanjarî sappaṃ |
guru'bhaya'kampiya'dehâ laggâ kumarassa kaṇṭhaṃmi || 254 ||
mâ bîhesu bhaṇanto uttiṇṇo sandaṇâŏ so suhaḍo |
âvantassa ya phaṇiṇo sahasâ vihio gaî'thambho || 255 ||
to kâuṃ[5] muha'thambhaṃ khellâveûṇa chaḍḍio bhuyago |
âruhiûṇa raha'varaṃ turiyaṃ saṃjoiyâ turayâ || 256 ||
kiccheṇa langhiûṇaṃ gahaṇaṃ taṃ kahavi naraya'sâricchaṃ
saṃpatto Sankhaure saṃtosiya'nayari'jaṇa'nivaho || 257 ||
vara'vihiya'vattha'soh'âulaṃmi nayaraṃmi Sundara'nivassa
jaṇa'maṇa'nayaṇ'âṇaṃdo[6] dâṇaṃ dinto paviṭṭho so || 258 ||
niya'mandiraṃ pi patto jaṇaṇî'jaṇaeṇa garuya'neheṇaṃ |
âlingio sa'harisaṃ loyaṇaṃ paṇamio tâhe || 259 ||
to bhoyaṇâ'vasâṇe puṭṭho des'antarâṇa vuttantaṃ |
teṇa samaggaṃ kahiyaṃ jâ patto niyaya'bhavaṇaṃmi || 260 ||
evaṃ tâṇaṃ suha'saṃgameṇa saṃjâya'parama'tosâṇaṃ |
vaccai suheṇa kâlo rajja'suhaṃ bhunjamâṇâṇaṃ || 261 ||
aha annayâ vasante kâmuya'loyâṇa hiyaya'âṇande |
bahu'paura'pariyaṇa'juo ujjâṇaṃ uvagao râyâ || 262 ||
aha so vi tao kumaro suhi'jaṇa'parivârio piyâ'sahio |
pura'nâri'paloiya'rûva'saṃpao tattha saṃpatto || 263 ||
bahu'hâsa'tosa'viṇâ- viṇoya'vara'naṭṭa'geya'kavvehiṃ |
kîlai pamuiya'citto Mayamanjariyâĕ saha kumaro || 264 ||

1) B saḍaṃ. 2) B °haṃ. 3) A veṃṭ°, B viṃṭ°. 4) A vaya. B vara pa
a B dhaya. 5) A kuṇiuṃ 6) A jaṇiyamaṇajaṇâṇaṃdo.

avar'aṇhe savva'jaṇo ramiûṇaṃ pura'vare gao sigghaṃ |
râyâ vi sayala'parivâra'saṃjuo bhavaṇam'aṇupatto || 265 ||
kumaro vi visajjiya'sayala'pariyaṇo jâva raha'varaṃ patto |
tâ sâ Mayamanjariyâ ḍakkâ bhuyageṇa uggeṇa || 266 ||
hâhâ'ravaṃ kuṇantî ḍakkâ ḍakka-tti taha ya vilavantî |
kampanta'sayala'gattâ paḍiyâ kumarassa ucchange || 267 ||
kumareṇa tao bhaṇiyâ mâ mâ bîhehi kuvalaya'dal'acchi |
visahara'visam'appabhavaṃ nimesa'metteṇa kâhâmi || 268 ||
evaṃ bhaṇamâṇassa ya muhutta'metteṇa sâ piyâ tassa |
visama'visa'pîḍiy'angâ khaṇeṇa nicceyaṇâ jâyâ || 269 ||
jîviya'mukka-tti viyâṇiûṇa kumaro vi moham'âvanno |
vilavai karuṇa'sareṇaṃ hâhâ'kâre vimuncanto || 270 ||
kahakahavi hu kiccheṇaṃ attâṇaṃ saṃvarevi kumareṇaṃ |
raiûṇa ciyaṃ tâhe ṭhaviyâ uvarimmi sâ bhajjâ || 271 ||
pajjâliûṇa jalaṇaṃ attâṇaṃ jâ khivei so kumaro |
sahasa-tti tâva pattaṃ gayaṇâo khayara'juyalaṃ-ti || 272 ||
saṃpatta'mettaeṇa ya bhaṇio kumaro su'komalaṃ vayaṇaṃ |
kim'akâraṇeṇa su'purisa attâṇaṃ khivasi jalaṇammi || 273 ||
ahayaṃ khaṇa'metteṇa vi [1]sattha'sarîraṃ karemi tuha bhajjaṃ |
evaṃ pi jaṃpiûṇaṃ[2] pahayâ ahimantiya'jaleṇa || 274 ||
niddâ'khae-vva buddhâ attâṇaṃ saṃvarevi pasay'acchî |
kayaro imo paeso pucchantî uṭṭhiyâ jhatti || 275 ||
taṃ khayarâṇaṃ[3] juyalaṃ uṭṭhâveûṇa paṇaiṇiṃ[4] tassa |
jaṃpiya kumareṇa samaṃ uppaiyaṃ gayaṇa'maggammi || 276 ||
kumaro vi piyâ'sahio rayaṇîe aitam'andha'paurâe |
paccâsanne devaya- ulammi sahasa-cciya gao-tti || 277 ||
kumareṇa ettha samae bhaṇiyâ daiyâ pasanna'vayaṇeṇaṃ |
âṇemi jâva jalaṇaṃ tâva tumaṃ ciṭṭha khaṇam'egaṃ || 278 ||
evaṃ bhaṇiûṇa gao jalaṇaṃ gahiûṇa puṇar-avi niyatto |
tâ pecchai devaule ujjoyaṃ maṇa'camakkâraṃ || 279 ||
saṃpatteṇaṃ teṇaṃ bhaṇiyâ[5] s'âsanka'mâṇaseṇ' evaṃ[6] |
ajje dîv'ujjoo diṭṭho me âsi devaule || 280 ||
tîe vi ya paḍibhaṇiyaṃ piya tuha hattha'ṭṭhiyassa jalaṇassa |
jaliyassa samujjoo saṃkanto so tume diṭṭho || 281 ||
etth' antarammi khaggaṃ bhajjâe samappiûṇa so kumaro |
mahi'nihiya'jâṇu'juyalo ahomuho dhamai jâ jalaṇaṃ || 282 ||
tâ sahasa-cciya tîe khaggaṃ hatthâŏ kosa'parihîṇaṃ |
aigaruya'nihâeṇaṃ paḍiyaṃ devaula'sila'paṭṭe[7] || 283 ||

1) B sa⁰. 2) B ti jaṃ⁰, A pa jaṃ⁰. 3) A khayarasaya. 4) Mss ⁰ṇi. 5) A ⁰yaṃ. 6) B mâṇaso bhajjâ. 7) B vaṭṭe.

sambhanto tâ pucchai niya'daiyaṃ so hu sarala'sabbhâvo |
kiṃ kosa'vippamukkaṃ khaggaṃ paḍiyaṃ mahiyalammi || 284 ||
tîe vi tao bhaṇio maha maṇa'moho aîva ucchalio |
teṇaṃ paravvasâe karavâlaṃ navari paḍiyaṃ-ti || 285 ||
jâlevi tao jalaṇaṃ devaule voliûṇa sâ rayaṇî |
gosammi niyaya'bhavaṇo gayâi s'âṇanda'hiyayâiṃ || 286 ||
bandhava'sahi[1]'sayaṇâṇaṃ rayaṇi'pauttî ya nivvisesâ sâ |
piya'sahieṇaṃ kahiyâ rahasa'vas'ullasiya'hiyaeṇaṃ || 287 ||
evaṃ ca tâṇa doṇha vi hiyaya'samîhiya'vilâsa'sattâṇaṃ |
vaccai suheṇa kâlo visaya'suhaṃ sevamâṇâṇaṃ || 288 ||
aha annayâ kayâî sap'puriso râya'nandaṇo kumaro |
vivarîya'sikkha'turayaṃ[2] parivâhai vâhiyâlîe || 289 ||
to teṇa duṭṭha'hariṇâ neeâ hariûṇa' loya'paccakkhaṃ |
uvaṇio so raṇṇe aivisame tâvasa'nivâse || 290 ||
paribhamamâṇeṇa tao pattaṃ kumareṇa jiṇaharaṃ ekkaṃ |
câraṇa'samaṇo ego diṭṭho bahu'muṇi'gaṇ'âiṇṇo || 291 ||

so ya keriso:

gaha'nakkhattâṇaṃ sasaharo-vva rayaṇâṇa kotthuha'maṇi-vva |
kappadumo-vva tarûṇaṃ devâṇa Sahassanayaṇo-vva || 292 ||
cando-vva somayâe mahi-vva khantîĕ dittie[3] mitto |
rûveṇa Vammaho iva nimmala'caraṇâṇa'sampanno || 293 ||
nâmeṇa Sâhasagaî vijjâ'vasa'diṭṭha'vissa'vavahâro |
bohento bhaviya'jaṇe nimmala'dhammo'vaeseṇaṃ || 294 ||
gantûṇaṃ kumareṇaṃ sahasâ to paṇamiyaṃ caraṇa'kamalaṃ |
laddh'âsîso ya tahâ uvaviṭṭho tassa pâsammi || 295 ||
lahiûṇa avasaraṃ to bhaṇiyaṃ kumareṇa viṇaya'patteṇaṃ |
muha guru sâhasu majjhaṃ sa'kouo kimpi pucchâmi || 296 ||
ke puhu imo su'purisâ jovvaṇa'lâyaṇṇa'rûva'paḍihatthâ |
veragga'magga'paḍiyâ' panca vi icchanti vaya'gahaṇaṃ || 297 ||

tao bhaṇiyaṃ nâṇiṇâ:

atthi iha visaya'majjhe Camarî nâmeṇa visama'palli-tti |
taṃ bhunjai balavanto Dharaṇidharo nâma Bhillo-tti || 298 ||
aha annayâ kayâî haya'gaya'raha'joha'suhaḍa'pariyario |
ego [4]naravai'kumaro samâgao tassa bhûmîe || 299 ||
to teṇa tassa sibiraṃ haya'vihayaṃ takkhaṇeṇa kâûṇaṃ |
âḍhatto saṃgâmo bala'vaiṇâ teṇa[5] sariso-tti || 300 ||
bhiḍiyâ mahaiṃ velaṃ jâva na ego vi tirae chaliuṃ |
to teṇa niyaya'jâyâ kaya'singârâ kayâ purao || 301 ||
to tîĕ uvari diṭṭhî Vammaha'harieṇa pesiyâ jâva |

1) Mss suhi 2) Mss turiyaṃ. 3) A dittie 4) Mss naravara 5) B darâbor tassa

chiddaṃ lahiûṇa tao kumareṇaṃ so hao mamme || 302 ||
vahiûṇa Bhilla'nâhaṃ so kumaro pavisio piyâ'sahio |
ee puṇa panca vi tassa bhâyaro âgayâ turiyaṃ || 303 ||
jîya'vimukkaṃ daṭṭhuṃ bâṇa'pahâreṇa bhâyaraṃ jeṭṭhaṃ |
raha'maggeṇaṃ caliyâ amarisa'vasa'phuraphurant'oṭṭhâ || 304 ||
Sankhaurammi gaehiṃ diṭṭho kumaro kumâra'pariyario |
ciṭṭhanti tattha panca vi joyantâ[1] mâraṇe chiddaṃ[2] || 305 ||
aha anna'diṇe kumaro ujjâṇe mukka'sayala'parivâro |
niya'jâyâĕ sameo diṭṭho so tehi egâgî || 306 ||
jâ cintanti imaṃ te vahaṇo'vâyaṃ kiliṭṭha'pariṇâmâ |
sahasa-tti tassa jâyâ daṭṭhâ duṭṭheṇa bhuyageṇaṃ || 307 ||
gaya'jîyaṃ nâûṇaṃ appâṇaṃ jâ khivei jalaṇammi |
tâ vijjâhara'juyalaṃ pattaṃ [3]satthî'kayâ teṇaṃ || 308 ||
caiûṇa tam'ujjâṇaṃ paccâsanne gayâi devaule |
mottûṇa taṃ may'acchiṃ jalaṇassa tao gao kumaro || 309 ||
evaṃ panca vi purisâ laddha'chalâ garuya'tosam'âvannâ |
vahaṇa'karaṇ'ujjaya'maṇâ pacchannâ tattha ciṭṭhanti || 310 ||
eyâṇa kaṇiṭṭheṇaṃ cira'goviya'dîvao samuggâo |
payaḍi'kao ya sahasâ sura'mandira'majjhayârammi || 311 ||
div'ujjoeṇa tao diṭṭho bâlâĕ tâṇa lahu'bhâyâ |
aiṇeha'nibbharâe paloio soma'diṭṭhîe || 312 ||
tâ vutto so tîe hosu tumaṃ suyaṇu majjha[4] bhattâro |
jai taṃ annaṃ jhâyasi tâhe nâsemi jîyaṃ pi || 313 ||
teṇa puṇo sâ bhaṇiyâ muddhe icchâm' ahaṃ tumaṃ kiṃ tu |
tuha bhattâ jai jâṇai na savvahâ atthi me jîyaṃ || 314 ||

tao tîe bhaṇiyaṃ:

suhaya ahaṃ niya'daiyaṃ vâvâissâmi tujjha paccakkhaṃ |
evaṃ payampiûṇaṃ paîvao jhampio jhatti || 315 ||
etth' antarammi kumaro vaṇhiṃ ghettûṇa jhatti sampatto |
sampatteṇaṃ bhaṇiyaṃ ujjoo iha mae diṭṭho || 316 ||
tîĕ tao bhaṇiyam'iṇaṃ tuha kara'gahiyassa jaliya'jalaṇassa |
devaule saṃkanto piya ujjoo tae diṭṭho || 317 ||
khaggaṃ samappiûṇaṃ jâ so dîvei huyavahaṃ kumaro |
tâ kaḍḍhiya'karavâlaṃ gîvâe muccae paharaṃ || 318 ||
eeṇa karuṇa'maiṇâ avahattheûṇa pâḍiyaṃ khaggaṃ |
siṭṭhaṃ sahoyarâṇaṃ cariyaṃ itthîĕ su'vicittaṃ || 319 ||
nâûṇa tayaṃ tîe vilasiyam'aidâruṇaṃ nirâvekkhaṃ |
veragga'samâvannâ samâgayâ maha samîvammi || 320 ||

---

1) A joventâ. 2) B chiddaṃ. 3) A satthâ. 4) B suyaṇa.

âyaṇṇiya niya'cariyaṃ sambhanto mâṇasaṃmi so kumaro |
paribhâvai peccha aho mahilâṇaṃ 'dâruṇaṃ cariyaṃ || 321 ||

tâ saccam'eyaṃ:

Gangâĕ vâluyaṃ sâyare jalaṃ Himavao ya parimâṇaṃ |
jâṇanti buddhimantâ mahilâ'hiyayaṃ na-yâṇanti || 322 ||

tahâ:

rovanti ruvâyanti ya aliyaṃ jampanti pattiyâventi |
kavaḍeṇa ya khanti visaṃ maranti na ya janti sabbhâvaṃ || 323 ||
mahilâ hu ratta'mettâ[1] [2]ucchû'khaṇḍaṃ va sakkarâ ceva |
sa-cciya viratta'mettâ nimbaṃ kûraṃ[3] visesei || 324 ||
aṇurajjanti khaṇeṇaṃ juvaîŏ khaṇeṇa puṇa virajjanti |
annanna'râya'nirayâ halidda'râgo-vva cala'pemmâ || 325 ||
hiyayaṃmi niṭṭhurâo taṇu'jampiya'pehichi rammâo |
juvaîŏ saricchâo suvaṇṇa'vicchuriya'churiyâe || 326 ||

tâ aho me ahamattaṇaṃ[4], [5]jaṃ'eya'kâraṇe mailiyaṃ kulaṃ, angîkao ayaso. ahavâ:

tâva phurai veraggu vitti kula lajja vi tâvahiṃ |
tâva akajjaha [6]taṇiya sanka guru'yaṇa'bhau tâvahiṃ |
tâv' indiyaha[7] vasâ i jasaha[8] sirihâ ya i tâvahiṃ |
ramaṇihi maṇu'mohaṇihi[9] purisu vasi hoi na jâvahiṃ | 327 ||

tâ dhir'atthu saṃsârassa. n'atthi ettha kiṃpi suha'kâraṇaṃ. bhaṇiyaṃ ca:

khaṇa'diṭṭha'naṭṭha'vihave khaṇa'pariyaṭṭanta'viviha'suha'dukkhe |
khaṇa'saṃjoya'vioe saṃsâre re suhaṃ katto || 328 |

evaṃ'âi bhâvento saṃvegam'uvagao. nivaḍiûṇa ya bhayavao calaṇesu bhaṇiyaṃ: bhayavaṃ, mama santiyaṃ cariyaṃ'eyaṃ. ahaṃ cesiṃ bhâi'ghâyago, uvviggo ya ahaṃ saṃsâra'vâsâo. tâ kareha vaya'payâṇeṇâ 'ṇuggahaṃ! dikkhio bhayavayâ. jâo duraṇucara'sâmaṇṇa'paripâlaṇ'-ujjao-tti.

1) A om. 2) A utthu. B ucchaṃ. 3) A nimbakûre. 4) A ahamma°. 5) A jamei. B jâmae. 6) B °hi. 7) A indihayahaṃ. 8) B jasahi. 9) A maṇamohiṇiyaṃ.

Wörterbuch.

DK. = Hemacandra's Deçînâmamâlâ ed. Pischel, Bombay 1880. H. = Hemacandra's Grammatik der Prâkṛit Sprachen ed. Pischel, Halle 1877 u. 80. *ts.* tatsama bedeutet, dass das Prâkṛit mit seinem Sanskritprototyp identisch ist, *td.* dass in ihm nur der Nasal oder Sibilanten verändert sind. *iac.* = im Anfange von Composita; *aec* am Ende von Composita. Sonstige Abkürzungen bedürfen keiner Erklärung. *ya* und *yâ* werden wie *a* u. *â* angesehen. Eigennamen werden durch grossen Anfangsbuchstaben angedeutet. Verba werden, wenn mehr als eine Form vorkommt, in der 3. Sing. Präs. angeführt; kommt eine Form vom Präs. Stamm vor, so folgt Belegstelle der Bedeutung; wenn nicht, so werden die vorkommenden andern Formen direkt hinter der Bedeutung genannt. Nomina werden in der Stammform, nur unregelmässige im Nominativ aufgeführt, die Abstracta auf °yâ °tta °ttaṇa bei den betreffenden Stämmen.

— a —

ayaṇḍe *akâṇḍe*. °i-cciya unerwartet, plötzlich 17, 12.

Ayala *Acala* 58, 25, 30.

ayasa *a-yaças* m. Schmach 86, 16.

ai° *ati* sehr. — iac °y-âyara 68, 15. °kusala 72, 14. °kûra 76, 34. °gûḍha °javeṇa 43, 16. °tamandha 83, 25. °duddhara 47, 33. °dûra 22, 23. °niuṇa 36, 6. 56, 34. °rasa 2, 9. 58, 23. °viratta 76, 34. °visama 4, 29 etc. °vega 49, 25.

aikkanta p. des folg. 1, 8, 15. 21. 17, 21. 54, 36 etc.

aikkamai *ati* | *kram* vorübergehen. °iûṇa jenseits 7, 9.

aigaya p. des folg. 20, 27.

aigacchai *ai* | *gam* gehen nach 37, 30. 67, 29. hinein gehen 67, 33. ankommen 36, 21. vergehen 20, 27.

aiṇiya (DK 12, 16. *aiṇiyaṃ ânîtam*) p. hinführen 68, 14.

aireṇa *acireṇa* bald 61, 37.

aiva metri causa für aiva 81, 9

aisaya *atiçaya* ungewöhnlich hohes Mass 57, 11 zu erg. „von Frömmigkeit" 61, 28. sâisayaṃ adv. in hohem Masse 2, 3. 3, 33.

aiya *atîta* p. vergangen 43, 30.

aii *ati* | *i* (H. 4 162) gehn 37, 30.

aîva *atîva* sehr 9, 19. 21, 28. 30, 32 etc.

auvva *apûrva* unvergleichlich 56, 11, 26. 57, 11.

ao *atas* darum 4, 7. 14, 36. 37, 6 etc.

aṃsa ts. Schulter 68, 6.

aṃsu *açru* Thräne 77, 29. °jala 24, 24. 49, 32.

akaya *akṛita* nicht gethan 1, 12.

akajja *akârya* schändlich 5, 17. 42, 5. 8. °kâri Übelthäter 21, 21.

akalanka ts. fleckenlos 31, 2. 62, 29.

akahaṇijja *akathanîya* nicht zu erzählen 17, 14

akahaṇiya dass. 11, 29.

akahiûṇa *akathayitvâ* cf. *kahai* 2, 19.

akâraṇa ts n. kein Grund 57, 35. °eṇa 83, 18.

akiṃcaṇa td. arm 61, 18.

akusala td. Unheil 52, 15.

akkanta p. von akkamai ergriffen 74, 22.

akkandiuṃ. °iûṇa *â* √ *krand* jammern 43, 1. 53, 12.

akkamai *â* √ *kram* betreten 35, 36.

akkosanta *â* √ *kruç* anschreien, schimpfen 78, 31.

akkhaya *akshata* unverletzt 23, 15. m. unenthülstes Korn 6, 32. 11, 9.

akkhara *akshara* Buchstabe 32, 31. 47, 9.

akkhâya *âkhyâta* p. sagen, melden 36, 13.

akkhâṇaya *âkhyânaka* n. Erzählung 50, 10, 12, 14.

akkhi *akshi* Auge °dukkha 27, 36.

akkhitta *âkshipta* p. anziehn, fesseln 53, 12.

akhila ts. ganz 46, 26.

agaḍa (DK. 1, 18 *ayaḍo* = *kûpaḥ*) Brunnen 65, 17.

Agaḍadatta 68, 29 etc.

agaṇiûṇa *agaṇayitvâ* nicht bedenkend 2, 8. 5, 11. 42, 5.

agaru *aguru* Aloeholz 14, 17.

Agaladatta 66, 23.

aguru siehe agaru 64, 11.

agga *agra* Vorderteil, Spitze 3, 37. 13, 13. 14, 23.

aggao *agratas* c. Gen. vor 49, 5. adv. vorwärts 81, 25.

aggi *agni* Feuer virah' 8, 16. koh' 3, 27. kâm' 40, 4.

aggima *agrima* der erste 32, 11.

Aggisamma *Agniçarman* 25, 3.

Aggisiha *Agniçikha* 14, 13.

Aggibhiru *Agnibhîru* 39, 27.

aggeya *âgneya* °attha eine best. Waffe 23, 32.

agghâiya *â* √ *ghrâ* p. riechen 20, 28.

anka ts. Aufschrift 32, 22.

ankiya °*ta* p. nâm' mit dem Namen versehen 11, 1, 15. 43, 11.

ankusa td. Haken zum Antreiben eines Elephanten 16, 28.

anga ts. Leib, Glied 2, 22. 21, 31. acc. f. angi 16, 20.

angaṇa td. Hof 58, 6.

angamaddaya °*mârda* Massirer 57, 6.

angikaya p. des folg. 86, 15.

angikarei *angî* √ *kri* erwählen 58 31.

angula ts. n. Finger 6, 27. 36, 30. 37, 2.

anguli ts. Finger 10, 22. 28, 8.

acintaṇîya td. undenkbar 5, 28.

acintiya *acintita* unerwartet. 8, 16.

accaṇa *arcana* Verehrung 32, 9.

accanta *atyanta* übermässig 17, 6. 24, 22, 24. etc. °ṃ adv. 4, 30.

Accimâli *Arcimâlin* 22, 28.

Accuya *Acyuta* 44, 22.

°accha *aksha* acc. Auge 42, 7. 69, 5. 74, 16. 26, 23. 83, 7, 21. f. °acchi 8. 3.

acchai (H. 4, 215 √ *âs*) liegen 1, 25. 64, 27 (?) verweilen, bleiben, sein (mit der Bedeutung der Dauer nie als verb. subst.) zögern 29, 36. 69, 26. 75, 12. °ae 64, 2. p. °iya 33, 30. inf. °iuṃ 7, 16. ger. °iyavva 15, 12. 16, 13. 17, 23.

accharâ *apsaras* Apsaras 64, 26.

accheraya *âçcaryaka* wunderbar 67, 5. Wunder 27, 16. 29, 21.

ajuya *ayuta* Zehntausend 39, 31.

ajeya ts. unbesieglich 39, 36.

ajjaya *âryaka* Grossvater 7, 17.

ajjautta *âryaputra* Gemahl 8, 29. 32. 9, 16. 22, 17.

ajja *adya* jetzt. °pabhiiṃ von jetzt an 44, 16.

ajjaṃ dass. 8, 27.

ajjava *ârjava* Aufrichtigkeit 61, 16.

ajjâ *âryâ* edle Frau 36, 16, 17. 47, 22, 23. 83, 32.

ajjhatthiya *adhyâtmika* Gedanke 32, 37.

ajjhavasai *adhyava* √ *so* Vorsatz fassen 3, 37.

ajjhavasâṇa *adhyavasâna* Beschluss, Vorsatz 3, 38. 43, 1.

ajjhahiya *adhyadhika* c. Gen. überlegen 24, 16.

ajjhâhaya *adhyâhata* getroffen, berührt 35, 2 cf. abbh°

ajjhovavanna *adhyupapanna* lüstern 11, 5.

Añjaṇagiri td. 14, 8.

añjali-uḍa °*puṭa* die gefalteten Hände 3, 9.

aṭṭa *ârta* traurig bekümmert. 25, 1.

aṭṭaṭṭahâsa *aṭṭahâsa* Gelächter, Lache 22, 1.

aṭṭha *artha* Zweck 34, 5. aṭṭhâe c. Gen.

wegen 34, 1 aṭṭhayâe acc. dass. 1, 21.
aṭṭhâ acc. dass. 1, 4, 9. 9.31.
aṭṭha *ashṭa* acht 16, 35. 22, 18 °ṇhaṃ gen. 12, 22.
aṭṭhama *ashṭama* der achte 2, 33 etc.
aṭṭhârasa *ashṭâdaça* achtzehn °ṇhaṃ gen. 42, 28.
Aṭṭhâvaya *Ashṭâpada* 14, 11.
aṭṭhâvettâ *a-sthâpayitrâ* nicht einsetzend 34, 13.
aṭṭhi *asthi* Knochen 4, 9.
aḍaiṃ Acc. vom folg. mahâ' 7,4,9. 20,27.
aḍavi *aṭavî* Wald 1, 4. 9. 13, 30. 21, 21.
aḍḍhamâsa *ardh*° halbmonatlich 33.28.
aḍḍharatta *ardharâtra* Mitternacht 43, 6. 12.
°yaṇa siehe jaṇa.
aṇagâra ts. Bettelmönch 34, 3.
aṇagâriyâ *anagâritâ* Hauslosigkeit 33,5.
Aṇanga td 57, 18.
aṇattha *anartha* Unglück 3, 15. 5, 31.
aṇanta td. unendlich 46, 1.
aṇantaraṃ td. acc. nach 5, 37. 8, 9. 13, 24. 26, 1 etc. tay° darauf 6, 10.
aṇanna *ananya* kein anderer 16, 31.
aṇala td. Feuer 3. 14. 18, 1.
aṇavayagga (Pâli anamat°, von √ *nam* mit nicht gebogener Spitze, was immer gradaus läuft) endlos 33. 17.
aṇavaraya *anavarata* unaufhörlich 17, 30, 31 etc.
aṇavarâhi *anaparâdhin* unschuldig 34,7.
aṇasaṇa td. Fasten 3. 28, 29. 25, 16. 34, 4
aṇâi *anâdi* 4, 29 und
aṇâiya *anâdika* anfangslos 33, 17.
aṇâloiya *anâlocita* unbereut 34, 18.
aṇicca *anitya* vergänglich 38, 20 °yâ 27, 21. 38, 10.
aṇicchanta f. i. 5, 3. 35. 34 und
aṇicchamâṇa f. i. √ *ish* nicht wünschend, es nicht wollend 12, 14. 43. 3.
aṇivâriya *anivârita* ungehindert 14, 21.
aṇukameṇa siehe aṇukkameṇa 43, 30.
aṇukampâ td. Mitleid 3. 30. 66, 5.
aṇukâri td. gleichend 2, 13.
aṇukkameṇa *anukrameṇa* der Reihe nach 14, 2.
aṇugacchai *anu* √ *gam* folgen 67, 30.
aṇugâri siehe aṇukâri 14, 22.
aṇuggahita *anugrihîta* p. beglückt 67,27
aṇuciṭṭhai *anu* √ *sthâ* thun, ausführen 43, 5. p. °iya 61, 32. cf. aṇuṭṭhiya.
aṇujattâ *anuyâtrâ* Geleite 54, 37.
aṇuṭṭhâṇa *anushṭhâna* Ausübung 29,29.
aṇuṭṭhiya p. zu aṇuciṭṭhai 15,30. 22,31. 26,7.
aṇuṇaya td. Freundlichkeit 56,30. 58,11.
aṇudiyahaṃ *anudivasam* täglich 68,30. 69, 39.
aṇuṇṇâya *anujñâta* ermächtigt 47, 21.
aṇupayaṭṭa *anupravritta* p. nachfolgen 60, 28.
aṇupatta *anuprâpta* p. erreichen 11, 18. 20, 18. 83, 2.
aṇupariyaṭṭai *anupari* √ *vrit* umherirren °issai 33, 18.
aṇupâlei *anupâlay* eine Würde innehaben oder ausüben 26, 8. °eûṇa 28, 11. °anta 45, 4.
aṇubandha td. Folge verâ' 25,11. 45,29.
aṇubhavanta td. wahrnehmend, geniessend 3, 33.
aṇubhâva td. Macht 9, 8. 21, 30 61, 37.
aṇubhûya *anubhûta* p. erleben, geniessen 9, 29, 29, 22. 66, 5.
aṇumai *anumati* Erlaubnis 23, 20.
aṇumaggeṇa *anumârgeṇa* hinter-her 7, 22. 20, 26. 45, 8.
aṇumannai *anu* √ *man* erlauben 26,20. 54, 13. °iya p. 67, 15. °iûṇa 73, 24.
aṇummuha? *anunmukha* oder anavâṅmukha? nicht abgewandt 55, 13.
aṇurajjai *anu* √ *ranj* sich verlieben 86, 11.
aṇuranjiya p. vom vorh. für sich gewinnen 57. 23.
aṇuratta *anurakta* verliebt in, c. gen. 11, 8. 52, 5. 59, 17.
aṇurâi *anurâgin* liebend 56, 2. 58, 37.
aṇurâga td. Liebe 12, 31. 17, 7. 25. 11.
aṇurâgiṇi f. zu aṇurâi 58, 31.
aṇurûva *anurûpa* angemessen 6, 30.
aṇuroha *anurodha* Willfahrung 57, 27.
aṇulagga *anulagna* p. nachfolgen 27, 32.
aṇuvvaya *aṇuvrata* die 5 Laiengebote (*Aup. S. ed. Leumann* § 57 33, 4.)
aṇuvvigga *anudvigna* unerschrocken 73.25.

aṇusarai *anu √ smṛî* gedenken 42, 29. °anti 35, 27.

aṇusâra td. Gemässheit, Übereinstimmung 66, 21.

aṇusâsaṇa td. Unterweisung 52, 23.

aṇusâsiya *anu √ çâs* p. unterweisen 4, 26. 31, 19. 36, 12.

aṇuhariya *anu √ hṛi* p. nachahmen 27, 26.

aṇuhavanta siehe aṇubh° 15, 32. 17, 20.

aṇeya *aneka* viel 2, 28 etc.

aṇega dass. 2, 29 etc.

aṇejja von √ *jñâ* unwissend 3, 10.

aṇeṇa td. Instr. 30, 14.

aṇesaṇa aṇṇesaṇa *anveshaṇa* Suche 10, 11. 13, 18, 29. 15, 7. 18, 20. 21, 26.

aṇṇesanta 10, 8. aṇṇesamâṇa 12, 6. *anu √ ish* suchend.

aṇṇesiya p. vom vorh. gesucht 15, 29.

atakkiyaṃ *atarkitam* unvermutet 16, 17. 35, 12.

atihi *atithi* Gast 62, 16.

attaya *âtmaja* Sohn 34, 12.

attâ *âtman* Selbst Acc. attâṇaṃ 31, 25. 83, 13. 15. attâṇayaṃ 57, 15. 60, 2 attaṇâ Inst. 59, 18. attaṇo Gen. 7, 35. 69, 27, 76, 28. cf. appâ.

attha *artha* m. Reichthum 58, 3 °sâra 67, 27 acc. wegen 3, 8, 31. 11, 8. 18, 20. kim° 9, 16. atthâe wegen c. gen. 63, 12.

attha *astra* Waffe 23, 31. 32, 33. 69, 18.

atthagiri *asta°* westlicher Horizont 11, 29.

atthamiya *astamita* p. untergehn 22, 25.

attharîâṇa *â √ stṛî* Bett bereiten 68, 2.

atthâṇa *âsthâna* Audienzhalle 27, 8. 39, 1. 40, 5. atthâṇi dass. 31, 25.

atthi *asti* ist n'atthi ist nicht. flectirt: 1 —. mhi. 2 asi. si. 3 atthi. 3 pl. santi Imper. atthu. santu. Imperf. âsi. Part. santa. samâṇa.

atthi *asthi* Knochen 1, 22.

atthi *arthin* acc. begehrend nach 1, 27. 7, 1. 29, 29, 31.

atthiya dass. 29, 31.

atthodiya besser acch° cf. Hâla 160 p. an sich reissen 22, 1.

athira *asthira* unbeständig 38, 11.

adâyaga °*ka* geizig 61, 27.

adiṭṭha *adṛishṭa* nicht gesehen 12, 5. = dharma 65, 3.

adda *ârdra* feucht 65, 11.

addaṃsaṇa *adarçana* Unsichtbarkeit 67, 28. 74, 28. °ṇî-hûya p. unsichtbar worden 20, 22.

addâya (DK. 1, 14 *addâo* = *darpaṇaḥ*) Spiegel 31, 9.

addha *adhvan* Weg 43, 9.

addha *ardha* halb, Hälfte 4, 12 18, 21, 22.

addhaya dass. 4, 13.

addhacanda *ardhacandra* halbmondförmiger Pfeil 80, 36.

addhamâsa *ardh°* 2, 34 und addhamâsiya 34, 18 halbmonatlich.

addhâṇa *adhvan* Weg 6, 22. 82, 6 °yâ 21, 27.

addhâsaṇa *ardhâsana* Hälfte des Sitzes (wird dem Gaste als Ehrenbezeugung angeboten) 49, 8.

addhii *adhṛiti* Unruhe, Angst 7, 37. 31, 1. 42, 1. adhii 54, 31. Kummer 39, 16.

adhuva *adhruva* unbeständig 38, 12.

anta ts. Ende 42, 31. 81, 11. °gamaṇa das auf den Grund gehn 67, 35.

anta *antya* der niedrigste 33, 29.

antara ts. Unterschied 59, 17, acc. ander 1, 3. 2, 20. 4, 27. 16, 11. 59, 21, 24. 82, 29. vorzüglich = viçesha 21, 4 — etth' antaro oder etth' antaraṃmi darauf. antareṇa c. acc. ohne 58, 18.

antaragaya *antargata* darin befindlich 61, 31.

antaravâsa °*rv°* Unterkunft 25, 23.

antarâ ts. unterwegs 32, 23.

antarâla ts. Zwischenraum, Zwischenzeit 12, 16. 16, 7. 61, 5.

antariya °*ta* verborgen, versteckt 66, 9. 70, 12.

antiya °*ka* Nähe °ṃ. 8, 21. 10, 37. 73, 34. °ie 1 2. 8, 25. 9, 32. 33, 3. °iyâo 14, 37.

anteura *antaḥpura* Serail, Frauen des Serails 3, 31, 32. 18, 9. 24, 15, 18, 33. 68, 23.

anteuriyâ *antaḥpurikâ* Frau im Serail 24, 22 47, 31.

andha ts. blind 7, 21. dunkel 83, 15. wasserleer 51, 2.

andhayâriya °*kârita* verfinstert 3, 6.

andhâriya dass. 22, 3. 41, 33.

anna ts. Speise 6, 7.

anna *anya* ander. Gen. pl. annesiṃ 3,2.

annayara *anyatara* ander 10, 33.

annayâ *anyadâ* einst 1, 2, mit kayâi 32, 35.

annattha *anyatra* anders wo, wohin 6,4. 15, 6. 43, 4. 68, 8.

annanna *anyânya* manigfaltig, wechselnd 56, 10. 86, 12. verschieden 60, 31.

annahâ *anyathâ* anders 5, 26. 17, 35.

annâya *ajñâta* ungekannt 62, 20.

annâṇa *ajñâna* Unwissenheit 27, 23.

annârisa *anyâdṛiça* anders aussehend 53, 15. 32.

annonna *anyonya* gegenseitig 75, 16. verschieden 43, 38.

apamatta *apramatta* aufmerksam 75,20.

apavagga °*rga* ew. Glückseligkeit 29,32. 36, 11.

apuṇabbhava *apunarbhava* nicht wiedergeboren werdend 31, 1.

aputta °*tra* ohne Sohn 37, 12. 49, 30.

apuvva *apûrva* ganz neu, unvergleichlich 11, 25. 21, 4.

appa *alpa* wenig, klein. 13, 5.

appa *âtman* selbst. 81, 10. °bhaya 3, 2. Nom. appâ 29, 14. Acc. appâṇaṃ 2, 31. 3, 23. 6, 24. 22, 32. appayaṃ 52, 10. Inst. appaṇâ 67, 18. Gen. appaṇo 52, 5. appâṇassa 3, 21. N. pl. appaṇo 17, 31.

appaṇayâ *âtmatâ* savv° mit ganzer Seele 58, 31.

appatakkiya *apratarkita* unerwartet 15, 8.

appamatta siehe apa° 4, 30. 68, 28.

appiya *arpay* p. übergeben 36, 16. 73, 8.

apphâlei *â* √ *sphâl* schlagen, stossen °iya p. 16, 28. 82, 7. °iṇa 56, 21.

abbha *abhra* Wolke 14, 21.

abbhangai von *abhyanga* salben. pass. °ijjaha 50,31. °iya p. 59,31,35. in act. Bed. 57, 20. °iuṃ inf. 57, 10.

abbhangaṇa *abhy*° Salben 27, 3. 57, 8.

abbhatthaṇâ *abhyarthanâ* Bitten 65, 1.

abbhantara *abhyantara* das Innere 6, 29. — Inst. 62, 32 Loc. 67, 11, 13 innerhalb.

abbhâhaya *abhyâhata* getroffen 48, 9.

abbhuṭṭhâṇa *abhyutthâna* das sich vom Sitze Erheben 50, 9.

abbhuṭṭhei *abhyud* √ *sthâ* sich grüssend erheben °iuṇa 9, 12. °iya p. mit act. Bed. 8, 10 mit pass. Bed. 21, 5.

abbhuttha *abhyuttha* entstanden, entspringend 45, 7.

abbhuvagaya *abhyupagata* p. sich zuwenden 53, 20.

abhaya ts. Sicherheit 72, 15.

Abhii *Abhijit* 28, 19. 33, 16, 18. 34, 11, 15, 17.

abhikkhaṇaṃ *abhîkshṇam* häufig 66,24.

abhigaya *abhigata* verstanden, erkannt 34, 16.

abhiṇava td. neu 59, 15.

abhinandijjamâṇa *abhi* √ *nand* begrüsst werdend 17, 6.

abhinna *abhijña* bekannt mit 16, 33.

abhippâya *abhiprâya* Absicht 77, 13.

abhibhavai, *abhi* √ *bhû* triumphiren °issai 42, 1.

abhibhûya °*ta* übermannt 7, 5. 34, 14.

abhimâṇa td. Selbstgefühl, Stolz 10, 21. 27, 23. 47, 28. Wahnvorstellung 4, 2.

abhimuha °*kha* zugewandt, nach. adj. 35, 8. f. i. 43, 7. adv. °ṃ. 13, 26 etc., tad° 18, 1. tay° 7, 22. 20, 29. 21, 29.

abhiramai *abhi* √ *ram* sich ergötzen 35, 9.

abhiruyai *abhi* √ *ruc* gefallen °iya p. 32, 2. 63, 29.

abhilâsa td. Verlangen 56, 22.

abhivâei *abhivâday* grüssen °iya p. 35, 9.

abhisandhi ts. Absicht 29, 21.

abhisitta *abhishikta* p. zum Könige geweiht 33, 21.

abhiseya °*sheka* Königsweihe 18, 8. 33, 21.

abhihâṇa °*dhâna* Name 1, 18. 14, 13. 17, 19. 20, 20.

abhogi °*in* nicht geniessend 52, 13.

amaya *amṛita* Ambrosia 2, 13.

amacca *amâtya* Minister 3, 29. 9, 9. 17, 19. etc.

amara ts. Gott. 22, 13. 44, 25. °vahû 45, 15.

Amaravai *°pati* Indra 46, 29.

amarisa *amarsha* Unmut, Zorn 16, 26. 64, 35. 69, 10, 11. 85, 5.

amiya siehe amaya 31, 15.

Amiyajasa *Amitayaças* 44, 21.

amilâṇa *a-mlâna* nicht welkend 30, 31.

amejjha *°dhya* Unreinigkeit, Excremente 4, 11. 40, 24.

Amohapahâri *Amoghaprahârin* 66, 25.

Amoharaha *Amogharatha* 66, 22.

amba *âmra* Mango 34, 23. 67, 22.

ambara ts. n. Gewand 43, 15. 73, 6.

ambâ ts. Mutter 21, 10. Voc. amba 17, 13. 58, 33.

ambâḍei p. schlagen °iya 63, 19.

ammâ° Mutter, Gen. °piyarassa 77, 30. °piyaro N. pl. 37, 29.

amva siehe amba.

amhe *asme* wir 12, 19 Instr. amhehiṃ 5, 10. Gen. amha 14, 13. amhaṃ 6, 35. amhâṇaṃ 2, 17. 12, 9.

amhârisa *asmâdṛiça* unser einer 3, 9. 26, 1. 57, 28.

araṇṇa *°ṇya* Wald 7, 18. 13, 20. 22, 22. etc.

aravinda ts. Lotus 14, 18. 20, 28.

ariha *arha* wert mah' 33, 25. jahâ' 39, 10.

arihai √ *arh* sollen 55, 32. 67, 10.

arogiyâ *°tâ* Gesundheit 36, 29.

°yala siehe tala.

alaṃ ts. c. Instr. genug des! 13, 30. 14, 31. 42, 3.

alakkhaṃ *°kshyam* unbemerkt 10, 28.

alakkhiya *°kshita* unbemerkt 5, 38.

alaga *alaka* Haarflechte 3, 33.

alaṃkâra ts. Schmuck 52, 9.

alaṃkiya *°kṛita* geschmückt 6, 27. 15, 32. 22, 22.

alanghaṇiya td. unentrinnbar 36, 4.

alajjira von *lajjâ* schamlos 81, 23.

alattaya *alaktaka* roter Lack 59, 2.

ali ts. Biene 82, 15.

aliya *alika* falsch, scheinbar 50, 11. 59, 21. 24. 68, 2. — Lug, Betrug 41, 17. 76, 13 °vâi *vâdin* Lügner 68, 32.

aliya dass. 75, 16.

aloṇiya *alavaṇika* nicht salzig? unedel? 58, 32.

alliṇa td. p. sich setzen 21, 7.

avayarai *ava* √ *tṛi* hinabsteigen °iũṇa 44, 12. °iya p. 46, 9. 48, 31. 81, 36.

avaiṇṇa p. des vorh. 43, 15, 29. 82, 3.

avakanta siehe avakkamai 75, 18.

Avakiṇṇaya °ga *Apakîrṇaka* 36, 16. 37, 20.

avakkamai *apa* √ *kram* weggehn, entkommen 8, 31. 12, 13. °amâṇa 16, 8. °kkanta p. 8, 37. 75, 16.

avagaya p. des folg. 12, 21.

avagacchai *ava* √ *gam* erkennen °issaṃ 11, 8.

avagacchai *apa* √ *gam* weggehn 21, 35.

avagâsa *°kâça* Gelegenheit, Raum 3, 15.

avaguṇṭhiya *°ta* bedeckt, verhüllt 2, 10.

avagûḍha ts. p. umarmen 72, 24.

avacuṇṇiya *°cûrṇita* p. bestreuen 59, 13.

avacca *apatya* Nachkommenschaft 43, 23.

avaṭṭhiya *avasthita* sich gleich bleiben 27, 11.

avaḍanka von *ṭanka* Spottname 61, 3.

avaṇei *apa* √ *nî* wegnehmen °ṇenta 48, 7. °ṇiya p. 48, 8, 9. 57, 17.

avatthâ *°sthâ* Zustand 13, 28. 24, 33. 70, 38. 71, 4. 6. 38, 5.

avatthâṇa *°sthâna* Verweilen 43, 1.

avatthiya *°sthita* jahâ' der Wahrheit gemäss 7, 13. cf. vatthiya.

avadâya *°ta* weiss, klar 2, 28.

Avanti ts. 41, 1.

avaboha *°dha* Erkenntniss 2, 28.

avamannai *ava* √ *man* nicht beachten, gering schätzen. °iũṇa 5, 14. °iya p. 21, 21.

avamâṇa *apamâna* Verachtung 31, 11. Verstossung 56, 4.

avara *apara* ander 30, 23. 57, 23.

avara ts. hinter, westlich 7, 18. 55, 14.

avarajjhai *apa* √ *râdh* hindern 17, 14. avaraddha p. sündigen, sich vergehn 3, 10, 11.

avaraṇha *aparâhṇa* Nachmittag 15, 21. 18, 13. 54, 9. 71, 6. 81, 11.

avaratta *apararâtra* zweite Hälfte der Nacht 32, 37.

avaraddha siehe avarajjhai.

avarâha *aparâdha* Vergehn 25, 29.

avaroha *°dha* Serail 24, 21.

avalagga *°gna* p. besteigen 8, 2 darauf haften 38, 15.
avalambei *ava* √ *lamb* sich stützen, c. Acc. 43, 36 °iûṇa 17, 34. 49, 2 °iya p. herabhängen 40, 12.
avaleva *°pa* Salbe 65, 11.
avavâya *apavâda* Tadel, üble Nachrede. 5, 34. 24, 21. 42, 5. 44, 3.
avasauṇa *apaçakuna* ungünstiges Omen 47, 16.
avasara ts. Gelegenheit 13, 19. 14, 27. 41, 31. 84, 16.
avasâṇa td. Ende, Schluss 7, 5. 14, 10, 31. 21, 12. 46, 14.
avasesa td. Rest, Überbleibsel 13, 35. 55, 2.
avassa *°çya* notwendig 61, 11. adv. 42, 32. °ṃ. 17, 16 etc.
avahattha *apahasta* Stoss mit der Hand 81, 20.
avahatthei *apahastay.* abschütteln °iûṇa 85, 35. p. °iya 24, 20.
avaharai *apa* √ *hri* wegführen °iûṇa 85, 35. °iya p. 10, 7. 21, 13, 20. 33, 35. 43, 33.
avahiya *°ta* aufmerksam 6, 2. 77, 14.
avahîrei *avadhîray.* nicht beachten, verschmähen 17, 13. °iûṇa 37, 20.
avaheri von *avadhâray.* Nachdenken 11, 3.
avâya *ap°* Schaden, Nachteil 16, 6.
avi *api* auch 17, 17. cf. puṇar-avi.
avikkhai siehe avekkhai 44, 3.
aviṇaya td. unpassendes Benehmen 45, 17.
avitahaṃ *°tham* der Wahrheit gemäss 5, 16. 45, 22.
aviratta *°kta* p. treu ergeben 17, 11.
avisaṇṇa *avishaṇṇa* unverzagt 22, 33.
avekkhai *apa* √ *îksh* beachten 52, 6.
asaccasandha *asatya°* vertragsbrüchig 32, 18.
asajjha *asâdhya* nicht zu curiren 5, 6.
asaṇa td. n. Essen 4, 16. 70, 28.
Asaṇivega *Açani°* 23, 12.
asabbhâviṇi von *sadbhâva* f. ganz verändert 17, 12.
asamanjasa ts n. Unpassendes 69, 4.
asamattha *°rtha* unfähig 49, 27. 75, 27.
asampatti ts. Mislingen 36, 32.
asaṃbhâvaṇiya td. unvermutet 9, 27.
asarisa *asadriça* unvergleichlich 57, 14.
asâra ts. wertlos, nichtig 3, 38. 12, 21. 58, 3. °yâ Nichtigkeit 27, 21 °tta dass. 46, 30.
asi ts. Schwert 60, 2 etc.
Asiyakkha *Asitâksha* 22, 1, 29. 24, 12. 25, 21.
asuyapuvva *açrutapûrva* unerhört 67, 9.
asui *açuci* unrein 4, 17. °rasa unreine Säfte 4, 8, 10.
asubha *açubha* unlauter, sündhaft 3, 38. unrein 4, 22.
asura ts. Asura 14, 15.
Asurakumâra eine Art Höllenwesen °tta 34, 19.
asuha *°kha* Unglück 36, 6. 70, 25.
asesa td. all, ganz 47, 23. 56, 3.
asoya °ga *açoka* Açokabaum 8, 1. 14, 14. rattâ' 50, 27.
asoyatta *açaucatva* Unreinheit 76, 13.
assa *açva* Pferd 21, 20.
assiṃ *asmin* 67, 8.
ahaṃ ich 6, 3. 17, 15, 17. ahayaṃ 43, 28. 76, 7. 83, 19. nach voc. haṃ etc. Acc. maṃ 8, 24, 27. 23, 11 mamaṃ 43, 29. Inst. mae 7, 3. 8, 22. 11, 26 etc. mayâ 10, 1. me 72, 12. 83, 32. Gen. mujjha, majjha 9, 16. 15, 30. 17, 12 majjhaṃ 12, 23. maha 8, 18. 21, 17, 34. 71, 8. mahaṃ 23, 3. mama 1, 25. 8, 22. 21, 10 muha 12, 21. 84, 27. me 11, 30. Abl. mamâhiṃto 54, 20. Loc. mamaṃmi 5, 27.
ahama *adh°* niedrigste 23, 12. °ttaṇa 86, 15.
ahara *adh°* untere °gai Höllenfahrt 47, 20.
ahava 75, 6, ahavâ 75, 31 *athavâ* oder.
ahi ts. Schlange 1, 12. 82, 2.
ahiya *adhika* übertreffend 26, 33. 73, 11. reich an 8, 23. °ga sehr gross 4, 2. °ṃ. gar sehr 72, 25.
°yara *adhikatara* c. Abl. übertreffend 27, 4.
ahiyattha *ahitârtha* Sünde 55, 32.
ahiyâsei *adhyâsayati* ertragen 42, 19. °iya abs 27, 37. p. als Symbol die Herrschaft führen 37, 12. 62, 34.

ahiṭṭhiya *adhishṭhita* bewohnt, beherrscht 63, 4. Vorsteher 13, 37.

ahiṇandiya *abhi* √ *nand* p. begrüssen 13, 37. 54, 13.

ahidova *adhi*° höchster Gott 30, 15.

ahippâya *abhiprâya* Absicht 7, 16.

ahimayara °*kara* Sonne 72, 9.

ahimantiya *abhimantrita* geweiht 83, 20.

ahilasai *abhi* √ *lash* wollen 10, 17.

ahilâsa *abhilâsha* Verlangen 17, 6.

ahiva *adhipa* Herr, König 12, 9. 45, 3. 69, 4.

ahivai *adhipati* dass. 8, 8. 43, 34.

ahisiñcai *abhi* √ *sic* zum König weihen 33, 12. °iûṇa 17, 29. 26, 5.

ahisitta *abhishikta* p. des vorh. 26, 25.

ahihâṇa *abhidhâna* Name 13, 4.

ahe *adhas* c. Gen. unterhalb 50, 30.

ahesara *aheçvara* Sonne 41, 29.

aho ts. interj c. Nom. ach! 5, 35. 22, 15. 56, 11.

ahomuha *adhomukha* mit nach unten gerichtetem Gesichte 83, 36.

â.

âyayaṇa °*tana* Tempel 12, 16.

âyaṅka *ât*° m körperliches Leiden 36, 29.

âyaḍḍhai *â* √ *krish* herausreissen, ziehen (vom Schwerte) °iya p. 24, 29. °iûṇa 75, 5, 23.

âyaṇṇaṇa *âkarṇana* das Hören 13, 33.

âyaṇṇiûṇa *âkarṇya* gehört habend 6, 33. 17, 16. 78, 73.

âyatta ts. abhängig, eigenthümlich gehörend 69, 33. 76, 8. 77, 10. 81, 10.

âyambila-baddhamâṇa Aup. S. glossar „âyâmâmla-vardhamânaka eine bestimmte Reihenfolge von Fastenübungen". 26, 34.

ayara *âdara* Ehrfurcht 37, 13. 64, 37. 8' 9, 11, 14.

âyarai *â* √ *car* thun 5, 17. 41, 16. °iya p. 12, 30.

ayariya *âcârya* Lehrer 24, 31. 71, 13. 72, 11, 13, 15.

âyâya *âgâta* gekommen 76, 3.

ayâra *âkâra* Gestalt 74, 30.

âyâra *âcâra* Wandel 7, 33. 31, 17. 41, 19. 62, 20.

âyâvemâṇa *âtâpay*. sich kasteien 2, 22.

âi *âdi* acc. und so weiter 15, 6. 43, 6.

âiya *âdika* dass. 17, 11.

âicca *âditya* Sonne 26, 31, 33.

âiṭṭha *âdishṭa* verkündet, angewiesen, 22, 28. 40. 15.

âiṇṇa *âkîrṇa* umgeben 84, 16.

âu, âû *âyus* Lebensdauer 24, 36. 44, 24. 45, 5. acc. âuya 44, 25. âuga 27, 14.

âucchiûṇa *âpṛichya* sich verabschiedend 14, 1. siehe âpucchai.

âura *âtura* krank, gepeinigt von 2, 31. 4, 5. 5, 33. 24, 17, 24.

âula *âkula* ganz voll von 74, 8. 43, 6. 82, 26. = âura 21, 22.

âulijjanta *âkulay*. voll seiend 13, 34.

âuha *âyudha* Waffe, 59, 36.

âûrei *âpûray*. erfüllen °ijjamâṇa 24, 5. °iya p. 21, 3, 6, 23.

âesa *âdeça* Befehl 8. 21. 54, 6 72, 27.

âesa od. âusa *âveça* intensiver Gedanke oder Wunsch 65, 6.

âesaṇâ *âdeçana* Auftrag 39, 6.

âojja *âtodya* ein geschlagenes musik. Instrument 40, 22.

âohaṇa *âyodhana* n. Kampf 18, 2.

âkâra ts. Gestalt 56, 6. 60, 17.

âgai *âkṛiti* Gestalt 60, 5.

âgacchai *â* √ *gam* kommen 59, 21 âgantûṇa abs. 7, 2. 10, 24. âgantavva ger. 57, 27.

âgama ts. Kunde, Wissenschaft 4, 25.

âgamaṇa td. Kommen, Besuch 63. 16.

âgara *âkara* Fundgrube übert. Bed. 4, 24.

âgarisiya *âkarshita* anziehen 56, 28.

âgaleûṇa *â* √ *kal* anbinden 72, 21

âgâra *agâra* Haus 33, 5.

âgâra *âkâra* in sâgârabhatta etwa „zubereitete Speise" 35, 16. 43, 9.

âgii *âkṛiti* Gestalt 15, 20.

âghâya °*ta* m. Schmerz, Leiden 48, 7.

âghosaṇa td. n. Verkündigung 18, 28.

âḍhaya °*ka* n. ein best. Hohlmass 4, 12.

âḍhatta â √ *rabh* p. beginnen 21, 19, 26. 24, 31. 59, 2. beschliessen? 1, 26.

âṇaṇa *ânayana* Herbeiführung 77, 37.

â ṇ a t t a siehe âṇavoi.
â ṇ a n d a td. Freude 8, 9. 21, 8.
â ṇ a n d i y a °*ta* erfreut 26, 4.
â ṇ a v e i *âjñâpay.* befehlen 54, 19. °e y a v v a 63,15. â ṇ a t t a p. 1,22. 26,13. 36,9.
â ṇ a s u siehe âṇei 78, 9.
â ṇ e i *â* √*nî* herbeiführen 31, 7. 43, 24. â ṇ a s u 78,9. °e û ṇ a 21.31. â ṇ i y a p. 8,23. 23,8. â ṇ i y a p. 23,10. 31,7. 49,35. 54, 34. abs. 75, 2.
â d a y o Nom. pl. von âdi ts. siehe âi 17,28.
â p u c c h a i *â* √*prach* sich verabschieden 33, 23. °i û ṇ a 37, 28. 54, 21. siehe âucchiûṇa.
â p û r i j j a i *âpûryate* sich füllen 48, 6. siehe âûrei.
â b h â s i y a *âbhâshita* p. angeredet 66, 14.
â b h i o i y a *âbhiyogika* ein best. Art Götter 27, 30. Aup. S. „Der himmlischen Dienerschaft angehörig."
â b h i o g i y a siehe vorh. hatthirayaṇaṃ etwa Staatselephant 33, 14. °k a m m a Vergehen im Dienste? 25, 20.
â b h o y a °*ga* m. Ausgedehntheit 41, 30.
â b h o e û ṇ a (vom vorh?) erkennend, erforscht habend 21, 17. 43, 35. 54, 2.
â m o s a h i *âmarçaushadhi* Heilung durch blosse Berührung. 28, 1. cf. Aup. S. 24.
â r a k k h a °*ksha* 67, 11. â r a k k h i g a 64,21, °i y a 65,23. 73,15 Polizeimeister.
â r a ḍ i û ṇ a *â* √*raṭ* schreiend 22, 11.
â r a d d h a *ârabdha* p. beginnen, in act. Bed. 32, 13. 33. 37. in pass. Bed. 3, 31.
â r a b b h a °*bhya* abs. seit c. Abl. 17, 4.
â r â ts. Ahle 79, 8.
â r â m a ts. Garten 62, 10.
â r â h a i *â* √*râdh* besänftigen, gewinnen °i u ṃ inf 12, 24. °i û ṇ a 56, 23.
â r u h a i *â* √*ruh* aufsteigen, besteigen 78, 16. 81, 39. °a n t a 2. 21. °i û ṇ a 45,9. °i u ṃ abs. 81, 25. °i y a ṃ abs. 81, 14.
â r û ḍ h a ts. p. des vorh. 6, 20. 13, 17. 20. 20.
â r o g a °*gya* Gesundheit 62, 13.
â r o v e i caus. von âruhai. °i u ṃ abs. 10,31. 17,24. iûṇa 44,6 °i y a abs. 6,21. p. 39,12.
â l a (DK. 1,73 *âlaṃ alpasroto mṛidu ca*) Bach 5, 30.
â l a y a ts. Wohnstätte 58, 13.
â l a v a ṇ a *âlapana* n. Plaudern 56, 31.
â l a v i û ṇ a *â* √*lap* sprechen abs. 15, 30.
â l a s s a *âlasya* Trägheit, Schlaffheit 68,17.
â l â ṇ a - k h a m b h a ts. der Pfosten, an den ein Elephant gebunden wird 46, 1. 71, 25.
â l â v a °*pa* m. Gespräch, Unterhaltung 8, 7, 31. 56, 28.
â l i n g a i *â* √*ling* umarmen °i u ṃ abs. 16, 1. 77, 28. °i y a. p. 82, 29.
â l i d d h a (DK. 1, 66. *com.* = *âçlishṭa*) bedeckt 13, 14.
â l i m p a ṇ a td. Salbung 18, 18.
â l e v a °*pa* Einreiben 48, 5.
â l e h i y a *âlekhay.* p. einritzen 74, 36.
â l o y a ṇ â *âlocanâ* Beichte, Reue 28, 15.
â l o i y â *âlocitâ* Ueberlegung 61, 22.
â v a y â *âpad* Unglück 81, 35.
â v a j j i y a *â* √*vṛij* p. sich geneigt machen 62, 11. 80, 21. ausgiessen 26, 24.
â v a ḍ i y a *âpatita* betreten 3, 1. vasaṃ' durch Zufall eingetreten? 22, 1. 24, 12.
â v a ṇ a *âpaṇa* Markt 73, 29.
â v a n t a âyâvanta büssen 80, 20.
â v a n t a = âvayanta herbeistürzen 82, 21.
â v a n n a *âpanna* p. in einen Zustand treten 4, 17. 30, 4. 64, 30. 72, 16. 74, 28.
â v a l i ts. Reihe, Menge. 70,21. 73,22. 73,31.
â v a h a ts. verleihend 35, 21.
â v â s a ts. Herberge 13, 26. 38, 22.
â v a s i y a vom vorh. p. wohnen 64, 4.
â v e i *âveday.* mitteilen °i û ṇ a 28, 12. °i y a p. 66, 20.
â s a *açva* Pferd 6, 21. 20, 19. 21, 22.
â s a y a *âçaya* Ort. jal' Teich 61, 7.
â s a n k â *âç°* Furcht vor 70, 8 s' ängstlich 40, 6. 74, 17. 75, 14 81, 30. 83, 31.
â s a n k i y a *âçankita* bestürzt 23, 5. 67, 25.
â s a ṇ a td. n. Sitz 4, 19. 6, 12 etc.
â s a t t a *âsakta* ergeben 56, 4. 70, 19.
â s a t t h a *âçvasta* erfrischt 32, 15.
â s a n d a y a °*ka* n. Stuhl 49, 22, 28, 36.
â s a n n a ts. nahe 56, 9. °ṃ. 1, 13. Nähe °e 9, 26. 22, 36. 75, 21.
â s a m a *âçrama* 7. 11. 14. 3. 15, 17. und â s a m a p a y a n. °*pada* 7, 15 Einsiedelei.
â s a v â r a *açvavâra* Reiter 49, 16, 27.

Âsasena *Açrasena* 18, 15. 26, 4.
âsâ td. Hoffnung 8, 17. 60, 29.
âsâiya *âsâdita* erlangen 21, 26.
âsâiya *âsvâdita* p. kosten 31, 15.
âsâsaṇa *âçvâsana* Trösten 11, 33.
âsâsiya *âçvâsita* p. beleben, beruhigen, 21, 31. 68, 22. 75, 35.
âsi *âsît* er war 1, 1. 4, 36. 10, 35. âsi 65, 10. sie waren 43, 30.
âsisâ *âçis* (H. II 174) Segen 80, 11. 84, 15.
âsevaṇa ts. anhaltende Beschäftigung mit, Pflege 27, 24 29, 21.
âhaya *°ta* geschlagen, getroffen. 22, 13. 37, 14. 42, 6. 68, 6.
âharaṇa *âbh°* Schmuck 26, 3. 52. 12.
âhâra ts. Speise, Nahrung 33, 29. 49, 32. u. 35, 19.
âhiṇḍiya *â* √ *hiṇḍ* herumziehend 62, 35.
âhuttaṃ gerichtet auf °wärts, tay° 76, 29. 79, 18. 81, 20. 82, 4.
âhovacca *âdhipatya* Oberherrschaft 28, 23. 43, 28.

I.

iya *iti* 78, 16.
iyaṃ *idam* dies 22, 35.
iyara *itara* der andere 28, 9. 39, 33. 45, 20. f° î 49, 34.
io *itas* von hier 22, 23. io tao hin und her 7, 26. 9, 36.
ikka *eka* ein 44, 35.
ikkaya vom vorh. juddhikkaya kampflustig 38, 2.
Ikkhâga *Ikshvâku* 46, 27.
iccâi *ity-âdi* 27, 28.
icchai √ *ish* wünschen 5, 18. 23, 36 ne- 'cchai 32, 23. 37, 6. — geloben 39, 16. °iya p. erwünscht hiya' 69, 33. 80, 26.
icchâ ts. Wunsch jah' 12, 35. 41, 26.
iṭṭha *ishṭa* geliebt 23, 8. 38, 20.
iḍḍhi *riddhi* Reichtum, Glanz 33, 21. 52, 10.
iṇaṃ (DK. I. 79 *iṇaṃ etat*) dies 69, 31. 85, 31.
itthi *strî* Weib 3, 33. 13, 1. 22, 36. 85, 36.
Inda *Indra* 25, 19. 26, 36, 37. 40, 15. acc der Erste, Fürst nar', khayar' etc.
indayâla *indrajâla* Blendwerk, Zauber, Kunststück 40. 20.
indayâli *indrajâlin* Zauberer 40, 20.
indakeu *indraketu* Fahne zu Ehren Indras 34, 23. 40, 14, 17, 23, 29.
Indasâmâṇiya *Indrasâmânika* eine best. Art Götter 44, 25. 45, 30.
indiya *indriya* die Sinne 5. 13. °ttaṇa 2. 7.
indiyâla siehe indayâla 15, 16. 22, 35.
indhaṇa td. Brennholz 3, 15.
ibbha *ibhya* reicher Kaufmann 4, 32.
ima dieser N. imo 37, 14. 83, 22. imâ 11. 5. imaṃ 11, 12.
Acc. imaṃ 58, 33. 9, 17.
Inst. imeṇa 26, 31. imiṇâ 57, 11.
Abl. imâo 47, 26.
Gen. imassa 35, 18. imie 11, 8. imâo 6, 35.
Loc. imâe 35, 18. imammi 23. 11. 61. 10.
Plur. Nom. Acc. ime 61; 25.
Nom. imâo 22, 20, 27. Acc. imie 22, 29. cf. aṇeṇa, assiṃ, iyaṃ, iṇaṃ.
iriyâ-samiya *iryâsamita* vorsichtig im Gehen 3, 1.
iva ts. wie 84. 21.
iha ts. hier. ih' 8, 15. 10, 11 etc. ihaṃ 23, 10. ihaiṃ 16, 11. °ṭṭhiya hierbefindlich 6, 5. 9, 20.
ihaloya °ga °ka das Diesseits 35, 20. 41, 15.

Î.

îisa *îdriça* solch 35, 33. 59, 26.
îsattha *ishv-astra* Pfeile und andere Geschosse 67, 4.
îsara *îçvara* Herr, Fürst 45, 25. cf ahesara. — reich 65, 28. 74, 35.
îsâ *îrshyâ* Eifersucht 24, 23.
Îsâṇakappa *Îçânakalpa* 26, 29.
îsâluya *îrshyâluka* eifersüchtig 28, 28.
îsâluyâ *îrshyâlutâ* Eifersucht, Neid 2, 5
îsi 57, 17. îsiṃ 70, 18. 79, 11. *îshat* ein wenig.
îsiya (DK. I. 84 *îsiaṃ raçâyitam*) Mark 4, 22.
îhiya *°ta* erwünscht 74. 26.

u.

u *tu* aber 32, 23 und 34, 22.
uyara *udara* Bauch, Innere 15,37. 30,23. 43, 12. 62, 5.
uyaviya? 26, 11.
uyaha 70, 14. uyâhu 28, 7. *utâho* oder.
uiya *ucita* angemessen 44, 24. 47, 17.
ukkaḍayâ *utkaṭatâ* Uebermass 4, 26.
ukkaṇṭhiya *utkaṇṭhita* sehnsüchtig 54,9. 57, 16.
ukkariya *ud* √ *kṛî* ausgeschnitten 17, 8.
ukkellâviya etwa „umstürzen" 64, 16.
ukkhaya *utkhâta* p. herausreissen 25,14.
ukkhivai *ut* √ *kship* in die Höhe werfen, aufheben 30, 20. °iûṇa 22, 10.
ukkhitta p. des vorh. 23, 13. 43, 21. — erfreut 41, 29.
ugga *ugra* gewaltig, heftig 1,2. 27,37. 83,1.
ugghâḍao *udghâṭay.* öffnen 75,32. °iûṇa 81, 16. °iya p. 75, 38.
ugghuṭṭha *udghushṭa* p. mit Rufen erfüllen 45, 13.
uciya °*ta* angemessen 10,31. 21,12. 29,25.
uccarai *ud* √ *car* entgehn 60, 3. °iya p. gerettet 17, 5.
uccâ *uccais* schnell 84, 13.
ucchanga *uts*° Schoss, Fürsorge 5, 7. 13, 15. 83, 6.
ucchaliya utth° (H. IV. 174 schreibt *ut-thallai* vor) p. sich erheben 6,14. 16,21. 18, 4. 84, 3. — 17, 21?
ucchu *ikshu* Zucker, roher Z. 59,2,6,8,11,12. °khaṇḍa dass. 89, 6.
ujjaya *udyata* erhoben 42,8 strebend nach 85, 17. 86, 29.
ujjâṇa *udyâna* Lustgarten 2,16.36. 20,19.
Ujjoṇi *Ujjayinî* 32, 5 etc. 39, 20 etc. 56, 1, 35.
ujjoya *uddyota* Helligkeit, Lichtschein 74, 29. 83, 30. 32.
ujjhâya *upâdhyâya* Lehrer 69,28. 72,39.
ujjhai √ *ujjh* verlassen °iûṇa 17,5. 27,21. 42, 5. °iya abs. 14, 8. 27, 29. p. 40, 9.
uṭṭha *oshṭha* Lippe °uḍa 7, 33.
uṭṭhai *ud* √ *sthâ* aufstehn, sich erheben 59, 30. °ehi 42, 3. °iya p. 13, 10. 21,5. 37, 15 etc. °euṃ 69, 28.
uṭṭhavei caus. des vorh. °eûṇa 83, 23.
°uḍa = puḍa *puṭa* acc. cf. anjali°, uṭṭha°
uḍḍhaṃ *ûrdhvam* oberhalb 22, 9.
uṇa *punar* aber 16,32. 44,35. na — 41,15. 63, 10. 69, 20.
uṇha *ushṇa* heiss 25, 9. 59, 35. 71, 2.
uttama ts. höchst, vorzüglichst 4, 36.
uttamanga *uttamânga* Kopf 6, 32. 11, 10. 42,37. 70, 28. 72, 23. 80, 27. cf. utti°.
uttara ts. nördlich 9, 2 °eṇa von Norden 55,11. — folgend 12,25. — vermehrt um 25, 29. 46, 28.
uttarai ts. passieren °anta 32, 12. °iya absteigen 21, 23. für ott°. cf. uttiṇṇa.
Uttarâvaha °*patha* Nordland 48, 25.
uttarijja 2,14. 81,38. und uttariya 7,23. 81, 37. ts. Obergewand.
uttâṇa td. weit offen 67, 31.
uttâriya p. caus. von uttarai hervorholen 39, 10.
uttiṇṇa *uttîrṇa* p. von uttarai heraussteigen 9, 2. 35, 10 übersetzen c. Acc. 30, 17. hinabsteigen 24, 11. 35, 7. 82, 20. für ott°.
uttimanga siehe utta° 39, 12.
uttunga ts. hoch 39, 11. 70, 2. 74, 8.
udaya °*ka* Wasser 21, 26.
udaya ts. Aufgang 26, 31. Glück 5, 18.
udara ts. Leib 4, 33. cf. uyara.
Udâyaṇa td. 28, 18.
udâra ts. edel 56, 2. 58, 36. 59, 9.
uddâlai (H. 4, 125. *âchid*) rauben 38, 16. °iya p. 37, 4.
uddisiûṇa 22, 21. und uddissa 6, 31 *ud* √ *diç* weisend auf.
uddesa td. Art 16, 31
uddha *ûrdhva* aufwärts 7, 36. 21, 22.
uddhusiya °*dhushita* (cf. DK. 1,115 com.) gesträubt 82, 7.
uddhûliya °*ta* bestreut 82, 2.
unnâmiya °*ta* p. in die Höhe richten 8, 11
uppayai *ud* √ *pat* auffliegen °iya p. 53,36. 83, 21. °iûṇa 29, 5.
uppanna p. *utp*° entstehen. 4, 34. 18, 6.
uppala *utp*° blauer Lotus 79, 8.
uppâya *utpâta* Unheil, Unwetter? 30, 11.
uppâiya °*dita* p. erzeugen 2, 13.

uppiḍa *utpiḍa* (DK. 1.126 = *saṃghâta oder sthapuṭa*) m. jal'Ueberschwemmung 38,18.

upphulla *utph*⁰ geöffnet 20,30.

upphedai oder upphi⁰ √ *sphiṭ* zersplittern 30,25.

ubbha *ûrdhva* aufwärts 36,35.

ubbhanta *udbhrânta* (DK. I. 95 — *glâna*) aufgeregt 47,36. 70,12.

ubbhava *udbh*⁰ acc. entstammend 46,27.

ubbhinna *udbh*⁰ zum Vorschein gekommen 57,19. 61,9.

ubbhei von *ûrdhva*, aufrichten 40,15. ⁰iya p. 40,18.

ummagga *unmârga* Abweg 7,1.

ummatta *unm*⁰ p. toll werden 32,7 ⁰ibhûya dass. 24,19,25.

ummâya *unmâda* m. Tollheit 27,23. 71,5.

ummâhaya *unmâtha* Aufregung 4,2. ⁰tta 3,36.

ummûlei *unmûlay*. entwurzeln ⁰iûṇa 22,9. ⁰ijjai 4,30.

⁰ula = kula.

ulugga *ararugṇa* (DK. 1,164. *olaggo sevako nicchâya nihsthâmâ ca*) niedergeschlagen 34,28.

ullavai *ud* √ *lap* schwatzen 5,26.

ullasiya ⁰*ta* erhoben, erregt 84,8.

ullâva ⁰*pa* m. Unterhaltung 57,25.

ulli von *ârdra*, Schmiere 4,20.

ullettâ von *ârdra*, befeuchten abs. 60,25.

uvayâra *upakâra* Gefallen, Wohlthat 15,37. 64,29.

uvayâra *upacâra* Höflichkeitsbezeugung 13,25. 14,10,18. 64,21.

uvayâri *upakârin* Wohlthäter 1,26. 53,36.

uvaiṭṭha *upadishṭa* p. lehren, anzeigen. 46,11 62,9.

uvaûḍha *upag*⁰ p. umarmen 21,6.

uvaesa *upadeça* Belehrung 31,21. 84,23.

uvakkama *upakrama* m. Anschlag 12,10.

uvakkamai *upa* √ *kram* erforschen 8,35.

uvagaya *upagata* p. in einen Zustand treten 3,30. 11,28. 16,4 etc.

uvagaraṇa *upak*⁰ Zubehör 8,34.

uvagâra *upakâra* Wohlthat 6,7.

uvacaya *up*⁰ Wachstum, Gedeihen 4,35.

uvajîvai *upa* √ *jîv* leben von c. Acc. 65,12.

uvajjhâya *upâdhyâya* Lehrer, Meister 62,15,18,20.

uvaṭṭhavei *upasthâpay*. herbeibringen 33,21. ⁰iya p. 18,14.

uvaṭṭhiya *upasthita* p. herbeikommen 17,36. 23,26.

uvaṇamai *upa* √ *nam* sich einstellen bei 15,37.

uvaṇei *upa* √ *nî* herbeiführen 67,11. ⁰ṇiya 84,11.

uvadaṃsei *upadarçay*. zeigen, vorführen. ⁰issâmi 18,12.

uvadava *upadrava* Übel, Unheil 18,12.

uvadavai *upa* √ *dru* angreifen ⁰issai 54,17.

uvabûhiûṇa *upa* √ *vriṃh*? preisend 27,28.

uvabhuñjiûṇa *upa* √ *bhuj* geniessen 41,26.

uvama *up*⁰ acc. ähnlich 14,12.

uvaraya ⁰ga *uparaka* Gemach 52,7,19. 52,21.

uvaraya *uparata* p. vom folg. 31,23. gestorben 66,21.

uvaramai *upa* √ *ram* ablassen von c. Abl. 3,38. 47,29.

uvari ⁰ṃ *up*⁰ oben, acc. auf 8,36. praep. c. Gen. wegen 8,35. 17,7,30. 39,22. 59,11. 63,28. zu, (ausserdem) 9,19. 12,23. ao. — darüber hinaus.

uvarima (vom vorh.) Aufseher (?) 64,9.

uvariṃmi (siehe uvari) oben auf 83,34. acc. 76,26.

uvarilla von *upari* H. 2, 163) Obergewand 16,25.

uvaroha *uparodha* Willfahrung, Rücksicht. 62,19.

uvalakkhei *upa* √ *laksh* sehen 68,15 ⁰eûṇa 52,11. ⁰iya p. 7,28. 27,20.

uvalambha *up*⁰ Erlangung 1,11. 39,17.

uvalalanta *upa* √ *lal* kosend 29,2.

uvalobheûṇa *upa* √ *lubh* durch Aussicht auf Gewinn reizen 54,31.

uvavajjai *upa* √ *pad* ins Dasein kommen, empfangen werden ⁰issâmo 44,33.

uvavanna p. des vorh. 1,15,18. 21,19. 29,36.

uvavâsa *up*⁰ Fasten 31,28. chaṭṭho' 27,35. mâso' 81,8.

uvavâsiya vom vorh. p. fasten 32, 27.

uvaviṭṭha *upavishṭa* p. des folg. sich setzen 6, 12. 21, 6. 27, 10.

uvavisai *upa* √ *viç* eintreten 27, 8. sich setzen 79, 5.

uvasaṃhariya *upasaṃhṛita* hemmen 53, 21.

uvasanta p. von uvasamai 21, 7. 52, 12.

uvasappiûṇa *upa* √ *sṛip* sich nähern 22, 20.

uvasama *upaç°* Ruhe, Frieden 3, 11, 26.

uvasamai *upa* √ *çam* zur Ruhe kommen. 3, 13.

uvasaṃpajjittâṇaṃ *upasam* √ *pad* abs. sich begeben zu 34, 14.

uvasâmei caus. zu uvasamai 47, 20. °iya p. 30, 10. 44, 16.

uvassaya *upâçraya* Kloster 46, 10.

uvahideha *upadhê°* körperlicher Leib 35, 19.

uvâya *up°* m. Mittel 54, 33. 5, 34. 12, 6. 16, 14. 85, 10 — 59, 18. 65, 23.

uvâyaṇa *up°* Geschenk 48, 25.

uvâiya *upâkṛita* Opfergeschenk 39, 15, 18.

uvâsaya °ga *upâsaka* Verehrer, Anhänger, Laie samaṇo' 28, 29. 34, 12.

uvâsiyâ fem. des vorh. 30, 27.

uventa *upa* √ *i* herbeikommend 82, 18.

uvvaṭṭiya *udvartay*. einreiben 59, 35.

uvvatta *udvṛitta* stark, gross 38, 2.

uvvaddha *udvṛiddha* kräftig 67, 22.

uvvaliya v. l. ubiliya *ud* √ *val* oder uvellai (= prasarati H. 4. 77) p. weggehen 22, 16 v. l.

uvvahai *ud* √ *vah* tragen, von der Leibesfrucht 41, 27.

uvvigga *udvigna* p. beunruhigen 13, 27. 33, 23. 81, 33. 86, 28.

uvveya *udvega* Aufregung 13, 36.

Usabha *Ṛishabha* 44, 13.

ussârittâ caus. *ud* √ *sri* herauskommen lassen 37, 27.

ussuya *utsuka* sehnsüchtig nach 16, 14. schnell 77, 38.

û.

ûṇimâ viell. *pûrṇimâ* Vollmondstag 68, 25.

ûru ts. Schenkel 16, 20.

ûruya dass. 22, 10.

ûsâriya caus. *ud* √ *sri* p. abnehmen 21, 21.

ûsiya *ucchrita* hoch 44, 11.

ûsava *utsava* Fest, mah' 2, 7. 26, 11. 40, 15.

e.

eya *etad* dieser. Stamm 59, 26. 86, 15.

Nom.	esa 3, 36. 6, 2.	eso 3, 2. 4, 26.
	esâ 6, 16.	eyaṃ 5, 26.
Acc.	eyaṃ 37, 1.	f. 17, 16.
Inst.	eeṇa 1, 25.	eiṇâ 63, 21.
	eie 52, 17.	eyâe 11, 12.
Abl.	eyâo 3, 38.	
Gen.	eyassa 5, 19.	
	eyâe. 61, 32.	eie 11, 21.

Loc. eyaṃmi 26, 29. eyâe 60, 36. eie 63, 18.

Pl. Nom. und Acc. ee. 2, 14. eyâiṃ 63, 18. eyâo. 27, 36, eyâṇi 31, 15.

Inst. eehiṃ 2, 6. eyâhiṃ.

Gen. eesiṃ 59, 17. eyâṇaṃ. 85, 18. eyâsiṃ 8, 35. eyâṇaṃ 14, 28.

eyârisa *etâdṛiça* derartig 4, 24. 38, 11. 79, 28.

eyârûva *etadrûpa* derartig 32, 37. 33, 8.

ei √ *i* gehn 66, 1.

ei *â* √ *i* kommen 6, 30. 60, 21 fut. ehi 24, 11. ehinti 29. opt. ejjâhi 29, 5 part. präs. enti 8, 21.

ekka *eka* ein 7, 10. 8, 31 etc.

ekkao *ekatas* von einer Seite 67, 19.

ekkallaya (H. 2. 165) *eka* allein, verlassen 73, 31.

ekkalliyâ fem. des vorh. 54, 32.

ekkekka *ekaika* einzeln 5, 3.

ega *eka* ein 1, 13, 14 etc. f. â 1, 14. 16 etc.

egattha *ekatra* an einer Stelle 36, 24.

egadesa *ekadeça* ein Teil 10, 38.

eganta *ekânta* ein abseits gelegener Ort egante abseits, heimlich 5, 19. 10, 31. 69, 24. — Ausschliesslichkeit, ausschliesslich 52, 2. 58, 33.

egâgi *ekâkin* alleinig, einsam 9, 16. 21, 9. 78, 8. 85, 9. fem. °ṇi 13, 19. 49, 2.

eṇhaṃ siehe folg. 73, 14.

eṇhiṃ (*idânîm* H. 2, 134) jetzt 3, 28.

ettiya (*iyat* H. 2, 157) so gross, so viel 12, 18. 27, 22. 50, 24. 53, 14. 64, 13. 66, 20.

etto (H. 2,82. 83 *etasmât* oder *atra*) °pa-reṇa jenseits 35, 35.

ettha *atra* hier 10, 21. 17, 11 — °ṭṭhiya 21, 10.

etthaṃ dass. 69, 26. 70, 16.

emâi *evamâdi* so, derart. 36, 37. 71, 16.

enti siehe ei 8, 1.

Erâvaṇa *Airâvata* 25, 20.

erisa *îdṛiça* so geartet, solch 3, 37. 5, 28. fem. i 11, 25. 21, 14.

evaṃ ts. so 3, 11. 4, 26. 11, 1. etc. °thiya 14, 24 und °vatthiya 41, 19. sich so verhaltend.

°rûva dergestalt 57, 12.

°viha derart 14, 31. 15, 17, 21. 18, 15. 59, 5.

o.

oyarai *ava* √ *tṛî* hinabsteigen °anta 32, 21. °iya p. 24, 3. cf. uttarai.

oiṇṇa *avatîrṇa* p. des vorh. 13, 12. 35, 9, 10.

occaya *avacaya* Abpflücken 62, 11.

occhâiya *avacchâdita* p. bedecken 41, 29.

oṭṭha *oshṭha* Lippe 38, 8. 85, 6. cf. uṭṭha.

odhâvai *ava* √ *dhâv* rennen 72, 1.

obhediya (H. 4, 91 *avahedai* = *muñcati*) p. befreien 10, 28.

olaiya *avalagay*. p. anheften 27, 37.

olagga *avalagna* p. folgen 66, 8.

olaggiuṃ inf. zum vorh. 35, 3.

olambiûṇa *ava* √ *lamb* umhängen 43, 11.

osarai *ava* √ *sṛi* abgehen von, weichen 37, 30. 71, 31. °iûṇa 60, 30.

osaha *aushadha* Arznei 5, 6.

osahi *oshadhi* Heilung 28, 1.

oha *ogha* Flut, Schwall, Menge 3, 26. 22, 2. 45, 23. 82, 16.

ohi *avadhi* eine höhere Art Erkenntnis, m. 53, 30. Inst. °iṇâ 29, 36. °io 26, 12.

k.

ka pron. int. Stamm kiṃ 64, 5. Nom. ko 11, 2. 11, 8. kâ 14, 25. kiṃ 15, 25 Fragepart. 71, 22, 23. kiṃtu aber 17, 11.

Acc. kaṃ 15, 18. kiṃ 11, 20.

Inst. keṇa 2, 12. 70, 16.

Gen. kassa 8, 31.

Plur. Nom. ke 12, 19. kâo 22, 20.

Pron. indef. koi 10, 21. 13, 31. kovi 11, 25.
kâi 6, 16. kâvi 15, 22.
kiṃci 11, 32. 10, 26. kiṃpi 1, 15. 11, 28.
kimavi 52, 16.
kaṃci 8, 30. f. 52, 19. keṇâvi 73, 15.
keṇai 44, 3. keṇavi 67, 10.
kassai 47, 9. kassavi 11, 16.
kei 30, 20.
kehivi 70, 31.

kaya *kṛita* gemacht 2, 1. 10, 31. 14, 9 etc.

kayattha *kṛitârtha* der sein Ziel erreicht hat 61, 9.

kayatthaṇa *kadarthana* n. Bedrängung 64, 34.

kayatthiya *kadarthay*. quälen p. 28, 2. abs. 3, 1.

Kayanta *Kṛitânta* Todesgott 43, 16. 82, 1.

kayannû *kṛitajña* dankbar 56, 2. 58, 37.

kayara *katara* welcher? was für ein? 83, 22.

kayalî *kadalî* Musa. °hara °ghara Pisanglaube 43, 10. oder °haraya 41, 35. 42, 2. 43, 21.

kayâi *kadâcit* nach annayâ: einmal 32, 35. °i. 84, 11. kayâvi dereinst 60, 10.

kaiyava *kaitava* Trug, List 6, 1.

kaivaya *katipaya* einige 16, 36. 40, 13. 61, 23. 73, 12.

kaivi *katicit* einige 17, 21. kaisuvi 66, 16.

kae *kṛite* c. Gen. wegen 6, 34. 24, 32.

kao *kutas* woher? 15, 25 etc.

kaohuttaṃ wohin? 12, 32.

kankaṇa ts. Armband 22, 31.

kankamaya ts.? reiherschnabelförmig 66, 9.

kankolli ts. Açoka 70, 12.

kacchulla *kacchura* mit Krätze behaftet 4, 4.

kacchû ts. Krätze 4, 4. 27, 35. 36, 20.

kajja *kârya* n. Geschäft, Sache 5, 35, 38. 24, 20. 25, 25. 42, 5 — °ṃ. c. Inst. der Sache u. Gen. der Person: es ist Jmd. um etwas zu thun 29, 1. 32, 11. 62, 28. — °o c. Gen. 29, 35. 50, 34 und °eṇa c. Gen. 78, 8. 81, 22. wegen.

kajjau *kriyatâm* es werde gethan! 33,31.
kajjala ts. Russ 82, 16.
Kaṅcaṇapura td. 24,14. 37,11.
kaṅcui *°kin* Kämmerer 22,29.
kaṭṭha *kâshṭha* n. Holz 30,13. 55,2. plur. 81,11.
kaḍaya *kaṭaka* n. Fussspange 40, 1. — Hoflager 78,18.
Kaḍaya *°ga Kaṭaka* 5,1.7.9. 17,23.
Kaḍayâvaî Tochter des vorh. 17,25.
kaḍuya *kaṭu* herb, rauh 73,15. subst. 66,26.
kaḍuyâviya p. vom vorh. arg mitnehmen 13,36.
kaḍḍhai (H. 4,187 = *krish*) ziehen, herausziehen, wegreissen. 48,28. 75,1. °amâṇa 48,28. °iûṇa 2,11. 10,22. °eum abs. 74,30. °ittu 10,38. °iya p. 10,1. 23,35. abs.? 85,31.
kaṇaya *kanaka* Gold 26,24.
Kaṇayateya *Kanakatejas* 53,10.13.
Kaṇayamanjari *Kanaka°* 49,13.22. 53,27. 30,38.
Kaṇayamâlâ *Kanaka°* 53,13,19 etc.
kaṇiṭṭha *kanishṭha* jüngst 12,33. 85,18.
Kaṇeradatta 5,2. 17,28.
kaṇṭaya *°ka* Dorn 13,21.
kaṇṭha ts. Hals, Kehle 45,28. 82,19.
Kaṇṭhaya *°ka* 13,3.
kaṇḍû ts. Jucken 55,15.
kaṇḍûyai *kaṇḍûy.* kratzen, sich kratzen. 36,21. °amâṇa 4,4. °aya p. 55,16.
kaṇḍûyaṇaga *°naka* etwa „Bürstchen“ 55,16.
kaṇṇa *karṇa* m. Ohr 4,22. 16,21. 48,7. 55,16.
Kattiya *Kârttika* ein Monat 48,13.
katto *kutas* woher? 21,14.32. 69,23. 79,23. 86,29.
kattha *kva* wo? 7,11. 41,36. 44,33. wohin? 79,23.
katthai *kvacit* irgend wo 73,18. wohin 15,6. hier — dort 64,17,18.
kantâra *kâ°* n. Wald, Wildnis 7,8. 33,18. 79,29.
kanda ts. Wurzel, Knolle 7,18.
kandai √*krand* schreien °anta 42,12.
kandharâ ts. Hals 16,28. 42,6. 43,15.
kannayâ *°gâ kanyakâ* Mädchen 11,17. 22,21 etc.
kannâ *kanyâ* Mädchen 17,19. 21,16 etc.
kappa *kalpa* Göttersitz 4,31. 44,37. 45,30.
kappae *kalpate* sich ziemen 80,28.
kappaḍiya *kârpaṭika* Bettler 62,6,9,10. 65,5,27.
kappaduma *kalpadruma* 84,19 und
kapparukkha *kalpavṛiksha* 61,12 der Wunschbaum.
kappûra *karp°* Kampfer 14,12. 40,21.
kabandha ts. Rumpf 7,36. °ikaya zum Rumpf machen 18,3.
kama *krama* Reihenfolge, Erbfolge 47,11. Gang, Verlauf 1,15 kameṇa allmählich 4,31. 8,2. 17,24. 39,39. 62,3. — Tatze 82,9.
kamala ts. Lotus 7,33. 25,28.
Kamalaseṇâ td. 77,2.
Kamalâ ts. *Çrî* 70,15. 77,2.
Kamalâvaî *°vatî* 43,27.
kampai √*kamp* zittern °anta 83,6. °iya p. 82,19.
Kampillapura *Kâmpilya°* 4,32. 10,6. 17,32. 39,1.
kambala ts. wollenes Tuch °rayaṇa kostbarer Shawl 36,15. 43,14.
kamma *karman* n. Handlung 2,29. 14,5. Inst. kammuṇâ 25,20.
kammagara *karmakara* Arbeiter 39,7.
kammaṇa *karman* Thun, That, Plan. 24,23. 52,17. 56,32.
°kara ts. acc. machend 3,21.
kara ts. Steuer 36,20.
kara ts. Hand 22,6.13. Rüssel 16,20.
karaya dass. 57,11.
karayala *°tala* Handfläche 21,37. 29,19
Karakaṇḍu 34,21,21,25. 36,21. 37,21.
karaṇa ts. das Machen, Bewirken 26,19. 36,6. — Gericht 37,5. — eine halbe Tithi 33,20.
karaṇijja *°îya* Pflicht 16;34. 21,12.
karaṇḍa ts. 11,13,8. karaṇḍiyâ *°ikâ* 10,36. Korb.
karavâla ts. n. Schwert 58,32 74,30. 75,23. 84,4.
karaha *°bha* Kamel 50,32. 70,26.
karahiruha auf Kamelinnen reitend 77,36.

karâla ts. grausig 22. 1.
karâliya °ta grausig gemacht 3. 5.
karâviya p. vom caus. zu karei 50. 10.
kari karin Elephant 7. 21. 22. 16. 20. 32. 20.
kariņiyâ kariņî Elephantin 59, 8.
karuņa ts. kläglich 22, 36. 34. 19. 83. 12. mitleidig 85. 35.
karei √ kri machen, thun 2. 27. 3. 16. 4. 2. 6, 5. 17. 11. °enta 1. 3, 21. °emâņa 27. 37. °ehâmo 25, 25. °issam 11. 31. °issâmi 46,7. °issâmo 3.11. °ettâ 28.28.
kareņuyâ kareņu Elephantin 57, 3.
kalayala °kala verworrenes Geschrei, Lärm 16. 18. 18. 1. 21. 7. 71. 20.
kalanka ts. n. Fleck, Makel 2. 18. 58. 13. 62, 29.
kalasa °ça Krug, Becher 26, 21.
kalaha ts. Streit 36, 26, 28. 81. 31.
kalâ ts. Kunstfertigkeit, Kunst 1, 28. 4. 35. 17. 6. 20, 17. 46, 26. kalayâyariya Lehrer in dens. 71. 13. 72. 11, 13, 15.
kalâva °pa Bündel, kesa° Flechte 76. 30. Gesamtheit 2, 18. 4. 35. 20, 17.
kaliya °ta acc. versehn mit 56. 3. 69. 13. 81. 7.
kaliûņa √ kal erwägend 2. 32. 17. 36. 21. 25. 24. 28.
kaluņa karuņa kläglich adv. 12. 12.
kalevara ts. Leiche 24. 25.
kalla kalya gestrig °diņa 11. 32. 15. 22.
kallam kalyam gestern 11. 37.
kallâna kalyâņa glückverheissend 15. 20. Glück 35. 21.
kallâņaya dass. Glück 61. 11
kavaya °ca Panzer, Rüstung 9. 33.
kavaḍa kapaṭa Betrug 9. 36. 80. 12. 86. 7.
kavva kâvya Gedicht 40. 19. 82. 38.
kasâya kash° braunrot 6. 26. Sünde 3. 18.
kasiņa krishņa schwarz 3. 5.
kaham katham wie? 11. 8. 21. 9. kahampei irgend wie 10. 27. 65. 15. kahavi dass. 1. 21. 11. 25. 13. 10. 40. 1. 49. 35. kaha-kahavi dass 11. 27. 12. 15. 13. 16. 16. 8. 17. 10. 71. 15. 83. 13
kahaņa kathana n. das Erzählen 21. 15.
kahaņâ dass 2. 26.
kahâ siehe dhammakahâ.
kahâņaya kathânaka Erzählung, Anekdote 50. 23.
kahâvei caus. zu kahei 21, 15.
kahim kasmin wo? 8. 6. 15, 18. 21. 13 etc. wohin? 15. 28. 21. 14. woher? 7. 12. kahimpei irgend wo 13. 32. 15. 7. irgend wohin 10. 10. kahimpi irgend wo 21. 26. 23. 11.
kahei kathay erzählen 11. 23. 63. 17. °ium abs. 7. 11. °iya abs. 6. 38. p. 17. 16. 21. 11 °iyavva 9. 21.
kâya kâka Krähe 5. 21. 25. 18.
kâya kâca Glas 29. 28.
kâya ts. Körper 22. 9.
kâyavva ger. zu karei 6. 15. 17. 44. 1. 46. 13.
kâum inf. zu karei 3. 28. abs. „in Anbetracht dass" 17. 7. 22. 13.
kâurisa kâpurusha schlechter Mensch 29. 25.
kâussagga kâyotsarga hockende Stellung 2. 22. 25. 17.
kâûņa abs. zu karei 17. 35. denkend „in Anbetracht dass". 22. 1. 23. 8.
kâga °ka Krähe 5. 25.
kâņaņa td. n. Wald 34. 27. 69. 11.
kâma ts. Liebe 1. 2. 4. 1. etc. padibohiu° bekehrungslustig 3. 37.
kâmaņa td. Verlangen, Liebe 41. 18.
kâmi °n Verliebter 71. 4. 7.
kâmiya °ka Wunsch 31. 29.
kâmuya °ka Verliebter 59. 19. 70. 38 82. 34.
kâraya °ka acc. bewirkend, machend 30. 22. 21. 47. 23. 55. 29.
kâraņa ts. Ursache 4. 7. 14. 32. 26. 33.
kâraņiya °ka Richter 37. 8.
kârâvei caus. zu karei 30. 7.
kârâviya p. zum vorh. 6. 37. 16. 31. 35. 35. 51. 33.
°kâri °n acc. machend 21. 21. 30. 11.
kâriya °ta p. machen lassen 6. 6. 54. 35.
kâriyâ fem. zu °kâri 36. 26. 55. 36.
kâreyavva caus. √ kar verwalten 5. 8.
kâruņņa °ņya Mitleid 8. 11.
kâla ts. Zeit 2. 33. 8. 30. etc. °ttaņa 21. 27.
Kâla ts. Todesgott 71. 27.
kâlaya °ka schwarz 29. 10.

kâlagaya *kâlakṛita* p. sterben 5,8. 79,15.
Kâlinjara 1. 12.
Kâlindi 18. 17.
kâvâliya *kâpâlika* eine best. Mischlingskaste 10. 6.
Kâsi *Kâçî* 5. 2.
kâhî fut. zu karei. 8,21. 71,8. °hain 80,18. °hâmi 5, 23. 83, 8. °hâmo 80, 18.
kiṃkara ts. Diener 22. 24.
kiṃkâyavvayâ *kiṃkartavyatâ* Ratlosigkeit 35. 7.
kicca *kṛitya* Beschäftigung, Obliegenheit 9, 14. 10, 31. 27, 3. 55, 22.
kiccakara *kṛitya*° Arbeiter 55, 21. 22.
kiccheṇa *kṛicchreṇa* mit Mühe 43, 13. 67, 21. 83, 13.
kiṭṭha *kṛishṭa* gepflügt 35, 36.
kiṇai √*krî* kaufen 29. 28.
kitti *kîrti* Ruhm 27, 27. 71, 11.
kinnara ts. Bez. himmlischer Musici 2,12.
kimi *kṛimi* Wurm 24. 29.
kiṃpâga °*ka* eine Gurkenart 14, 22.
kira *kila* fürwahr 8, 27. 33. 30. 69. 31.
kiraṇa ts. Strahl 70, 21.
kila ts. fürwahr 69. 16.
kilanta *klânta* ermattet 1. 5. 7. 9. 75. 10.
kiliṭṭha *klishṭa* leidvoll 85. 10.
kilimmanta √*klam* sich abmühend 65.12.
kilissai √*kliç* sich abquälen 29. 35.
kivâluya *kṛipâlu* mitleidig 69, 19.
kisalaya ts. Spross 74. 7.
kiha wie? 29, 19. 34, 26. 55, 12.
kiḍa *kîṭa* Wurm 36, 31.
kiḍâ *krîḍâ* Spiel 11, 21.
kirai pass. zu karei. 34, 4. 12, 35. 26. 1. °anta 77. 20. °amâṇa 10. 17.
kilai √*krîḍ* spielen 82. 39. °anta 16,16. °anti 8, 15. °iûna 20, 19.
kilaṇa *krîḍana* Spiel 20, 18.
kilâ *krîḍâ* Spiel 5. 3. 7. 25. 16. 16. 20. 19.
kiliya °*ta* festgenagelt 17. 8.
kiliya *krîḍita* Spiel 20. 17.
kîsa warum? 17. 12. 29. 36. 45. 21. 55. 29.
kuo *kutas* woher? 2. 25. 13. 19. 49. 34.
kukkuḍa °*ṭa* Hahn 10. 11 etc.
kugai °*ti* Abweg, niedrige Wiedergeburt 30. 10.
kuṅkuma ts. Safran 40. 21.
kucca *kûrca* Bart 74. 12.
kucchi *kukshi* Mutterleib 68. 29.
kujâi °*ti* niedrige Geburt 30. 10.
kuñjara ts. Elephant 45. 9.
kuṭṭimatala ts. Estrich 23.10. siehe ko°.
kuḍaṅga (DK. 2.37 *kuḍaṅgam latâgriham*) Laube 7. 30. 16, 4. 36. 21.
kuḍaṅgi dass. 7. 32.
kuḍamba *kuṭu*° Familie 38, 24.
kuḍava ts. ein best. Hohlmass 4. 13.
kuḍumba = kuḍamba 49. 31.
kuṇai √*kṛi* machen 12.13. 43.24. °anta 13. 28. 18. 10. °amâṇa 28. 21. °amâṇî 23. 13.
kuṇḍala ts. Ohrring 26. 15. 45. 15.
kuṇḍî ts. ein best. Topf 74. 11.
kuddha *kr*° p. zornig werden 22, 1. 39,30. 71. 27.
kunta ts. Speer 18. 2.
kunda ts. Jasminblüte 81. 31.
kuppai √*kup* zürnen, übelnehmen. 10,20. kuviya p. 37. 27. 39, 19. 40. 9. 47. 11.
kumai °*ti* Irrglaube 30. 10.
kumara *kumâra* Prinz. 69. 4 etc.
kumâra ts. Knabe 2. 15. 7. 19. Prinz 20, 20, 22, 25. 26 etc. °tta 28. 12.
Kumâranandi 28. 25.
kumbha ts. die Zwei Erhöhungen auf der Stirn der Elephanten 16. 29.
kumbhagâra °*kâra* Töpfer 34. 6.
Kumbhagâravokkha 34. 7.
kummâsa *kulmâsha* m. eine geringe Hülsenfrucht 61. 6. 22, 26. 30.
Kuru ts. 21. 2. °vaṃsa 20. 15.
Kurujaṅgala °*jâṅgala* 20. 14.
kula ts. Geschlecht, vornehmes Geschlecht 62, 20. 22. 26. 27. 28. Haus cf. devaula, râyaula.
kulavai °*pati* Hausherr 7. 11. 12.
kulahara ts. (viell. kulaha) das Geschlecht verderbend. (Wortspiel auf kûla° die Ufer einreissend) 5. 30.
kullûriya (DK. 2. 41. *kullurio = kâṇḍavika*) Bäcker 73, 29.
kuvalaya ts. blauer Lotus 8. 3. 62. 25. 72. 32. 83. 7.
kuviya p. zu kuppai q. v.
Kuvera ts. 73. 11.

kusa *kuça* Kuçagras 13, 21.
kusarira td. elender Leib 30, 10.
kusala td. Heil 40.10. geschickt, erfahren 56, 1. 71, 9.
kusuma ts. Blume 7. 20. 18, 5.
Kusumacâva °*câpa* 70, 21. und
Kusumâuha °*âyudha* 79. 13 der Liebesgott.
kusumiya °*ta* in Blüte stehend 54, 37.
kûiya √ *kûj* p. schreien, stöhnen 16, 21.
kûra ts. gekochter Reiss 27, 34.
kûra *krûra* grausam 69.34. 76. 31. 79, 33. übertr. 86, 10.
kûla ts. Ufer 29, 11.
kûva °*pa* Brunnen 51, 2. 65, 15. Poren 4, 23.
kûvaya dass. 65. 13.
keûra *keyûra* ein am Oberarm getragener Reifschmuck 27. 19.
kettiya (*kiyat* H. 2, 157) wie gross, lang? 16. 12. 17, 33. 75. 7. indef. 82. 5. kettiyam pi indef. 81, 26.
kerisa *kîdṛiça* wie beschaffen? 49. 33.
kevala ts. iac. nur 4, 6. 58. 35.
kevalam ts. nur 13. 32. 17, 11.
kevali °*n* einer, der die höchste Stufe der Erkenntnis erreicht hat 33. 3. 44, 32.
kesa td. Haar 22. 1. 74, 16.
Kesara ts. dass. 82. 7.
kesari °*n* Löwe 35, 27.
Kesi °*çin* 28, 19. 33, 19. 21. 31. 34, 13.
koila *kokila* indischer Kuckuck 81, 18.
koilâ fem. des vorh. 5. 21. 25.
kouya °ga *kautuka* Neugierde 7. 31. 27. 6. 50, 29. Zeitvertreib 22, 14. 49. 18. 56, 6.
kouhalla *kautûhala* Neugierde 16, 17.
koûhala dass. 2, 8. 3, 7. 7. 19. 51. 3.
koûhalla dass. 7, 29. 50. 21.
Koṭṭa 6, 21.
koṭṭara *koṭara* Baumhöhle 1, 10.
koṭṭimatala *ku*° Estrich 49, 18. 20.
koḍi *koṭi* ein Krore, grosse Menge 29. 7. 39, 32. 45, 37.
koḍumbiya *kauṭumbika* zur Familie gehörig °purisa Diener 33. 20.
Koṇiya *Kûṇika* 31. 14.
kotthala (DK. 2, 18 *kotthalo kuçûlaḥ*) Scheffel 4. 11.
kotthuha *kaustubha* °maṇi das Juwel *Vishṇu's* 84, 18.
komala ts. zart, freundlich 83, 17.
komui *kaumudî* (DK. 2, 18.) Vollmondstag 2, 7. 58, 12.
kolhuya (DK. 2, 65 *kolhuo ikshunipîḍanayantram çṛigâlaç ca*) Zuckerpresse 2, 9.
kova *kopa* Zorn 3, 5, 14. 29 etc.
kosa *kosha* Scheide 74. 30. 83. 37. Schatz 26, 8.
Kosambi *Kauçâmbî* 10, 12. 13.2. 66, 28.
Kosala td. 5, 2. 12, 9.
kosalla *kauçalya* Geschicklichkeit 2, 17. 17. 7. 52, 23. 56, 21.
kosalla 73, 8. kosalliya 63, 27 Geschenk.
koha *krodha* Zorn 3, 16. 7, 21 etc.

kh.

khaya p. von khaṇai 65, 29.
khaya *kshaya* Schwinden, Untergang 24. 36. 37, 27.
khayara *khacara* Vidyâdhara 21, 16. 44, 1. 45, 25. 74. 10. 83. 10.
khaiya *khâdita* p. aufzehren 49. 32.
khaga ts. Vogel 24, 29.
khagga *khaḍga* Schwert 7, 30. 18, 2. 42, 6 etc.
khaggaya n. dass. 42, 9.
khajja *khâdya* Leckerbissen 41. 29.
khajjanta pass. von √ *khâd* gefressen werdend 25, 18.
khaḍakkiyâ (DK. 2, 71 *khaḍakkî laghudvâram*) Pförtchen 47, 29.
khaḍḍâ (DK. 2, 66. *khaḍḍâ khâniḥ*) Grube 51, 2.
khaṇa *kshaṇa* n. Augenblick 3, 17. 7. 23. 15, 20 etc.
khaṇai √ *khan* graben °iûṇa 37, 1. 65.13. °iya p. 71, 37 khaya p. 65, 29. pass. khaṇṇamâṇa 39, 6. caus. khaṇâviya p. 6, 8.
khaṇḍa ts. Stück, Teil 7, 28. 18.8. 50, 17. 59, 2. 86, 9
Khaṇḍâ 8, 33.
khaṇḍâkhaṇḍim „kurz und klein" 22.7.
khaṇḍiya °*ta* p. verletzen 24. 30. 31, 10. 52, 11. 60, 8.

khatta *khâtra* Loch 65, 13. 28. 73. 10. 74. 36. 37.
khanti siehe khâi 86, 8.
khanti *kshânti* Geduld 61, 16. 84, 20.
khandaya *skanda* Angriff. Überfall 32.21.
khandha *skandha* Schulter 17.24. 34.28, 63. 2. 72. 4. °vasabha etwa „sehr grosser Stier" 38. 2.
khandharâ *kandharâ* Hals 1. 17.
khandhavâra 32.13. khandhâvâra 27.31. 55. 1. khandhâra 77, 34. 78.27. *skandhâvâra* Lager. — Heer 78, 27.
khamai ǀ *ksham* verzeihen 63. 5. 64.31. °cha 3,9. °ejjaha 25,26. °iya p. 64,36. °iyavva 53, 19.
khamaṇa *kshapaṇa* Kasteiung. Fasten 2. 36. 25. 4.
khambha *stambha* Säule 5. 36. 21. 1. 45. 11. Pfosten âlâṇa° 47. 2. 71,25. Starrsein, khambh'uṭṭhâṇa „Aufhören des starren Staunens" 16. 30.
khala ts. Schurke 27. 17.
khalakkhalei rasseln 48. 9.
khalai √*skhal* stürzen, straucheln 72.1. °iya p. n. Sturz 60. 8.
khaliya *kshâlita* khaliudaga Waschwasser 59, 35.
khalikarei °*kṛi* verderben 63, 19 wohl für khili°.
khalu ts. wahrlich 33. 18.
khâi ǀ *khâd* essen 31. 33. khanti 3 pl. 86, 8. khâiuṃ inf. 51,3 khaiya p. 49. 32.
khâima *khâd*° Leckerbissen 4, 16.
khâmei caus. zu khamai. um Verzeihung bitten °eûṇa 25, 15. °iya p. 32, 30. 44, 16.
khâsa *kâsa* Husten 27, 35.
Khiipaiṭṭhiya *Kshitipratishṭhita* n. pr. 49, 10. 53, 21.
khinkhiṇi *kinkiṇî* Glöckchen 40, 17. 45. 12.
khijjiyavva √ *khid* sich Sorge machen um 63, 12.
khitta *kshipta* p. zu khivai 7. 23. °citta 14, 35. 73. 4. °maṇa 56. 25 erstaunt.
khinna ts. ermüdet 43. 9.
khippai pass. zu khivai 40, 21.
khippâm -eva *kshipram* schnell 33. 20.
khivai 83. 18. khivei 83.15. 85.12 ǀ *kship* werfen cf. khitta. khippai.
khîroya *kshîroda* Milchmeer 26, 23.
khu *khalu* wahrlich 58, 35.
khujja *kubja* buckelig 31, 13. 56. 11.
khudda *kshudra* schlimm 52. 17.
khuhâ *kshudhâ* Hunger 21. 22.
khûṇa erklärt *dosha* Fehler 56, 35. Vergehn 1, 21.
kheya °*da* Beschwerde 13. 30. Ermüdung 6, 23. 43, 9. trübe Stimmung 36, 4.
kheei caus. ǀ *khid* bemühen 6, 34.
kheḍaya *kheṭaka* °khagga 7, 30. asi° 67. 1. Hirschfänger.
kheḍḍa *krîḍâ* Spiel n. 72, 5. 77. 18. (cf. Beiträge z. Kunde d. ig. Sprachen III. 253 fg.)
khetta *kshetra* Feld. Acker 1, 9. 5, 30. 61. 20.
khema *kshema* Wohlergehn 62, 13.
khela Speichel 28, 1.
khellaṃ etwa „mutwillig" 7,31. cf. kheḍḍa.
khellâvoûṇa sein Spiel treibend mit 72, 3. 82, 22.
kheva *kshepa* kâla° Zeitverlauf 54. 31.
khoḍi Kiste. Kasten 30. 15. 16. 18, 30.
khobhaṇa *ksh*° Erregen 56, 9.
khobhei caus. √ *kshubh* erregen 70, 19.

g.

°ga ts. acc. befindlich, vasa° 40, 8.
gaya p. von gacchai q. v. — n. Gang 72, 31. v. l.
gaya *gaja* Elephant 17, 25.
Gayaura *Gajapura* 5, 2. 26, 26.
Gayapura dass. 26. 11. 18.
gayaṇa *gagaṇa* Himmel 3,12. 7. 21. 14, 14.
gayâ *gadâ* Keule 18, 2.
gai *gati* Weg 47. 20. Gang 72. 31. Zuflucht. Rettung 35, 12.
gainda *gajendra* mächtiger Elephant 71. 33. 77. 3.
gaurava ts. Ehrfurcht 76, 6.
Gangâ 6. 6. 86. 1.
gacchai ǀ *gam* gehen 20,30. °amha 60.21. °anta 7, 19. gaya p. 2, 19. 6. 19. gantuṃ inf. 6, 22. 23. 7. 26. abs. 5. 22. gantûṇa

9. 22. gantavva 6, 38. 25. 31. gamissâmi 60. 19. gammai pass.
gajjiya *garjita* Gebrüll 7, 21. siehe gala°.
gajjha *garhya* tadelhaft sa° 56, 36.
gaṇa ts. Schaar 2. 2. 54. 13.
gaṇiyâ °*kâ* Hetäre 56, 7. 17.
gaṇiṇi td. Oberin 47. 22.
gaṇei *gaṇay.* Rücksicht nehmen auf 44. 1. agaṇiûṇa 2. 8. 5, 11. 42. 5.
gaṇettiyâ (DK. 2, 81. *gaṇettî akshamâlâ*) Rosenkranz 74. 13.
gaṇṭhi *granthi* Knoten, Fessel 35. 28.
gaṇḍa (DK. 2, 99 *gaṇḍo vanam dâṇḍapâçiko lughamṛigo nâpitaçca*) vana etwa „Fülle" oder Wohlgeruch cf. gaṇḍiya wie unser „ein ganzer Wald" 18. 14. dâṇḍapâçika Nachtwächter, Bettler 65, 10.
gaṇḍiya *gaṇḍay.* p. parfümieren 59. 13.
gaṇḍiva (DK. 2. 84 *gaṇḍîvam dhanuh*) Bogen 18, 2. 23. 31
gaṇḍuya *gaṇḍu* n. Kissen 59, 33.
gatta *gâtra* Leib 57, 36. 59. 32. 80. 2.
gandha ts. Geruch 4, 18. 14. 18.
gandhaya dass. acc. 4, 21.
gandhavva °*rva* Gandharva 18. 5 °vivâha 8. 30. 15. 11. 49. 6.
gandhavva *gândharva* Musik. Gesang 1, 19. 56, 5.
Gandhâra ts. 34, 22. 24. 43. 26. 48. 23.
gabbha *garbha* Leib 1. 15. Leibesfrucht 36. 13.
gama ts. das „Gehen" oder „Schaar" 73, 31.
gamaṇa td. Gehen, Zuflucht 12, 35. 35. 15. Gang 59. 20. 21.
gamissâmi fut. zu gacchai 60, 19.
gamei caus. zu gacchai. k[â]lam Zeit verbringen 24. 20.
gammai pass. zu gacchai 10, 30. 63, 31.
garihai √*garh* tadeln, bereuen 42. 18. 55, 29. °iya p. 35, 15.
garuya *guru* schwer, gross, bedeutend 14, 6. 72. 16. 80, 24. 84. 35.
garuḍavûha °*vyûha* ein best. Schlachtaufstellung 39. 31.
Garulasattha *Garuḍaçastra* eine best. Waffe 23, 31.
gala ts. Kehle, Hals 21. 23.
galaya dass. 29, 37
galai √*gal* träufeln, verstreichen 67, 38. °anta 4. 10. 24. 28. 83. 8.
galagajji 79. 31. galagajjiya 7. 21. Kehllaut, dumpfes Gebrüll.
gaviṭṭha p. zu gavesai 56. 12.
gavesai *gavesh.* suchen °iuṃ 10. 2.
gavesâviya p. des caus. zum vorh. 56, 12.
gavva *garva* Stolz 52. 21.
gavviya *garvita* stolz, 27, 7. 56. 7, 8.
gaha *graha* Planet 26. 31. 84. 18. Râhu 77, 31. Raub, Diebstahl 27. 2[?].
gahaṇa td. Wald, Dickicht 10. 12. 80. 16. 81. 26.
gahaṇa *gra*° Ergreifen, Annehmen 14. 9. 47. 34. cf. pâṇi°.
gahâya abs. zu geṇhai 31. 25. 32, 5. 41, 34.
gahiya *grihîta* p. zu geṇhai 8. 11. 20, 17. 43, 17.
gahiya abs. zu geṇhai 7. 23.
gahiûṇa dass. 47, 3. 75. 36. 83, 29.
gahira *gabhîra* tief, laut 71, 31.
gâyanta √*gai* singend 1, 29.
gâiuṃ √*gai* inf. singen 2. 10.
gâuya *gavyûti* ein best. Längenmass 6. 8.
gâḍha ts. heftig, stark, intensiv 13, 27 21, 6. 40. 3. 86. 6. °yaraṃ eindringlicher 40. 6.
gâma *grâma* Dorf 1, 1. gâmâṇugâmaṃ „Dorf für Dorf" 2. 35.
gârava *gaurava* Wichtigkeit 52, 10.
gâliya *gâlita* p. hinabwerfen 16. 17.
gâvi ts. Kuh 38. 1. 79. 20.
gâhâ *gâthâ* Strophe 11. 5. 61. 32.
gâhiya *grâhita* p. des caus. zu geṇhai 45, 32. 46. 28.
gijjai pass. √*gai* gesungen werden 40. 19.
giddha *gridhra* Geier 25. 18.
giri ts. Berg 13. 11. °vara 2, 21. 27. 22. 11. °gahaṇa 13. 13. °nai 13. 9.
giha *griha* Haus 10, 30.
gihi *grihin* Haushalter 45, 33. 61, 18.
giya *gîta* Gesang 1. 28. 2. 3. 18. 11. 26. 21.
giyattha *gîtârtha* ein ausgelernter Mönch 2. 33.
givâ *gr*°. Nacken 85. 34. Hals 50. 31.
guccha ts. Strauss 70, 10.
gujjha *guhya* Geheimnis 69. 27.
gunjai √*guñj* brummen, brüllen 13. 10.

guṇa ts. Vorzug 2. 17 etc.
guṇamaya ts. nur Vorzüge habend 58.35.
Guṇamâlâ ts. 39. 3.
guṇâviya p. unterrichten 7. 17.
guṇi °n Vorzüge besitzend 58, 2.
gutta siehe tigutta.
guru ts. wichtig, gross 2. 19. 22. 2. 8. schwer 75. 10 — Lehrer 70. 8.
guruya dass. 62. 29.
guḷa *guḍa* Zucker 62. 7.
guliyâ *guḍikâ* oder *gulikâ* Kugel, Pille 9. 30. 10. 1. 31. 29. 32, 33. 56. 1.
guluguliya p. schreien (vom Elephanten) 62. 36.
guvila von √*gup* bedeckt von 74. 7.
guhâ ts. Höhle 35. 27.
gûḍha ts. verborgen 5. 36. 74. 38.
geya ts. Gesang 2. 10. 11. 21, 7. 82. 38.
geṇhai √*grah* nehmen 37.6. °esu 80.9. °iuṃ inf. 35. 6. °iûṇa 1. 17. °issai 37.1. — °âviya p. des caus. 67, 36. abs. 75. 3. — vergl. gahâya, gahiya, gahiûṇa, gheppai, ghettuṃ.
geha ts. Haus 5. 33. 9, 31. 47. 39. gehâṇugehaṃ „Haus für Haus“ 3. 1.
go ts. Kuh 37. 36.
goyara °*cara* Bereich 9. 1. 71, 26. Bettelbezirk 27. 33.
goura *gopura* n. Thor 47. 17.
goula *gokula* n. Rinderherde 37, 35. Station der Hirten 79, 20, 21. 80. 19.
gouliya (vom vorh.) Hirt 80. 21.
goṭṭha *goshṭha* Kuhhürde 38. 6. 69, 11.
goṭṭhi *goshṭhî* gesellige Unterhaltung 16.18. 14. 14. 57, 22.
gorasa ts. Milch 65. 7.
gova *gopa* Hirt 38, 1, 4.
govâla *gopâla* Hirt 1. 5.
Govinda ts. 30, 19.
govei *gopay.* verstecken. °inta 18, 20. °iya p. 12, 12. 85, 18.
gosa (DK 2, 96. *gosaṃ prabhâtam*) Morgen 13. 36. 15. 11. 84. 6.
gosisa *goçîrsha* eine Art Sandelholz 30, 12.
goha (DK. 2, 89 *goho bhaṭaḥ*) Soldat 31, 36.

gh.

ghaya *ghṛita* Ghee 62. 7. 80, 21.
ghaṭṭaya *ghaṭṭa* n. Zusammenstoss, Angriff 35, 28.
ghaḍai √*ghaṭ* sich befleissigen 55, 28.
ghaḍei caus. des vorh. zusammenknüpfen 41. 7. °iya p. 36. 5.
ghaṇa ts. dick 22. 8. 36, 36. Wolke 78, 28.
ghattha √*ghas* p. verschlungen 44. 1.
ghara ts. Haus 8. 15. 10. 8. 75, 38. °nâma Rufname 37. 20.
ghariṇî ts. Gattin 41. 11. 45, 1. 63. 11.
ghasai √*ghṛish* reiben 48, 6. °iûṇa 28, 8.
ghâya °*ta* Schlag 22, 6. 44. 30. 75. 6.
ghâyaga *ghâtaka* Mörder 68, 19. 86. 27.
ghâi *ghâtin* mordend 68, 4.
ghâei *ghâtay.* töten 41. 21. 68, 21.
ghiṇâ *ghṛiṇâ* Mitleid 49. 26.
ghuṇâhuṇî (DK. 2, 110 *ghuṇaghuṇîâ karṇopakarṇikâ*) Gerücht 12. 11.
ghummai (*ghûrṇati* H. 4, 137.) sich hin u. her bewegen, hin u. her schwanken 21. 18. °anti 57, 4. °iûṇa 21. 21.
ghurughurai √*ghur* grunzen 43. 11.
ghurukkai brüllen 43. 10.
ghettuṃ 25. 4 u. ghettûṇa 5, 22. 56, 23. 67, 36. abs. zu geṇhai.
gheppai pass. zu *geṇhai* 67. 12.
ghora ts. schrecklich 16. 21. 21. 21. 27. 37. 71. 22.
gholira (H. 4, 117. *gholai ghûrṇati*) beweglich 56. 10.
ghosa cf. nandighosa.
ghosâvei caus. √*ghosh* verkündigen lassen 18, 21.

c.

caiûṇa √*cyu* fallen, aus einer höheren Existenz in eine niedere gelangen 45, 5.
caiûṇa √*tyaj* verlassen 69, 9. 85. 14.
cau *catur* vier. Stamm cau(r). vor Voc. caur° 6. 27. 37. 3. cattâri 4. 36. 37, 2. cauṇhaṃ 9, 18. causu(ṃ) 41. 35. 44, 8.
caukka *catushka* Kreuzungsplatz von zwei Strassen 18, 22.
cauttha *caturtha* vierte 20. 16.
cauddisiṃ *caturdiçaḥ* nach allen vier Richtungen 50. 35.

caunâṇa *caturjñâna* die vier ersten Stufen des Wissens (also ausschliesslich *kevalam*) 81, 21.
caunâṇi einer, der caunâṇa besitzt 44, 15.
Caubbhuya *Caturbhuja* 50, 19.
caummuha *caturmukha* mit vier Gesichtern 30, 20.
cauranga *caturanga* Heer 39, 30.
caurâsî *caturaçîti* vierundachtzig 44. 22.
cauhaṭṭa *caturhaṭṭa* etwa „Verkaufsstelle an einem Kreuzweg" 73, 30.
cakka *cakra* Kreis disi⁰ 74, 10. ⁰bhamaṇa 72, 2. — Discus 18, 3. 23, 38. 26, 8, 10.
cakkamai (H. 4, 161 = *bhramati*) umher wandern 65, 12. ⁰anta 65, 13.
cakkavaṭṭi *cakravartin* Weltherrscher 3, 8. 12, 25. ⁰tta 28, 14. ⁰ttaṇa 18, 10.
cakki *cakrin* dass. 24, 8.
caṅga (DK. 3, 1 *caṅgam cāru*) schön 28, 29.
caccara *catvara* viereckiger Platz 18. 22. 66, 18. 73, 30.
caccari *carcarî* Gesang oder Gesellschaft von singenden Leuten 2. 2. 3.
cajjiya (H. 4, 181 *cajjai* = √*dṛç*) p. sehen 81, 5.
caṅcala ts. beweglich, unbeständig 14. 23. 38, 14.
caṭṭei (H. 4, 110 *caḍḍai* √ *bhuj*) essen (?) 58, 32. oder (H. 4. 126, 185) schleifen (?)
caḍâviya (H. 4, 206 *caḍai* = *âruh*) p. legen, setzen auf 63, 1. 65, 29
caṇḍa ts. heftig 20, 21. grimmig 79, 30. scharf 24, 30.
Caṇḍa 69, 21. siehe Pavaṇacaṇḍa
Caṇḍapajjoya *Caṇḍapradyota* 39, 20.
Caṇḍavaḍiṃsaya 1, 1
catta *tyakta* verlassen 14, 32. 61, 18. 81, 23.
cattâri siehe cau.
canda *candra* Mond 12, 1. 29, 22. 84, 20.
Candajasâ *Candrayaças* 23, 7.
candaṇa td. Sandel 18, 18. 22, 9.
candaṇi Mondschein oder Nakshatra (?) 12, 1.
Candavega *Candra⁰* 23, 23, 28. 24, 2, 7.
Candaseṇa *Candrasena* 23, 21.
Candâṇaṇa *Candrânana* 44, 13.
camakkâra *camatk⁰* in Staunen setzend 83, 30.
camara ts. m. Fliegenwedel 62, 37. 74, 13.
Camari 84, 31.
campiâṇa zertreten 81, 7 v. l.
campaga ⁰*ka* Michelia Champaka 62, 33. ⁰tella 57, 9.
Campâ 5, 2. 33, 8. 34, 25.
carai √ *car* weiden 50, 32. ⁰anta 1, 13. 50, 32.
cariya ⁰*ta* p. üben 3, 36. Wandel 27, 26. Erlebnis 21, 19.
carima *carama* letzt 35, 19. 62, 4.
calai √ *cal* proficisci, sich fort bewegen 72, 1. ⁰iâṇa 47, 11. ⁰iya p. 13, 7. 39, 30. 85, 5. in Aufregung geraten 71. 22. ⁰anta sich bewegen 38, 8. 45, 15.
caveḍa *capeṭa* Schlag mit der flachen Hand 2, 15
câya *tyâga* das Verlassen 59, 22.
câujjâya *câturjâta* ein best. Vereinigung von vier Stoffen 59, 13.
câuddisiṃ siehe cauddisiṃ 47, 18.
câuvvejja *câturvaidya* mit den vier Veden vertraut 2, 5.
câmara ts. Fliegenwedel 26, 14.
câra ts. Späher, Kundschafter 47, 5. 67, 18.
câra ts. das Gehen 54, 19.
câra ts. das Anfertigen 73, 13.
câraṇa ts. Wandler. ⁰muṇi 14, 19. 44, 14. ⁰samaṇa 43, 29. 44, 23. 84, 16.
câlei caus. √ *cal* schwenken ⁰issâmi 8, 36. ⁰iya 15, 5.
câlisa *catvâriṃçat* vierzig 10, 35.
câva ⁰*pa* Bogen 23, 35. sura⁰ Regenbogen 38, 14.
ciya nach Voc. cciya = eva 11, 7. 15, 27 etc.
ciyâ *citâ* Scheiterhaufen 83, 14.
ciiya *cintita* su⁰ wohl überlegt 3, 36.
cincaiya (H. 4, 115 *cincaai* = √ *maṇḍ*) geschmückt 40, 29.
ciṭṭhai *tishṭhati* stehen 5, 4 17, 15 etc. ⁰mha 14, 13. ⁰osi 74, 20 ⁰anta 5, 5.
citta ts. Geist, Verstand 7, 16 etc. ⁰hara 2, 4
citta ⁰*tra* bunt 36, 31.

Citta °*tra* 1, 19 etc.

cittayara 19, 28, 29 und °gara 49, 11, 13. 53, 25. *citrakara* Maler.

Cittangaya *Citrâṅgada* 19, 12, 17. 50, 1. 53, 25.

cittaphala *citra*° Gemälde 23, 8.

cittasabhâ *citra*° Bildersaal 39, 5. 6, 11. 49, 11.

cittei *citray.* malen 49, 13. 72, 31. °anti 49, 12. °anta 49, 31.

cintai √*cint* siehe cintei.

cintaṇa td. das Nachdenken über, Sorge um 6, 3. 43, 12. 77, 8.

cintâ ts. Sorge 5, 8. 40, 7.

cintâmaṇi ts. Stein der Weisen 31, 2.

cintei *cintay.* denken, bedenken 11, 20. °ayanta 16, 13. 60, 12. — °ae 70, 35. 74, 17. °anta 11, 8. 18, 16. °anti 14, 33. °iya p. 3, 28. abs. 60, 1. °iûṇa 5, 18. °iuṃ inf. 2, 17.

cira ts. lang. cireṇa nach langer Zeit 10, 1. 33, 33.

cirantaṇa td. alt, früher.

ciṇa *cîna* Panicum miliaceum 27, 31.

cîvara ts. Kleid 52, 9.

cuya *cyuta* p. siehe caiûṇa 4, 32. 25. 21. 44, 26, 33.

cuṇṇiya *cûrṇay.* p. zermalmen 68, 18. 76, 27.

Culaṇi 4, 33.

cullatâya 7,14. u. cullapiu 15,28 Schwiegervater.

cûya *cûta* Mango 54, 37.

ceyaṇa *cetana* Bewusstsein 13, 15. 21, 31.

ceiya *caitya* Tempel 25, 15. 43, 31.

ceṭṭhiya *ceshṭita* Thun und Treiben 2,29. 8, 22. 16, 31 29, 25. duc° 53, 35.

ceḍa siehe dâsaceḍa.

ceḍaga *ceṭaka* Knabe (niedriger Herkunft) 37, 3, 4.

Ceḍaga *Ceṭaka* 30, 26. — 34, 26.

ceḍi ts. Dienerin, Sclavin 9, 5. 31, 8, 10. 56, 12. cf. dâsa°.

ceva *caiva* = eva. hervorhebende Part. 1, 14 etc.

coiya *coday.* p. mit Fragen bestürmen 59,3.

coiûṇa *coday.* antreiben 78, 17. 80, 15.

cokka(DK. 3,14 *cokko mushṭiḥ*) Faust? 80,2.

cojja (DK. 3,14 *cujjaṃ âçcaryaṃ, cojjam ity api*) Wunder. wunderbar 11,3. 79,11.

coddasa *caturdaça* vierzehn 4, 33. 20, 15. 26, 9.

cora *caura* Dieb 13, 4. 20. 16, 5. 65, 16.

coraggâha *cauragrâha* Häscher 65, 19.

collaya n. Wagschale? 64, 11, 16.

ch.

cha *shaṭ* sechs 18, 8. chaṃ-mâsa 27, 32.

chaṭṭha *shashṭha* der sechste 2, 35 etc.

chaḍâ *chaṭâ* Menge 40, 21.

chaḍḍai √*chard* (H. 4,91 *muñcati*) zurücklassen, aufgeben. °ei 36,15. °ijjau 14.25. °iya p. 24, 26. 29, 19. 82, 22.

chaḍḍî *chardis* sichrer Wohnort 76, 32.

chatta °*tra* Sonnenschirm 26, 14. 34, 27,29.

chala ts. List, Täuschung 75, 5. 6. 78, 38.

chaliya √*chal* p. überwinden 60,12. 79,14.

chaliyâ? 27, 34.

chaliuṃ √*chal* inf. überwinden 84. 37.

chaliûṇa √*chal* überlisten 7, 21.

chavi ts. Haut, Glanz 4, 11.

châyaṇa *châdana* Bedecken 32, 31.

châyaṇiyâ ghara° etwa „Hausfrau“ 62, 9.

châyâ ts. Schatten 21, 39. 50. 27, 28.

châiya *châdita* bedeckt 3, 12. 6, 35.

chijjai pass. zu chindai 74, 1. durchwandert werden 60, 16. v. l. thijjai.

chiḍḍa v. l. für chidda.

chidda *chidra* Blösse, Vergehn 52,3. 58,28. 85, 1. 7.

chindai √*chid* schneiden. zerschneiden 74, 23. °ei 37, 4: cf. chijjai, chinna, chettâ, chettûṇa.

chinna p. das vorh. 20, 10.

chuṭṭa cf. *choḍei* p. frei lassen 63, 23.

chubhai 32, 21 und chuhai 30, 13. 66, 4. (H. 4,143. √ *kship*) werfen; legen 30, 13. cf. chûḍha.

churiyâ *kshurikâ* Dolch, Messer 86, 11.

chuhâ *kshudhâ* Hunger 1, 5. 6, 21 7, 9.

chûḍha p. von chuhai stossen 82, 10.

cheya *cheka* gewandt 56, 31.

chettâ abs. von chindai, etwa „auslassend“ 34, 4.

chettûṇa abs. von chindai 67, 33.

chejja *chedya* das Zerschneiden 56, 32.

choiya *kshodita* zerstossen 59, 2.

chodei √ *chuṭ* losbinden 64, 22. °iya p. 21, 22. 60, 21. 64, 22.

chobha 71, 38 und choha 81, 38. (DK. 3,39. *choho samûho vikshepaç ca*) Stoss.

j.

ja Pron. rel. Stamm ja- jaddiyabâo 70, 25.
Nom. jo 37, 1. jâ 76, 25. jaṃ 42, 21.
Acc. jaṃ 32, 20. jaṃ dass 8, 29.
Inst. jeṇa 17,14. wie 32,17. wo 33,10. dass 17, 10. damit 57, 7.
Gen. jassa 26, 37. Loc. jammi 71, 11.
Plur. Nom. je 41, 11.

jaya *jagat* Welt 11, 6. 30, 21, 23. 47, 12.

jaya ts. m. Sieg 24, 1. °hatthi 34, 29.

Jaya 59, 3.

jayai √ *ji* siegen 16, 30. 18, 4. 21, 12. jaya sadda 37, 11. jaya-jayâ-rava 63, 1. cf. jiya, jitta, jiṇai.

Jayasiri °*çrî* 81, 10.

Jayaseṇa td. 44, 31. 45, 1.

jayâ *yadâ* correl. wenn — dann 37, 9.

jai *yadi* wenn 1,23. jai vi — taha vi concess. 11, 6. Wunschpartikel: wenn doch 5, 31. 41, 21. — ob vielleicht 21, 35.

jai *yati* Mönch 80, 28.

jaissâmi √ *yat* sich anstrengen 41, 7.

jau *jatu* Harz, Lack. °hara ghara ein aus leicht brennbaren Stoffen verfertigtes Haus 5, 37. 6, 2. 11.

jao *yatas* weil, daher 3,38. 4,7. 61,22. 70,31.

jakkha *yaksha* ein Yaksha 12, 16. 21, 33.

jaggai *jâgrati* wachen, bewachen 76, 32.

janghâ ts. Schenkel 67,23. 74,16. 75,24,25.

jaṭṭhi *yashṭi* Stab 3, 3.

jaḍâ *jaṭâ* Haarflechte 80, 1.

jaḍiya (DK 3,11. *jaḍiaṃ kharitam*) eingelegt, beschlagen mit 22, 8.

jaṇa td. Mensch, Person 70, 29. häufig pleon. 26, 1. 70, 8 acc. °yaṇa oder °jaṇa — Einwohner, Bevölkerung 2,4. 56,31.

jaṇaya °ga *janaka* Vater 25, 36. 45, 3. 56, 1. 82, 13.

jaṇaṇa td. erzeugend 30, 8.

jaṇaṇi td. Mutter 11, 28. 23, 8. 82, 13.

jaṇavaya *janapada* Land, Landvolk 13,3. 18, 6. 20, 11. 28, 17. 20. 67, 8.

jaṇei *janay.* erzeugen 57, 26. 71, 1. °ai 71, 3. °ehi fut. 12, 28. °iya p. 11, 6. 15, 34. 25, 10. 68, 26.

jatta *yatna* Anstrengung 11,6. 46,13. 81,6.

jattâ *yâtrâ* Procession 29, 37. 54, 35.

jattha *yatra* wo 45, 20.

janta *yantra* künstliche Vorrichtung 76,25. °mukka Schusswaffe 67, 2.

janti siehe jâl

Jama *Yama* Todesgott 38, 19. °bhaḍa 7, 6. °mandira 80, 33.

jamala *ya*° Zwilling. °tta 1, 13.

jamalaga dass. 1, 8.

jaṃpai √ *jalp* sprechen 10,21. °anta 10,26. °iya abs. 83, 21. °iûṇaṃ 83, 20. °iuṃ inf. 8, 5.

jaṃpaṇa *jalpana* das Sprechen, Verraten a° 10, 34.

jambhanta √ *jṛimbh* gähnend 37, 11.

jamma *janman* Geburt 25, 10. 38, 31.

jammaṇa *janman* das Geborenwerden 42, 36. 46, 8.

jara *jvara* Fieber 27, 35.

jaraya dass. 71, 3.

jarâ ts. Alter 42, 36. 46, 5.

jala ts. Wasser 9,31. 21,31 etc. âṇanda° Freudenthränen 21, 8.

jalaya °*da* Wolke °kâla Regenzeit 7,16.

jalai √ *jval* brennen, leuchten °anta 39, 8. °iuṃ inf. 37, 16. °iya p. 22, 4. 71, 22. 73, 23.

jalakari 13,16. jalagaya 43,22. Wasserungeheuer.

jalaṇa *jvalana* m. Feuer 21,4. 29,18. 59,8. 70,36.

Jalaṇasiha *Jvalanaçikha* 14, 17.

jalahara °*dhara* Wolke 72, 31.

jalahi °*dhi* Ocean 58, 1.

Jalahikallola 20, 20.

jalla Schmutz 28, 1.

java ts. Schnelligkeit 48, 28. 49, 15.

jasa *yaças* Nom. jaso Ruhm 24, 32.

Jasamai *Yaçomati* 1, 7. 66, 23.

jaha = jahâ wie 3, 17. 4, 4.

jahâ *yathâ* wie 38,21,22 etc. so dass 5,24 Part. zur Einführung der direkten Rede 1, 25. 10, 4 etc.

jah'âgayam wie gekommen 14, 26. °vihiṃ nach Vorschrift 9, 2.

jâ *yâvat* während 85,10. jâ — tâ 73.32. 75.22. 85, 12. °jîvaṃ lebenslänglich 42, 25.

jâya *jâta* p. geboren werden 1, 8, 13. 15, 19 etc. werden 1, 27 etc. entstehen 2,23 etc.

jâya *jâta* Menge davva° 58. 31. daviṇa° 75, 33.

jâyâ ts. Gemahlin 39, 28. 84. 38. 85, 9.

jâi *jâti* Geschlecht, Adel 2,18. 16.19. 24.32. 48, 18.

jâi √ *yâ* gehn 29, 19. 32, 2. 42. 32. 73, 31. janti 16, 11. 38, 23. 26. 86, 8. jâhii fut. 29, 12. 35, 5.

jâiya *jâti(ka)* acc. Geschlecht, Adel 48.17.

jâiya √ *yâc* p. erbeten 59, 3.

jâisaraṇa *jâtismaraṇa* Erinnerung früherer Existenz 53, 37. 54, 12.

jâgariyâ *jâgarikâ* das Wachen, Vigilien 52, 37.

jâṇa *yâna* Wagen 78, 15. cf. jâṇavatta.

jâṇaya °ga *jânaka* Kenner 57, 9. 69.16.

jâṇai √ *jñâ* wissen 11, 2. °âsi 57, 8. °anta 25.35. °iya p. 15.28. 32,22. °ittâ 33, 8. — na-yâṇai nicht wissen 9, 24. 30, 3. 32, 28. 37, 25. 52, 17. 86,6. cf. najjai. nâya. nâyavva, nâuṃ, jâṇâvei.

jâṇaṇa *jânana* das Benachrichtigen 78,6,

jâṇavatta *yânapâtra* Schiff 29, 9.

Jâṇâvaṇi *Jñâpani* 8. 26.

jâṇâvei caus. von jâṇai 5, 20. °esai 3, 3. °iya p. 10, 27. 30, 4. 59, 21.

jâṇu td. Knie 65, 10. 72, 23. 83, 36.

jâma *yâma* Wache der Nacht 6.13. 13.35. 62, 4.

jâmiṇi *yâminî* Nacht 43, 7. 78. 5.

jâmâuya *yâmâtṛi* Schwiegersohn 62, 20.

jârisa *yâdṛiça* wie beschaffen 59,1. 65,8.

jâla ts. Menge 24. 29. 40, 17. 45, 13.

jâlâ *jvâlâ* Flamme 22. 4. 5. 73, 22.

jâlei *jvâlay.* verbrennen 73.22. anzünden 84. 5.

jâva *yâvat* während 5. 10. 8.31. 37.11 etc. postp. c. Acc. während 48,5. 52.1. c. abl. seit 27.11. (jâva steht am Ende des Nebensatzes, wenn nicht tâva folgt) — jâvajivâo lebenslänglich 42. 27.

jâhe-tâhe *yarhi tarhi* als, da 3.11. 15,7.

jiya *jita* besiegt 22. 15. 30, 7.

jiya *jîva* Leben 77, 9. lebendiges Wesen 38, 24. 32. 46, 18.

Jiyantasâmi *Jîvântasvâmin* 82. 2.

Jiyasattu *Jitaçatru* 49. 10. 53, 25. — 66, 24.

jiṇa *Jina* Prophet der Jaina 24. 10. 30. 30,7. °vara 14.15 etc. jiṇ'inda 2, 30. 4. 17 etc. °hara Jaina-Tempel 84, 15.

jiṇai √ *ji* siegen °issai 22. 29. °iûṇa 22. 16. cf. jiya, jitta, jayai.

Jiṇadhamma *Jinadharma* 24, 37.

jiṇṇa *jirṇa* zerfallen. alt 7, 28. 67. 37.

jitta *jita* besiegt 13, 6.

jimiya (H. 4. 110 *jimai* = √ *bhuj*) p. ossen 57, 21.

jiya *jiva* Leben 70, 31. 77, 17. 85, 4.

jîva ts. Leben 42, 25. lebendes Wesen 41, 17, 18. 46, 17. Seele 3,18. 4.32. 52,9,10. °loya °*loga* 5, 5.

jîvamâṇa td. lebend 41, 21.

jîviya °*ta* Leben 3, 11. 7, 14. 14. 22. 17. 5. 75, 27.

jihâ *jihvâ* Zunge 21,22. 73.37. do° 82.37.

juya *yuga* Paar 26. 71, 15. 69. 22.

juya *yuta* versehn mit 36, 37. 82, 35.

juyala *yugala* Paar 9,6. 14, 29. 21, 8 etc.

Jugabâhu *Yuga°* 41, 3 etc.

jujjha *yuddha* Kampf 10,14. 12,37. 22,2. 23, 30.

jujjhai √ *yudh* kämpfen 32. 17. °iya p. 25. 31. °iuṃ inf. 10, 17. 23, 29.

jujjhâvei caus. von jujjhai. °onta 11,25.

juṇṇa *jirṇa* alt 22, 6. 38, 3.

jutta *yukta* versehen mit 6, 30. 75. 24. passend 2. 27. 3. 28. 14. 7. 21. 15. 73, 36.

juddha *yuddha* Kampf 22. 12. 37, 26.

juvai *yuvati* Mädchen 3,37. 48.31. 75,30,37.

juvarâya *yuvarâja* Kronprinz 28. 19 41, 3.

juvâṇa *yuvan* Jüngling 43. 18.

jûya *dyûta* Spiel 56. 3. 58. 10. 13. 69, 1. °kâri Spieler 58. 35. °ṭhâṇa Spielhölle 73, 28.

jûyâriya *dyûtakârin* Spieler 58. 33.

jûha *yûtha* n. Heerde 69. 14. 78, 30, 33.

jeṭṭha *jyeshṭha* ältester 28. 18. 85, 4.

Jeṭṭha *Jyaishṭha* 32, 12.

joṇei (H. 4,110 *jemai* = √*bhuj*) 25,11. 32. 25,26.

joya *yoga* Hülfe 78,38. 82,2.

joyai √*dyut* sehen. beobachten °anta 10. 23. 73. 18,26. 74,10. (suchen) 85, 7. °iya p. 81,15. cf. jovai.

joyaṇa *yojana* Meile 6.22. 44.10.

joei *yojay.* anschirren 79,21.

joga *yoga* Einfluss, Macht 24,23. 25,7.

joga 5.10. 32,3. 37.2 u. jogga 2,32. 41,7. 77,37. *yogya* passend. angemessen.

joḍiûṇa zusammenlegend 62,14.

joṇi *yoni* übert. Ursprung 5,31.

jovai sehen 75.22. cf. joyai.

jovvaṇa *yauvana* Jugend 1,28. 2.19. °ttha 39,19. 45,2.

joha *yodha* Krieger 84,33.

jh.

jhaḍatti *jhaḍiti* plötzlich, flugs 84,39.

jhaṇajhaṇârava Geklirr 48.6.

jhatti *jhaḍiti* plötzlich, flugs 16,21. 75,3. 79,15. 81.37.

jhaṃpai (H. 4,161 = √*bhram*)erlöschen. °iya p. 85,28.

jharei (H. 4,173 *jharai* = √*kshar*)fliessen 4.23.

jhâṇa *dhyâna* Meditation 2,22, 21. 3, 23. 61,17. °tta 25,2.

jhâyai √*dhyai* denken 85.23. °amaṇi 11,19.

ṭ.

ṭaṅka ts. Meissel 17.9.

ṭh.

ṭhakkura ts. Häuptling 13.21. 14,1.

ṭhavei *sthapay* stellen, placieren. °iûṇa 5,11. 14,3. °iuṃ abs. 7,5. °iya abs. 9.31. 17,22. einsetzen. anstellen. °ittâ 32,1. 33,16,19. °iya p. 46.36.

ṭhâi √*sthâ* stehen 49.22 °iûṇa 42.16.

ṭhâṇa *sthâna* Ort. Stelle 32,3. 4.

ṭhâvaṇa *sthâpana* Aufstellung 32,3.

ṭhâvei *sthâpay.* einsetzen. anstellen 13,32. °iya p. 33,31. °iûṇa 43.29. °ottâ 33,14.

ṭhiya *sthita* p. stehen bleiben 2.36 etc. cf. evaṃ° tattha°. heṭṭha°.

ṭhii *sthiti* Dauer 9,8.

ḍ.

ḍakka *dashṭa* p. beissen 1.10. 83,4,5.

ḍajjhai pass. zu ḍahai 66.27. °ae 71,3. °amâṇa 40,1.

ḍahai √*dah* brennen, ḍahe opt. 58.18.

ḍahaṇa *dahana* Verbrennen 3,5.

ḍâiṇi *ḍâkinî* Hexe 35.21.

ḍâlâ (DK. 4.9 *ḍâli çâkhâ*) Zweig 59.8.

ḍimbha ts. Kind 24.19. °rûva n. dass. 36,20.

ḍoya (DK. 4.11 *ḍoo dâruhastaḥ*) viell. Klapper 40.16.

ḍohala *dohada* Gelüste einer Schwangern 41,25,27.

ḍh.

ḍhakka ts. geizig 60.17,22.24.32.

ḍhakkâ ts. grosse Trommel, Trommelsignal 78,19.

ḍhakkai (H. 4.21. *châday.*) bedecken. °iûṇa 59,15.

ḍhikkiya (von *ḍhikkai* H. 4.99) das Brüllen des Stieres 38.6.

ḍhoyai √*ḍhauk* bringen. °ejjaha 26.16. °iya p. 59.15.

ṇ.

ṇa Demonstrativ. ṇeṇa 5,17. 21,12. 32,9. 66,2. ṇâo 36.13. 57,10. ṇehiṃ 3.28.

ṇaṃ Explotivpart. 33.15.

ṇhaviûṇa *snâpay.* baden 69,30.

ṇhâya √*snâ* p. baden 31,3. 59,32.

ṇhâṇa *snâna* das Baden 14.33. 53,29.

ṇhâru *snâyu* Sehne 4.11. 25,13.

ṇhâviya *snâpita* gebadet 64.37.

t.

ta Demonstr. u. Artikel Stamm tad oder tay vor a â. tay-anantaraṃ 6,11. ta(d) vor Cons.

Nom. so 1, 2. 3, 30 etc. sa 6, 36. sâ 6, 9, 77 etc. taṃ. 7, 31.
Acc. taṃ 1.5. 76.33. tayaṃ neut. 85,37.
Inst. teṇa 1. 8. tâe 35. 5. tie 8. 19.
Gen. tassa 3,4. tie 11.27. tâe. 17.7. tise 34.26. 66,23. Loc. tammi 1,20. tie 62, 31.
Plur. Nom. Acc. te 2.14. 6,21. tâo 15,13. 29. 4. tâṇi 37, 26. tâiṃ 52, 8.
Inst. tehi(ṃ) 1, 27. tâhi(ṃ) 15, 11.
Gen. tesiṃ 2, 3. tâsiṃ 22, 20.
Gen. tâṇa 2, 5. (masc.) 15, 16. (fem.)
Loc. tesu 4, 3. tâsu 15, 14.

taya (für tayâ) *tvac* Haut 4, 9.
tayâ *tadâ* dann 21, 13. 37, 9 etc.
taiya *tṛtîya* dritte 7, 9. 33, 37. 41, 32.
tauya *trapu* Blei 52, 9.
tae *tvayâ* siehe tumaṃ 17, 2. 85, 32.
tao *tatas* dann, darauf 1, 6 etc.
taṃ *tvam* siehe tumaṃ 77, 13.
takka *takra* verdünnte Buttermilch 27,34.
takkara *taskara* Dieb 35. 22. 65. 21. 22. 72, 13, 26.
taḍa *taṭa* Ufer, Rand 7, 27. 66, 3. 82, 6.
taḍi *taḍit* Blitz 4, 22. °daṇḍa Blitzstrahl 71, 23.
taḍḍaviya (H. 4, 137 *taḍḍavai* = √ *tan*) p. ausbreiten 16, 24.
taṇa *tṛṇa* Gras 27, 38.
taṇaya td. Sohn 14, 1. 20, 17. 39, 15. 43, 33. 69, 15.
taṇu td. Körper 16, 4. 70, 12.
taṇhâ *tṛshṇâ* Durst 1, 5. 7, 9.
tatta *tattva* n. Wahrheit 42, 24.
tatta *tapta* glühend, übertr. 27, 37.
tatto *tatas* von dort 4, 31. 71, 17.
tadîya *tvadîya* dein 23, 8.
tauta °*tra* Zauberei 5, 6. 78, 38.
tantî °*trî* Saite 56, 36.
tappara *tat-para* ausschliesslich bemüht um 64, 2. 69, 39.
tama *tamas* Finsternis 41.29. 45,23. 74,29.
tambola *tâmbûla* Betel 9,6. 40,20. 56,27.
tarai √ *tṛ* vermögen 35, 3. 51, 1.
taru ts. Baum 4, 29. 16, 7. 50, 28.
taruṇa ts. Jüngling 2,2. °ttaṇa Jugend 38,31.
taruṇî ts. Mädchen 2, 2. 70, 33. °jaṇa 2, 4. °yaṇa 20, 30.
tala ts. Fläche acc. 3, 13. gayaṇa° 63, 3. kuṭṭima° 23, 10.
talavara (cf. *talâro* DK. 5. 2 *nagarârakshakaḥ*) Häuptling 28, 23.
talâga *taḍâga* Teich 35, 9.
taliṇa td. dünn 81, 5.
tava ts. siehe tumaṃ 3, 10. 32, 17.
tava *tapas* m. Askese 2, 12. 4, 27. 26, 34
tavassi *tapasvin* Asket 25, 6.
taviya *tapita* gequält 42, 36. 77, 16.
tavo° *tapas* Askese iac. °raya 25, 5. °kamma 2, 34. 24, 35.
tavovahâṇa (cf. Aup. S. 30) Askese 61,17.
tasiya *trâsita* erschreckt 81, 28.
taha *tathâ* so 4, 5 ferner 5, 32. taha vi so doch 11, 4. taha-tti „ja" 22, 30.
tahâ *tathâ* so 5, 20 etc.
tahâviha *tathâvidha* quidam 1,21. 26, 6.
tahiṃ *tasmin* dort 32, 34. 54, 25. 69, 21. dorthin 31, 16.
tahiyaṃ dass. 36, 33.
tâ *tasmât* deshalb 3, 28 etc. *tadâ* dann 22, 23 etc. (wechselt mit to).
tâ *tâvat* jâ-tâ q. v. jâva-tâ 83, 4.
tâya *tâta* Vater 9, 8, 18. 14, 32. 25, 28. 73, 34. ehrende Anrede 62, 19.
tâḍiya √ *tâḍ* schlagen p. 9, 33.
tâḍijjamâṇa pass. vom vorh. 9, 35.
târâ ts. Stern 45, 12.
târisa *tâdṛça* so beschaffen 38,10. 59,4.
târuṇṇa °*ṇya* Jugend 56, 3.
tâva *tâvat* so lange correl. mit jâva q. v. — postp. c. Acc. bis 27, 14.
tâvasa *tâpasa* Büsser 7, 10. eine best. Art Büsser 30, 18. 31, 14.
tâhe da. correl. mit jâhe 3,11. 15. 7 etc.
ti nach kurzen oder verkürzten Voc. tti *iti* Exponent der oratio indir. 2, 6, 15, 19 etc. 1, 26. 3, 3 etc. hervorhebende Partikel 8. 35, 36. 23, 9. 46, 32, 35.
ti *tri* drei. Stamm 36,27. Nom. tiṇṇi. 37,11. Gen. tiṇhaṃ 28, 21. Inst. tihiṃ 49, 22.
tiya *trika* Dreizahl 74, 18. — dreieckiger Platz 18. 22. 69, 13.
tiyasa *tridaça* Gott 46, 8.
tikkha *tîkshṇa* scharf 16, 28. 38, 7. 74, 37.
tigutta *trigupta* Einer, der die drei gupti

hat d. h. vorsichtig in Gedanken, Worten und Werken ist 61, 18.

tiṇa *tṛiṇa* Gras 24, 34.

tittha *tîrtha* Glaube, Kirche 26, 6.

titthayara *tîrthakara* Prophet der Jaina 26, 6. 41, 26.

tidaṇḍa *tri*⁰ die drei in eins zusammengelegten Stäbe eines brahm. Asketen 67,29.

tidaṇḍiya *tridaṇḍin* brahm. Asket 25,3.

tippayâhiṇa *tripradakshiṇa* dreimalige Rechtsumwandlung 14,18. ⁰ikâñṇa 45,15.

timira ts. Finsternis 41, 32.

tiriya *tiryac* Tier 25,21. ⁰joṇi tierische Geburt 25, 2.

tirikkha dass. 38, 25.

tiloga *triloka* Dreiwelt 44, 29. 46, 8.

Tilottamâ ts. 26, 18.

tiviha *trividha* dreifach 42, 27.

tisaṃjhaṃ *trisandhyam* zur Zeit der drei Tagesabschnitte 31, 3.

tisaraya *trisara* ein bestimmtes Saiteninstrument 1, 29.

tisâ *trishâ* Durst 7, 5. 32, 13.

tisâiya von vorh. p. dürsten 35, 8.

tisûla *triçûla* Dreizack 80, 2.

tihi *tithi* lunarer Tag 33, 20. 50, 4.

tihuyaṇa *tribhuvana* Dreiwelt 21, 2. 27, 6, 27.

tîra ts. Ufer 9, 2, 7.

tîrai pass. √*tṛi* es wird gekonnt 9, 14. 65, 22. ⁰ae 84, 37.

tîsaṃ *triṃçat* dreissig 34, 13.

tuṅga ts. hoch 74, 35.

tuccha ts. leer 29, 27.

tujjha siehe tumaṃ.

tuṭṭa √*truṭ* zerrissen p. 71, 28.

tuṭṭha *tushṭa* befriedigt 12, 21. 77, 1.

tuṇḍa ts. Schnabel 24,30 Vorderteil 79,5.

tuṇṇâga ⁰ya (?) Bettler 65,9,11. ⁰tta 66,11.

tuṇhikka *tûshṇika* schweigend 28,5. 41,30.

tubbhe siehe tumhe.

tumaṃ *tvam* du. Nom. tumaṃ 5, 25. taṃ 77, 13. Acc. tumaṃ 1, 23. Instr. tumae 17,5. tume. 27,26. tae 17, 2. Gen. tujjha 8, 21. tuha 5, 27. tava 3, 10. Loc. tumammi 15, 6.

tumhe *yushme* ihr. Nom. Acc. tumhe 13,8. tubbhe 8, 34. Inst. tumhehiṃ. 25,12. tubbhehiṃ 5,8. Gen. tumha 8,35. Stamm 15, 3. tumhaṃ 11, 29. tumhâṇaṃ 7, 11. tubbhaṃ 33, 19.

tumhârisa *yushmâdṛiça* Euresgleichen 2, 28. 14, 7.

turaya ⁰*ga* Pferd 20,24. 47,3. 77,1. 78,17.

turaṅga ts. Pferd 6, 20, 30. 20, 21. 62,37.

turaṅgama ts. Pferd 13, 10. 20, 20, 22. 48, 25.

turiya *tvarita* schnell 74, 31. 75, 32. 78, 11.

tûra *tûrya* ein musik. Instrument 14, 13. 24, 5. 37, 14. 39, 12.

tûliya *tûlaka* n. Baumwolle 59, 33.

teya *tejas* m. Glanz 3, 10. 8,24. 26,33,36. Inst. teyasâ 39, 8. iac. tee ⁰lesâ 3, 5.

teyaṃsi *tejasvin* glänzend, stark 80, 4.

tella *taila* Oel 27, 3.

tevaṭṭhi *trishashṭi* dreiundsechzig 28,21.

to *tatas* dann correl. mit jai 4, 27 etc. (wechelt mit tâ).

toya ts. Wasser 72, 31.

toḍiya *truṭita* zerrissen 22, 6.

Toraṇâura *Toraṇapura* 53, 6.

tolei √*tul* wägen 61, 14. ⁰iya p. 64,14.

tosa td. Befriedigung, Freude 16,10. 72,10. 82, 32. acc. tosaya 68, 26.

⁰ttha *stha* stehend, befindlich. acc. jovaṇa⁰, âsaṇa⁰, sahâva⁰, hiyaya⁰ etc.

th.

thaiyâ *sthagî* etwa „Knappsack" 60,17,24.

thakka (H. 4, 87, 259. = *phakkati*) p. langsam gehn, anhalten 13, 10. 21, 23. 60, 31. 78, 30.

thakka (DK. 5, 24 *thakko avasaraḥ*) Gelegenheit 67, 12

thagathaginta bebend 64, 20.

thambha *stambha* Hemmung 82, 21, 22.

thambhiya √*stambh* p. erstarrt 17, 8.

thavai *sthapati* Baumeister 39, 6.

thâma *sthâman* n. Ort 60, 19.

thâla *sthâla* Schale 64, 6.

thira *sthira* fest 60, 7. ⁰ikâñṇa 31, 25. ⁰ihavai 57, 29.

thuvvai pass. zu thuṇai √*stu* preisen ⁰anta 24, 2.

thera *sthavira* Greis 29,7,8,9,11. Mönch 26,6.
theratta *sthaviratva* Alter 38, 31.
theva *stoka* klein, wenig 8,37. 9,5. 12,4. 69, 37.
thora (DK. 5, 30 = *prithu*) gross 37, 36.
thova *stoka* klein, wenig 41, 32. 61, 27.
thovaya dass. 82, 13.

d.

dayara (cf. DK. 5, 34 *dayarî surâ*) etwa „lieb" 78, 21.
dayâ ts. Mitleid 31, 22. 68, 32.
daiyâ *dayitâ* Geliebte 21, 17. 52, 16. 77, 2 etc.
daṃsaṇa *darçana* Anblick 7, 10. 28. 9,28 etc. °paha Gesichtskreis 9,37. 21,4. 61, 10.
daṃsaṇîya *darçanîya* ansehnlich, schön 60, 17.
daṃsei *darçay.* zeigen 30, 3. 57, 15. °iya p. 26, 9.
dakkha *daksha* geschickt, gewandt 35,6. 56,2. su° 71,32. 81,30. — °ttaṇa 7,24. 16, 27.
dakkhiṇa *daksh°* südlich 2,20. °eṇa von Süden 55, 12. nach Süden 55, 13.
dakkhiṇṇa *dâkshiṇya* Zuvorkommenheit 57, 15. 58, 36.
dacchihî fut. √*driç* er wird sehn 24,12.
daṭṭha *dashṭa* gebissen 1, 12. 46, 31.
daṭṭhavva *drashṭavya* ger. von √*driç* sehn 9, 11.
daṭṭhûṇa abs. von √*driç* 3, 12. 17, 35.
daḍḍha *dagdha* verbrannt 36, 31. 70, 36. °yâ 21, 27.
daḍha *driḍha* kräftig 3, 30. 22, 6. — iac für daḍhaṃ 13, 8. °ṃ sehr 6, 25. 17, 7.
daḍhayaraṃ comp. des vorh. gar sehr 9, 35.
Daḍhappahâri *Driḍhaprahârin* 66,28. 67, 1.
Daḍhasatti *Driḍhaçakti* 53,7,14,17 etc.
Daḍhasuvvaya *Driḍhasuvrata* 44, 29.
daṇḍa ts. Stab °ttiya die drei zusammengelegten Stäbe eines brahm. Asketen 74,13.
daṇḍaga dass. 36, 24.
danta ts. Zahn 4, 20.
Dantapura 35, 36.
Dantavakka °*ktra* 35, 36.
danti °*n* Elephant 61, 35. 71, 34.
dappa *darpa* m. Stolz 38, 6. 72, 29.
dappiya *dripta* stolz 78, 27.
dara (DK. 5, 33. *daram ardham*) halb, wenig 7, 33. 16, 22.
dariya (H. 2,96 = *dripta*) übermütig 38, 7.
daridda °*dra* arm 61, 12.
dariddi 50, 2 dariddiya 75, 2 dass.
darisâva von √*driç* Besuch, das Vorsprechen 61, 23.
darisei *darçay.* zeigen 10,37. 31,25. °iya p. 22, 24.
dala ts. Blatt 8, 3. 83, 7.
dalayai geben, schenken 67, 27.
dava ts. Waldbrand 3, 17. 21, 24 vaṇa° dass. 3, 17. °aṇala dass. 3, 15.
davâvei caus. √*dâ* zu geben veranlassen. °eûṇa 66,22. °iya p. 66,19 geben lassen. °iya p. 56, 26. 64, 6. 78, 19.
daviṇa *dra°* Habe, Geld 75, 33. 80, 10.
davva *dravya* Besitz, Reichtum 10,21. 29,8.
dasa td. zehn 25,29. °hiṃ 32,12. °ṇhaṃ 28, 22.
Dasapura td. 1, 7. 32, 34.
dasama td. der zehnte 2, 31.
dahai √*dah* brennen 3, 18. °iuṃ inf 24,25.
dahaṇa td. das Verbrennen 2, 30.
dahi 30,30 dahiya 80,24 *dadhi* saure Milch.
Dahivâhaṇa *Dadhivâhana* 34,25. 37,23.
dâyaga °*ka* Geber, Spender 17, 5. 45,36.
dâyâ *dâtri* Nom. Spender, freigebig 58,30.
dâiya (DK. 5.38 *dâu pratibhûḥ*) Gegner 9, 17.
dâiya *dâyaka* Erbe, Verwandter 38, 17.
dâei (H. 4, 32 *dâvai*) zeigen °ejjasu 68, 9. °iya p. 29, 17. 38, 4. 67, 5. 68, 13.
dâuṃ dâhâmi dâhi siehe doi.
dâṇa td. das Geben, Gabe 5, 37. 6, 5, 7. 23, 9. 40, 21. a° 36, 13.
dâṇava td. Dânava 30, 22.
dâma ts. Guirlande 18, 11. 26, 10.
dâra *dv°* Thüre 5,31. 45,12. 52,19. 75,32. 81, 16, 17. °vâla Thürwächter.
dâraya 43, 21 siehe folg.
dâraga °*ka* Knabe 1, 11, 27. 43. 13. °rûva dass. 36, 18.

dâriyâ °*kâ* Mädchen 28, 26.
dâriddа °*drya* Armut 30, 10.
dâru ts. Holz 30, 12. 81, 13.
dâruṇa ts. hart, schrecklich 4, 1. 27, 36. 74, 30. 79, 32. ai° 85, 37.
dâlidda *dâridrya* Armut 74, 22, 23, 26. arm 67, 35.
dâvai (H. 4, 32) zeigen °iya p. 46, 26.
dâvâveuṃ caus. √*dâ* abs. geben lassen mit dopp. Acc. 78, 3.
dâsa ts. Sklave, Diener 8,20. °ceḍa Diener 6,29. 10,33. — °ceḍî Dienerin 18,13. 50,8.
dâsi ts. Sklavin 1, 8. 32, 22. 50, 5. dâsie dhie Tochter einer Sklavin! 68, 20.
dâha ts. m. das Brennen 25, 12. Glut, Fieber 48, 5. 70, 26.
dâhaṃ, dâhâmi, dâhî, dâhinti siehe dei.
dâhiṇa *dakshiṇa* rechts 14, 11. 75, 15.
diya *dvija* ein Brahmane 6, 29. 27, 9.
diyanta *dig°* Ende der Welt 24, 6.
diyantara *dig°* alle Himmelsgegenden 45, 13.
diyaha *divasa* Tag 5, 23. 6, 37. 8,11. etc. m. 73, 32 n. 73, 17.
dikkhâ *dîkshâ* Weihe 2,33. 25,15. 36,13. 43, 29.
dikkhiya *dîkshita* p. weihen 86, 28.
dijjai pass. zu dei q. v.
diṭṭha *dṛishṭa* sehn p. 2, 21. °puvva 18, 16, 17.
diṭṭhanta *dṛishṭânta* Gleichnis 59, 1.
diṭṭhi *dṛishṭi* Blick 7, 29. 22, 19. Auge 70, 20. °paha Gesichtskreis 16, 21.
diṇa td. Tag 5, 15. 7, 9. etc.
diṇayara *dinakara* Sonne 67, 28.
diṇaṇâha *dinanâtha* Sonne 57, 18.
ditta *dṛipta* übermütig 38, 7.
ditti *dîpti* Glanz 84, 20.
dinta part. praes. zu dei q. v.
dinna p. zu dei q. v.
dippanta *dîpyat* leuchtend 57, 18.
divasa ts. Tag 70, 21.
divasaya dass. 15, 33.
divva °*vya* göttlich 8, 31. 21, 18. panca divvâṇi die fünf königl. Insignien 62,34.
disâ *diç* Himmelsgegend, Richtung 22,16. 25, 16, 17. °bhâga dass. 7, 26. °muha dass. 2, 30.
Disâkumârî *Dik°* die 8 Göttinnen der Himmelsgegenden 22, 18.
disi Loc. von *diç* disi disi überall 7, 29. viell. 78, 32.
disi *diç* Himmelsgegend 78, 32? °cakka 74, 10.
diso disiṃ nach verschiedenen Seiten 13, 6. 38, 26. 63, 25.
dîṇa td. bekümmert 64, 30.
diṇâra td. Denar 80, 7.
dîva *dîpa* Leuchte 83, 32. 85, 20.
diva *dvîpa* Insel 28, 30, 31.
dîvaya *dîpa* m. Leuchte 85, 18.
dîvei *dîpay.* anzünden 85,33.
dîsai *dṛiçyate* gesehn werden 10,28. 27,17.
dîha *dîrgha* lang 21, 17. 40, 7. 44, 10.
Dîha *Dîrgha* 5, 2, 11.
dîhara *dîrgha* lang 6, 22.
dîhiyâ *dîrghikâ* Teich 8, 15.
du *dvi* zwei. iac. °gûṇya 6, 8. °yaṅgula 59, 13. cf. do.
duiya *dvitîya* der zweite 60, 16.
dukkaya *dushkṛita* sündhaft 25, 12.
dukkha *duḥkha* Leid 2, 29. 14, 24.
dukkhiya *duḥkhita* bekümmert 25, 1.
duga *dvika* Zweizahl 6, 13.
duganchâ *jugupsâ* Abscheu, Widerwille sc. vor dem Saṃsâra 1, 6.
dugga °*rga* Festung 9, 18.
duggai *durgati* Not, Elend 3, 20. 5, 31.
duggandha *durg°* übelriechend 4,20. 40,26.
duggama *durg°* unwegsam 7, 8.
duccâri *duç°* einen schlechten Wandel führend f. °ṇi 5, 19.
duccariya *duçcarita* schlechter Wandel 5, 21, 30. 35, 16. 42, 18.
dujaya *durj°* schwer zu besiegen 80, 38.
dujjayatta Abst. des vorh. 3, 35.
dujjoya v. l. für dujaya.
Dujjohaṇa *Duryodhana* 79, 30. 80, 38.
duṭṭha *dushṭa* fehlerhaft 31,6. böse 8,15. 23, 15. 75, 5, 23.
duttara *dust°* schwer zu passiren 76, 22.
duddantayâ *durdântatâ* das Schwerbezähmbarsein 5, 35.
duddha *dugdha* Milch 38, 1.
dunnivârayâ *durnivâratâ* das Schwerzurückzuhaltensein 5, 13.

duppeccha *duḥprekshya* schrecklich anzusehn 79, 33.
duma *dru*° Baum 22. 12. 78, 23.
dummaṇa *durmanas* betrübt 2, 16. f. â 11, 21. 53, 12. — °ya dass. 60, 11.
Dummuha *Drimukha* n. p. 34, 21.
duraṇucara td. schwer auszuüben 86, 28.
duranta ts. übel endend 3, 15.
durappâ *durâtman*. Nom. Bösewicht 8, 29.
durabhi Gegenteil von *surabhi*, übel riechend 4, 23. 24, 30.
duriya °*ta* Gefahr 35, 25.
duruhittâ abs. von *ud* √ *ruh* besteigen 33, 14.
dulaha *durlabha* schwer zu erlangen 14, 24. 70, 32.
dullaliya *durlalita* überdrüssig 56, 30.
duvâra *dvâra* Thüre 6, 19. 20.
duvâlasa *dvâdaça* zwölf 2, 34. 24, 38. 33, 4.
duve *dvau* zwei 13, 4. 21, 6.
duvvala *durbala* schlecht (von Kleidern) 67, 20.
duha *duḥkha* Elend 4, 2, 5.
duhâ *dvidhâ* °kâuṃ spalten 66, 10.
duhiyâ *duhitṛi* Tochter 53, 15. Nom. °â 39, 15. Inst. °âe 52, 5.
duhejjaha √ *duh* opt. melken 37, 37.
dûya °*ta* Bote 17, 27, 31. 23, 8.
dûijjamâṇa √ *du* wandernd 33, 6.
dûi *dûtî* Botin 78. 5.
dûmiya (H. 4, 23 *dûmei* = *dunoti*) p. betrübt 76, 4.
dûra ts. fern, weit 2, 20. 6, 38. 7, 1.
dûrâo °*tas* von fern 21, 4.
dûr'ujjhiya *dûra-ujjhita* weit hinter sich lassen p. 40, 9.
dûsa *dûshya* Gewand 26, 15. 57, 21.
dûsiya *dûshay*. p. wertlos machen 2. 18.
dei √ *dâ* geben 39, 25. 24, 25. 3, 15 Imp. 6, 16. 30, 29. Opt. 33, 25. 37, 9. 61, 27. dijje 25. opt. 37, 27. — dinta part. praes. 82, 27. dinna p. 2, 33. 17, 25 etc. fut. dâhaṃ 10. 24. dâhâmi 59. 23. 31. dâhi 59, 10. 60, 27 etc. dâhinti 80, 22. — pass. dijjai 32, 25. 47, 11. 40. 21. 33, 31. Inf. dijjiuṃ 6, 7. — abs. dâuṃ 17, 19. dâûṇa 28, 27. 26. s. caus. dâvâveuṃ, dâvâviya q. v.
deula *devakula* Tempel 67, 35. 73, 30.
deuliyâ (vom vorh.) Kapelle 50, 17, 19.
deva ts. Gott 4, 31 etc. °tta 48, 19. °loga Himmel 1, 7 etc. — Majestät 2, 6 etc.
deva *daiva* Schicksal 25, 7.
devayaula *devakula* Tempel 83, 26.
devayâ °*tâ* Gottheit, Göttin(?) 29, 3. 33, 35, 37. 34, 2.
devaula *devakula* n. Tempel 55, 12, 71, 28. 75, 2. 81, 4.
Devadattâ 56, 7, 11, 15 etc.
Devasamma °*çarman* 10, 7.
devâṇuppiya *devânâm priya* etwa „Gottgefälliger" in der Anrede 67, 3.
devî ts. Königin 4, 33. 25, 29 etc.
desa td. Land 1, 3. 2, 11, 20 etc.
desaṇâ td. Predigt 1, 6.
desiya *deçay*. p. lehren 29, 32.
°desiya td. anna° Ausländer 57, 28.
deha ts. Leib 2, 32. 4, 11. 35 etc. °ṭṭhii Leibespflege 17, 11.
do *dva* zwei 6, 19 etc. donni 63, 18. 78, 35. donhaṃ 10, 13. 17, 20. dohi 49, 7. dosu 23, 29.
doghaṭṭa (DK. 5, 41 *dugghuṭṭo hastî*) Elephant 35, 28.
dojîha *dvijihva* zweizüngig 82, 17.
domuha *dvimukha* mit zwei Gesichtern 39, 21.
Domuha dass. 39, 13 etc.
dovayaṇa *dvivadana* mit zwei Gesichtern 39, 13.
dovâriya *dauvârika* Thürsteher 63, 30.
dosa °*sha* Fehler, Sünde 27, 35. 45, 21, 22. — 55, 32. (Com. erklärt es mit *doshavantum*.)
dosa *dvesha* Hass 30, 7. 44, 2.
dohagga *daurbhâgya* Unglück 30, 10.
dohala °*da* m. Gelüste einer Schwangern 34, 26. cf. dohala.
dohitti *dauhitrî* die Tochter der Tochter 15, 27.

dh.

dhaya *dvaya* Zweizahl 82, 17.
dhaya *dhvaja* Fahne 40, 16.

dhaṇa td. Reichtum 1, 17. 29, 7.
dhaṇaya *°da* Reichtum spendend 29, 31.
Dhaṇaya dass. Kubera 26, 28.
Dhaṇapavara *Dhanapravara* 12, 21.
Dhaṇasaṃcaya td. 12, 22.
Dhaṇasatthavâha *°sârth°* 12, 33.
dhaṇiyaṃ (DK. 5,58 *dhaṇiaṃ gâḍham*) sehr 11, 7. 69, 39.
Dhaṇu td. 5, 16 etc.
dhaṇuvveya *dhanurveda* Bogenkunde 7, 17. 78, 36.
dhanta √*dham* p. geschmolzen 31, 34.
dhanna *dhanya* glücklich 61, 9, 30.
dhanna *dhânya* Getreide 50, 3.
dhamai √*dham* anblasen 83, 36. siehe dhanta.
dhamaṇi td. aufgeblasenes Gefäss 82, 17.
dhamadhamenta schnaufend 71, 38. 72, 2.
dhamma *dharma* religiöses Verdienst, Religion 29, 32 etc.
°dhammaya *dharma* acc. Eigenschaft 38, 15.
dhammakahâ *dharmakathâ* Predigt, erbauliche Rede 44, 15.
dhammiya *dhârmika* fromm 80, 8.
°dhara ts. acc. tragend 64, 26. 71, 30.
dharaṇi ts. Erde 16, 27. 21, 30.
dharaṇivaṭṭha°*prishṭha*Erdboden 23,14. 42, 7. 45, 17.
Dharaṇidhara 84, 22.
dharai 77, 21. dharei 35, 1. √ *dhṛi* halten, tragen, auch übertr. °iya p. 6,20. 34, 27. 40, 13. 61, 28.
dhavala ts. weiss 8, 3. 40, 16. 81, 31. °hara Palast 14, 5. 15, 14. 23, 11.
dhasa (Hindi *dhasnâ*, to be pierced) Instrument zum Stechen 64, 15.
dhasatti plötzlich 82, 12.
Dhâiyasaṇḍa *Dhâtakîshaṇḍa* 44,26.
dhâî *dhâtrî* Amme 46, 25.
dhâu *dhâtu* rotes Mineral, Rötel 74, 12.
dhâḍi °*ṭî* Überfall 13, 36.
dhârâ ts. Tropfen 47, 32.
dhârâ ts. Gangart des Pferdes pancama° Carrière 20, 22.
°dhâri ts. acc. haltend 45, 14. 56, 28.
dhârei *dhâray.* halten, tragen 30, 23.
dhâvai √*dhâv* laufen 72,1. °anta 71,37. °amâṇa 48, 29. °iûṇa 16, 14.
dhâhâviya cf. (Hindî *dhâha* cry, noise) p. schreien 42, 7.
dhijjâiya *dvijâti* Brahmane 37,3,5,6,10,15,17.
dhir-atthu *dhig astu* c. Gen. 7,31. 40,25. 43, 2. 53, 19.
dhîyâ *duhitṛi* siehe dâsî.
dhîra ts. verständig, standhaft 11, 31. 27, 26. 58, 36. °yâ 28, 3. 35, 13. 43, 36. °ttaṇa 49, 3.
dhutta *dhûrta* Schurke 32, 29. 74, 39.
dhurâ ts. Deichsel 13, 13. dhure vorne 9, 12.
dhurâ ts. Last 5, 10. 6, 3. 47, 38.
dhûyâ *duhitṛi* Tochter 5, 38. 14, 11, 15.
dhûma ts. Rauch 3, 6, 12. 7, 36.
dhûlî ts. Staub 22, 3. 32, 24.
dhûvaya *dhûpaka* Räucherwerk 14, 17.
dheṇuyâ *dhenukâ* asi° Schwert 82, 11.
dhoya *dhauta* waschen p. 60, 23.

n.

na ts. nicht 2, 27 etc. na una nicht aber 41,15. 63,10. 69,20. na hu 80, 30. 81, 35 cf. atthi, icchai, jâṇai.
nayaṇa td. Auge 8, 30. 21, 8.
nayara *nag°* Stadt 3, 6 etc.
nayari *nag°* dass. 10, 22. 16,15.
nai *nadî* Fluss 7, 27.
nakkhatta *nakshatra* Sternbild 84, 17.
naga ts. Berg 1, 12. 54, 26, 27, 29.
nagara ts. Stadt 3, 1 etc.
nagga °*gna* nackt °bhâva 34, 4.
Naggai (übersetzt *Naggati*, aber offenbar *Nagnajit*) 34, 22, 24. 48, 23. 54, 28, 29.
naggoha *nyagrodha* Ficus indica 9, 31.
naccai √ *nṛit* tanzen 31,4. 40,19. °anta 2, 2. °iya p. 31, 6. °iuṃ inf. 18, 13.
najjai pass. √ *jñâ* wissen 13, 17. 60, 6. 62, 21.
naṭṭa *nâṭya* Tanz, Mimik 1,28. 2,3. 18,12. 82, 38.
naṭṭiyâ vom vorh. oder *nartakî* Tänzerin 11, 19.
Naṭṭumatta *Nartu°* 8, 22. 14, 13.
naṭṭha *nashṭa* verschwinden, weggehen p. 22, 11. 25, 1. 26, 31. 66, 7.

nada *nata* Schauspieler 18, 11. 69, 2.
nanu td. Fragepartikel 59, 33.
nattha *nyasta* aufgestellt 65, 17.
nandai √*nand* wohlergehen 54, 25.
nandaṇa td. m. Sohn 71, 19. 84, 11.
Nandaṇavaṇa td. 22, 17.
Nandâ td. 17, 19.
nandî ts. *nândî* Freude, Jauchzen 37, 14. 39, 9.
nandighosa °*sha* Freudengesang 48, 15.
Nandîsara °*çvara* 28. 30. 29, 37. 43, 18. 44, 9.
napuṃsaya °*ka* Zwitter 41, 11.
nabha °*bhas* Himmel 24, 2.
namai √*nam* sich verneigen vor 72, 35. °eûṇa 45, 16. °iya p. des caus. beugen, besiegen 46, 24.
Nami ts. 34, 22. 41, 2. 46, 25.
Naminâha °*tha* 46, 8.
Namui °*ci* 1, 20.
namokkâra *namask*° Verehrung 25, 19. 35, 20.
nara ts. Mann 7, 6. etc. °vara dass. 72,7. °nâha König 72, 12, 22. °vai König 16, 31. 27, 27. 72, 13, 16. 77, 1. 'inda Fürst 23, 7. 'esara *nareçvara* Fürst 38, 17.
naraya °*ka* Hölle 41, 18. 47, 25. 82, 21.
naratthi ? ? 74, 3.
Nalagiri ts. 32, 1. 39, 27.
nava ts. neu, frisch 74, 16.
nava ts. neun 4, 14. navaṇa 4, 10.
navakâra *namaskâra* Verehrung 35,23,25.
navaraṃ 29, 1. 32, 8. 33, 12. navari 84,4. sofort, darauf.
nassai √*naç* fliehen 7, 3. 66, 6.
naha °*kha* Nagel 49, 21.
nahayala *nabhastala* Firmament 22, 1. 22, 3. 41, 24.
nâya √*jñâ* p. wissen, erkennen 3, 29. 14, 30. 25, 5.
nâya *nyâya*. °eṇa auf rechtmässige Art 48, 4. 54, 36.
nâyaga °*ka* Liebhaber 43, 23.
nâyara *nâg*° Bürger 26, 4. 37, 13. 71, 30.
nâyavva *jñâtavya* ger. erkennen 12, 26.
Nâila *Nâgila* n. p. 28, 29.
nâuṃ abs. 12,11. nâûṇa 69,9. 76,27. √ *jñâ* wissen.

nâga ts. Schlange 22,5 — Elephant. °râya 48, 14.
Nâgadatta ts. 24, 15, 25.
Nâgadevî ts. 9, 9.
nâgaraya *nâgara* Bürger, Städter 3,7. 20,18.
nâgariyâ *nâgarikâ* Städterin 18, 6.
nâḍaya *nâṭaka* Schauspiel 18, 15. 26, 29.
nâṇa *jñâna* Wissen 49, 9.
nâṇâviha *nânâvidha* mannigfach 2, 2. 7, 25 etc.
nâṇi *jñânin* Weiser 84, 20.
nâma *nâman* Name. nâma in App. 1, 1 etc. Nom. Acc. 4, 34. acc. Nom. sing. °nâmo 1,20. Nom. plur. °nâmâṇo 1,19.
°nâmaga °*ka* acc. Name 11, 3.
nârâya °*ca* Pfeil 23, 34.
nârî ts. Weib 5, 33. 16, 17. 52, 16. 82, 37.
nâsai √*naç* schwinden 74,26. 35,23. °anta fliehen 31, 17. — nâsâvei caus. zur Flucht verhelfen. °iya 1, 26.
nâsigâ °*kâ* Nase 4, 21.
nâsikaya *nyâsîkṛita* p. sich aufsparen 58, 10.
nâsei *nâçay*. vernichten 85, 23. °iya p. 45, 23.
nâha °*tha* Herr. Gebieter 9,25. 21,2, 23,4.
niya *nija* eigen 2, 8, 15 etc.
niyaya dass. 2, 26. 31, 31. 27, 26 etc
niyaṃsai *ni* √ *vas* entkleiden, ausziehen 59, 30. niyatthiya p. entkleidet 59,31.
niyaḍa *nikaṭa* Nähe 13, 20.
niyatta p. des folg. 3, 27. 20,25. 31,18,29. 36, 1. 83, 25
niyattai *ni* √ *vṛit* zurückkehren, sich abwenden 20, 22. 47, 26. °esu 77, 39. °iûṇa p. des caus. zurückschicken 12,15.
niyanta sehend, beobachtend 21,20. 73,31.
niyantiya *niyantrita* gefesselt übertr. 10, 33.
niyamoṇa td. notwendigerweise 47, 25.
niyamba *nit*° der Hintere 16, 20.
niyara *nik*° Menge 41,30,32. 45,12. 74,29.
niyallaya von *nija* etwa „Freund“ oder „Höriger“ 35, 32.
niyâṇa *nidâna* n. sündhafter Gedanke 3,31.
niyâṇaya dass. 4, 27.
niunja *nik*° Gebüsch 9, 1.
niunjiya *ni* √*yuj* anstellen abs. 26, 6.

niuṇa *nipuṇa* geschickt 31, 22. 72, 39. °ttaṇa 78, 36.

niutta *niyukta* angestellt, beauftragt 7,6.

niula *niculu* etwa „Sack" 80, 10.

nioya 28,38. nioga 43,17. *niyoga* Befehl, Fügung.

nikeyaṇa °*tana* Wohnung 46, 23.

nikkalanka *niṣk°* makellos 31, 7.

nikkhanta *nis* √*kram* p. herausgehn 75, 9. der Welt entsagen 44, 30.

nikkhamaṇa *nishkr°* das Mönchwerden 33, 25. 46, 9.

nikkhivai *ni* √*kship* hineinwerfen 65,14.

nigûhai *ni* √*guh* verbergen 38,17. °antî 68, 14.

niggacchai *nir* √*gam* hinausgehn 6,18. niggaya p. 2,3,10. 17, 23, 34. niggantûṇa 1, 10. 6, 18.

niggama *nirg°* Ausgang 5,36. 17,32. 42,14.

niggamaṇa *nirg°* das Herausgehen 74,38.

niggaha *nigr°* Bestrafung 5, 23.

Nigghiṇasamma *Nirghṛiṇaçarman* 61,3. 65, 1.

nicaya ts. Anhäufung 42, 35.

niccaṃ *nityam* immer, stets 10,32. 57,27.

niccala *niç°* unbeweglich 17, 9.

niccaso *nityaças* fortwährend 4, 21.

niccinta *niç°* unbesorgt 61, 36.

nicceyaṇa *niç°* besinnungslos 9,38. 22,11. 80, 32. 83, 10.

nicchaya *niç°* Entschluss 2, 20. 21, 3. 40, 12. °eṇa sicherlich 77, 33.

nicchiya *niçcita* su° wohl ergründet 4,25.

nicchinna *niçch°* durchwandern p. 60,33,34.

nicchetṭha *niçceshṭa* regungslos. °ibhûya 42, 11.

niccholiûṇa (cf. H. 4, 395 *chollai* = √*taksh* im *Apabhraṃça*) zerschneiden 59, 13.

nijjâyaṇa *niryâtana* Wiedervergeltung 60, 3.

nijjâiya (DK. 4, 31 *nijjâo upakârah*) n. Gefälligkeit, Wohlthat 58, 5.

nijjamiya von *niryâma* p. bekehren 53,27.

nijjiṇiûṇa *nis* √*ji* besiegen 82, 13.

nijjiva *nirj°* ohne Bogensehne 23, 34.

nijjhâiûṇa *nis* √*dhyai* abs. betrachten 76, 1. Acht geben, beobachten 74, 17, 39.

niṭṭhiya *nishṭhita* befindlich auf 26, 2.

niṭṭhura *nishṭhura* rauh, hart 78, 34. 86, 13.

niṭṭhuhaṇa *nishṭhîvana* Speichel 28, 8.

niḍâla *lalâṭa* Stirn 32, 22.

niddahai *nir* √*dah* niederbrennen 3,17.

niddâ °*drâ* Schlaf 13, 8. 21, 18. 50, 13. 67, 38. 68, 1.

niddâiya vom vorh. p. schläfrig sein 50, 19.

niddha *snigdha* glänzend 36, 36.

niddhaṇa *nirdhana* arm 57, 28. 58, 29.

niddhâiûṇa 67,18. 68,20. niddhâviya p. 67, 36. *nis* √*dhâv* hinauseilen.

niddhâḍâviya (H. 4,79 *dhâḍai nissarati*) p. hinaus jagen 3, 4.

nindai √*nind* tadeln 27, 13. °iya p. 7, 35. °iuṃ inf. 24, 31.

ninneha *niḥsneha* ohne Liebe 52, 15.

nippabha *nishprabha* ohne Glanz 26,31.

nipphaṇṇa *nishp°* entstanden 46, 24.

nipphâiya *nishpâdita* unterrichtet 67,2.

nibaddha *ni* √*bandh* p. befestigen 10, 22. einen Sitz einnehmen 16, 28.

nibandha 66, 25. siehe nibb°.

nibandhaṇa td. Bedingung 4, 6. 38, 12.

nibbandha *nirb°* Drängen, Nötigung 31, 6. 56, 29. 57, 17.

nibbhaya *nirbh°* ohne Furcht 35, 37. 80, 9.

nibbhacchiya *nis* √*bharts* p. schelten 17, 31. 63, 10.

nibbhara *nirbh°* heftig, stark 16, 16, 26. acc. reich an, voll von 9, 4. 15, 1. 22, 2. 58, 8. 85, 21.

nimantei *nimantray.* einladen. °iya p. 25, 6. °iûṇa 80, 23.

nimitta ts. Ursache „wegen" 1, 11. 3, 5. 8, 33. 21, 34.

nimiliya °*ta* geschlossen (vom Auge) 42, 7, 13.

nimesa °*sha* Augenblick 83, 8.

nimba ts. Azadirachta Indica 86, 10.

nimmala *nirm°* rein 62, 5. 64, 31. 73, 36.

nimmaviya v. l. zu nimmiya 14, 5.

nimmâya *nis* √*mâ* erbauen 39, 11.

nimmânussa *nirmânusha* f. °i menschenleer 35, 8.

nimmiya *nirmita* erbaut 8, 24. 14, 5.

niraya ⁰*ta* sich erfreuend an, strebend nach 61, 17. 69, 19. 75, 16.

nirakkhijjâ *nirâ* √ *khyâ* 3 s. opt. erkennen 49, 35.

niraṅkusa ⁰*ça* ohne vom Stachel des Treibers gelenkt zu werden 16, 18.

nirantara ts. ununterbrochen 63, 8.

niravarâha ⁰*parâdha* ohne Schuld 3, 4

nirâuha ⁰*yudha* ohne Waffen 60, 4

nirâṇanda td. ohne Freude 35, 7.

nirâmaya ts. gesund 48, 16.

nirâvekkha *nirapeksha* rücksichtslos 85, 37.

nirikkhae *nis* √ *îksh* ansehen 70, 7.

niruddha ts. p. des folg. abgesperrt 17, 32.

nirubbhanta pass. *ni* √ *rudh* abhalten 7, 19.

niruvama ⁰*pama* unvergleichlich 41, 3.

nirûvaṇa ⁰*paṇa* Beobachtung 52, 21.

nirûvei *nirûpay.* untersuchen, beobachten 52, 20. 60, 1. 64, 10. ⁰iya p. 10, 26. 11. 37?

niroviya v. l. für nirûviya 11, 37. ausführen.

nilaya ts. Wohnung 71, 18.

nillâliya *nirlâlita* p. heraushängend 21, 22.

niva *nṛipa* König 69, 21. 82, 26.

nivaḍai *ni* √ *pat* niederfallen ⁰amâṇî 43, 19. ⁰iya p. 6, 23. 7, 32. 13, 15. 35. 21, 21. 40, 25. abs. 63, 13.

nivaṇṇa *ni* √ *pad* p. sich legen 50, 9. 10, 21. 65, 26.

nivasaṇa td. Kleid, Gewand 58, 11.

nivasai *ni* √ *vas* wohnen ⁰iya p. 16, 9. ⁰ijjai pass. 58, 1.

nivaha ts. Menge 3, 6. 24, 29. 40, 18. 42, 14. 73, 11. 75, 8.

nivâḍiya p. des caus. von nivaḍai 71, 25. 75, 26.

nivâṇasâlâ *nipânaçâlâ* Kneipe 73, 29.

nivâri ⁰*n* f. ⁰ṇî abwehrend, schützend vor 36, 28. 31.

nivârei *nivâray.* abwehren, verbieten. ⁰ehî fut. 8, 21. ⁰enta 55, 22. ⁰eyavva 63, 16. ⁰iya p. 2, 6. 47, 16.

nivâsa ts. m. Aufenthalt, Wohnstätte 47, 26. 73, 26. 75, 7. 84, 14.

nivâsi ⁰*n* wohnend 21, 30, 33.

niviṭṭha *ni* √ *viç* niedersetzen p. 49, 8. einsetzen 65, 2.

niviḍa ts. dicht 16, 4.

niveiya *nivedita* p. verkünden 32, 8, 13.

nivesa ⁰*ça* Eintritt 25, 24.

nivesei caus. *ni* √ *viç* sich setzen lassen ⁰iya p. 26, 23. ⁰iuṃ abs. 65, 17.

nivesâvei dass. ⁰iya p. 66, 14.

nivvaṇṇanta *nirvarṇay.* betrachten 32, 10 (oder *nivviṇṇaṃ teṇa* zu lesen?)

nivvatta *nirvṛitta* p. beendigen 16, 2.

nivvattei caus. von *nis* √ *vṛit* vollziehen. ⁰iûṇa 15, 13. ⁰eûṇa verfertigen 30, 13

nivviṇṇa *nirviṇṇa* überdrüssig 1, 1. 43, 29. ermüdet 48, 29.

nivvisesa *nirviçesha* nicht unterschieden von 18, 20. vollständig 84, 7.

nivvuya *nirvṛita* glücklich 54, 5.

nivvui *nirvṛiti* Zufriedenheit, Glück 54, 33. 64, 33. 80, 26.

nivveya *nirveda* Überdruss 29, 35.

nisaṇṇa *nishaṇṇa* p. sitzen 9, 28. 13, 26. 14, 9 etc.

nisâmei *ni* √ *çam* hören 23, 1. 33, 3. ⁰iûṇa 77, 34. 79, 37.

nisiya ⁰*çita* scharf 42, 6. 60, 2.

nisiṇâha *niçânâtha* Mond 72, 9.

nisuya p. des folg. 8, 31. 20, 29. 47, 24. 31.

nisuṇei *ni* √ *çru* hören 41, 27. 49, 8. 70, 37. ⁰iûṇa 70, 35. ⁰evi abs. 81, 24.

nisevai *ni* √ *sev* kultiviren, geniessen. ⁰amâṇa 44, 31. ⁰ijjanta 4, 1.

nissaṃsayâ *nṛiçaṃsatâ* Niederträchtigkeit 76, 14.

nissaṅka *niḥç*⁰ furchtlos 41, 33. 68, 33.

nissaṅkiya *niḥçankita* dass. 2, 31.

nihaya ⁰*ta* p. töten 8, 29.

nihaṇaṇa td. das Töten 8, 28.

nihaṇiuṃ *ni* √ *khan* vergraben, bergen inf. 66, 2.

nihâya *nighâta* Schlag 83, 38.

nihâṇa ⁰*dhâna* Schatz 52, 24. Grund 42, 37. 58, 13.

nihi *nidhi* Schatz 26, 9. guṇa⁰ 42, 25. 72, 8

nihiya ⁰*ta* p. niederlegen 45, 12. 61, 21. 83, 36.

nihitta *nihita* (oder *nikshipta*?) p. richten (von den Augen) 7, 29. 17, 9.

niluya *nibhṛita* heimlich, verborgen 10, 25. 74, 39.
niya *nīta* p. zu nei 7, 11. 9, 11 etc.
nii *nīti* Benehmen, Politik 45, 19. 79, 1.
nîisattha *nîtiçâstra* Lehrbuch der Politik 76, 12.
niṇei *nis* √*nî* hinausführen 29, 6. °hi fut. 52, 13. °eûṇa 65, 29. niṇiya p. 67, 33.
nirasa ts. ausgetrocknet 59, 2.
nila ts. blau, schwarz 65, 21. 79, 8.
nisasiûṇa *niḥ* √*çvas* abs. seufzen 40, 7.
nisâsa *niḥçvâsa* Seufzer 71, 2.
nisesa *niḥçesha* all, vollständig 55, 29. 64, 33.
niharai *nis* √*sṛi?* hinausgehn. °iya p. 39, 33. 43, 6. 45, 14. °iuṃ abs. 78, 18.
nûṇaṃ td. sicherlich 11, 30. 13, 33. 55, 5. 60, 28. 66, 12.
neya *jñeya* es ist zu wissen 74, 3.
nei √*nî* führen 11, 11. °hinti fut. 29, 15. °ûṇa 7, 25. 24, 26. niya p. neyâviya p. des caus. geleiten 3, 30. 22, 25.
nemittiya *naimittika* Wahrsager 6, 35. 23, 19.
neraiya *nairayika* Höllenwesen 46, 36.
nevaccha *nepathya* Costüm 6, 9. 15, 21. 34, 27.
nevacchiya (vom vorh.) bekleidet 34, 27.
neha *sneha* Liebe 10, 33. 11, 18. 26, 13 etc.

P.

paya *pada* Schritt 48, 30. 74, 39. Fussstapfen 20, 24. 32, 7. 45, 8. Fuss 71, 28. 74, 25. Amt 17, 29.
payai *prakṛiti* Natur 57, 12.
payai *padâti* Fusssoldat 26, 5.
payacchai *pra* √*yam* darreichen, geben 15, 36. 40, 10. 61, 25.
payaṭṭai *pra* √*vṛit* aufbrechen, gehen 79, 35. payaṭṭa p. 1, 3. 13, 17. mit gantuṃ 6, 23 etc.
payaṭṭâviya p. des caus. vom vorh. 22, 24.
payaḍaṃ *prakaṭam* offen, klar 70, 17, 37. — payaḍîkaya offenbar machen 85, 19. °hûya p. offenbar werden 74, 29. °karâvemi zeigen machen 57, 13.
payaḍei *prakaṭay.* offenbar machen 72, 38. 69, 27. 70, 18. °iya p. 14, 6. °anta pass. 70, 21.
payaṇḍa *prac°* überaus wütend 71, 29.
payatta *prayatna* Anstrengung, Eifer 36, 35. 46, 2.
payatta *pravṛitta* sich anschicken, unternehmen 3, 8. 7, 16. 18, 23 etc.
payattha *padârtha* Ding 38, 11.
payaṃpae *pra* √*jalp* sprechen 80, 37. °iûṇa 79, 15. 85, 28.
payarisa *prakarsha* Vorzüglichkeit 61, 26.
payâ *prajâ* Unterthanen 54, 34.
payâya *pra* √*yâ* p. gehen 35, 3.
payâi *padâti* Fusssoldat 39, 32.
payâṇa *pradâna* das Geben 3, 11. 86, 27.
payâṇa *pra°* Marsch, Aufbruch 78, 19, 21.
payâṇaya dass. 17, 31. 39, 32. 78, 3.
payâra *prakâra* Art, Weise 71, 16.
payâva *pratâpa* Tapferkeit 73, 2.
payâhiṇa *pradakshiṇa.* °ikâûṇa rechts umwandelnd 37, 13. ti° 14, 18. 45, 15.
pai *pati* Herr, Gemahl 11, 30. 12, 16. 32, 22.
paiṭṭhâṇa *pratishṭhâna* Fundament, das unter der Erde befindliche Stück 36, 3.
paiṭṭhâviya *pratishṭhâpita* p. errichten 54, 35.
paiṭṭhiya *pratishṭhita* ruhend auf 5, 36. 22, 35. festsetzen (vom Namen) 37, 21. 54, 28.
paidiṇaṃ *pratidinam* täglich 18, 23. 52, 14.
painnâ *pratijñâ* Versprechen 73, 23.
paisâriya caus. von *prati* √*sṛi* p. hineinführen 63, 2.
paivaya *pradîpaka* m. Licht 85, 28.
paunjai *pra* √*yuj* anwenden 66, 19. siehe pautta.
pauṇa *praг°* schnurgerade 56, 24. (DK. 6, 65. *pauṇo vraṇaprarohaḥ*) zugeheilt 16, 10.
pautta p. von paunjai 53, 30.
pautta *pravṛitta* vollzogen werden 20, 30.
pauttâ *prayuktâ?* etwa „Brei" 33, 31.
pautti *pravṛitti* Erlebnisse, Nachricht 16, 3, 9. 40, 6. 44, 29. 54, 22. 76, 4. 84, 7. Kunde? 17, 21.

pauttha *proshita* in der Fremde weilend 6, 4. 15, 6.
pauma *padma* °sara Lotusteich 43, 8.
Paumagumma *Padmagulma* 18, 16.
Paumaraha *Padmaratha* 45, 2, 3.
Paumâvaî *Padmâvatî* 34, 26.
paura *pracura* acc. voll von 35,31. 42,35. 47, 25. 53, 19. 83, 25.
paura *paura* Bürger, Bürgerschaft 2, 5. 54, 22 vl. 65, 21. 69, 5. 73, 7. 82, 28.
pauviya *prakupita* erzürnt 52, 3.
paesa *pradeça* Ort, Stelle 3, 27. 18, 24. 76, 21. 79, 10. Strecke 82, 5.
paoyaṇa *prayojana* c. Inst. das Gelegensein an 10, 22. 56, 16.
paoga *prayoga* Anwendung 10,27. 56,5,24.
paosa *pradvesha* Hass 42, 17. 58, 27.
paohara *payodhara* Brüste 16, 19.
paṃsu *pâ°* Staub 34,9. °kiliya °krîḍita das Spielen der Kinder mit Schmutz oder Sand (*mudpie*) 20, 16.
paṃsuya verschüttet 34, 9.
pakappiya *prakalpita* zurechtmachen 15, 33.
pakâmaṃ *pra°* nach Wunsch, reichlich 6,7.
pakkha *paksha* sa° ? 55, 36.
pakkhâliûṇa *pra* $\sqrt{}$ *kshal* waschen 43,15.
pakkhi *pakshin* Vogel 29, 13, 16.
pakkhiya *pâkshika* zweiwöchentlich 32,36.
pakkhitta p. zu *pakkhivai* 7,23. 16,25. 43, 17. 71, 37. 78, 28.
pakkhivai *pra* $\sqrt{}$ *kship* werfen, hinwerfen 6, 32. 65, 18. °iûṇa 11, 9, 36.
pakkhiṇa *prakshîṇa* geschwunden, verloren 67, 26.
pagaya (Hindi *pag* the foot) Fussstapfen 20, 24.
pagarisa *prakarsha* Vorzüglichkeit 1,28. 17, 7. 57, 12.
pagalanta *pra* $\sqrt{}$ *gal* hervorfliessen 47,23.
pagahiya *pragrihîta* aufnehmen 29, 17. (lies viell. *so ya gahio.*)
pagâra *prak°* Art, Weise 66, 19.
pagâsonta *prakâçay.* verkünden 65, 10.
paccaya *pratyaya* Glaubwürdigkeit 47,28.
paccaiya *pratyayita* zuverlässig 6, 8, 20. 12, 10.
paccakkha *pratyaksha* sinnlich wahrnehmbar 12, 25. 66, 26. 70, 15. zweifellos 64,19. °ṃ c. Gen. in Gegenwart 84,13. 85,28.
paccakkhâmi *pratyâ* $\sqrt{khyâ}$ entsagen 31, 11. °âittâ abs. 43, 9. °âya p. aufgeben 48, 5.
paccakkhâṇa *pratyâkhyâna* n. das Entsagen 31, 12. 35, 16.
paccaṇîya *pratyanîka* Feind 8, 21.
paccabhijâṇai *pratyabhi* $\sqrt{jñâ}$ wiedererkennen. °iûṇa 9, 27.
paccabhiṇṇâya p. des vorh. 3,2. 15,26. 16, 1. 64, 7.
paccavâya *pratyavâya* Widerwärtigkeit 7, 13.
paccâgaya *pratyâgata* zurückgekehrt 68, 7. Rückkehr 13, 31.
paccâsaṇṇa *praty°* nahe 83, 26. 85, 14. Nähe 57, 3. 60, 30.
paccûsa *pratyûsha* Tagesanbruch 40, 1. 56, 9.
pacchao von *paçcât* hinterdrein 13, 18. 32, 20. 34, 1.
pacchaddha *paçcârdha* letzte Hälfte 61,33.
pacchaṇṇa *pra°* verborgen adv. 1, 21. 36, 14. unkenntlich 1, 22. 57, 5, 12.
pacchâ *paçcât* nachher 1, 4, 26. 32, 22. hinterher 13, 19.
pacchâyaṇa von *pathya* Wegkost 29, 8.
pacchâyâva *paçcâttâpa* Reue 7, 35.
pacchâiya *pracchâdita* bedeckt 68, 5.
pacchima *paçcima* letzt 18, 22. 32, 14. westlich 9, 2. 22, 16. 68, 8.
pajjalei *prajvalay.* entflammen °iya p. übertr. 53, 10. °iûṇa 83, 15.
pajjavasâṇa *pary°* Ende °yâ 5, 5.
Pajjoya *Pradyota* 31, 36. 39, 21 etc.
pajjosavaṇâ *paryushaṇâ* Pajjusan 32,25, 27, 30. Nom °aṃ 32, 28.
pajjhariya *pra* $\sqrt{}$ *kshar* p. hervorquellend 71, 33. 81, 32.
panca ts. fünf 84, 29. °pâṇa das Leben 21, 25.
pancaula (cf. Panjâbi *panc* arbitrator) viell. Taxator 64, 10, 12, 15.
pancatta °*tra* Tod 43, 1. 81, 12.
pancama ts. fünfter °dhârâ Carrière 20,22.
pancamuṭṭhiya *pancamushṭika* in fünf Handvoll 38, 33.

Pancasela °çaila 28, 30. 29, 19. °ga °ya dass. 29, 4, 6.

Pancâla Pâ° 8, 8. 34, 21. 39, 32. 34.

pancindiya pancendriya Wesen mit fünf Sinnen 45, 21.

paṭṭa ts. m. Binde 6, 27, 35. 32, 31. 53, 2. 65, 11. — silâ° Steinplatte 83, 38. — °baddhaya eine Binde tragend 32, 32.

paṭṭaṇa ts. Stadt 34, 8.

paṭṭâḍhâ ? Zügel 21, 23.

paṭṭhaviya caus. pra √ sthâ p. senden 77, 15. 78, 6.

paṭṭhiya pra √ sthâ p. aufbrechen 60, 13.

paṭṭhî pṛishṭha Rücken 25, 14.

paḍa paṭa Tuch 29, 14. 65, 25.

paḍaṇa patana Sturz 2, 27.

paḍanta √ pat fallend 30, 30. f °i 3, 33.

paḍala paṭ° Menge 3, 6.

paḍaha paṭ° m. Pauke 58, 9.

paḍahaya, °ga m. dass. 29, 6, 7. 37.

paḍâyâ, °gâ patâkâ Fahne 8, 24, 36.

paḍiya √ pat p. fallen 8, 10. 18, 17. 21, 29. wohin geraten 7, 7. 16, 21. 78, 26. betreten 84, 29. — (DK. 6, 12. paḍiaṃ vighaṭitam) zerfallen 7, 27.

paḍiyakka praticakra Gegendiscus 67, 2.

paḍiyariya pari √ car bedienen, pflegen abs. 1, 5. p. 31, 31.

paḍiyâgaya pratyâgata p. rückkehren 37, 26.

paḍiyâra (?) Scheide 58, 31.

paḍiyâra pratikâra Abhülfe 1, 12. 28, 2. Vergeltung 45, 36.

paḍiutti pratirṛitti oder pratyukti? Nachricht 77, 28.

paḍikappiya prati √ kalp p. aufzäumen 32, 18.

paḍikkamai prati √ kram bereuen, beichten 42, 28.

paḍikkhai prati √ iksh erwarten 27, 8.

paḍikhaddha (?) getötet 63, 22. (cf. DK. 2, 67 khaddhaṃ bhuktam).

paḍigaya prati √ gam p. zurückkehren 11, 11. 14, 26. 32, 3. 39, 29.

paḍicchai prati √ îksh erwarten. °amâṇa 8, 14. °iyavva 37, 2. prati √ ish annehmen, befolgen 17, 17. °iya p. 2, 31. 42, 37. 59, 26.

paḍijâgaramâṇa prati √ jâgṛi religiös feiern 32, 26.

paḍiniyatta pratinirṛitta p. des folg. 55, 2.

paḍiniyattai pratini √ vṛit zurückkehren 61, 23.

paḍinikkhamittâ pratinis √ kram abs herausgehn 33, 9.

paḍipaha pratipatha °eṇaṃ rückwärts 7, 26.

paḍipuṇṇa pratipûrṇa voll, vollständig 30, 31. 62, 5.

paḍipelliya (H. 4. 143 pellai = √ kship) p. zurückschlagen 23, 33.

paḍibandha prati° Hindernis 33, 18. — Anhänglichkeit 6, 17. 27, 22. 57, 29. 58, 34. 63, 28.

paḍibimba prati° Bild 58, 12.

paḍibuddha prati √ budh erwachen, sich bekehren 1, 6. 4, 26. 13, 10 etc.

paḍibohei caus. des vorh. wecken. °iya p. 48, 16. — °iuṃ inf. bekehren 59, 1. °iukâma 3, 37.

paḍibhaṇai prati √ bhaṇ erwidern 59, 3. °iya p. 83, 33.

paḍimâ prat° Bildsäule 14, 17. 30, 5, 9. 12 etc.

paḍirûva 76, 24. °ga n. 32, 10. pratirûpa Nachbildung.

paḍilagga pratilagna erkrankt 31, 31. hinfällig 27, 29.

paḍileha pratilekha Antwortschreiben 11, 14.

paḍivayaṇa prativacana Antwort 13, 12. 39, 30 etc.

paḍivakkha pratipaksha Gegner 46, 21. 51, 17. 79, 1.

paḍivajjai prati √ pad anerkennen 41, 11. 43, 25. — annehmen 33, 4. °iya p. 1, 6. — zusagen, zustimmen 58, 7. °iya abs. 30, 6. °iûṇa 6, 5. 13, 22. 22, 30. °âviya p. des caus. 62, 30.

paḍivatti pratipatti Ehrenerweisung 6, 30. 13, 25. das Geben 53, 35. Entschluss 60, 12.

paḍivanna p. zu paḍivajjai 1, 24. 14, 31. Schützling 56, 2. 57, 14.

paḍivâraya parivâra Begleitung 80, 3.

paḍivâliya pratipâlay. p. abwarten 54, 10.

paḍivippiya *pratiwipriya* Vergeltung, Kacho 60, 13.

paḍisammuhaṃ *pratisammukha* c. Gen. entgegen 39, 34.

paḍisuṇai *prati* √*çru* versprechen 38,1. **paḍisuya** p. 5, 28. °**ssuya** 31,12.

paḍihaya *prati* √*han* p. zurückschlagen 23, 32.

paḍihattha (DK. 6, 28 = *pûrṇa*) reich an 84, 28.

paḍihâra *prati*° Thürhüter 27, 2. 72,14.

paḍḍaya (cf. DK. 3,1. *paḍḍi prathama-prasûtâ* und *paḍḍaṃ dhavalam*) junger Stier 38, 3, 9.

paḍhai √ *paṭh* deklamiren. °**iya** 16,30. 20, 33. °**iyasiddha** durch Recitation wirkend 8, 19.

paḍhama *prath*° der erste 22, 2. 78, 5.

paṇa ts. Einsatz 11, 24. °**ikâûṇa**. 10. 14.

paṇaya *pra*√*nam* p. begrüssen act. 45.24. pass. 46, 11. — demütig 64, 30.

paṇaya *pra*° Liebe sa° liebreich 76, 7.

paṇaiṇî *praṇayinî* Geliebte 78.29. 83.23.

paṇacciya *pra* √*nṛit* p. tanzen 26, 25. 58, 9.

paṇamai *pra* √ *nam* sich verbeugen vor. °**iûṇa** 3, 8. 14, 20. 28. 12. 46, 20. °**iuṃ** abs. 73, 25. °**iya** p. 7, 12. 54, 13. 82, 29. 84, 24. cf. paṇaya, paṇâmei.

paṇâma *pra*° Verbeugung 23, 21. 42, 3. 62, 13. 72, 21.

paṇâmei caus. von *praṇamai* geben 59, 23.

paṇâsei 3, 20. °**sae** 5, 32. caus. von *pra* √*naç* zu Grunde richten.

paṇivâya *praṇipâta* Fussfall 73, 9.

paṇiya *praṇita* gelehrt, offenbart 2, 30. 14, 25.

paṇcyâ *praṇetṛi* Nom. Lehrer, Offenbarer 30. 21.

paṇhi *pârshṇi* Ferse 6, 17.

patta *patra* Blatt 50, 33. 68, 4.

patta *pâtra* n. Gefäss, würdige Person 61, 19, 20.

patta *prâpta* p. erreichen 1, 9. 17, 32. 84, 15.

pattaya *pâtra* n. Napf 61, 28.

pattiyai *prati* √*i* glauben 52, 20. °**âvanti** caus. 86, 7.

patti *patnî* Gattin 1, 25. 9, 15.

patti *pâtrî* Gefäss 25, 9. 12. 14.

patteyabuddha *pratyeka*° eine Klasse von Heiligen 38, 3. 40, 27.

patthaṇa *prârthana* das Bitten 16,10. 58,7.

patthâva *prast*° passende Gelegenheit 77, 25.

patthiya *prasthita* p. aufbrechen 9, 5. 14, 1. 28, 31. 43, 16. 47, 2. — Eremit 80, 3. — cf. paṭṭhiya.

patthiya *prârthita* p. gebeten, verlangt 59, 2.

patthijjai pass. von √*prath* preisen 11, 6.

patthuya *pra* √ *stu* p. beginnen 14,20.

padhâviya *pra*√ *dhâv* p. hinzueilen 16,24.

pantha *panthan* Weg 7, 3. 36, 27.

panthiya *pathika* Wanderer 6, 6. 38, 22.

Pannattî *Prajñaptî* 23.27. 43,35. 54,20.

pannâsa *pañcâçat* fünfzig 6, 22. 28, 8. m. 44, 10.

papphulla *praph*° aufgeblüht 10, 30.

pabbhaṭṭha *prabhrashṭa* p. sich verirren 1, 4.

pabhaṇai *pra* √ *bhaṇ* sprechen 77, 24.

pabhâ *pra*° Glanz 26, 30.

pabhâya *prabhâta* p. hell werden 48,14. °e bei Tagesanbruch 45, 7.

pabhâva *pra*° Macht, Einfluss 9,38.

Pabhâvai *Prabhâvatî* 28, 17. 32, 14.

pabhâvaṇâ *pra*° Verbreitung 30, 32.

pabhâsa ? 26, 10.

pabhii *prabhṛiti* acc. erster 28, 1. Nom. pl. masc. °**iio** 33,2. °**pabhiiṃ** seit 17,8. °**pabhiî** dass. 27, 35. 32, 32.

pabhûya *prabhûta* viel, zahlreich 30,19. 59, 8. 65. 22. 75, 1.

pamajjiya *pra* √ *mṛij* p. waschen 59,36.

pamatta *pra*° nachlässig 33, 2.

pamâya *pramâda* Unachtsamkeit 35, 18. 42, 9.

pamâṇa *pra*° Ausdehnung, Mass 6,8. 26,21. 47. 6. 50, 17.

pamuiya *pramudita* erfreut 44, 5. 45, 8. 54, 15. 82, 39.

pamukka *pramukta* p. vergiessen 77, 29.

pamuha *pramukha* acc. vorderst 18,2,9. 27, 30.

pamoya *pramoda* Freude 21,3,6. 47,38.
para ts. anderer 3,21. 21,15. °loya oder °loga das Jenseits, der Himmel 15,36. 27,21. 35,20. 41,15. 77,8. — acc. Hauptsache, ganz sich hingebend etc. 2,8. 25,19. 27,13. 43,12.
parao °*tas* jenseits c. Gen. 60,10.
paraṃ ts. aber 54,19. 63,16. mit jai 21,35. c. Inst. nach? 31,11.
paraddha (DK. 6,70. *pîḍita*) gequält 7,35.
paramattha °*mârtha* Sachverhalt 4,2. 9,23. 27,18. 49,21. — °oṇa 46,4. °ao 44,36. eigentlich.
parammuha *parâñmukha* abgewandt fliehend 13,36.
paravasattaṇa abstr. zum folg. 15,5.
paravvasa °*vaça* übermannt 5,28. 16,17. 24,23. 35,13. 50,29. 84,4.
parasu td. Beil 30,25.
parâyaṇa ts. ganz obliegend 21,26.
parâyatta ts. übermannt. °ttaṇa 16,5.
parâiya 33,32. parâjiya 10,28. °*ta* p. besiegen.
parâmusiya *parâ* √ *mṛç* p. untersuchen 13,13.
parâvatta °*rta* m. Änderung 6,28.
parâvattiya °*rtita* verändert 56,5.
parâvatti °*rtin* f. °ṇi verwandelnd 57,17.
parâhiṇa °*dhina* übermannt 16,26. 23,14. hingerissen, entzückt 57,2.
pari° steigert oft die Bedeutung des Simplex.
pariyaṭṭanta *pari* √ *vṛt* sich verändernd 36,8. 86,28.
pariyaṇa °*jana* Gefolge 3,7. 6,9. 11,20 etc.
pariyattao ? 55,35.
pariyattamâṇa *pari* √ *vṛt* sich verändernd 62,36.
pariyara °*kara* Gürtel 67,29.
pariyariya *pari* √ *car* p. umgeben 2,12. 80,3. 84,33. 85,6.
pariyâga *paryâya* Wandel, Lautbahn 34,3.
pariyâṇai *pari* √ *jñâ* erkennen 64,23. °iûṇa 21,5.
parikahiya *pari* √ *kath* p. erzählen 72,16.
parikkhae *pari* √ *îksh* prüfen 31,21. °emi 8,18.
parikkhitta °*kshipta* umgeben 8,1.
parikhaviya *parikshapita* zerstört 25,2.
parigaya °*ta* begleitet, umgeben 6,9. 24,5. 69,2.
pariganaṇta *pari* √ *gaṇ* überlegen 67,13.
parigaliya °*ta* entfallen, geschwunden 8,3.
pariggaha °*graha* Eigentum 27,24,29.
parighaṭṭijjanta *pari* √ *ghaṭṭ* umdrängt werdend 38,4.
paricaiya °abs. 24,31. °caiûṇa 71,32. °catta p. 24,32. 52,5. 71,26. siehe folg.
pariccayai *pari* √ *tyaj* aufgeben, verlassen 58,23,29. 59,1,4,18. pariccajja abs. 55,19.
pariccâya °*tyâga* das Aufgeben 52,24.
paricchanna ts. unkenntlich 67,17.
parijaṇa td. Gefolge 17,10.
pariṭṭhiyaya *pratishṭhita* sitzend auf 72,19.
pariṇaya °*ta* verändert 3,18. alt 15,20.
pariṇai °*ti* Folge, Frucht 9,3. 35,11. 43,38.
pariṇavai (H. 4,226. *navai* √ *nam*) sich neigen 16,27.
pariṇâma ts. Entwicklung, die Folgen 4,1 36,4. 40,26. Seelenzustand 45,30. 61,26. 85,10. °e am Ende 80,14.
pariṇâviya p. caus. von pariṇei 62,30.
pariṇiûṇa abs. von pariṇei 75,30.
pariṇiya p. von pariṇei 21,16.
pariṇei *pari* √ *nî* heiraten 8,27. 22,29. 62,19.
paritappai *pari* √ *tap* sich quälen 50,31. °iûṇa 13,33.
paritâva °*pa* Kummer, Reue 3,21.
parituṭṭha °*shṭa* sehr erfreut 39,9. 52,23. 80,11.
parinaṭṭha °*shṭa* ganz geschwunden 35,28.
parinivida td. sehr dicht 16,7.
paripâlaṇa td. das Aufrechterhalten 86,28.
paripuṭṭha °*pṛishṭa* p. fragen 77,29.
paripuṇṇa °*pûrṇa* voll, gefüllt 8,9.
paribbhamaṇa *paribhr*° das Umherirren 4,1.
paribbhaṭṭha °*bhrashṭa* verirrt von c. Abl. 69,11.
paribbhamai *pari* √ *bhram* umherirren 72,2. °anta 7,27. 45,7. 56,4. °amâṇa 84,15. °iuṃ inf. 14,3.

paribhâvai *paribhâvay.* überlegen 86,2. °iûṇa 71, 9. 80, 15.
paribhâsiya *pari* √ *bhâsh* verkünden 42, 37.
paribhûya °*bhûta* p. zurücksetzen, verachten 2, 18. 24, 23.
parimaggei *parimârgay.* sich ausbitten °euṃ abs. 72, 15.
parimala ts. Wohlgeruch 20, 28.
parimaliya °*ta* beschmutzt 31, 21.
parimâṇa ts. Grösse, Ausdehnung 86, 4.
parimilâṇa °*mlâna* verwelkt 40, 5.
parimukka °*kta* hingeworfen 7, 29.
parimosa °*sha* Diebstahl 67, 9.
parilappai pass. *pari* √ *lup* plündern °amâṇa 40, 25.
parivaḍḍhai *pari* √ *vṛidh* wachsen 45,10. °amâṇa 26, 7.
parivatti °*rtin* sich befindend 18, 18.
parivasai *pari* √ *vas* wohnen 28, 26.
parivâḍî °*pâṭî* °ie der Reihe nach 5, 3.
parivâra ts. Gefolge 8, 20. 29, 1. 69, 32. °ttaṇa 13, 5. cf. paḍivâraya.
parivâriya °*ta* umgeben 82, 36.
parivâlei °*pâlay.* verwalten 5, 12. °ayanta 54, 36.
parivâhai *pari* √ *vah* reiten 84, 12.
parivâhaṇa td. das Reiten 20, 19. 48, 25.
parivuḍa °*vṛita* umgeben 46, 25.
parivvâyaga *parivrâjaka* Bettelmönch 6, 6. 9, 38. 10, 3. 67. 21, 24.
parivvâiyâ f. vom vorh. Nonne 14, 3.
parisaṃṭhiya °*sthita* aufgestellt 12, 16.
parisanta °*çrânta* ermüdet 6, 25. cf. parissanta.
parisama °*çrama* anhaltende Beschäftigung 69, 38. 72, 12. cf. parissama.
parisara ts. unmittelbare Nähe 7, 10.
parisâ *parishat* Gemeinde 33, 10.
parissanta °*çrânta* ermüdet 13, 8.
parissama °*çrama* Ermüdung 7, 9, 25.
parihaṭṭaṇa °*ghaṭṭana* das Umdrängen 38, 9.
pariharaṇa ts. das Meiden 77, 19.
pariharai *pari* √ *hṛi* vermeiden, unterlassen 33, 36. °iuṃ inf. 58, 24. °iya p. 24, 37.

parihava °*bhava* Niederlage, Unglück 73, 7.
parihâviya °*dhâpita* p. bekleiden 6, 26.
parihâsa ts. Scherz, Witz 56, 30.
parihîṇa td frei von 83, 37.
parîsaha td. Beschwerde, Mühsal 33, 32.
paruṇṇa *pra* √ *rud* p. weinen 36, 2. 37, 31.
parûviya *prarûpita* p. lehren 45, 19.
paroṇa ts. jenseits 33, 35. nachher 27, 16.
parokkha °*ksha* °o in Abwesenheit 9, 29.
paroppara *paraspara* gegenseitig, miteinander 5, 3. 16, 12. 49, 1. 53, 11. 63, 7.
paroma ? 55, 35.
palambamâṇa 40, 18. palambiya 45, 11. *pra* √ *lamb* herabhängend.
palâya p. des folg. fliehen 10, 4. 60, 7.
palâyai *palây.* fliehen 30, 2. 5, 37. °amâṇa 78, 33.
palâṇa p. des vorh. 7, 7. 13, 6. 49, 16. 78, 32.
palâva *pralâpa* m. Klage 13, 16.
paliovamâ *palyopamâ* ein langer Zeitraum 34, 19.
palivai *pradîpay.* anzünden 5, 33. °iya p. 6, 14.
paloyaṇa *pralocana* Anblicken 70, 5.
paloei *pralokay.* anblicken, betrachten 5, 12. 9, 22. 35, 11. °ae 81, 19. °enta 7, 29. °inta 10, 36. °yanta 27, 19. °yantiyâ 9, 4. °emâṇi 17, 8. °iya p. 2, 14. 9, 4. 13, 11. 17, 6. 22, 9. 32, 6.
palobheuṃ *pralobhay.* verlocken 65, 16.
pallanka *pary*° Ruhebett 22, 32. 59, 27. etc. 76, 26.
pallava ts. Schössling 55, 7. 67, 22. 70, 12.
pallâṇa *paryâṇa* Sattel 21, 24.
palli ts. kleines Dorf, Ansiedelung 9, 17, 21, 25. 84, 31.
pavajjai *pra* √ *pad* sich wenden zu 36, 11.
pavanca *pra*° Manigfaltigkeit 78, 38.
pavanciya *pra* √ *vanc* p. betrügen 53, 34.
pavaṭṭai *pra* √ *vṛit* weilen 50, 12.
pavaḍḍhamâṇa *pra* √ *vṛidh* wachsend 5, 15. 61, 28.
pavaṇa td. Wind 22, 3. 78, 28.
Pavaṇacaṇḍa td. 69, 20, 23, 25, 31.
pavatta *pravṛitta* p. beginnen 2, 1. 11, 17. 6, 7.

pavattiṇî *pravartinî* Oberin 36, 2.
pavaddhiya *pravardhita* gewachsen 69,10.
pavanna *prapanna* versehen mit 69, 36.
pavara ts. vorzüglich 6. 31. 7. 37. 62. 18. 64, 3.
pavahaṇa *pra°* Schiff 30, 13.
pavâ *prapâ* Brunnen 6, 6.
pavâya ? 26, 11.
pavâla *pra°* Schoss 55, 1. Koralle 64, 18.
pavâha *pra°* Fluss, Fliessen 71. 34. 81, 32.
paviṭṭha p. zu pavisai 2. 8, 36. 17, 33.
pavilu ppamâṇa pass. von *pravi* √ *lup* plündern 40, 29.
pavisai *pra* √ *viç* betreten. hineingeraten 5, 13. 9, 18. °amâṇa 13, 23. 14, 4. °ihii 29, 6. °iûṇa 74, 39. — heimkehren. °iya p. 85,2. °iûṇa 74,39.
pavesa *praveça* Eintritt, Eingang 2, 7. 5.36. 17, 32. 37,16. 74,38. — das Hineingehn 29, 18.
pavesei caus. zu pavisai hineinführen. °amâṇi 47, 30. °iya p. 6, 10. 17, 24. 21, 20. °iûṇa 26, 26. °ijjai 37. 15.
pavva *parvan* Knoten 36, 26 etc.
pavvaya *parvata* Berg 14, 15. 29, 11.
pavvayai *pra* √ *vraj* in den Orden eintreten 33, 5. °ejjâ 33, 7. °iya p. 1, 2. 27, 29.
pavvajjâ *pravrajyâ* Eintritt in den Orden 1, 3, 6. 26, 7.
pavvâiyâ *pravrâjikâ* Nonne 11. 9.
pasaya (DK. 6, 4. *pasao mṛigaviçeshaḥ*) °acchi gazellenäugig 29. 22. 83, 21.
pasaṃsai *pra* √ *çaṃs* preisen, loben 36, 26. °iya p. 28, 3. °iûṇa 28, 11.
pasaṃsaṇa *praçaṃsana* das Preisen 73,2.3.
pasaṃsâ *praç°* Anpreisung. Lob 27, 18.
pasangi *prasangin* ganz hingegeben 58,10.
pasatta *prasakta* leidenschaftlich ergeben 24, 22. 52, 2. 65, 9. 81. 33.
pasattha *praçasta* gepriesen. günstig 17, 18.
pasanna *pra°* beruhigt. freundlich 43. 36. 72. 26. 83, 27.
pasama *praç°* das Aufhören 28, 5.
pasara *pra°* freier Lauf, Wirkung 14,24,25. 79, 9. 71, 15. 79, 38.
pasâya *prasâda* Gnade, Gunst 3,10. 11,34. 43. 23.
pasâyaṇa *prasâdana* Besänftigung 3, 8.
pasâiuṃ *prasâday.* inf. besänftigen 3. 7.
pasârei *prasâray.* ausstrecken 50. 34. °iya p. 16, 24.
pasâsemâṇa *pra* √ *çâs* herrschen 33,22.
pasâhâ *praçâkhâ* Zweig 50, 26.
pasâhiya *prasâdhay.* p. erobern 18, 8. schmücken 9, 9.
pasiddha *pra°* allbekannt 56. 8. su° 68. 25. 75, 28.
pasiyai *pra* √ *sad* verzeihen 3, 11.
pasu *paçu* Vieh 2,4. °vâli Hirtin 33,34.
pasutta *prasupta* p. schlafen 1,10. 5,37. 13, 34. 25, 34. 41. 35. 76, 16. — Schlaf 50, 14.
pasûya *prasûta* p. gebären act. 36, 14. 43,13,20. pass. 52, 4. 68, 29. kula° von vornehmer Geburt 75, 8.
paha *pathin* Pfad, Weg 13,32. 35,3. 71,31. 79, 35. diṭṭhi° 16,21. daṃsaṇa° 9, 31. nayaṇa° 74, 27.
pahaya *prahata* oder *prahṛita* treffen 16, 5. 70, 10. 78, 31. besprengen 83, 20.
pahaṭṭha *prahṛishṭa* erfreut 49, 4.
pahaṇai *pra* √ *han* schlagen 71,39. töten 75, 5. °ijjai 79, 1. °euṃ 79, 3.
pahara *prahara* Wache. drei Stunden 78, 5.
pahara *prahâra* Schlag, Hieb 71, 39. 85, 35.
paharai *pra* √ *hṛi* angreifen. °anta 13,6. °iuṃ inf. 13. 5. °iûṇa 18, 3.
paharaṇa *pra°* Wagenkasten 12, 17.
pahavai *pra* √ *bhû* Macht haben über c. Gen. 35, 24.
pahâya *prabhâta* p. hell werden 66, 10. — Tagesanbruch 38. 23, 26. 43, 13.
pahâṇa *pradhâna* Hauptsache acc. 3,14,26. — vorzüglich 9, 15. 13, 4. 30, 21 etc.
pahâra *pra°* Hieb, Schlag 2, 15. 3, 4. 6,17 etc. gâḍha° 68,11. — °ikaya 68,6.
pahâva *prabh°* Macht, Hülfe 35,25. 61,1.
pahâviya *pra* √ *dhâv* p. hinzueilen 21,28. 23. 34. 32, 12 etc.
pahâsai *pra* √ *has* lachen 76, 27.
Pahâsâ *Pra°* 29, 3, 23.

pahiya *pathika* Wanderer 38, 22. °sâlâ 62, 4.

pahiṭṭha *prahrishṭa* erfreut 76, 27.

pahirâviya (Hindî *pahrâ-nâ*) ankleiden lassen p. 57, 21. 64, 38.

pahîṇa *prahîṇa* befreit 34, 1.

pahu *prabhu* Herr 13, 6. 72, 39. 84, 18.

pahuppai (H. 4, 63.) Macht haben 77, 9.

pahuviuṃ (Hindî *pahuṃc-nâ* to arrive) inf. kommen 42, 4.

pâya *pâda* Fuss 1, 10. 2, 15. 29, 11 etc. Vers-pâda 18, 24?

pâya *prâya* acc. zum grössten Teil 22,36. 60, 33. °eṇa meistens 57, 29.

pâyapiḍha *pâdapîṭha* Fussbank 26, 15.

pâyava *pâdapa* m. Baum 8, 1. 12, 16. 14, 19. 50, 27, 33.

pâyasa ts. Milch 25, 9. 80, 21.

pâyâra *prâk°* m. Mauer 32, 21.

pâyâla *pât°* °mandira 76, 5. °hara 76, 37. unterirdische Wohnung.

pâikka (Persisch) Fusssoldat 77, 4.

pâuyâ *pâdukâ* Schuh, Pantoffel 26, 15.

pâuṇiûṇa *prâ* √*vṛi* umlegen, anziehen 65, 25.

pâuṇittâ *pra* √*âp?* erfüllen, vollenden 34, 3.

pâuraṇa *prâvaraṇa* Mantel 71, 36.

pâusa *prâvṛish* m. Regenzeit 35,1. 78,24.

pâei *pâyay.* trinken lassen 38, 1.

pâḍaya *pâṭaka* Dorf, Flecken 10, 5.

Pâḍaliputta *Pâṭaliputra* 56, 3.

pâḍiya *pâtay.* p. fallen machen 68,18. 85,36.

pâḍihera *prâtihârya* Wunderkraft 30,28.

pâḍhaya *pâṭhaka* suviṇa° Traumdeuter 62, 12.

pâḍhei *pâṭhay.* unterrichten 1, 23.

pâṇa td. Trinken 4, 16. 6, 7. 7, 36 etc. °âgâra Kneipe 67, 16. 73, 27.

pâṇa *pr°* Lebenshauch 21, 25. pl. Leben 71, 6, 8. °vitti Ernährung 35, 35. 43, 9.

pâṇa (DK. 6, 38. *pâṇo çvapacaḥ*) Câṇḍâla 2, 3. °âhivai Häuptling 1, 18, 22.

pâṇi ts. Hand 2,22. °ggahaṇa Hochzeit 6, 10. 17, 15.

pâṇi *prâṇin* lebendes Wesen. °vaha 42,26.

pâṇî Câṇḍâlin 36, 16. cf. pâṇa.

pâmokkha *pramukha* erster 28, 20.

pâraga ts. etwas durchstudirt habend 63,3.

pâraṇaya °*ka* Fastenbrechen 2, 36. 25,6. 61, 28.

pâraddha *prârabdha* p. bereiten 6, 1. 12,10. beginnen act. 18, 13. pass. 31, 17. 56, 28.

pârampara ts. Kette, Tradition 47, 19.

Pârasaula Persien 63, 26. 64, 2, 8.

pâriyâya *pârijâta* mythischer Baum 39,17.

pâla ts. Hüter masâṇa° 36,15. siehe °vâla.

pâlaṇa ts. Halten des Versprechens 74,2.

pâli ts. Rand, Ufer 60, 24.

pâlei *pâlay.* hüten 43, 35. 46, 37. °iya p. 17,4. °eyavva 5,10. ausüben 48,4. °enta 24, 38. °emâṇa 46,32. °iya p. 31,7. °eûṇa 43,28.

pâva *pâpa* Sünder 5, 33. 76,27. °ṭṭhâṇa die 18 Sünden 42, 28.

pâvayâri 47, 25. pâvakâri 43, 3. *pâpakârin* Sünder.

pâvai *pra* √*âp* erreichen 46, 1. °ei 50, 34. °iya p. 13, 33. 43, 8. 81, 12. °iûṇa 13, 10. 46, 31. °euṃ inf. 51, 1.

pâsa *pârçva* Seite 7, 29. 41, 35. pl. °âiṃ 13, 11. 15, 14, 19. °parivatti 18, 18.

pâsa td. Strick 22, 6.

pâsai *paçyati* sehen 28, 26. 30, 13.

pâsâya *prâsâda* Palast 8,25. 28,28. °bhavaṇa 8, 1. °vaḍiṃsaya 24, 3.

pâsiyâ *pâçikâ* Strick 1, 16.

pâsiyâ abs. zu pâsai sehend 38, 36.

pâhaṇaga *pâshâṇaka* Steinchen 57, 1.

pâhâṇa *pâsh°* Stein °maya bestehend aus — 50, 17.

pâhuḍa *prâbhṛita* Geschenk 26, 17, 19.

pâhuṇa *prâ°* Gast 80,22. °ya dass. 66, 2. °yâ Gastfreundschaft, Bewirtung 80, 18.

pâheya *pâtheya* Wegzehrung 42. 23.

pi *api* (nach Anusvâra) auch 2, 3 etc.

piya *priya* lieb 83, 33 f. â 9,15 etc. acc. liebend 37,35. °vâṇi f. 58, 11. °bhâsi 58, 37. freundlich redend.

piyayama *priyat°* Liebster 49, 9. 58, 12.

piyaṃvaya *priyaṃvada* leutselig 56, 2.

Piyaṅgulaiyâ *Priyangulatikâ* 11,22,29.

Piyasaṃgama *Pri°* 22, 23. 25, 24.

piyâ *pitṛi* Vater. Stamm 81,22. pii° 52,8. piu° 66, 25, 28. Nom. 14, 13. Gen. piuṇo

9, 19. 17, 17. °piyarassa 77, 30. Nom. pl. °piyaro 37, 29.
picei √pâ trinken 69, 1.
pingala ts. gelb 22, 4.
piccha ts. Feder 49, 19, 20.
piṭṭha *prishṭha* Rücken 71.39. 74,31. °ao c. Gen. hinterher 16, 4. 35, 3. 66, 1.
piṭṭhî dass. 25, 9, 10.
piṇḍiya *piṇḍay.* p. vereinigen 28, 28.
piṇḍiyâ °*kâ* Wade 67, 22.
pitta ts. Galle 4, 13.
pimma *preman* n. Liebe, Freundschaft 60,7.
piva *iva* wie 10, 28.
pivittâ √*pâ* abs. trinken 65. 7.
pisâya *piçâca* eine Dämonenart 22, 4.
pisiya *piçita* Fleisch 69, 1.
pihiûṇa *pi* √ *dha* schliefsen 47, 17. 52, 19.
pîya *pîta* getrunken 21, 32.
pii *prîti* Freundschaft. Liebe 1.13,19. 3,20. 10, 32. 41, 7, 8. 63, 8.
piḍâ ts. Qual, Schmerz 25, 18.
piḍiya °*ta* gequält 2, 30. 22, 11. 83, 10.
piḍha °*ṭha* Thronsessel 26. 22.
pîḍhiyâ °*ṭhikâ* Bank, Schemel 26, 23.
pukkâra *pûtkâra* das Pfauchen 82, 17.
pukkhara *pushkara* Teich 32, 14.
Pukkhalâvai *Pushkalâvatî* 44, 20.
pungava ts. acc. vorzüglichster 4, 25.
pucchai √*prach* fragen 32, 26. °ijjâmi 32, 26 °cyavva 50, 11. °iya p. 6, 15. 7, 10. 21, 32. 26, 32.
puṭṭha *prishṭa* p. des vorh. 21, 12. 40, 6. 72, 37. 82, 29.
puṭṭhi *prishṭha* Rücken 25, 12.
puḍa °*ṭa* Tüte, hohle Hand 29, 20. °ya 9, 32. dass.
puḍhavi *prithivî* Erde 46, 35.
puṇa *punar* wiederum puṇar'avi 82, 4. 83, 29. puṇa hervorhebende Part. 8, 18.
puṇo dass. 23.31, 33,35. 27,6 puṇo puṇo 11,20.
puṇḍarîya °*ka* n. Sonnenschirm 63, 1.
puṇṇa *puṇya* Verdienst, Tugend 8, 24. 9, 3, 22. 21, 30. 67, 32.
puṇṇimâ *pûrṇimâ* Vollmondstag, — nacht 40, 22. 48, 13. 64, 31. °yanda °*candra* Vollmond 77, 5.
putta °*tra* 1,1 etc. °ya 11,16. 80,5. Sohn °tta 1. 18.
putti °*trî* Tochter 9, 20. 11, 20.
puppha °*shpa* Blume 4, 18. 22, 15.
Pupphacûlâ *Pushpacûḍâ* 8, 14.
Pupphamâlâ 45, 4.
Pupphavaî °*vatî* 44, 21.
Pupphasiha °*çikha* 44, 22.
pupphiya *pushpita* in Blüte 34, 23.
pura ts. Stadt 39,3. 41,2 °vara 6,6. 7,18. 68,25.
purao °*tas* adv. u. praep. c. Gen. 7, 22. 16. 22. 46, 11. 58, 9. 65, 30. 71, 29. 82, 3.
purâ ts. früher 70, 31.
Purimatâla 4, 32.
purâṇa ts. alt 7, 27.
purisa *purusha* Mann, Mensch 3, 3. 10, 9. 13, 31. Mann 41, 11. — °tta 41, 12. °ttaṇa 72, 27 Männlichkeit.
purisayâra *purushakâra* Mut 16, 13.
purî ts. Stadt 25, 21.
purisa °*sha* faeces 32, 5. 50, 36, 37.
purohiya °*ta* Hofgeistlicher 63, 5.
pulaya °*ka* das Sträuben der Härchen 61. 9.
pulaiya (H. 4,181 *pulaei* √ *driç*) p. sehen 70, 11.
puvva *pûrva* früher 2.26. °bhava 18.17,19. 24,12,13. diṭṭha° 18,16,17. — vorweltliche Jahre 44, 22, 23. — östlich 43, 7. °eṇa von Osten 55, 12. — °puvvaṃ acc. „nach" 2, 26. °puvvayaṃ dass. 2, 21, 25. 23, 22. 39, 10. 44, 15.
puvvarattâvaratta *pûrvarâtrâpararâtra* Mitternacht 32, 37.
Puvvavidoha *Pûrva°* 44, 20.
puvvâṇupuvviṃ an einem fort 33, 6.
puvviṃ *pûrvam* früher 26, 12.
puhavi *prithivî* Erde 14, 31. 41, 24. 56, 4. 64. 23.
pûyaṇa *pûjana* n. Verehren 64, 2. 80, 8.
pûyâ *pûjâ* Verehrung 24. 38. 30, 27.
pûi *pûti* Eiter 24, 29.
pûei *pûjay.* verehren 31, 3. °iûṇa 40, 13. 57, 5. 63, 35. °iya p. 13. 25. 39, 10.
pûrei *pûray.* voll machen 18. 22.
peya *preta* °kicca Totenceremonie 5, 9. °bhûmi Begräbnisstätte 75, 36.
peiya *paitrika* väterlich, vom Vater stammend 55, 22.
pekkhaga *prekshaka* Besucher „um zu sehen" 64, 6.

pecchai *pra* √*îksh* sehen 1, 5. 10, 19. °ao 76, 4. °anta 18, 15. °iûṇa 18, 1. °avi abs. 18, 19. °iya abs. 2, 23. 24, 30. 61, 8. 62, 36.

pecchaṇaya *prekshaṇaka* Schauspiel 2, 9.

pecchaṇijja *prekshaṇîya* anzusehen 67, 31.

peḍaya *peṭaka* Schaar, Bande 69, 2.

peḍâ ts. Korb 67, 34, 36, 39. 75, 1.

pemma *preman* Liebe 86, 12. cf. pimma.

perijjanta pass. von *preray.* getrieben werdend 70, 31.

pellai (H. 4, 143 √*kship*) zertreten, zerstampfen °ijjai 49, 27. °iûṇa 81, 7. — besiegen. °iya p. 9, 17. — verschütten 34, 9.

pesaṇa *presh*° das Schicken 6, 16. 12, 30. — 21, 25?.

pesala *td.* geschickt 56, 30.

pesei *preshay.* schicken 39, 23, 29, 30. °iuṃ abs. 8, 25. °iya p. 9, 7. 17, 17. etc.

pehiya *prekshita* Blick 86, 13.

pokkâranti heulen 43, 11.

poṭṭa (DK. 6, 60. *poṭṭaṃ udaram*) Bauch 27, 36.

Poṇḍavaddhaṇa *Puṇḍravardhana* 48, 21.

potta 31, 8 potti 59, 30 Kleidung.

popphala *pûgaphala* Betelnufs 64, 11.

porâṇaya *purâṇa* alt 38, 8.

porisa 60, 4 porusa 17, 35 *paurusha* Mut.

pollayâ ? 36, 31.

posaha *upavasatha* Fasttag 32, 36. °sâlâ Busskammer 32, 35.

posahiya vom vorh. p. fastend 32, 35.

ph.

phaṇi °*a* Schlange 46, 34. 82, 16.

pharusa *parusha* rauh, struppig 74, 15. gewaltig 30, 19.

phala ts. Frucht 7, 18, 20. 14, 22 etc. Folgen 46, 12. 61, 21.

phalihamaya *sphaṭika*° krystallen 45, 12.

phâsa *sparça* Berührung 3, 33, 37. 57, 11.

phuḍa *sphuṭa* offenbar, deutlich 13, 17. 64, 24. 69, 6. 70, 34.

phuranta √*sphur* zitternd 7, 33.

phurapphuranta intens. zum vorh. zitternd 85, 5.

phulinga *sphu*° Funken 22, 5.

phulla ts. aufgeblüht, weitgeöffnet 8, 10.

phusai (H. 4, 105 = *mârshṭi*) *pra* √*uñch* abwischen °iya p. 8, 11. °iûṇa 21, 8.

phoḍaṇa vom folg. Heilung 28, 11.

pheḍei √*sphiṭ* ? heilen 28, 7, 9, 10.

b.

baḍuya *baṭu* Bursche 6, 33.

battîsa *dvâtriṃçat* zweiunddreissig 44, 9.

baddha ts. gebunden, befestigt 3, 30. 7, 36. 9, 33. 22, 6 etc.

baddhamâṇa *vardhamâna* cf. âyambila°.

baddhellaya *baddha* Gefangener 32, 30.

bandi °*n* Herold, Barde 16, 30. 20, 33.

bandha ts. Band, Binden 6, 27. Composition 40, 19.

bandhai √*bandh* binden, schnüren 64, 19. °iûṇa 40, 1. 48, 31. 60, 27. °iya p. 29, 14. cf. baddha, bandhâviya.

bandhaṇa td. Gefangennahme 74, 1.

bandhava *bâ*° Verwandter 2, 19. 84, 7.

bandhâviya caus. zu bandhai p. verschliessen, abschneiden 7, 3.

bandhu ts. Angehöriger 8, 16. 26, 13. 42, 34. 46, 18.

Bandhudatta 70, 22.

Bandhumai °*tî* 6, 31.

babbûla ts. Acacia arabica 50, 33.

Bambha *Brahman* der Gott 30, 20. — ein König 4, 33. 5, 5, 6.

bambhayâri *brahmacârin* keusch 31, 23. 55, 31.

bambhaṇa *brâhmaṇa* Brahmane 1, 8. 15, 31. 60, 18, 26.

Bambhadatta *Brahma*° 4, 35 etc.

bala ts. Macht, Stärke 7, 35. 8, 19. balâ mit Gewalt 42, 11. Heer 9, 25. 23, 22. 39, 30. etc. °vai *pati* Heerführer 84, 36.

balakkâreṇa *balâtk*° gewaltsam 41, 22.

balavanta °*vat* mächtig 84, 22.

bali ts. Bali-Spende 80, 8.

baliya (DK. 6, 88 *balio pînaḥ*) muskulös, stark 9, 17.

bahariya *badhirita* taub gemacht 45, 13.

bahala ts. dick, dicht 13, 13. 78, 15.
bahu ts. viel 11, 20. Nom. pl. °û 38, 21. °avo 38, 21. °ave 17, 28. — mannanti nicht gering achten 45, 15.
bahuya dass. 45, 36. 48, 4.
bahumâṇa td. Hochachtung 2, 24. 3, 32. 58, 3. 62, 11.
bahula ts. dicht 3, 12. 22, 3.
bahuso °*ças* vielfach 12, 11.
bâḍhaṃ ts. gar sehr 57, 16. 64, 24.
bâṇa ts. Pfeil 85, 4 cf. vâṇa.
bârasa *dvâdaça* zwölf 26, 33. 48, 29.
bârasama *dvâdaça* der zwölfte 18,5. 44,28.
bâla ts. Kind 5, 25 etc. °bhâva 11, 17. °ttaṇa 38, 31.
bâliyâ °*kâ* Mädchen 6, 35. 17, 17.
bâvattari *dvâsaptati* zweiundsiebzig 44,11. °iṃ 69, 37.
bâvanna *dvâpañcâçat* zweiundfünfzig 44,7. °aṃ 44, 11.
bâvisa *dvâviṃçati* zweiundzwanzig 44,25.
bâvisaima Ord. des vorh. 44, 32.
bâhâ *bâhu* Arm 48, 6.
bâhiṃ *bahis* adv. u. präp. c. Gen. ausserhalb 12, 16. 17, 22.
bâhiṃmi dass. c. Gen. 74, 6.
bâhira ausserhalb gelegen 2, 16. 10, 13. °âo von draussen 12, 8.
bâhiriyâ Aussenseite. nagara° Weichbild 14, 3. 65, 30.
bâhu ts. Arm 7, 35. 27, 19.
biiya *dvitiya* der zweite 61, 25.
bindu ts. Tropfen 14, 23.
bimba ts. Scheibe, Halbkugel 16,20. Bildsäule 30, 11. 64, 1.
biya *dvitiya* der zweite 5, 16.
biya *bija* Same 2, 9. 30, 5.
bihei | *bhi* fürchten 35, 33. 82, 20. 83, 7. °asu 81, 34. cf. bhâyai, bhiya.
bukka oder tambukka ?? 21, 25. Rufen? (cf. H. 4, 98)
buddhi ts. Verstand 2, 28.
buddhimanta °*mat* weise 86, 5.
Buddhila 10, 13.
beṇṭa *vṛnta* Stengel 59, 3.
Beṇṇâyaḍa *Beṇṇâtaḍa* (cf. Rep. Arch. Surv. West. Ind. IV 118) 60,14,20. 61,2.
benti *bruvanti* nennen 4, 5.
bola Rufen, Geschrei 66, 7.
bohi *bodhin* Bekehrer 34, 23.
bohei *bodhay*. bekehren 34, 11, 14. °enta 84, 23.

bh.

bhaya ts. Furcht, Gefahr 3,7. 16,37. 23,1. 35, 24. etc.
bhayavai *bhagavatî* Ehrwürdige 11, 20.
bhayavaṃ resp. bhag° *bhagavat* Ehrwürdiger Nom. Voc. 2, 24, 32. 44, 18, 33. Inst. °vayâ 44, 31. 86, 28. Gen. °vao 44, 32. 86, 25.
bhakkhei | *bhaksh* essen, fressen 69, 1. °iuṃ inf. 60, 25. °iya p. 9, 35.
bhagava 25, 19. °ya 25, 5. Name der Tâpasa-Mönche (?).
bhagiṇi td. Schwester 8.25,33. 44,17. 65,15.
bhagga | *bhañj* p. vernichten, besiegen 10,16,19. 13,36. 17,35. 20.21. 23.29. 78,31.
bhaṅga ts. Bruch, Zerstörung 43, 4.
bhaṅga *bhaṅgi* Art u. Weise 13, 6.
bhaṅgi ts. Modulation 56, 10. Wendung der Rede 56, 22.
bhaṅgura ts. gebrechlich 14, 21.
bhajjai pass. | *bhañj* auseinander gejagt werden 38, 6.
bhajjâ *bhâryâ* Gattin 12,22. 23,19. 68,10.
bhañjiûṇa | *bhañj* zerbrechen 47, 2. abbrechen 67, 22. öffnen 2,10. 21,29. °cûṇa 2, 10.
bhaṭṭa ts. „Doctor" 60, 20, 27.
bhaṭṭâraya °*ka* „Hochwürden" 33, 30.
bhaṭṭha *bhrashṭa* p. fallen 31, 5. 74, 10.
bhaḍa °*ṭa* Söldling 9, 33.
bhaṇai | *bhaṇ* sprechen 68,12,16. °anta 2. 15. 8. 12. °amâṇa 13, 14. °iûṇa 22,21. °iya abs. 15. 13. p. 2, 25. etc. °iuṃ inf. 12, 9. °iyai pass. 63, 14. cf. bhaṇṇai.
bhaṇii °*ti* Rede, Gespräch 56,22,28. 62,30.
bhaṇḍa *bhâ*° n. Kübel, Gefäss 38, 32. 64, 1, 9, 12, 16. — Ware 63,26. 67,33. 75,1. — °ya Kübel 80, 21.
bhaṇḍaṇa (DK. 6, 101 *bhaṇḍanaṃ kalahaḥ*) Streit 13, 28.
bhaṇḍâra *bhâ*° Schatz 5, 12. 17,25. 77,3. Schatzkammer 36, 10.

bhaṇṇai pass. zu bhaṇai 24, 13.
bhatta *⁰kta* ergeben, Verehrer 14,7. 25,5. 31,14. — n. Mahlzeit, Essen 31,11,12. 34,1. 49, 14.
bhattacchanda eine Krankheit 27, 36.
bhattâ *bhartṛi* Gatte. Nom. 14, 28. 15,1. 22, 29. Acc. ⁰âraṃ 5, 32. 43, 25. Gen. bhattuṇo 41. 22
bhattâra dass. 6, 36. 52, 16. 85, 22.
bhatti *⁰kti* Liebe, Ergebenheit 2,24. 3,32. 14. 21. 46, 9.
bhadda *⁰dra* f. â Voc. ⁰e meine Beste 12,19. 49. 2.
bhaddakariṇi *bhadra⁰* Staats-Elephantin 5. 23.
bhamai √ *bhram* umher schweifen 74,22. ⁰anta 1, 11. 16. 14, 34. (c. Acc.) ⁰antî 15, 7. ⁰iûna 25, 2.
bhamaṇa *bhr⁰* das Umherlaufen 72, 2.
bhara ts. Last 72, 34.
Bharaha *⁰ta* (erster Cakravartin) 27, 27. 26, 11?
bharâviya caus. √ *bhṛi* p. anfüllen lassen 50, 3.
bhariya *bhṛita* p. angefüllt 21. 8. 24, 24. 67, 33.
bhariya *smṛita* p. sich erinnern 27, 32. 59, 36.
bhariûṇa 59,15. 63,25. 80,21. ⁰eûṇa 59,7. 64, 4, 6 √ *bhṛi* c. Gen. anfüllen.
bhava ts. Existenz, Dasein 4,29. 27.22 etc.
bhavai √ *bhû* sein 3, 1. 11, 10. ⁰e opt. 4, 11. ⁰issai 11,35. ⁰issa part. 12, 25. ⁰iyavva 13, 21. 57, 11. 61, 11. ⁰ittâ 33, 5, 7.
bhavaṃ *bhavat* Du, Ihr. Gen. ⁰ao 21,36. Nom. pl. ⁰anto 2, 25.
bhavaṇa td. Gebäude, Haus 6, 14. 7, 27. 8, 1. 21, 1. 68, 12. — Tempel 44, 7, 11. 64, 1.
bhavaṇavâsiṇi Fürstentochter? oder Frau eines Bhavanapati-Gottes 68, 12.
bhaviya *bhavya* fromm 84, 23.
bhasama *bhasma* Asche, Staub 80, 2.
bhaviyavvayâ *bhavitavyatâ* Schicksal 43, 17.
bhâya ⁰*ga* Teil 16, 29. 74, 36. cf. mahâ⁰.
bhâyai √ *bhî* fürchten 31, 18.
bhâyâ *bhrâtṛi* Bruder. Nom. 12, 33. Acc. ⁰araṃ 85, 4. I. ⁰uṇâ 45, 28. G. ⁰uṇo. Nom. pl. ⁰aro 1, 19. 46, 35. 85, 3.
bhâi *bhrâtṛi* iac. Bruder 13, 15. 11, 28. 18. 19. 23. 19. 53. 11.
bhâiṇejja *bhâgineya* Schwestersohn 28,19. 33. 18.
bhâu *bhrâtṛi* iac. Bruder 68, 19.
bhâuya ⁰ga *bhrâtṛi* Bruder 11,21. 23,18. 69, 29. 76, 28.
bhâga ts. Teil, Stück 6, 22. 12, 14.
bhâgi ⁰*n* f. ⁰ṇi teilhaftig 43, 38.
bhâgiṇejja ⁰*neya* Schwestersohn 33. 31.
Bhâṇuvega td. 21, 19. 25. 23, 24.
bhâra ts. Gewicht, Last 64, 15. 75, 10.
Bhâraha ⁰*ta* n. p. Indien 20, 14. 'addha 44. 26.
Bhâraha ⁰*ta* das Lehrbuch Bharata's (verwechselt mit dem Mahâbhârata) 70. 37.
bhâriya √ *bhṛi* p. füllen c. Gen. 29. 8.
bhâriyâ *bhâryâ* Gattin 20,15. 39,3. 41,3. 43, 27.
bhâruṇḍa ts. eine Art fabelhafter Vögel 29, 13.
bhâva ts. Denkart, Gedanke 8, 35. 11, 8. 41, 7, 9. — Gefühl, Affekt 71, 9.
bhâvaṇâ td. das zur-Erscheinung-Bringen 4, 29.
bhâvaṇṇuya *bhâvajña* die Affekte kennend 69, 18.
bhâvei *bhâvay*. hegen 42, 29. erkennen, überlegen 42, 17. ⁰iûṇa 74, 5. 76, 23. läutern 2, 35. ⁰iya p. 24, 37. abs. 24, 35.
bhâsaṇa *bhâshaṇa* Rede 64, 21.
bhâsâ ⁰*shâ* Rede 55, 36.
bhâsi ⁰*shin* piya⁰ freundlich redend 58,37.
bhâsiyavva *bhâshitavya* es ist zu sprechen 55, 36.
bhâsura ts. leuchtend, glühend 69,9. 82,16.
bhiuḍi *bhṛikuṭi* verzogene Brauen 69, 6.
bhikkhâ ⁰*kshâ* Almosen 27, 33.
bhingâra *bhṛi⁰* Wasserkrug 62, 37.
bhicca *bhṛitya* Diener. ⁰yaṇa *jana* 72, 8.
bhiḍiya ? p. kämpfen 84. 37.
bhiṇḍimâla *bhindi⁰* eine Art Speer 18,2.
bhitti ts. Mauer 68, 8. 74, 36. ⁰sandha Bresche 74, 37.

bhindai √ *bhid* spalten, „verraten" 37,28.
bhinna ts. gespalten 59, 14.
Bhilla ts. ein wilder Stamm 78,31. 84,32. °nâha 85, 2. °vai 78, 33. °sâmi 78, 26.
bhîya °*ta* p. erschrecken, sich fürchten 22, 5. 49, 16.
bhîma ts. furchtbar 13, 20. 31, 16. 75, 24.
bhîru ts. acc. befürchtend 53,32. °ttaṇa 16, 6.
bhîsaṇa *bhîsh*° schrecklich 20, 26. 21, 9. °ya 81, 26.
bhuya °*ja* Arm. °daṇḍa 74, 15.
bhuyaga *bhuj*° Schlange 82,22. 83,4. 85,11.
bhuyanga 82,14. °ma 1,10 *bhuj*° Schlange.
Bhuyangama *Bhuj*° 75, 28.
bhukkhâ °*kshâ* Hunger 60, 26.
bhujjai pass. von bhuñjai geniessen 29,18. 41, 12.
bhujjo *bhûyas* noch einmal 3, 11.
bhuñjai √ *bhuj* essen 6, 30. 15, 33. °ihi fut. 6, 36. °iya p. 80, 32. °ittâ 60, 27. — geniessen. °ae 25, 30. 82, 33. — beherrschen 84, 32.
bhuñjâvei caus. das vorh. zu essen geben 25, 8, 9, 10. °ittâ 49, 38. °iya p. 6, 31.
bhutta °*kta* p. essen 60,29. 80,31 °uttara „nach dem Essen" 9, 13. 62, 17.
bhuvaṇa td. Land 82,31. °pâla König. 78,21.
bhûya °*ta* geworden zu 2, 29 etc.
Bhûyadinna *Bhût*° 1, 18, 22.
bhûmi ts. Erde 18, 18. 22,32. — Stellung 2, 8. Stätte 46, 9. °bhâga Strecke 6,22. 12, 11. 20, 28.
bhûmighara ts. unterirdische Wohnung 65, 14. 66, 1. 68, 9. 75, 32. 81, 6.
bhûmihara 1, 23. °ya 12, 12. dass.
bhûmiyâ °*kâ* Stockwerk 23, 1. satta° adj. siebenstöckig 8, 1.
bhûsaṇa *bhûsh*° Schmuck 64, 26.
bhûsiya *bhûshita* geschmückt 8,25. 27,19. 80, 1
bheya *bheda* suha° leicht zu durchbrechen 74, 36.
bhettûṇa √ *bhid* abs. durchbrechen 6,18
bherava *bhai*° schrecklich 43, 11.
bho ts. interj. 10, 20. 15, 9, 35.
bhoyaṇa *bhojana* n. Essen 6,36. 14, 10, 33. 17, 11. 80, 28.
bhoga ts. Genuss 1, 2. 4, 6. 14, 23.
bhojja °*jya* Essen 15, 33, 35. 80, 22.
bhottavva √ *bhuj* es ist zu essen 80,30.

m.

maya °*da* Brunst 16, 17. 71, 33. 79, 31. Hochmut 45, 21.
maya *mṛita* gestorben 1,12,14. 10,1. 13,17.
mayakari *madakarin* brünstiger Elephant 81, 29.
mayaga *mṛitaka* Leichnam 36, 13.
mayagala (*madakala* cf. DK. 6, 125) Elephant 39, 31.
mayanka *mṛigâ*° Mond 21,1. 58,12. 62,5.
mayaṇa *madana* Liebe, Liebesgott 11,26. 16, 14 etc.
Mayaṇamañjari *Madana*° 39,19. 40,3,10. — 70, 3, 23 etc.
Mayaṇarehâ °*khâ* 41, 3, 5, 10.
Mayaṇiyâ *Madanikâ* 50, 7, 9 etc.
Mayamañjari 81,20,33. **Mayamañjariyâ** 82, 39. 83, 4. metr. causa für Mayaṇa°.
mayalañchaṇa *mṛigalâñchana* Mond 23, 3.
mayavâraṇa *mada*° Elephant 71, 25.
mayahara (DK. 6, 121 *maiharo grâmapravaraḥ*) Dorfschulze 10, 6. 50, 31.
mayahariyâ (f. vom vorh.) Oberin 36,13. 37, 27.
mayâ ts. 10, 1. siehe ahaṃ.
mai *mati* Verstand karuṇa° mitleidigen Herzens 85, 35.
maiya √ *mi* p. verfertigen 31,30. — gleichkommen 58, 5.
maila *malina* schmutzig 67, 20.
mailiya (vom vorh.) beschmutzt 86, 15.
maiya *madiya* mein 8, 5.
mauḍa *mukuṭa* Diadem 26,14. 39,9. 45,14. 80, 1.
maula *mukula* Knospe 42, 37.
maûra *mayûra* Pfau 72, 31.
mae *mayâ* 7, 3. 8, 22. 11, 26. 17, 12. 85, 30 siehe ahaṃ.
maṃ *mâm* 8, 24, 27. 23, 11 siehe ahaṃ.
maṃsa *mâ*° Fleisch 4, 9. 25, 14.
maṃsâsi *mâṃsâçin* fleischfressend 79, 33.
Magahâpura *Magadha*° 12, 33.

maggaa *mârga* Weg 22,21. Fährte 20,18,19.

maggai | *mârg* suchen 58, 27. °anta 68, 5. °anti 49, 23. °iuṃ inf. 68, 5. — begehren 33,32. 39,26. °iya p. 39,25. 58,26. bitten °ehi 59, 6 °iya p. 50, 1. 66, 18.

maggâvei (caus. des vorh.) durchsuchen lassen 67, 18. °eûṇa 67, 18.

maṅgala ts. vivâha° Hochzeitsfeier 17,20. 50,2. °tûra ein bei feierlichen Gelegenheiten gebrauchtes musik. Instrument 24,5. 39, 12.

maccu *mṛityu* Tod 14, 24. 38, 26. 53, 11.

macchabandha *matsya*° Fischer 1, 16.

macchara *mats*° Übermut 16, 29. 22, 8.

macchari *matsarin* f. °iṇi eifersüchtig 53, 1.

majja *madya* Branntwein 69, 1.

majjai | *majj* baden 57,7. °iya 9,1. 21,37. 57, 21. °iûṇa 27,9 °âviya p. des caus. 21, 11.

majjaṇa td. Bad, Baden 14,9. 16,2. 17,11. 21, 35. 24, 12.

majjha *madhya* Mitte 13, 24. 20, 30. °e 5, 22. °ammi 9, 1. 14, 4.

majjha 9,16. 15,36. 17,12. majjhaṃ 12,23 siehe ahaṃ.

majjhayâra (DK. 6, 121 *majjhaâraṃ madhyam*) Mitte 74, 33. 75, 29. 85, 19.

majjhaṇha *madhyâhna* Mittag 21, 22, 27. 52, 18.

majjhima *madhyama* mittel 32, 15.

majjhilla dass. 29, 14.

mañjari ts. Spross, Zweig 39,17. 55,1,3,7.

mañjiṭṭhâ °*shṭhâ* Krapp 64, 11, 16.

maṭṭiyâ *mṛittikâ* Thon, Lehm 35, 2. 38, 32.

maḍha *maṭha* Hütte, Klause 73, 30.

maṇa *manas* Geist, Sinn 20, 31. 39, 9. 42, 17 etc. maṇasâ Inst. 5, 28. — tammaṇo mit darauf gerichtetem Sinne 12,6. — maṇasi-kâuṃ im Sinne habend 31,36.

maṇahara *mano*° lieblich 78, 25.

maṇâgaṃ *manâk* ein wenig 36,3. 50,14.

maṇâbhirâma *mano*° herzerfreuend 55,7.

maṇi ts. Edelstein 82, 2, 16.

Maṇicûḍa ts. 43, 27, 28. 44, 17.

Maṇitoraṇa ts. 44, 20.

Maṇippabha °*prabha* 43, 27. 44, 12, 17.

maṇimaya ts. aus Edelsteinen bestehend 22, 33. 44, 11.

Maṇiraha °*tha* 41, 2, 5, 10 etc.

maṇussa *manushya* Mensch 4, 5.

maṇûsa dass. 60, 2. 65, 28.

maṇorama td. lieblich 9, 21. 22, 18.

maṇoraha *manoratha* Wunsch °âe Dat? 63, 35.

maṇohara f. °â td. lieblich 4,11. 7,33. 21,36.

maṇḍaṇa td. Schmuck 27, 9.

maṇḍala ts. Kreis 23, 13. 62, 5.

maṇḍalagga °*gra* Krummsäbel 23, 35. 41, 34.

maṇḍaliyatta *mâṇḍalikatva* etwa „Herzogenwürde" 28, 13.

maṇḍali ts. °ie im Kreise 32, 19.

maṇḍava °*pa* Pavillon 26, 22. 39, 1.

Maṇḍiya °*ka* 65, 9. 66, 16, 21.

matta ts. trunken 40,8. toll 16,20. 36, 31. 71, 25. 79, 31.

matthaya *mastaka* Kopf 46,32. °ttha 26,28.

maddava *mârdava* Sanftmut 61, 16.

manta °*tra* Zauber 5, 6. 35,23. 52,17 etc.

mantai *mantray*. ratschlagen, besprechen 5, 13. °iya p. 16, 12. °iûṇa 5, 38. 11, 11. 24, 26. °eûṇa 5, 11. überlegen 41, 8.

manti °*trin* Minister 1, 21. 27. 3, 2. 17, 28.

mandabhagga °*bhâgya* unglücklich 3, 9.

Mandara ts. 48, 15.

mandira ts. Haus, Wohnung 6, 29. 15, 29. 17, 10. 72, 11. 80, 33.

mannai √*man* glauben, halten 41, 15. °anta 10, 9. °amâṇa 25, 13. °issai 12,35. — einwilligen 25,26. °ijjau 15,3. °iya p. 15, 4, 10. 17, 18. 25, 28.

mama ts. 1, 25. 8, 22. 21, 10 siehe ahaṃ.

mamaṃmi 5, 27 siehe ahaṃ.

mamâhiṃto 54, 20 siehe ahaṃ.

mamma *marman* verwundbare Stelle 79,10. 80, 36. 85, 1.

marai √*mṛi* sterben 11, 30. 24, 28. 86, 8. °anta 40,9. °iuṃ abs. 25, 2. inf. 32,12.

maraṇa ts. das Sterben 2, 19. 5, 5. 17, 16.

marisei | *mṛish* verzeihen 25, 26 v. l.

Maru ts. 32, 12. °tthali °*sthalî* 61, 12.

mala ts. m. Schmutz 4, 22.

malla *mâlya* Kranz 30, 31.

mallaga °*ka* n Jasminum zambac 59, 15.

Mallinâha °*tha* 46, 8.
masâṇa *çmaçâna* Begräbnisplatz 36, 15. 68, 8. 72, 29.
masiṇa *masṛiṇa* zart 55, 16.
maha 8, 18. 21, 17, 34. 71, 8. siehe ahaṃ.
mahaṃ 23, 3 siehe ahaṃ.
mahai (H. IV. 192 = *kâṅkshati*) begehren 71, 1.
mahaimahâlaya sehr gross 35, 9.
mahai *mahatî* f. gross 6, 6. 84, 37.
mahaggha *mahârgha* kostbar 64, 18, 38. 75, 1. mahagghiya dass. 59, 33.
mahattara ts. sehr gross 62, 7.
mahanta *mahat* gross 8,5. 50,5.26. 63,28. f. °â 50, 26 cf. mahai, mahâ°.
mahappâ *mahâtman* Nom. edel 61, 13.
maharisi *maharshi* grosser Heiliger 2,27. 33,35. °sao Nom. pl. 3, 11.
mahavvaya *mahâvrata* grosses Gelübde, Hauptpflicht 74, 3, 4. — die 5 Gelübde der Jaina 61, 15.
mahavvaiya 80, 17. mahavaiya 80, 4. mahâvaiya 80, 23. *mahâvratika* ein Pâçupata.
Mahasoṇa td. 28, 21.
mahâ° ts. iac. gross 2, 23. 14, 7. 18, 21. 22, 9 etc.
mahâyasa °*yaças* hochberühmt 56, 15. 80, 9.
mahâṇubhâva td. mächtig, edelmütig 29, 25. 61, 7.
mahâdevi ts. Favoritin 30, 26.
mahâbhâga °ya ts. ausgezeichneter 8,5. 22, 22.
mahârâya °*ja* König 18, 11. — Gen. °râiṇo 5, 28. Nom. pl. °râyâṇo 4, 36.
Mahâvideha 34, 20. — vâsa 28, 16.
mahâsatta °*tva* Edler, Würdiger 14, 10. 73, 2.
Mahâsukka °*çukla* 41, 30.
Mahâhimavanta °*vat* 30, 12.
mahiyala *mahitala* Erdboden 16, 6. 84, 1.
Mahindasiha *Mahendrasiṃha* 20, 17.
mahimâ Feier, Verherrlichung 44,32. 48,20.
mahilâ ts. Weib 5,30. 8,4. 76, 11. 86,2,5.
Mahilâ 43, 33. 44, 31
mahi ts. Erde 72, 23. 83, 36.
mahu *madhu* Honig 69, 1.
Mahuyarigiya *Madhukarigîta* 18, 11.
mahuṇinta *mathnan* wirbelnd 22, 4.
mahura *madh*° lieblich 2, 13. 8, 7. 15, 2. 20, 29. su° 56, 9. — freundlich 16, 29. 22, 21. 56, 28. — °ttaṇa Süsse 62, 25.
mahûsava *mahotsava* Fest 2, 1.
mahoyahi *mahodadhi* Ocean 58, 36.
mahorag'attha °*stra* „Schlangen-Waffe" 23, 31.
mâ ts. nicht 4, 25. 8, 12. 37, 37.
mâya p. von mâi 50, 19.
mâyanga *mât*° ein Câṇḍâla 1,28. 37,3,15. — Elephant 61, 13. 78, 30.
mâyâ ts. Betrug, Täuschung 15.15. 53.15. 76, 13. °vitta *vṛitta* Gauklerei 32, 27. 52, 6.
mâyâ *mâtṛi* Mutter Nom. 5, 19. 10, 4, 7. mâyaraṃ Acc. 10, 8. 37, 37. Stamm mâu° 5, 21.
mâi Platz haben mâyanti 58,32. 73,3 mâya p. 50, 19.
mâulaga *mâtulaka* Mutterbruder 8, 13.
mâgaha °*dha* Bote? 26, 10.
mâṇa td. Stolz 6, 7. 37, 30. 68, 33.
mâṇasa td. Geist, Sinn 2, 29. 6, 15. 8, 7. 13, 21. 20, 31 83, 31. etc.
Mâṇasa td. °sara 21, 35, 37. °saravara 21, 33. 24, 11.
mâṇusa td. menschlich 29,27. subst. 57,26. °tta 46, 12.
mâṇussaya *mânushyaka* menschlich 4,6. 33, 17.
mâṇei *mânay*. ehren inf. °ouṃ 11, 7. °iuṃ 12, 3. — geniessen 43,37. °anta 9, 23.
mârai siehe mârei.
mâraṇa ts Töten 75, 11. 85, 7.
mâraṇantiyâ *maraṇântikâ* f. totbringend 36, 27.
mâri °*n* Mörder 35, 21.
mâruya °*ta* m. Wind 20, 21.
mârei *mâray*. töten °ai 5, 32. °ijjai 5,26,31. 32,26. °iya p. 32,16. °ettâ 37,16. °euṃ inf 1, 25.
mâsa ts. Monat 20, 18. 41, 25.
mâsiya °*ka* monatlich 28, 15.
mâhaṇa *brâhmaṇa* Brahmane 1,7. 10,7.

mâhappa *mâhâtmya* Vorzüglichkeit 21,2. 79,2.
Mâhavâ 56,11,27. Mâhavi 63,17. *Mâdhavî*
'mi *asmi* ich bin 65,10. 68,21.
miyanka *mrigâṅka* Mond 21,1 v. l. 41,24.
Miyavaṇa *Mrigavana* 33,9.
migi *mri*⁰ Gazellenweibchen 1,12.
miuja ? Mark 4,9.
miṇṭha (DK. 6,138 *meṇṭho hastipakaḥ*) Elephantentreiber 16,17. 71,26.
mitta ⁰*tra* m. Freund 4,36. 5,7. 28,29. ⁰ttaṇa 5,11.
mitta ⁰*tra* Sonne 84,20.
mittaseṇa viell. „mit einem grossen Anhang von Freunden?" 58,25.
milai √*mil* zusammenkommen 38,21. ⁰iya p. 6,21. 30,18. 37,33. cf. meliya.
milâṇa *mlâna* welk 32,9.
miha *misha* Vorgeben 59,21.
muyai √*muc* ablegen 52,8.
muyâviya caus. von √*muc* p. freigeben machen 16,22.
muyaga *mritaka* Leichnam 53,17,23,33.
muinga *mridaṅga* Trommel 40,22.
mukka ⁰*kta* p. loslassen, aufgeben 1,4. 7,25. 16,13. 18,3,5. 25,26 geben 5,7. 73,7. abschiefsen 18,3,5. 23,30,32. — ⁰dâra 27,2.
mukkha *mûrkha* thöricht, Thor 6,33. 19,23,36.
mucai √*muc* abschiessen 23,34.
muccai pass. von √*muc* befreit, beraubt werden 48,13. ⁰ae 71,8. losgelassen, versetzt werden ⁰ae 85,31.
mucchâ *mûrchâ* Ohnmacht 18,17. 23,14. 71,5.
mucchiya *mûrchita* verliebt 28,1. gierig 33,12.
mujjha siehe ahaṃ.
mujjhai √*muh* fehlen, sich verwirren 4,25.
muñcai √*muc* loslassen, aufgeben 43,35. 58,32. 63,22.
muṭṭha √*mush* p. bestehlen 73,14,16. siehe musai.
muṭṭhi *mushṭi* Faust 3,3. 22,7. 71,39.
muṭṭhiya *mushṭika* Handvoll panca⁰ 38,33.
muṇai √*muṇ* wissen, kennen 4,4. 11,7. 44,2. ⁰anta 61,26. ⁰iûṇa 7,15. 17,5. ⁰cûṇaṃ 75,21. ⁰ium 80,13. ⁰iya p. 5,17. 12,31. ⁰eyavva 36,37.
muṇamuṇai murmeln ⁰anti 52,19. ⁰inta 74,14.
muṇi td. Weiser, Heiliger 14,30. 22,27. 25,10,23.
Muṇicanda ⁰*dra* 1,1.
muṇḍa ts. kahl 33,4. ⁰bhâva 34,4.
muṇḍaya ⁰*ka* Barbier 6,25.
muṇḍâviya caus. √*muṇḍ* p. scheeren lassen 6,26.
muṇḍiya √*muṇḍ* p. scheeren 74,12.
mutta *mûtra* Urin 32,5. 40,24. 50,36.
muttâhala *muktâphala* Perle 45,12.
mutti *mukti* Erlösung 61,16.
muddâ ⁰*drâ* Siegelring, Siegel 36,14. 43,11. — 74,3?
muddha *mûrdhan* Kopf 23,36.
muddhâ ⁰*gdhâ* Liebliche, Voc. ⁰e 85,21. ⁰i 81,31.
musai √*mush* bestehlen 75,8. ⁰anta 65,19,22. cf. muṭṭha.
muha 12,21. 84,27 siehe ahaṃ.
muha *mukha* Antlitz 2,10. Mund 3,5. 4,20. 10,1. 21,15,16. — Anfang 60,15. — disâ⁰ Himmelsgegend 2,20. — acc. f. ⁰î 70,20.
muhala *mukhara* erhallend von 26,25. 45,13.
muhutta *muhûrta* $^{1}/_{30}$ Tag 13,8. 33,20.
muhuttaga dass. Stündchen 59,27. ⁰âga 67,37.
mûḍha ts. verwirrt 6,15. 7,26. 35,7. a⁰ 29,12. thöricht 59,5. ⁰tta 76,13.
mûla ts. Wurzel 4,29. 7,18. — Nähe 35,30. 36,12. 37,13. kaṇṇa⁰ 42,15. pâya⁰ 67,11. — Grund 72,28.
Mûladeva 56,3,13 etc. 65,20,24 etc.
mûlâ 59,14 an beiden Enden?
mûli 56,31. mûlilla 58,25 reich.
mo 11,30 siehe ahaṃ.
meya *medas* Fett 4,9.
meiṇi *medinî* Erde 40,24.
metta *mâtra* acc. nur 2,18. 4,11. 7,28 etc. ⁰ya 83,17.
metti *maitrî* Freundschaft 27,17. 36,17. Wohlwollen 42,17.
Meru 54,9.

moliya caus. √ *mil* zusammenbringen abs. 81, 13. p. ausgestattet 45, 37.

mollai (H. 4,91. = √ *muc*) schiessen °anta 80, 34. °âviya p. aufgeben machen 16, 29.

mehuṇaya *maithuna* geschlechtliche Liebe 42, 26.

moya °*da* Freude 40, 22.

moyaga *modaka* m. Leckerei 36, 22.

moyâviya caus. √ *muc* p. freilassen machen 3, 31.

mokkha *moksha* Rettung 17, 36. 32, 19. ow. Glückseligkeit 42, 32. 46, 5. 55, 31.

mokkha = mukkha 55, 28.

moggara *mudgara* Hammer 22, 8, 13.

moḍei *moṭay.* zerbrechen °inta 81, 32. °iya p. 22, 2.

moṇa *mauna* Stillschweigen 17, 11.

mottiya *mauktika* Perle 64, 6, 18.

mottuṃ 8, 21 mottûṇa √ *muc* placiren 10, 8. 23, 11 verlassen 85, 15. — 21, 25?

molla *maulya* Preis 29, 28.

mosaya *mosha* gestohlenes Gut 75, 9.

moha ts. Verblendung 3, 35. 42, 26. 27, 23.

mohaṇa td. irre führend 40,20. Täuschung 53, 32.

mohei *mohay.* bethören, verwirren °ayanta 57, 18. °iya 59, 18. 76, 21.

'mhi *asmi* ich bin 6, 25.

r.

raya *rata* sich freuend an 24, 38.

rayaṇa *ratna* Perle, das Beste seiner Art 11, 36. 13, 5. 27, 30.

Rayaṇapura *Ratna°* 24, 36.

rayaṇamaya 26, 22. rayaṇâmaya 39, 8. *ratnamaya* aus Edelsteinen bestehend.

rayaṇavai *ratnavati* Erde 12, 1.

Rayaṇavai 11, 17. 12, 4. 14, 3.

Rayaṇasiha *Ratnaçikha* 44, 22.

Rayaṇâvaha *Ratn°?* 43, 26.

rayaṇi *rajanî* Nacht 12, 12. 41,32. 84.5,7.

rai *rati* Liebesgenuss 5, 27, 28. 52, 2.

Raikara 44, 9.

raikilâ *ratikrîḍâ* Liebesspiel 41, 35.

raibhavaṇa *ratibhavana* Lusthaus 22,31.

raihara *ratigṛiha* dass. 21, 19. 25, 31.

raei *racay.* machen, verfertigen 68, 16. °iûṇa 83, 14. °iya p. 39, 31. 40, 19. 53, 9.

raudda *raudra* schrecklich 74, 16.

rakkhai √ *raksh* hüten 36, 23. retten, erhalten 1, 23. °esu 73, 14. °iyavva 44, 3. °iya p. 7, 4. — abhalten °emo opt. 52, 15.

rakkhavâla *rakshapâla* Wächter 64, 20.

rakkhasa *râkshasa* eine Dämonenart 22, 7, 10.

rajja *râjya* Herrschaft 5, 8. 15, 13. 18, 8. 24, 33. °sirî 39, 3. 44, 28. — Reich 5, 1, 11. 18, 23.

rajju ts. Strick 3, 30. 22, 6. 71, 28. Zügel 78, 17.

ranjei caus. √ *raj* befriedigen, erfreuen °ijjai 56, 8 °iya p. 56, 32. 61. 31. 71, 17. 72, 36. 81, 1.

raṭṭha *râshṭra* Reich 24, 33.

raṇa ts. Schlacht 78, 30.

raṇṇa *araṇya* Wald 7, 20. 21, 27. 73, 35. 80, 19.

ratta *rakta* rot °asoya 50, 27. °accha rotäugig 69, 5. 74, 16. 82, 17. — verliebt 4, 9. 8, 24, 36. 76, 34

rattaga *raktaka* n. rotes Gewand 31, 8, 9.

ratti *râtrî* Nacht 15. 11. 32, 1. 67, 38.

ramai √ *ram* spielen, sich ergötzen 36, 19. °issâmi 41, 31. °iûṇa 83, 1. ramei dass. c. Acc. 69, 1.

ramaṇa ts Beischlaf 68, 33.

ramaṇijja 56, 10. °iya 54, 31. 70, 2. 79, 20. 81, 4. ts. lieblich.

ramaṇî ts. Weib 27, 30. 45, 21. 68, 33. 81, 17.

Rambhâ 26, 18.

ramma *ramya* schön, angenehm 69, 9. 86, 13.

rava ts. Schreien, Klang 7, 21. 20, 28, 30.

ravaṇa ts. Schreien 57, 3.

ravi ts. Sonne 22, 25.

rasa ts. Flüssigkeit 4, 8, 10, 20. Genuss 5, 15. 16, 16. 21, 4.

rasiya °*ka* versessen auf 70, 7.

raha *ratha* Wagen 12, 17. 10, 31. 17, 25.

rahao (Hindi *rahnâ* to stay) bleiben 58, 11.

rahacariyâ *rathacaryâ* Fahren zu Wagen 67, 1.
rahasa *rabh°* Eifer, Leidenschaft 15, 5. 78, 13. 84, 8.
rahasi ts. im Geheimen 5, 20.
rahassa *°sya* Geheimnis 18, 20. 37, 28.
rahiya *rathika* Wagenlenker 66, 22.
rahiya *°ta* frei von 31, 22. c. Inst. 77, 6.
râya *°ga* Röte 14, 23. Liebe 8, 35. 86, 12. cf. râga.
râyaula *râjakula* königlicher Palast 63,24. 68, 22. 72, 20.
râyakula dass. 67, 4, 16.
Râyagiha *Râjagṛiha* 14, 1.
râyapaha *râjapatha* Hauptstrasse 49, 15. 66, 8.
râyamagga *râjamârga* dass. 3,1. 49,25,26. 65, 11.
râyalacchî *râjalakshmî* königl. Macht 23, 37.
râyahaṃsa *râj°* Flamingo 72, 31.
râyâ *râjan* König Nom. 1, 20. 4, 33 etc. acc. 6, 2. — Acc. râyâṇaṃ 2, 5. 24, 26. râyaṃ 33, 23. acc. 47, 15. — Inst. râiṇâ 24, 28. 25,6 acc. 22,27. raṇṇâ 25,11. 27,5. etc. Gen. râiṇo 50, 5, 6. 63,28. acc. 18,3. raṇṇo 37, 30. acc. 71, 11.
Plur. Nom. râyâṇo 17, 19. 32, 32. râiṇo 9, 20. Inst. râihiṃ 39, 12. Gen. râyâṇaṃ 28, 22.
Stamm. râya 9, 12 etc. — (acc. nicht nach Eigennamen).
râi *râgin* f. °ṇî. acc. Gefallen findend an 57, 28.
râi *râtrî* Nacht 40, 4.
râisara *râjeçvara* Prinz 28, 23. 33, 2.
râula *râjakula* königl. Palast 29, 6.
râga ts. Röte 86, 12. — Zuneigung 4, 7.
Râmâyaṇa 70, 37.
râsi td. Haufe, Gesamtheit 35, 16.
Râhu ts. ein Dämon, Verursacher der Mondfinsternisse 64, 34.
riu *ripu* Feind 71, 23.
rikkha *ṛiksha* Bär 35, 21.
rittha *riktha* Nachlass, Vermögen 76, 38. 81, 9.
riddhi *ṛiddhi* Pracht, Macht 21,14. 29,17. 38, 37. a° 38, 37.
risi *ṛishi* Heiliger 61, 31.
ruyai √*rud* weinen °anti 15,21. 22,36. °amâṇi 43. 19.
ruyâvei caus. des vorh. 86, 7.
ruiya *rucita* jahâ° nach Gefallen 46, 19.
ruira *rucira* glänzend 45, 15.
rukkha *vṛiksha* Baum 35, 4. 38, 21. 55, 2, 7.
ruccai √ *ruc* gefallen 12, 23. 32, 17. 37, 22, 24. 70, 28. 71, 4.
ruṭṭha *rushṭa* p. zürnen 31, 5. 37, 25. 63, 17.
ruṇḍa ts. Rumpf 7, 33.
Rudda *°dra* 30, 19.
ruddha ts. p. hemmen 32, 23.
ruppaya *rûpya* n. Silber 64, 17.
ruvai √*rud* weinen 8, 12.
ruhira *rudh°* Blut 42, 14.
rûḍha = ârûḍha besteigen 82, 4.
rûva *°pa* Gestalt, Schönheit 1, 28. 4, 2, 6 etc. n. 27, 1. acc. n. dâraga° ḍimbha° pleon. 36, 19.
rûvavai *rûpavatî* schön 43,18. erisa° von solcher Gestalt oder Schönheit 31, 37.
rûsao ? 55, 35.
ro ro ts. interj. 9, 33.
rohae (H. 4, 100 √ *râj*) glänzen, sich ziemen 57, 28. (viell. rahao hier zu lesen).
rohâ *rekhâ* Strich, Linie 40, 26.
royai √ *ruc* gefallen 60, 5. °ae 61, 33. 63, 16, 29.
royamâṇi √*rud* weinend 66, 24.
roei *rocay.* erwählen 31, 36.
roga ts. Krankheit 4, 24. 33, 36.
roṭṭaga (DK. 7, 11. *roṭṭaṃ taṇḍulapishṭam.* Hindi etc. *roṭi* bread) Kuchen 62, 8, 9.
rodda *raudra* schrecklich 82, 9.
roma, °*n* Härchen 4, 23.
romañca td. Sträuben der Härchen 57,20. 78, 13.
rovai √*rud* weinen 86, 7. °iuṃ inf. 8, 11. 9, 28. 15, 1. 23, 4. 35, 13.
rosa td. Zorn 16, 23. 25, 8. 50, 36. 72, 2.
rohiya √ *rudh* p. einschliessen, belagern 37, 26, 32. 47, 18.

l.

lay anta *√lâ* oder | *lag* nehmend oder folgend? 55, 1.

layâ *latâ* Zweig, Ranke 36,34. 55,1. 70,12.

lauḍa *laguḍa* Knüttel 3, 3.

lakkha *laksha* n. Lakh 10,18,25,29. 28,14. 77, 1. m. 39, 31. f. °â 44, 22.

lakkha *lakshya* Schein, Vorwand 65, 17. 66, 4.

lakkhai *lakshay.* sehen 10, 26. °iya p. 10,23. 11,26. 59,28. 64,15. °iyasi 13,27.

lakkhaṇa *laksh°* glückliche Merkmale 36,37. 37,11. 43,13. Merkmale, Wirkung 36, 25.

lagga *lagna* p. folgen 20, 22, 26. 32, 20. sich daran machen 22,7,12. 48,31. 60,25. sich hängen an 82, 19.

laggaṇa vom vorh. das Stützen 21, 1.

langûla *lâ°* Schwanz 82, 7.

langhai | *langh* überschreiten, zurücklegen 81, 26. °ei 82, 5. °iûṇa 79, 19. °ittâ 69, 11. °ovi 78, 21.

lacchi *lakshmî* Glück 14, 23. 60, 7. 75, 1.

lajjai √ *lajj* sich schämen 73, 2. °anti 11, 22. °iya p. 64, 27.

lajjâ ts. Scham 17, 11. 24, 32. 40, 9. 72, 38.

lajjhai pass. zu lahai 60, 16.

laṭṭhi *yashṭi* Stab 36, 28, 31. Stück 59, 12. — pleon. asi° 68, 11, 12.

laḍaha (DK. 7, 17. *laḍaho vidagdhaḥ*) Galan oder lieblich 56, 30.

laṇha *çlakshṇa* fein, dünn 10, 23.

laddha *labdha* p. erlangen 13,15. 14,26,27. 21, 1.

laddhi *labdhi* Vollkommenheit 28, 2.

laddhuṃ 46, 32. laddhûṇa 46, 12. abs. zu lahai.

labhissaṃ 61, 21. °ihisi 62, 7. fut. zu lahai.

lambei *lambay.* verbreiten °iûṇa 18, 21. °iya p. 18, 24.

lalai | *lal* kosen, scherzen 28, 23.

laviya √ *lap* p. sagen 67, 39.

lahai | *labh* erlangen, finden 73, 21. °emi 73, 20. °issâmo 13, 30. °iûṇa 20, 25. 77, 25. 84, 26. cf lajjhai, laddhuṃ, labhissaṃ, lahei.

lahu *laghu* adv. schnell 78, 9. °ṃ 7, 2. 8, 31. 10, 11. 27, 9. 39, 6. — °bhâyâ jüngerer Bruder 85, 20.

lahei caus. von lahai geben 36, 22.

lâyaṇṇa *lâvaṇya* Schönheit 1, 28. 17, 6. 24, 16. 41, 3.

lâbha ts. Erlangen, Gewinn 15, 13. 36, 27. 46, 32.

lâlasa ts. begierig 7, 36. (DK. 7, 21 *lâlasaṃ mṛidu*).

lâvaṇṇa *°ṇya* Schönheit 49, 37. vl. 56, 3. 56, 7 v. l.

litta *lipta* beschmiert 65, 11.

linga ts. Anzeichen 67, 21. Abzeichen 67, 17. Mönchsabzeichen 38, 31. 80, 3. — ein Linga 66, 9.

lihiya *likhita* gemalt 17, 8. 49, 18 geschrieben 47, 9.

lihâviya caus. | *likh* p. schreiben lassen 63, 31.

lukka (H. 4, 55 *lukkai ni* √ *li*) p. sich niederlassen 76, 21.

lukkha *rûksha* rauh, trocken anzufühlen 36, 20.

lekkha *lekhya* Schriftstück, Liste 66, 20.

leṭṭhuya *leshṭu* Erdklümpchen 70, 6.

lesâ *leçyâ* Licht 3, 5. Gedanke 61, 20. acc. lesâga 61, 17.

leha *lekha* Schreiben 6, 16. 11, 12. 37, 22.

lehâ *lekhâ* Strich 38, 14.

lehâriya *lekhâcârya* Schreiber? 39, 28.

loya *loka* Welt 41, 15 etc.

loya *loca* Tonsur 38, 34.

loyaṇa *locana* Auge 10, 22. 17, 9.

loga *loka* Welt, Leute 2, 1. 24, 5.

lobha ts. Begier 10, 21. 39, 23.

lola ts. gierig, lüstern 28, 26.

lovei *lopay.* unterlassen 45, 20.

loha *lobha* Begier 76, 13.

loha ts. Eisen 22, 8.

Lohajaugha 39, 28.

lohamaya ts. eisern 10, 23.

lohiya *°ta* Blut 13, 13.

v.

va *iva* wie (nach Anusvâra) 3, 6. 7, 6 etc.
vva (nach Vocalen) 8, 3. 17, 8, 9 etc.

va *vâ* oder 60,7,8. 70,15 vva 70,14,15. 71,22.
°vaya *pada* acc. Stellung, Stand niya° 2,32.
vaya *vrata* Gelübde 25, 3. 31, 10. 47, 33.
vayai √*vraj* gehen, weggehen 74, 1.
vayaṃsa °*sya* Gefährte, Freund 5,9. 11,1. 21, 9.
vayaṇa *vacana* Rede 8, 9. 13, 33 etc.
vayaṇa *vadana* Antlitz 2,10,13. 8, 11 etc.
vayâ lies vâyâ 42, 13.
vayâsî √*vad* er sprach 33, 11.
vaiyara *vyatik*° Erlebnisse, Geschichte 5. 20. 8, 5. 18, 19. 21, 17. 44, 15. 49, 4. 54.14. 65, 2.
vaiyâ *vratitâ* °âe in Erfüllung seines Gelübdes 33, 30.
vaira *vaira* Feindschaft 60, 3.
vairi *vairin* Feind 8, 32.
Vaulamaî *Bakulavatî* 21, 17, 19.
vaṃsa td. Rohr 7, 30, 32. Rohr der Vîṇâ 56, 36. 57, 1. Geschlecht 4, 36. 20, 15.
vakkheva *vyakshepa* Verzögerung 44,3.
vagga *varga* Schar 24, 34. 32, 33. 50, 5.
vaggâ *valgâ* Zügel 48, 30.
vaggha *vyâghra* Tiger 9.35. 43,10. 79,32.
vagghâriya *pralambamâna* herabhängend 2, 22.
vanka *vakra* krumm 36, 34.
vaccai (H. 4.225 √*vraj*) gehen, wandern 13.18. 47,20. 54,26. 60,36. 84,10. °anta 21.21. 43, 31. °anti 6, 35. 43, 8. °ihisi 77, 33.
vaccha *vakshas* Brust 6,35. 45,15. °tthala °*tala* dass. 6, 28. 22, 8. 27, 20. 74, 15.
vaccha *vatsa* Kalb 37,36. in der Anrede „mein Sohn" 7,12. 67,24. vacche „meine Tochter" 11, 31.
vaccha *vṛiksha* Baum 75, 15.
vacchara *vatsara* Jahr 5, 3.
vacchala *vatsala* freundlich gegen 57,14. 64, 30.
vajjarei (H. 4, 2 √*kath*) erzählen 45,11.
Vajjavega *Vajra*° 23, 12.
vajjiya (DK. 7,39 *avalokitam*) 81,5 v. l. siehe cajjiya.
vajjei *varjay*. vermeiden °eyavva 36,35. °iûṇa 69, 7. 74,27. 76, 23. °evi 81, 24. °iya abs. „ausser" 63, 15. °iya p. frei von 41, 12. 62, 29.

vajjhâ *vadhyâ* Mord 70, 31.
vañcai √*vañc* hintergehen °iûṇa 10, 6. °iya p. 24, 26. — vermeiden 80, 35.
vaṭṭaya, lies vaṭṭiya (Marâṭhî *vâṭî* a saucer-form vessel of metal, a half of a cocoa-nut-shell) Napf 60. 25.
vaṭṭai √*vṛit* sein, sich befinden 6, 3. °anta 22, 9. °amâṇa 36, 36.
vaṭṭâ (DK. 7,31 *panthâḥ*) Weg 60,30.34,35.
°vaṭṭha *pṛishṭha* acc. Fläche 23, 11.
vaḍa °*ṭa* Ficus indica 1,10. 7,9. 29,11,12,15.
vaḍayara oder caḍayara ? Lärm ? Gefolge 25, 35.
°vaḍaṇa *patana* acc. pâya° Fussfall 21,5.
°vaḍâha *patâka* acc. Fahne 40, 16.
°vaḍiya *patita* p. acc. fallen 37, 31. eintreten 24, 33.
vaḍiṃsaya *avataṃsaka* Palast 24, 3.
vaḍḍhai √*vṛidh* wachsen. °anta 68, 30. °iuṃ inf. 33, 36. °iya p. 4, 8, 35. 70, 25.
vaḍḍhaṇa *vardhana* vermehrend 3, 20.
vaṇa td. Wald 2, 29. 7, 20 etc.
vaṇa *vraṇa* Wunde 42, 13. 65, 11.
vaṇayara *vanacara* Waldbewohner 43.22. 81, 28.
vaṇadava td. Waldbrand 3, 17.
vaṇamâlâ td. Guirlande 26, 11.
Vaṇamâlâ td. 45. 1.
Vaṇalaiyâ *Vanalatikâ* 9, 7.
vaṇiya °*ik* Kaufmann 30,17. 32,33. 74,35.
vaṇṇa *varṇa* m. Farbe 28,8. 31,33. Laut 56. 10.
vaṇṇaya *varṇa* Farbe 49, 18.
vaṇṇiya *varṇita* p. schildern 27,4. 52,22.
vaṇṇijjai pass. *varṇay*. preisen 27, 6.
vaṇhi *vahni* Feuer 85, 29.
vatta *vṛitta* jahâ° dem Hergang gemäss 21. 11. 54, 23.
vattavva *vaktavya* zu sagen 17,2. 26, 16.
vattâ *vârtâ* Nachricht 26,16. 59,22. 62,13.
°vatti *vartin* acc. befindlich 13,20. 15,36.
vattha *vastra* Kleid n. 4, 18. m. 6, 27. 64. 38. — 2, 10. 9, 6 etc.
vatthavva *vâstavya* ansässig 28, 30.
vatthâ *avasthâ* Zustand 71, 2, 4, 5.
vatthiya *avasthita* siehe evaṃ.
vaddha siehe baddha 67, 29.
vaddhaṇa *vardhana* vermehrend 46, 15.

Vaddhamâṇa *Vardhamâna* 30,5,31. 44,13.

vaddhâvaṇaya *vardhâpana* Abschneiden der Nabelschnur, Geburtsfeier 39,18. 45, 10.

vantara *vya*⁰ eine Dämonenart 38, 17.

Vantara *Vya*⁰ 53, 15.27.

vanda *vṛi*⁰ Schar 69, 11. 78, 28.

vandaya ⁰*ka* Verehrer 31, 30.

vandai √*vand* verehren ⁰iya p. 2, 24. 3,32 etc. ⁰ittâ 31, 27.

vandaṇa td. das Verehren 14, 15.

vandra *vṛinda* Schar 26, 3.

Vammaha *Manmatha* 70,9. 71,15. 84,21.39.

vara ts. vorzüglich 8,1 etc. iac. u. acc. pleon.

vara ts. Freier, Gatte 9, 21. 22, 28. 54, 2.

vara ts. m. Wahlgabe 58, 10. 63, 13.

Varadhaṇu td. 5, 18 etc.

varâya ⁰*ka* Unglücklicher 70, 31.

varâha ts. Eber 43, 11.

variya ⁰*ta* p. wählen, freien 6, 1.

varisa *varsha* Jahr 20, 27.

varisâla *varshâkâla* oder *varshâlaya* Regenzeit 80, 20.

Varuṇa 50, 16.

valaya ts. Armband 34, 23. 48, 5.

valayâmuha *vaḍavâmukha* das am Südpol gedachte Höllenfeuer 29, 16.

valai √*val* sich wenden, zurückkehren ⁰issaṃ 20,25. ⁰iyavva 13. 19.

vallaha ⁰*bha* lieb 9. 19. ⁰yâ Liebe 14, 32.

vavaesa *vyapadeça* Vorgeben, Vorwand 11, 36. 16, 10.

vavasâya *vya*⁰ Vorsatz, Entschlossenheit 69, 34. 72, 28.

vavasiya (DK. 7,42 *varasiam balâtkâraḥ*) Gewaltsamkeit 7, 31.

vavaharai *vyava* √*hṛi* sich benehmen 63, 11, 20.

vavahâra *vya*⁰ Handel und Wandel 84,22.

vasa td. Macht, Herrschaft 16, 3. 40, 8. 42, 19. 57,19. sa⁰ *sva*⁰ gehorchend 82, 2.

vasai √*vas* wohnen ⁰iûṇa 66, 10.

vasaṇa *vyasana* Leidenschaft 58,13. Unglück 35, 12. 41, 15. 42, 19. 43, 38. 60, 6. vasaṇâvaḍiya ein ins Unglück geratener 21, 37. 24, 12.

vasanta ts. Frühling 20, 18 41, 28.

Vasantaura ⁰*pura* 50, 16.

vasama siehe vasima 13, 21.

vasabha 38, 2, 3, 7. ⁰ha 34, 23. *vṛishabha* Stier.

vasâ ts. Fett 4, 12. 25, 14.

vasima von √*vas* n. Wohnung 35,35. 61,5. 75, 34. siehe vasama.

vasikaya *vaçîkṛita* p. in seine Gewalt bekommen, verhext 52, 4, 18.

vasikaraṇa *vaçî*⁰ Bezauberung 52, 4.

Vasubhâga 10, 4.

vasumai ⁰*matî* ⁰bhavaṇa unterirdische Wohnung 76, 33.

vasuhâ ⁰*dhâ* Erde 47, 12. 82, 7.

vaha *vadha* das Töten 1, 21.

vahai √*vadh* töten ⁰anta 76,28. ⁰iûṇa 85, 2.

vahai √*vah* fliessen 4, 21. tragen, haben 41. 14. 58, 27.

vahaga *vadhaka* Mörder 14, 28. 23, 19.

vahaṇa *vadhana* Töten 77,18. 80,34. 85,10.

vahaṇa td. Tragen 5,10. — Schiff 29,7,12. 63, 26. 64, 11.

vahû *vadhû* Weib, Frau 6,11. 25,27. 45,13.

vâ ts. oder 5, 26. 15, 22, 25, 26 etc.

vâya *vâta* Wind 28, 23.

vâya *vâda* jaṇa⁰ Gerede 3, 12.

vâyaga *vâdaka* Spieler eines mus. Instrumentes viṇâ⁰ 56, 32, 33. 57, 4, 6.

vâyaṇaya *vâdanaka* Plektrum 31, 5.

vâyavva ⁰*vya* 'attha eine mystische Waffe 23, 33.

vâyasa ts. Krähe 24, 29.

vâyâ *vâc* Stimme, Rede 42,13. 58,5. 60,16.

vâyâyaṇa *vâtâyana* Fenster 70, 2.

vâi *vâdin* redend aliya⁰ 68,32. — beredt, Disputant 69, 20. 72, 10.

vâei *vâday.* ein mus. Instrument spielen 31, 1. ⁰enta 30, 1. ⁰iya p. 56,32. ⁰iuṃ inf. 57, 2.

Vâḍahâṇaga *Vâṭadhânaka* 37, 17.

vâṇa ts. m. Pfeil 13, 32. 16, 5.

Vâṇamantara td. 53, 13.

vâṇamantari Vyantara-Dämonin 28, 30.

Vâṇârasi *Vârâṇasî* 2,1. 11,17,20. 17,22. 69, 12.

vâṇi ts. Stimme 22, 21. 56, 11, 30.

vâma ts. links 75, 15. 78, 17.

vâmaṇa td. Zwerg 56, 13. ⁰ya 56, 5.

vâra ts. m. Mal 33, 37. 61, 24.
vâraya m. dass. die an Jmd. kommende Reihe 50, 6, 7, 22.
vâruṇa ts. °attha eine myst. Waffe 23, 32.
Vârisena td. 44, 13.
vârei *vâray.* abhalten °iya p. 29, 7, 24. °ijjanta pass. 29, 33.
vâla ts. Haar m. 3, 32. 57, 2. 59, 37. 68, 20.
vâliûṇa caus. √*val* abs. umdrehen 1, 17.
vâluya °*ka* Sand 86, 4.
vâvaḍa *vyâpṛita* beschäftigt 80, 3.
vâvâei *vyâpâday.* umbringen °issâmi 85, 27. °ijjamâṇa 53, 13. °ijjissai 43, 22. °iûṇa 23, 15. °iya p. 13, 14. 23, 18.
vâsa *varsha* Jahr 11, 10. 26, 11. 46, 26. — Erdteil 20, 14.
vâsa ts. Aufenthalt — °bhavaṇa 6, 14. 50, 6. °hara 76, 9, 11. Wohnhaus.
vâsara ts. m. Tag 17, 21. 40, 22. 43, 30.
Vâsava 53, 8, 16, 18.
vâsâratta *varshârâtra* Regenzeit 82, 33.
°vâsi °*n* acc. wohnend 22, 1.
vâsiya °*ta* p. würzen 59, 14.
vâha *vâshpa* Thräne 8, 9.
vâha *vyâdha* Jäger 1, 13.
vâhai √ *bâdh* quälen 6, 24.
vâhaṇa td. n. Wagen 17, 23. 25, 20. 26, 2.
vâharai *vyâ* √ *hṛi* herbei rufen 57, 6. °iya p. 27, 10. °âviya p. caus. 5, 6. 64, 26.
vâharaṇa *vyâ*° das Herbeirufen 56, 13. 75, 31.
vâhi *vyâdhi* Krankheit 2, 30. 35, 22. 40, 8. f. 27, 36. m. 33, 29.
vâhittiya von √*vah* Träger 75, 17.
vâhiya *vyâhrita?* p. ausstrecken 49, 21.
vâhiyâli *vâhyâlî* Reitbahn 47, 3. 48, 27. 84, 12.
vâhei *vyâ* √ *han* hauen 30, 19. °ijjamâṇa 30, 25. °iya p. 7, 31. °âviya p. caus. 30, 30.
vâhei *vâhay.* reiten 49, 26. °iṇṇ 48, 27.
vi *api* auch (nach Vocalen) 1, 8. 11 etc. (nach Anusvâra.) pi 1, 4 etc. steht gern nach Zahlwörtern.
viya *iva* wie 12, 4 (mildert die Aussage) 13, 27.
viyaya *vitata* ausgebreitet 4, 29.
viyakkhaṇa *vicakshaṇa* weise 58, 3.
viyaḍa *vikaṭa* sehr gross 16, 19. 74, 8. von ungewöhnlicher Gestalt 7, 30.
viyaḍḍha *vidagdha* schlau, gebildet 56, 28. — °yâ 56, 16.
viyaṇâ *vedanâ* Schmerz 42, 7. 70, 28. 80, 27.
viyappa *vikalpa* Zweifel 18, 15. 74, 5.
viyappanta *vi* √ *kalp* zweifelnd 20, 32.
viyambhamâṇa *vi* √ *jṛimbh* gähnen 13, 11.
viyariya *vi* √ *car* oder √ *tṛî* p. umherirren, herbeikommen 16, 18.
viyasiya *vikasita* geöffnet 8, 3. 70, 20. 79, 11.
viyâṇai *vi* √ *jñâ* erkennen °ehi 71, 12. °iûṇa 61, 27. 83, 11. °iya p. 21, 10.
viyâra *vikâra* Veränderung 11, 27.
viyârei *vicâray.* überlegen, bedenken 44, 2. aviyâriûṇa 42, 2.
Viyâradhavala *Vic*° 63, 7. 65, 1.
viiya *vidita* bekannt 15, 2.
viiṇṇa *vitîrṇa* p. geben 8, 14. 50, 5.
viuruvviya *vi* √ *kṛi* p. hervorzaubern 23, 11.
viula *vip*° reichlich, gross 34, 15. 67, 27. 71, 11.
viuvvai *vi* √ *kṛi* hervorzaubern °iûṇa 53, 8. °iya p. 26, 21. 44, 5.
viusa *vidvân* gelehrt 69, 18.
viesa *videça* die Fremde 54, 21. 59, 19. 60, 13.
vioya °ga *viyoga* Trennung 24, 18. 35, 33.
vikiṭṭha *vikṛishṭa* ausgedehnt, lang 2, 21.
vikkanta *vikrânta* tapfer 26, 8.
vikkama *vikr*° Tapferkeit 47, 12.
Vikkamajasa °*yaças* 24, 11.
Vikkamarâya °*ja* 63, 4, 31. 64, 5.
vikkhâya *vikhyâta* berühmt 27, 27. 64, 23.
vikkhittacittâo um sich zu zerstreuen? 68, 17.
vikkhivai *vi* √ *kship* werfen 70, 6.
vikkheva *vikshepa* Zerstreutheit, Gleichgültigkeit 43, 24.
vigappaṇa *vikalpana* falsche Vorstellung 30, 25.
vigala *vik*° verkürzt um 23, 37.

vigghа *vighna* Hindernis 5, 27.

vighattha *vi* √ *ghas* verzehrt 40, 8.

vighâya °*ta* Schlag, Hieb 30, 30.

vicitta °*tra* manigfach 2,31. 3,22. 24,35. 56,5.

vicintei *vicintay.* ausdenken 79, 3.

vicchaḍḍa °*rda* Freigebigkeit, Gaben? 26, 26. 40, 23.

vicchâya ts. alles Glanzes bar 27, 19.

vicchuriya °*ta* eingelegt mit 86, 14.

vichalijjai besiegt werden 78, 36.

vijaya ts. Gegend 44, 20.

Vijaya 27, 1.

vijjae √ *vid* sich befinden 4, 15.

vijjâ °*dyâ* Wissenschaft 7, 17. akayavijja ununterrichtet 66, 26. siddhavijja ausstudirt 67, 3. — Zauber 8, 3, 20. 14, 35. 21, 17. 23, 11. 56, 24.

vijjâhara *vidyâdhara* eine Genienart 8, 3, 33. 21, 7. f. °ri. 24, 5. 43, 32.

vijjâhara *vaidyâdhara* adj. von Vidyâdhara herrührend f. °rî 15, 15.

vijju° *vidyut* Blitz lac. 38, 14. 40, 26. 44, 30.

Vijjumâli *Vidyunmâlin* 28, 31.

Vijjusihâ *Vidyucchikhâ* 14, 12.

vijjhâviya caus. *vi* √ *kshai* p. auslöschen 3, 26.

Vinjha *Vindhya* 47, 2.

viṭṭâliya (H 4, 422. im Apabhraṃça *aspṛçyasaṃsargasya viṭṭâlaḥ*) p. verunreinigen 2, 6.

viḍambaṇa td. Verspottung 63, 9.

viḍhatta p. des folg. 49, 32.

viḍhavai (H. 4,108 √ *arj*) erwerben °iya abs. 64, 3.

viṇaya td Anstand 50,9. 56,14. 72,23.28,32. 84, 26.

viṇassae *vi* √ *naç* zu Grunde gehen 4,19. °ihisi 29, 16.

viṇâsa *vinâça* Untergang 63, 21. 72, 29.

viṇâsei *vinâçay.* vernichten °ijjai 59,33. °ijjanta 52, 6. °iya p 53, 18, 19.

viṇikkhanta *vinishkrânta* p. hinausgehen 69, 21.

viṇiggaya *vinirgata* p. hinausgehen 15, 37 76, 11.

viṇijjiya *vinirjita* p. übertreffen 46, 28.

viṇimmiya *vinirmita* p. zusammengesetzt 4, 9.

viṇivâiya *vinipâtita* p. töten 1, 14, 17. 13, 33. 24, 33. 75, 21.

viṇivâriya °*ta* p. warnen, abhalten 6,16.

viṇihaya °*ta* zurückschlagen 23, 31.

viṇihittu *vini* √ *dhâ* abs. niedersetzen, auflegen 72, 20.

viṇîya *vinîta* freundlich, fein 81, 8.

viṇoya *vinoda* Genuss, Kurzweil 67, 38. 82, 38.

Viṇhu *Vishṇu* 30, 21, 25.

Viṇhusiri *Vishṇuçrî* 24, 16, 21, 23, 25.

vitattha *vitrasta* erschreckt 43, 12.

vitta *vṛitta* p. thun 12, 30. 29, 22. stattfinden 6, 10. 9, 15. 17, 18. 23, 9. vergehen 32, 33.

vitta ts. Reichtum, Habe 29, 21. 66, 20.

vitti *vṛitti* siehe pâṇa° Lebensunterhalt.

vitthaḍa *vistṛita* breit 44, 10.

vitthara *vist*° Ausbreitung, Masse 46, 21. sa° ausführlich 49, 1.

vitthariya *vi* √ *stṛî* p. ausgebreitet 50,26.

vitthâriya *vistârita* weit geöffnet 16,23.

vitthiṇṇa *vistîrṇa* ausgedehnt, gross 70, 2.

videsa td. die Fremde 73, 31.

Videha 31, 22.

vinâsae *vinâçayet* vernichten 38, 18.

vinibaddha ts. etwa „unveränderlich zugehören" 47, 11.

vinda *vṛinda* Schar 69, 2. 78, 23 vl.

vinnatta p. zu vinnavei 6,2. 18,11. 20,21. 26, 1.

vinnatti *vijñapti* Bitte 73, 9.

vinnavei *vijñapay.* sprechen (zu einem Höheren), bitten 25, 26. 56, 15. °iya p. 2, 5. 67, 8.

vinnâya *vijñâta* p. kennen 1, 25. 20, 23.

vinnâṇa *vijñâna* Kenntnis 56, 1, 7.

vinnâsa *vinyâsa* vayaṇa° Zusammensetzung der Rede 8, 7. 49, 37.

vippa *vipra* Priester 27, 7.

vippa° *viprush* „Tropfen, die Einem beim Sprechen aus dem Munde fallen" Leumann. Gloss. zu Aup. S. vipposahi 28,1.

vippamukka *vipramukta* entblösst von 84,2.

vibuha °*dha* Gott 45, 21.

vibbhama *vibhr*° flüchtige Erscheinung, Trug 14, 22. 15, 8, 16. 20, 31.

vibhatta °*kta su*° wohlgeformt 38, 36.
vibhava ts. Vermögen, Reichtum 67, 25.
vibhâva ts. wohl für vibhava 63, 35.
vibhûi °*ti* Macht, Gepränge 6, 16. 63, 36.
vibhûsiya °*shita* p. geschmückt 13, 1. 26, 26. 50, 7.
vimaggamâṇa *vi* √ *mârg* suchend 16, 20.
vimaṇa °*nas* niedergeschlagen 53, 12. 60, 11.
vimala ts. rein 44, 10.
Vimalacanda °*dra* 53, 3.
vimâṇa td. Wagen 26, 2. 44, 6. Götterpalast 18, 16.
vimâṇei *vimânay.* beschimpfen 59, 21. °iya p. 59, 22.
vimissa °*çra* vermischt mit 80, 31.
vimukka °*kta* losgelassen 49, 15. beraubt 77, 33. 85, 1.
vimuncai *vi* √ *muc* entsenden, äussern °anta 83, 12.
vimohei caus. *vi* √ *muh* p. entzücken, betören 23, 8. 52, 1.
vimhaya *vism*° Erstaunen 16, 32. 56, 21.
vimhâvei caus. zum folg., in Staunen setzen 56, 5.
vimhiya *vismita* erstaunt 20, 31. 26, 32. 51, 23. 56, 26, 28.
viraiya °*cita* p. machen 42, 38.
virajjai *vi* √ *raj* die Liebe verlieren 86, 11.
viratta °*kta* p. zum vorh., keine Liebe hegen 63, 9. 76, 34. 86, 10.
virama ts. das Aufhören 22, 32.
virala ts. selten 57, 26.
virasa ts. Ekel erregend 40, 26. widerlich 22, 14.
viraha ts. Trennung 5, 3. 8, 16. 21, 10. 25, 1. 71, 8. 77, 16.
virahiya °*ta* entblöst, frei von 43, 23. 46, 5.
virâiya °*jita* bestrahlt 45, 15.
virikka °*kta* p. überlassen 49, 29.
viruddha ts. feindselig 9, 20. verboten 41, 16. 44, 2. 47, 25.
vila ts. Loch, Höhle 17, 33.
vilayâ (DK. 7, 65 *vanitâ*) Mädchen, Frau 8, 31. 77, 11.
vilakkha °*ksha* verlegen 49, 21. 64, 31. sa° 17, 13.
vilagga °*gna* p. des folg. sich festhaltend, sitzend 29, 16. 37, 15.
vilaggai *vi* √ *lag* sich festhalten 29, 15. °ejjâsi 29, 12.
vilavai *vi* √ *lap* jammern 83, 12. °anta 25, 19. °antî 83, 5.
vilasai *vi* √ *las* sich ergötzen 69, 33. °esu 76, 8.
vilasiya °*ta* Erscheinung 4, 3. Zucken 14, 22. Treiben 15, 16. 85, 37.
vilâsa ts. Freuden 84, 9.
vilâsiṇî td. Weib 21, 11. 70, 13.
viliṇa td. haftend 4, 21.
vilumpai *vi* √ *lup* rauben 38, 16.
vilevaṇa °*pana* Salbe 4, 18. 76, 10.
viva *iva* wie 67, 2. 68, 12.
vivajjai *vi* √ *pad* zu Grunde gehen °ejjâ 43, 23.
vivajjiya *vivarjita* p. entblöst von, ermangelnd 68, 32.
vivaṇṇa °*rṇa* farblos 27, 20.
vivara ts. Loch 39, 10.
vivariyasikkha *viparîtaçiksha* ein Pferd von umgekehrter Dressur d. h. das beim Anziehen der Zügel gallopirt, und beim Loslassen derselben stillsteht 45, 6. 48, 27. 84, 12. °ttaṇa 20, 21.
vivâga *vipâka* die Folgen 47, 24.
vivâha ts. Hochzeit 5, 35. 8, 14. 17, 18. 23, 9.
vivâhei *vivâhay.* heiraten 49, 3. °iya p. 8, 30. 25, 29. 66, 15. °âviya p. caus. 25, 25. 54, 10.
viviha °*dha* manigfach 5, 3. 6, 9, 13, 6. 36, 8. 86, 23.
vivega °*ka* Verstand 52, 21. 77, 9.
visa td. Gift 33, 31, 36. 79, 32. 80, 31. 83, 8, 10.
visaya td. Gebiet, Reich 1, 20. 5, 2. 9, 25. 69, 7. 84. 31. — Sinnesobjekte 3, 36. °suha Sinnesgenuss 5, 15. 15, 32. 17, 20. 47, 25. 84, 10.
visaṃghaḍiya °*ṭita* getrennt 58, 1.
visajjei caus. *vi* √ *srij* senden, entlassen 32, 11. °iûṇa 6, 11. °iya abs. 25, 21. p. 6, 12. 32, 11. 40, 13. 83, 3.
visaṇṇa td. niedergeschlagen 2, 16. 15, 7 27, 10. 68, 13.

visama td. uneben ai° 78, 23. schwer zugänglich 9, 17. 84, 31. gefährlich 83, 10. ai° 79, 31. entstellt 38, 8.
visambha *viçr°* Vertrauen, Arglosigkeit 68, 4.
visaraya lies tisaraya 1, 29.
visahara *°shadh°* Schlange 35, 22. 83, 8.
visâya *vishâda* Kummer 38, 10.
visâṇa td. Horn 38, 2.
visâla td. gross 74, 15.
Visâhâ *Viçâkhâ* 8, 33.
visiṭṭha *viçishṭa* ausgezeichnet 9,13. 20,19. 56, 17. 57, 22. °tara 59, 34.
visuddha td. rein 61, 15, 17, 20.
visumarai *vi* √*smṛi* vergessen 52, 10.
visesa td. Besonderheit, Art 5, 4. 8, 19. 50,18. 67,32. visesao besonders. 2,4. savisesaṃ genau 70, 11. 72, 16. sehr 73, 33.
visesaṇṇu *viçeshajña* urteilsfähig 58,37.
visesei caus. *vi* √*çish* übertreffen 58, 6. 86, 10.
vissa *viçva* all, gesamt 84, 22.
Vissakammâ *Viçvakarman* 57, 5.
vissambha cf. visambha 41, 21.
vissâriûṇa *vi* √*smṛi* vergessen 2, 6.
vissâsa *viçv°* Vertrauen 11, 35.
°viha *°vidha* siehe evaṃ°, tahâ°, duvâlasa° zwölffach 24, 38. 33, 4. bahu° vielfach 36, 10.
vihaya *°ta* p. töten 84, 35.
vihaga ts. Vogel 38, 21.
vihaḍai *vi* √*ghaṭ* auseinandergehen 38,32. °iya p. getrennt 36, 5. — sich öffnen °iya p. 30, 30. °âvai trennen 36, 5.
viharai *vi* √*hṛi* wandern °anta 2, 34. 43, 30, 34. — sein 28, 21.
vihaliya von *vihvala* oder *vikala*, herabgekommen 66, 5.
vihava *vibh°* Macht, Gewalt, Reichtum 36, 8. 73, 11. 76, 31. 86, 23.
vihasiya *°ta* lachend 70, 20.
vihâḍei caus. *vi* √*ghaṭ* öffnen °iya p. 11, 1. °eyavva 30, 16.
vihâṇa *vidhâna* Ausführung 26, 7. 28, 15. Verfahren 54, 21. 65, 21.
vihi *vidhi* Art 18, 12, 16. — Vorschrift 21, 37. — Schicksal 36, 4. 60, 8.
vihiya *°ta* machen 1, 22. 82, 21, 26.
vihura *vidhura* niedergedrückt 53, 28.
vihuriya dass. 70, 9.
vihûsaṇa *vibhûshaṇa* Schmücken 27, 9.
viheya *vidheya* gehorchend 63, 6.
viyaṇa *vîjana* das Fächeln 28, 23.
Viyabhaya *Vîta°* 28, 17.
viiya √*vîj* p. befächeln 62, 37.
vîṇâ td. Vînâ 1, 29. 31,4,15. 56,32. 82,38.
vîṇâvâyaga *°vâdaka* Vinâspieler 56,22,33. 57, 4, 5.
Vîra 31, 2.
Vîranihâṇa *°dhâna* 60, 19.
Vîramai *°ratî* 75, 30.
vîvâha 17, 19. 22, 31 siehe vi°.
vîvâhiya 23, 20 siehe vivâhei.
vîsattha *viçvasta* beruhigt, voll Vertrauen 37, 15. 42, 5. 75, 17.
vîsamai *vi* √*çram* ausruhen 22,24. 60,22. 76, 9.
vîsâma *viçrâma* Ruhe 68, 16.
vîhiyâ *vîthikâ* Strasse 71, 19.
vîhei √*bhî* fürchten 68, 22.
vuggâhei caus. *vyud* √*grah* überreden 28, 32. 33, 33.
vuṭṭhi *vṛishṭi* Regen, übertr. 8, 17. 15, 8. 18, 5. 22, 15. 61, 12.
vuḍḍha *vṛiddha* alt 49, 12, 30.
vutta √*vac* p. sprechen 5,7,26. 8,18. 18,5.
vuttanta *vṛittânta* Erlebnisse, Geschichte 2, 26. 3, 29. 17, 17. 20, 23.
vubbhai pass. von √*vah* getragen werden 58, 2.
vûḍha p. √*vah* schleppen 24, 18.
vûha *vyûha* Schlachtordnung 39, 31, 35.
veya *vega* Geschwindigkeit 80, 35.
veya *veda* der Veda 30, 21.
Veyaḍḍha *Vaitâḍhya* 14, 11. 22, 1. 31,27. 43, 19. 53, 5.
veyaṇâ *vedanâ* Schmerz 16, 5. 43, 12.
veyâla *vet°* Vetâla 35, 21.
veiyavva *veditavya* zu erfahren, abzutragen 42, 22.
veiyâ *vedikâ* eine überdeckte Vedifürmige Terrasse im Hofraum 49, 3. 53, 9.
veî *vedi* dass. 49, 5.
vega ts. Geschwindigkeit 32, 20.
Vejayanta *Vai°* 27, 1.
vejja *vaidya* Arzt 2,31. 28,4. 33,29. 42,12.

veḍhei | *veshṭ* einhüllen °ettâ 43, 11. °iya p. 82,10. umringen. °iya p. 60, 2.
veṇu ts. Flöte 1, 29. 20, 29.
veṇṭalikâuṃ zusammenrollend 7, 22.
veṇḍhiya siehe veḍhiya 82, 10 v. l.
Veṇṇâyaḍa siehe Be° 64, 4. 65, 2.
vemâṇiya *vaimanika* eine Götterart 42,32.
vera *vaira* Feindschaft 25,8, 10, 22. 34, 16.
veragga *vairâgya* Lebensüberdruss, Weltverachtung 2, 19. 3, 27. 24, 33. 84, 27.
veramaṇa *vi*° das Ablassen von 42, 26.
veri *vairin* Feind 24, 12, 13.
veruliya *vaidûrya* Katzenauge 29, 28.
velâ ts. Zeit 8, 37. 9, 5. 12, 18.
vevira von √*vep* zitternd 16, 20.
vesa td. Kleidung, Tracht, Äussere 10, 6. 15, 31. 26, 3. 56, 5. 57, 5.17. 67, 17. 74, 12. geistliches Gewand 80, 12.
Vesamaṇa *Vaiçravaṇa* 26, 13, 17.
vesâ *veçyâ* Hetäre 56, 17. 63, 10. 69, 2.
veha *vedha* Durchbohrung 64, 15.
vokkhandaya *avaskanda* Angriff 32,24. v. l. cf. khaṇḍaya.
voḍhâra *voḍhṛi* Träger 10, 31, 36.
vottuṃ abs. √*vac* sprechen 10, 31, 36.
vola siehe bola.
volai *vyava* √*li* (H. 4,162 √*gam*) forteilen °iya p. 49,16. °iṇa p. 16,6. 41,29. verfliessen, vorübergehen °iya p. 40, 4. 49, 7. °iṇa p. 17, 9. 73, 32. °iâṇa 84,5.
vosirai *vyava* √*sṛij* loslassen, von sich geben 50,37. °iya p. 50, 36. — aufgeben 42, 33.

S.

sa° ts. iac. „mit" °saṃbhama 13,12. °siṇeha 11,27. °harisa 8,28 15,10. 16, 1. u. andere. auch vor adj. °vilakkha 17, 13. °saṃbhanta 7, 34. °sankiya 67, 30. 68, 15. °siṇiddha 22, 19.
sa *sva* iac. sein, eigen 45, 9. 57, 35. 61, 4.
saya *çata* hundert 4, 11. 22, 13 etc.
sayayaṃ *satatam* immer 41, 26.
sayaṃ *svayam* selbst 8,28. 15,34. 28,9 etc.
sayaṇa *çayana* Bett, Lager 4, 19. 75, 22. 76, 23.
sayaṇa *svajana* Verwandter 24,34. 46,17.
sayaṇijja *çayanîya* Bett 68,16. 76, 9, 25.
sayaṇṇa *sakarṇa!* Übers., viell. *saprajña* vernünftig 53, 19.
sayala *sak*° ganz 1, 29. 18, 7 etc.
sayâ *sadâ* immer 4, 14. 57, 3. 60, 7.
sayâsa *sakâça* Gegenwart 15,2. 57,9. 62,35.
saiellaya von *sva* eigen 67, 35.
sauṇṇa *sapuṇya* tugendreich 54, 24.
saṃlatta p. des folg. 5, 25. 11, 13. 42, 9. 66, 15. 74, 25.
saṃlavai *sam* √*lap* sprechen 52, 3.
saṃlehaṇâ *saṃlekhanâ* die dem Tode vorausgehende Selbstabtötung bei den Jaina 3, 28. 24, 36. 34, 18.
saṃvaḍḍhai *sam* √*vṛidh* aufwachsen 36, 18. 46, 25. °iya p. 36, 23.
saṃvarevi *sam* √*vṛi* abs. (sich) erholen 83, 13, 21.
saṃvavahâra *saṃvy*° Verkehr 63, 7.
saṃvutta *sam* √*vṛit* p. stattfinden, werden 22, 2. 41, 25. 81, 2.
saṃvega ts. heftige Gemütserregung 30,4. 36, 12.
saṃvelluṇa (H. 4, 222. *sam* √*veshṭ*) zusammenwickeln 71, 36.
saṃveha ? etwa Verbindung 56, 10.
saṃsaya td. Zweifel, Gefahr 64, 30. 71,8.
saṃsagga °*rga* Verbindung 56, 17.
saṃsâra ts. der Saṃsâra 4, 1. 14, 21, 30.
saṃsitta °*kta* begossen 61, 20.
saṃharai *sam* √*hṛi* zurückziehen 3,10.
saṃhâra ts. Zerstörung 30, 21.
Sakka *Çakra* 26, 12, 15—18.
sakka *çakya* p. des folg. 79, 3.
sakkai √*çak* können 8, 24. 11, 23. 65,24. °ae 58, 23. °onti 65, 19. °ejja 79, 1.
sakkarâ *çark*° Kiesel, Geröll 22, 2, 13. Zucker 86, 9.
sakkâra *satkâra* freundliche Behandlung 66, 18.
sakkâriya *saṃskârita* p. bestatten 46,36.
sagaḍa *çakaṭa* Wagen 59, 7.
sagâsa *sakâça* Gegenwart 49, 16.
sagga *svarga* Himmel 29, 32.
saṃkanta *saṃkrânta* p. übergehen auf, sich mitteilen 24, 1. 83, 31. 85, 32.
Saṃkarî *Çaṃ*° 8, 19.—15, 2.
sankâ *ça*° Furcht, Besorgnis 58,28. sa° 72,22.

sankiya *çankita* argwöhnig sa° 67, 30. 68, 15.
ṣaṃkiṇṇa °*kîrṇa* brünstig 5, 24.
saṃkula ts. voll von 35,14. 49,15. 78,22,23.
saṃkeya °*ta* Verabredung 6, 20. 15, 5.
sankha *ça*° Muschel, Perlmutter 64, 11. 81, 31.
Sankha 1, 20.
Sankhaura *Çankhapura* 68,25. 79,24,26. 85, 6.
sanga ts. Verbindung, Umgang, Liebe 4,17. 56, 17. 61, 18. 70, 30.
saṃgaya °*ta* versehen mit 74, 13.
saṃgama ts. Zusammenkommen 38, 20. 71, 1, 18. 77, 17. 82, 32. Erreichung 29, 32.
Saṃgama 26, 30, 33.
Saṃgamî 78, 5, 11.
saṃgahaṇa *saṃgr*° Zusammenstellung 5, 21.
saṃgâma *saṃgr*° Kampf 35,2. 47, 26, 27.
saṃgoviya °*pita* p. verbergen 55, 16.
saṃghaḍâvei caus. *sam* √ *ghaṭ* vereinigen 36, 5.
saṃghâya °*ta* Menge 40, 19. 81, 27, 28.
sacca °*tya* wahr 57, 23. 59, 32. °ṃ adv. wirklich 20, 32. 49, 36.
saccaviya (H. 4, 181 *saccavai* √ *dṛiç*) p. sehen 13, 32. 15, 19. 27, 32.
saccaviya *satyâpay*. p. bewahrheiten 4, 28.
saccûla *sacûḍa* mit einem Büschel 74,12.
sacchandaṃ *sva*° nach eigenem Gefallen 50, 32. 76, 8.
sacchaha (DK. 8,9 *sadṛiça*) ähnlich 74,38.
sajja ts. bereit 39, 21.
sajjaṇa td. guter Mensch 58, 6.
sajjei *sajjay*. bereit machen °iya p. 68,18. 81,5 v. l. °ouṃ 82,9. °âvoûṇa 77,31.
sajjhasa (H. 2, 26 *sâdhvasa*) Angst 8,5. 24, 31.
sajjhâya *svâdhyâya* Lektüre, Studium 61, 17.
saṃcaya ts. Erwerb 55, 19.
saṃcaliya *sam* √ *cal*. p. gehen 74, 31. 79, 18, 38. 80, 12.
saṃcalliya (cf. H. 4,321) p. dass. 78,11
saṃcâra ts. Bewegung 10, 27.
saṃciṭṭha *sam* √ *sthâ* stehen 75, 20.
saṃcuṇṇiya °*cûrṇita* p. zertrümmern 71, 28.
saṃchanna ts. verborgen 68, 3.
saṃjaya *saṃyata* p. einhalten, unterdrücken 32, 28. — Mönch 36, 23. 45, 33.
saṃjaî *saṃyatî* Nonne 36, 17.
saṃjattî cf. *saṃyâtrâ* etwa „Marschordnung" 78, 3, 20.
saṃjattiya *sâṃyâtrika* Seefahrer 30,15.
saṃjama *saṃy*° Selbstbezähmung tava° 3, 18. 45, 22. 46, 21.
saṃjâya °*ta* entstanden 54, 1. 82, 32.
saṃjuya °*yuta* versehen mit 38,25. 45,22. 83, 2.
saṃjutta °*yukta* verbunden, vereinigt 1, 19. 59, 22.
saṃjoya siehe saṃjoga 11. 6.
saṃjoiya °*yojita* p. anschirren 82, 23.
saṃjoga *saṃy*° Vereinigung 35,33. 41,6. 54. 4. 58. 8.
saṃjhâ *saṃdhyâ* Dämmerung 14,23. 38,21. 67, 28. 74, 29. cf. tisaṃjhaṃ.
Saṃjhâvalî 23, 18.
saṭṭhi *shashṭi* sechzig 34, 4.
saḍḍha *çrâddha* Gläubiger 29, 35. 30, 1 31, 26.
saḍhâ (°*ṭâ* H. 4, 196) Mähne 82, 7.
Saṇaṃkumâra *Sanat*° 1, 27. 3, 8, 29, 31. 20, 16. °kappa 24, 36.
saṇâha *sanâtha* verbunden, versehen mit 1, 29. 60, 17. 73, 6.
saṇiyaṃ *çanaiḥ* allmählich 8,37. 16,8. 35, 10. 75, 16.
saṃṭhavei *saṃsthâpay*. beruhigen °eûṇa 6, 25. °iya p. 8, 12. 9,28,32. 13. 16. 15, 1. 36, 3.
saṃṭhâṇa *saṃsthâna* Form, Aussehen 67, 32.
saṃṭhiya *saṃsthita* befindlich 13, 23. 20, 31. 35, 27. 60, 24.
saṇḍa *shaṇḍa* Gebüsch 31, 17.
Saṇḍilla *Çâṇḍilya* 1, 7.
saṇṇihiya *saṃnihita* nahe 65, 19.
satta *sakta* sich hingebend 70, 10. 84, 9.
satta *sattva* Wesen 31, 20. cf mahâsatta
satta *saptan* sieben 4, 11
sattacchaya *saptacchada* Alstonia scholaris 21, 28.

sattabhûmiya *saptabhûmika* siebenstöckig 8,1. 48,33. °â siebentes Stockwerk 8, 2.
sattama *sapt°* der siebente 23,1 f. °iyâ 71, 5.
sattaratta *saptarâtra* Zeitraum von sieben Tagen 67, 13.
sattarasa *saptadaçan* siebenzehn 44,31.
sattu *çatru* Feind 8, 18. 42, 1.
sattuya *saktu* Grütze 60, 25.
sattha *çastra* Waffe 23, 31. 67, 1. 69, 18.
sattha *çâstra* Wissenschaft 2, 28. 46, 26. 62, 12. 69, 18.
sattha *sârtha* Schaar 16, 17. Begleitung 1, 4. 79, 25. 80, 5.
sattha *svastha* gesund 83, 19. °ikaya 85, 13.
satthaya *çastra* Schwert 67, 29.
satthara *srastara* Lager 68, 4. 75, 18.
satthavâha *sârtha°* grosser Kaufmann 15, 31. 17, 3. 58, 26.
satthillaya von *sârtha*, zur Begleitung gehörig 79, 28, 37. 80, 12.
sadda *çabda* Laut, Ton 8, 32. 22, 36. — Titel, Würde 41, 14.
saddaya dass. 48, 21.
saddahai *çraddadhâti* glauben 42, 21. °anta 27, 1.
saddâvei caus. des folg., rufen lassen °ettâ 33, 29, 21. °iya p. 66, 12.
saddei *çabdây*. rufen °iya p. 10,33. 13,12.
Saddhaḍa (?) 61, 3.
saddhâ *çra°* Lust, Verlangen 59, 11.
saddhiṃ *sârdham* c. Inst. mit 22, 31. 80, 12.
santa *sat* seiend 1,12. 44,30. f. santi 8,22.
saṃtatta *°pta* gequält 43, 7.
saṃtâva *°pa* Glut 21,35. Schmerz, Kummer 40, 4.
santiya von *sat* gehörig, herstammend von 28, 11. 41, 26. 47, 7. 52, 8. 66, 25.
santijjaghara *çântigriha* das Gemach, in dem Ceremonien zur Abwehr übler Folgen vorgenommen werden 68, 8, 11.
saṃtuṭṭha *°shṭa* zufrieden 69, 31.
saṃtosiya *°shita* befriedigt, erfreut 82,25.
sandaṇa *syandana* Wagen 69, 21, 32. 78, 29.
Sandahimuha 44, 8.
saṃdiṭṭha p. des folg. 77, 16.
saṃdisai *sam* | *diç* befehlen 30, 4.
saṃdeha ts. Zweifel, Gefahr 71,6. 76,22.
saṃdhi ts. Grenze 13, 23. 39, 33, 31. — Bresche 67, 9. 33.
saṃdhukkai (H. 4, 152 *pradîpyate*) entflammen °iya 18, 1.
saṃnajjhiûṇa *sam* | *nah* sich rüsten 13, 5. siehe folg.
sannaddha ts. angelegt 9, 33.
sannâ *saṃjñâ* Wink, Zeichen 7, 7. 9, 37. 80, 29. — Bewusstsein 22, 12. 68, 7.
sannâya *saṃjñâta* p. erkennen 47, 30.
sannâha ts. m. Rüstzeug, Pferdegeschirr 23, 25.
sanniya *saṃjñita* p. einem ein Zeichen geben 59, 37. 66, 6.
sannivittha *°shṭa* befindlich 7,27. 66,3.
sannivesa td. Ort, Flecken 50, 31.
sappa *sarpa* Schlange 79, 32. — 1, 11?
sappa *sarpis?* Ghee 1, 11.
sappurisa *satpurusha* guter, vorzüglicher Mensch 21, 15. 57, 35. 72, 35. 84, 11.
sabbhâva *sad°* der wahre Sachverhalt 6, 38. 11, 27. 34, 29. 36, 14. 37, 29. — liebevolle Gesinnung, Zuneigung 11, 28. 58, 6. 76, 21. 84, 1. 86, 8.
sabhâ ts. Versammlung 26,31. Saal 49,28. citta° Bildersaal 39, 5, 6, 11, 12. 49, 11, 31.
sama ts. gleich 20, 21. 42, 31.
samaya ts. Zeit 7, 18. 18, 13. 21, 22.
samayaṃ c. Inst. siehe folg. 79, 38.
samaṃ ts. c. Inst. mit 1,16. 5,13,15. 8,30.
samakkhaṃ *°ksham* c. Gen. in Gegenwart von 64, 12, 14.
samagga *°gra* vollständig 82, 32 vollständig versehen mit 26,5. 30,33. 47,15.
samajjiṇai *sam* | *arj* erwerben 54, 25.
samaṇa *çr°* Asket 25, 15. — °ttaṇa 48, 1. siehe samaṇovâsaya.
samaṇupatta *samanuprâpta* p. kommen 78, 24
samaṇubaddha td. p. fest anknüpfen 34, 16.
samaṇovâsaya °ga *çramaṇopâsaka* gläubiger Laie der Jaina 34, 15, 17.
samatti *°âpti* Beendigung 2, 24. 25, 25.

samattha °*rtha* fähig 6,3. 28, 10. 46, 5. a° 49, 27. 75, 27.

samattha °*sta* gesamt, ganz 27,31. 38,7. 78, 20.

samantao °*tas* von allen Seiten 2,12. 8,1. 17, 32. 35, 11.

samantâ °*tât* dass. 3, 6. 6, 14.

samannâgaya *samanvâgata* versehen mit 34, 15.

samanniya *samanvita* dass. 12, 17.

samappei *samarpay.* übergeben, geben 11, 14. °iûṇa 83, 35. °iuṃ abs. 10, 36. °iya p. 9, 5. 26, 19, 45, 9.

samara ts. n. Schlacht 17, 34.

samassiya *samâçrita* p. sich flüchten in 9,17.

samahiyaṃ °*dhikam* gar sehr 7, 36.

samâyaṇṇiûṇa *samâkarṇay.* hören 2,12.

samâicchiûṇa abs. von samâgacchai herbeikommen 17, 24.

samâiṭṭha *samâdishṭa* p. vorausbestimmen 24, 10.

samâgaya p. des folg. 2, 25. 7, 16. 17, 27. 23, 15. 42, 21. 45, 9.

samâgacchai *samâ* √ *gam* herbeikommen 23, 23.

samâgama ts. Zusammenkunft 12, 6.

samâgamaṇa td. dass. 12, 34.

samâḍhatta *samârabdha* p. beginnen 39, 7. act. 69, 6.

samâṇa *sat* seiend 34, 14. 44, 26, 33.

samâṇaṃ td. c. Inst. mit 43, 36. 70, 33.

samâṇatta caus. *samâ* √ *jñâ* p. befehlen 25, 31. 50, 29.

samâṇiya *samâ* √ *nî* p. bringen 80, 30.

samârai (H. 4,96 *samâracayati*) in Ordnung bringen °iûṇa 57, 2.

samâruhiya *samâ* √ *ruh* abs. besteigen 16, 27.

samârûḍha ts. p. zum vorh. 12, 31.

samâvajjiya °*rjita* p. gewinnen 8, 7.

samâvaḍiya °*patita* p. stattfinden 17, 34.

samâvanna °*panna* p. in einen Zustand eintreten 85, 38.

samâsattha 71, 16. °ikaya 18, 19 und samâsâsiya 23,16. 31, 18. *samâçvâsay.* p. beruhigen.

samâsiṇa td. p. sich setzen 69,22. 75,13.

samâhi °*dhi* Aufmerksamkeit 42, 17.

samâhiya °*ta* aufmerksam 61, 15.

samiya *sameta* versehen mit 9, 25.

samiya panca° mit den fünf Samiti-Tugenden 61, 18.

samikkha *samîkshate* annehmen 38, 37. 40, 30. 55, 8.

samiddha *samṛi°* reich 7,20. 18,11. 50,33. 68, 25.

samiva °*pa* Nähe 2, 5, 23. 17, 17. °ttha 12, 17.

samihiya °*ta* begehrt, gewünscht 74, 21. 84, 9. — n. Wunsch 11,31. 15,10. 73,21.

samuiya °*cita* gerne zusammen seiend 5, 3, 5.

samugga °*dga* runde Dose 85, 18.

samucchaliya °*ta* p. sich erheben 16,18,30. 78, 13.

samujjoya °*ddyota* m. Lichtschein 83,34.

samudda °*dra* Meer 29, 9, 11. 54, 24.

Samuddadatta 44, 27.

samuddhâiya °*vita* p. herbeieilen 43,16.

samunnaya °*ta* erhaben, hoch 16, 19.

samupehiyâṇaṃ *samutpreksh.* abs. erblicken 38, 37.

samuppajjai *samud* √ *pad* entstehen °itthâ prät. 33, 1.

samuppanna *samutp°* p. zum vorh. entstehen 16, 9. 17, 7.

samullâva *samullâpa* Unterhaltung 54, 15.

samuvvahaṇa *samudvahana* Tragen 74, 3.

samussuya *samutsuka* sehnsüchtig 77,21,24.

samuha siehe samm° entgegen °o 82,8. °aṃ 47, 16, 37.

samûsiya *samucchrita* emporragend 36,30.

samûha ts. m. Menge 6, 11. 14, 15. 74, 7. 81, 13.

sameya °*ta* zusammen mit 24, 1. 77, 39. 78, 2.

saṃpayaṃ *sâmpratam* jetzt 47, 35.

saṃpayâ *sampad* Fülle 27,4. 36,33. 79,6. 82, 37. Glück 81, 35.

saṃpai *samprati* jetzt 27. 17.

saṃpajjai *sam* √ *pad* in Erfüllung gehen 74, 26. °issai 11, 32. 61, 37.

saṃpatta *saṃprâpta* p. anlangen 6, 10. 13, 3. 71, 18. 74, 6, 33. 79, 36.

sampadatta *sampr*° p. geben, gewähren 66, 16.

sampanna ts. versehen mit 36, 27. 41, 4.

sampalitta *sampra* √ *dîp* versengt 8, 16.

sampâyaga °*daka* Erfüller 54, 6.

sampâḍei *sampâday.* gewähren, schenken 21, 36. 58, 26. 61, 33.

sampiṇḍiya *sampiṇḍay.* abs. zusammenrollen 16, 25.

sampuḍa °*ṭa* hohle Schale 21, 37. Kiste 30, 13.

sampuṇṇa °*pûrṇa* voll 43, 14. 57, 19.

sampûjiya °*ta* p. ehren 66, 17.

sampûriya °*ta* erfüllt 41, 27.

sampesai *sampra* √ *ish* senden 72, 18.

sampesaṇa *sampreshaṇa* Entsendung 17, 27.

sampehottâ *sampra* √ *îksh* abs. überlegen 33, 19.

sambandha ts. Verbindung, Verhältnis 1, 13.

sambala td. Wegkost 60, 17, 21.

sambujjhai *sam* √ *budh* sich bekehren 31, 11.

sambuddha p. zum vorh. 48, 20.

samboboi caus. zum vorh. 52, 9.

sambhanta °*bhrânta* bestürzt, erregt 12, 8. 84, 1. 86, 1. sa° 7, 31.

sambhama °*bhrama* Verwirrung 13, 12. sa° 42, 2. 48, 31. 68, 14. — was die Verwirrung erregt 17, 4. 5.

sambharei *sam* √ *smṛi* sich erinnern 35, 2. °iya p. 48, 18.

sambhava ts. Entstehung 30, 24. Herkunft 39, 2. 73, 36.

sambhâsiya *sam* √ *bhâsh* p. anreden 2, 25. 62, 13.

sambhûya °*ta* entstanden aus 48, 36.

Sambhûya 1, 19, 26, 28 etc.

sammaya °*ta* Zustimmung 5, 11.

sammaṃ *samyak* richtig 25, 13, 18. 42, 19.

sammatta *samyaktva* wahrer Glaube 14, 26. 24, 37. 30, 5. 45, 29.

sammadda °*rda* Gedränge 26, 3.

sammâṇa td. Ehrerweisung 66, 19. 72, 25.

sammâṇei *sammânay.* Ehre erweisen °eûṇa 78, 1. °iûṇa 25, 14. °iya p. 47, 13.

sammuha °*kha* entgegen °o 17, 23, 31. °aṃ 10, 17. 17, 36. 47, 2.

sammissa °*çra* gemischt mit 26, 24.

Sammeya *ta* 28, 11.

sara *çara* Pfeil 1, 14. 32, 21. 71, 15.

sara *saras* See, Teich 25, 32. °vara 9, 1. 20, 29. 21, 34. 22, 16. 43, 15.

sara *svara* Ton 22, 36. 71, 31.

saraya *çarad* Herbst 7, 18. 14, 21. 37, 36.

saraṇa *ça*° Schutz 16, 20. 17, 16. 31, 18. caüsaraṇagamaṇa das Zufluchtnehmen zum vierfachen Sangha 35, 15. 42, 18.

saraṇa *sma*° Erinnerung jâi° 53, 37. 54, 12.

sarala ts. schlecht und recht 81, 8. 84, 1.

sarasa ts. würzig 7, 20. 18, 18.

Sarassai °*svatî* 70, 15.

sari iac. 69, 11. sariyâ 81, 1. *sarit* Fluss.

saricchа *sadṛiksha* ähnlich 86, 14. °ya 79, 8.

sarisa *sadṛiça* ähnlich 16, 31. 26, 12 etc.

sarisa (?) zusammen mit 72, 6. c. Inst. 84, 36.

sarisari ? etwa Erstaunen ? 10, 29.

sarîra *ça*° Leib 9, 8. 14, 21. °ciutâ Leibesnotdurft 49, 17, 33.

sarûva *svarûpa* n. Sachverhalt, wahres Wesen. 10, 37. 14, 30.

sarovara ts. See 60, 12, 22.

salila ts. Wasser 21, 32, 33.

salliya *çalyita* mit Dornen behaftet 71, 15.

savakki *sapatnî* Mitgattin 52, 3.

savaḍammuha (DK. 8, 21. *abhimukhaḥ*) entgegen °o 78, 31. °aṃ 71, 27. 82, 18.

savaṇa *çra*° das Hören 8, 9. Ohr 2, 13.

savatti *sapatnî* Mitgattin 52, 14. °ttaṇa 53, 1.

savara *çab*° ein Çabara 28, 4. 81, 27.

savva *sarva* all, ganz 58, 31.

savvao *sarvatas* von allen Seiten 7, 3. 17, 21.

savvattha *sarvatra* in allem 72, 30.

savvaṇṇu *sarvajña* allwissend 30, 28. 31, 1.

savvassa *sarvasva* n. ganze Habe, „Inbegriff“ 76, 2.

savvahâ *sarvathâ* durchaus, vollständig 27, 31. 58, 7, 23. 74, 1. 80, 18. 85, 25.

sasarakkha *saṃraksha?* Wächter? 30, 10.

sasahara *çaçadhara* Mond 84, 18.
sasi *çaçin* Mond 81, 31.
sassa *sasya* Getreide 61, 21.
saha ts. c. Inst. mit 1,25. 20,18 iac. 20,16.
saha ts. etwa „gewachsen" 2. 30.
sahayâra °*kâra* Mango 67, 19. 74, 8.
sahai √ *sah* ertragen 25,13. °anta 14,35. °amâṇa 5,21. 30, 2. °iya abs. 25, 19. °iuṃ inf. 8, 24.
Sahadevi ts. 20, 15.
sahasâ ts. plötzlich 13,35. 76,1,11. — ceiya dass. 8, 10. 9, 27. 83, 26, 37. — tti dass. 78, 26. 81, 27. 83, 16.
sahassa °*sra* tausend 11, 10. 39, 31.
Sahassanayaṇa Indra 84, 19.
sahâ *sabhâ* Versammlung 13, 21.
sahâya ts. Genosse 12, 29. 14, 1. 65, 16.
sahâva *svabhâva* eigenes Wesen, Natur 64,31. °ttha °*stha* 57,17. °ya °*ja* 76,11.
sahi *sakhi* Freund 8, 20. 42, 29. 84, 7.
sahiya °*ta* begleitet von, zusammen mit 3, 32. 6, 12. 14, 16. 20, 18. 64, 11. 78, 29.
sahiyâ *sakhî* Freundin 81, 22.
sahijja 6,12. sahejja 60,16. *sahâya* Begleiter.
sahoyara 41,2. 45,27. 85,36. sahodara 47, 35. ts. Bruder.
sâyara °*gara* Ocean 31, 20.
s'âyara siehe âyara 9, 11, 11.
sâima *svâdima* Süssigkeiten 4, 16.
sâ'isaya siehe aisaya 3, 33.
Sâkoya °*ta* 23, 7.
sâgaya *svâgata* Willkommen 9, 11. 24, 1.
Sâgaracanda °*dra* 1, 2.
Sâgaradatta 10, 13. — 44, 28.
Sâgaradeva 44, 27.
sâgaravûha °*vyûha* eine best. Schlachtordnung 39, 35.
sâma *çyâma* dunkel, „entfärbt" 14, 29.
sâmaggi °*grî* alles Erforderliche 5, 36. 6, 1. 59,29. — Menge 59,21,25. — °iya acc. 5, 12.
sâmaṇṇa *çrâmaṇya* Asketenstand 13, 25. 28, 14. 34, 3. 48, 18.
sâmattha °*rthya* Macht 15, 38.
sâmanta ts. Vasall 18,7,18. 46, 35. 54, 22. 63, 2. — Nähe 31, 16.
sâmanna °*nya* gewöhnlich 56, 8.
sâmâṇiya °*ka* eine Götterart 44,25. 45,30.
sâmi *svâmin* Herr 6, 31. 8, 19 etc.
sâmiya dass. 6, 31. 79, 15.
sâmiṇi *svâminî* Herrin 41,11. 53,2. 78,12.
sâmitta *svâmitva* Herrschaft 41,13. 43,32. 48, 3.
sâmiheya °*dheya* Brennholz 7, 18.
sâmoṇa *sâmna* versöhnlich 14, 37.
sâra ts. das Wertvolle, Quintessenz, Reichtum 26, 8. 39, 29. 47, 12. 67, 27. 71, 10. 77, 23. — wertvoll 64, 15.
sârasa ts. Reiher 20, 28.
sârahi °*thi* Wagenlenker 13, 2.
sâriccha *sadṛiksha* ähnlich 70,21. 71,33. 82, 19.
sârîra *çâ°* körperlich 2, 29.
sâlâ *çâlâ* Stall 73, 30.
sâli *çâli* Reiss 72, 31.
sâvaya *çrâvaka* Gläubiger, Laie 24, 38. 30, 3. 35, 11. 53, 4.
sâvaya *çvâpada* reissendes Tier 13, 20. 78, 22. 79, 33.
sâvaga *çrâvaka* siehe sâvaya 25,7. 33,4.
sâviyâ 42, 4. °igâ 36, 2. *çrâvakî* Laienfrau.
sâsa *çvâsa* Asthma 27, 35.
sâsaṇa td. Befehl, Herrschaft 2, 8. 37,35. 48, 3. 63, 1.
sâhai (H. 4,2. *kathayati*) √ *çâs* sagen 8,6. 11, 15, 27. °emi 8, 22. °esu 21, 17. °issai 8, 21. °iuṃ inf. 11, 23. 16, 3. 21, 19. °iya p. 2,26. 6,35. 7,11. 30,18. °iyavva 11, 16. cf. siṭṭha.
sâhaṇa *sâdhana* bewirkend 46, 13.
sâhammiṇi *sâdharmiṇî* Glaubensgenossin 46, 3.
sâharai siehe saṃharai °ittâ 30, 2.
sâhasa ts. Tollkühnheit 17, 33. 76, 13.
Sâhasagai °*ti* 84, 12.
sâhassa °*srya* tausend 10, 35.
sâhâ *çâkhâ* Ast 35, 5. 67, 22. 68, 5. 74, 8.
sâhiṇa *svâdhîna* selbständig 5, 27.
sâhu *sâdhu* Jainamönch 2,36. plur. Nom °avo 31,17. Acc. °uṇo 42,25. — °dhamma Jainareligion 2, 30.
sâhukkâra *sâdhukâra* Beifallsruf 16,30. 67, 7. 77, 20.
sâhuṇi *sâdhvî* Nonne 36, 2. 46, 10.

sâhijja siehe sâhejja 62, 11.
sâhei siehe sâhai.
sâhei *sâdhay*. vollenden °inta 69, 21. °iya abs. 8, 26. °iuṃ inf. 14, 35.
sâhejja *sâhayya* Beistand 23, 27.
si *asi* du bist 8, 4 etc.
siya *sita* weiss 8, 21, 36. 15, 5.
siṃhâsaṇa td. Thron 26, 28. 27, 10.
sikkha siehe vivariya°.
sikkhai √*çiksh* lernen °anta 69, 26. °iya p. 67, 4. °âvei caus. 66. 27.
sikkhâ *çikshâ* Kunde 72, 14.
sikkhâvaiya den 7 fachen çikshâpada, nämlich die 3 aṇuvrata u. die 4 çikshâpada (siehe Leumann, Aup. S. § 57) enthaltend 33, 4.
sigghaṃ *çîghram* schnell 69,7. 73,20. 78,16. 83, 1.
singa *çṛi*° Horn 38, 7, 36.
singâra *çṛi*° Schmuck, Toilette 27,9. 79,5. 84, 38.
sijjhai √*sidh* in Erfüllung gehen °en 73, 24. — eintreten 61, 2. — zur Erlösung kommen °ihi 28, 16. 34, 20.
sinçai √*sic* besprengen 77, 17. cf. sitta
siṭṭha p. zu sâhai 8, 28. 9, 30.
siṭṭhi *srishṭi* Schöpfung 30, 24.
siṇavalli ? 34, 7.
siṇiddha *snigdha* freundlich sa° 22, 19.
siṇeha *sneha* Liebe 9, 4. 11, 27. 45,8, 10.
sitta *sikta* p. besprengen 21, 31.
siddha ts. vollendet 57,12. — eine Götterart 18, 4.
siddhi ts. Vollendung 8,27. 10,21. 30,21.
Sindhu 28,17. sindhukhaṇḍa ? 26,10.
sippa *çilpa* Kunst 65, 11.
sippiya *çilpika* Künstler 52, 5.
sibira *çibira* Heer 78, 3, 7, 26. 84, 35.
simbha *çleshma* Schleim 4, 13, 21.
sira *çiras* Haupt 7,33. 58,1. 69,6. °roga 5, 6. ghara° Dach 70, 4.
sirâ ts. Ader 4, 11.
Sirikantâ *Çrîkântâ* 9, 16.
Sirimai *Çrîmatî* 9, 18. 17, 3.
sirivaccha *çrîvatsa* eine best. Figur 6,27. eine Brosche von best. Form 67,32. 74,38.
siri *çrî* Glück, Reichtum 39, 3. 43, 37. 44, 28. 67, 32. 72, 27. „Stellung“ 66, 26.
siriya *çrî* acc. Schönheit 27, 1.
silâ *çilâ* Stein 58, 32. °yala 2,21. 28,15.
siloga *çloka* Çloka 18, 21, 22.
siva *Çiva* ein Linga 66, 8, 9.
Sivapura td. 19, 11.
sivâ *çivâ* Schakal 25, 18. 43, 11.
Sivâ td. 39, 27.
siviyâ *çibikâ* Sänfte 33, 26.
sisira *çiçira* kühl 21, 31.
sihara *çikhara* Gipfel 22, 34. 28, 15. — Dach 39, 11. 45, 12.
sihi *çikhin* Pfau 19, 19.
siya *çîta* kühl 74, 7.
sîyala *çîtala* kühl, kalt 21, 31. 49, 33. sîyalaya 35, 1.
sîla *çîla* Gewohnheit acc. 57,3. dhamma° Gerechter 61, 27. — Charakter, Tugend 24, 32. 43, 1.
sîsa *çishya* Schüler 69, 20.
sîsa *çîrsha* Kopf 6, 26. 58, 2. 74, 1.
sîsaya °*ka* Blei 52, 9.
sîha *siṃha* Löwe 43, 11.
Sîharaha *Siṃharatha* 48, 21.
sîhâvaloiya *siṃhâvalokita* der Blick des Löwen. °oṇa so dass man bald vorwärts, bald rückwärts schaut 27, 32.
sîhâsaṇa *siṃhâsana* Thron 26, 15.
su° iac. schön, gut z. B. °purisa 83,18. 84, 27. suyalaṃkiya 40, 29.
suya *çruta* p. hören 7, 3. 29, 21. 37, 3.
suya *suta* Sohn 69, 21, 28, 29.
suyai √*svap* schlafen 76, 32. 50, 13. °anta 37, 12. siehe suvai, sutta.
suyaṇu *sutanu* schlank, schön 13, 36. 69, 27. 73, 16. 85, 22.
suyandha *sug*° wohlriechend 73, 6.
sui *çuci* rein 62, 12. °tta 4, 15.
sui *çruti* das Hören 2, 11.
suiraṃ *suc*° lange Zeit 52,12. 54,29. 71,39.
sukai *sukavi* vortrefflicher Dichter 10,19.
Sukaṇṭha 13, 3.
sukumâra ts. zart °yâ 21, 27.
sukka *çukra* Samen 4, 8, 9, 13.
sukka *çushka* dürr, verdorrt 36, 35.
sukkhiya ? p. versprechen 10, 31.
Sugutta °*pta* 49, 38.
suciraṃ ts. lange Zeit 31, 7.
sujâya °*ta* gut gewachsen 38, 36.

sujâi °ti von edler Rasse 10, 19.
sujjhai √çudh rein werden 32, 30.
suṭṭhuyaraṃ sushṭutaram gar sehr 50, 35. 56, 27.
suḍhiya (DK. 8,36. suḍhio çrântaḥ) ermüdet, matt 74, 9.
suṇai siehe suṇei 53, 24. °anta 18, 15.
Suṇandâ td. 3, 33. 23, 17.
suṇaha çunaka Hund 63, 21.
suṇusuṇâyanta etwa „murmelnd" 67,21.
suṇei √çru hören 28, 27. °ettâ 31, 28. °iûṇa 69, 5. °iya abs. 3, 12. 14, 26. siehe suṇai, summai, suvvai.
suṇṇa siehe sunna.
sutta p. zu suvai 13, 9. 22, 31. 29, 14. 75, 17.
sutthaṃ sustha oder svastha in Ordnung all right 59, 19. 77, 25.
sutti çukti etwas Muschelförmiges naha° 49, 21.
Sudaṃsaṇa Sudarçana 41, 2. 44, 35.
suddha td. rein 10, 23
suddhi td. Reinheit 61, 27. Klarheit in einer Sache 20,25. vollständige Verzeihung 63, 23.
sundara ts. schön 17, 6. 71, 11. f. i 8, 3. 24, 16. 71, 11.
Sundara 68, 26. 71. 11. 82, 26.
sunna çûnya leer 22, 22. 73, 30. 74. 22.
subahu ts. viel 53, 11.
Subuddhi 17, 19.
sumarai √smṛi sich erinnern °ijjau 15, 3. °iûṇa 15, 9. °iya abs. 15, 11. p. 8, 20. 18, 17, 18.
suminṇa svapna m Traum 11.23. 65. 5, 6. mahâ° 20, 16.
suminaga 18, 11. °ya 59, 31, 32. dass.
summai pass. zu suṇei 11, 16.
sura ts. Gott 14, 15, 26. °yaṇa 26, 27. °loya 26, 27.
surangâ surangâ unterirdischer Gang 8, 8, 19, 20.
Suravai °pati Indra 28, 30. 72, 7.
Suraha °tha 23, 7.
surahi °bhi wohlriechend 14, 18. 35, 1
surûva °pa f. â schön 28, 26.
sulagga °gna sich festhaltend 29, 11.
Sulasa 68, 28.
sulabha ts. leicht zu erlangen 60, 6.
sulaha dass. 14, 24.
sulusulenta wimmelond 24. 29.
suvai √svap schlafen 65, 7 siehe suyai, sutta.
suvaṇṇa °rṇa Gold 28, 27.
suvaṇṇakâra Goldschmidt 28, 26.
Suvaṇṇaguliyâ °kâ 31, 31.
suviṇa svapna Traum 39, 17. 62, 12.
suviṇaya °ga dass. 62, 16, 15.
Suvvaya °vrata 24, 31.
Suvvayâ °vratâ 46, 21.
suvvai pass. zu suṇei 6, 31. 9, 30. 17, 11.
susattheṇa susvasthena wohlgemut 35, 37.
susâṇa çmaçâna Begräbnisplatz 36, 15, 23.
susiya siehe sosiya 61, 7.
sussûsai çuçrûsh. bedienen 31, 17.
suha çubha gut, glückbringend 2, 22. 62, 16, 30.
suha sukha glücklich. Glück 5, 15, 37 etc. suhaṃ suheṇa 24, 7. 46, 23.
suhaya subhaga schön, liebenswürdig 85, 27.
suhaḍa subhaṭa Krieger, Held 79,17. 82,20. 84, 33.
Suhammavai Sudharmapati 26, 12.
suhi sukhin glücklich 82, 36.
suhiya sukhita dass. 60, 7.
sûya sûda Koch 32, 25.
sûyaga sûcaka anzeigend, verratend 67, 23, 32.
sûiya p. von suyai, Schlaf 68, 2.
sûiya sûcita p. angezeigt 4, 31. 20, 16. 39, 17.
sûi sûcî Nadel 10, 23, 28.
sûḍaṇa sûdana (cf. H. 4, 106) das Töten 45, 21.
sûra td. Held 56, 2. 72, 10.
sûra ts. Sonne 22, 16.
Sûra 20, 17.
sûlâ td. Pfahl 66, 20. — ? 59, 11 v. l.
se Gen. des Pron. 3. pers. 7, 36. 8, 18. 10, 36 etc.
se = so 28, 20.
seya çveta weiss 37. 36. 38. 36.
Seya Çveta 48, 15.
seya sveda m. Schweiss 4, 23.

seyaṃ *çreyas* besser 33, 18.
sejjâ *çayyâ* Bett, Lager 50, 9. 68, 1, 19.
soṭṭhi *çreshṭhin* Kaufherr 10, 13. 24, 36. 50, 16. 64, 8.
sodhi *çrеḍhî* Seite 14,11. — Reich? 43,28.
soṇâ td. Heer. ⁰vai *pati* Heerführer 13,4. 17, 29.
soṇi *çreṇi* Zunft 49, 11.
seuna *sainya* Heer 17, 35. 45, 9.
sela *çaila* Fels, Berg 28, 15. 44, 8.
sella (DK. 8,57 *sello mrigaçiçuḥ çaraç-ca*) Pfeil oder vorh.? 23, 33.
sevaya ⁰*ka* Diener 79, 17.
sevai √*sev* geniessen ⁰oha 13, 9.
sevâ ts. Bodienung, Verehrung 23, 25. 65, 3.
sesa td. Rest 27, 11 — die übrigen 5,11.
soya *çoka* Kummer 13, 31. 15, 1. 27, 12.
soya *çauca* Reinigung 65, 17. 66, 3.
soya *srotas* Ausguss, Öffnung 4, 10.
soyai √*çuc* traurig sein 74, 23.
Soyâmaṇi *Saudâmaṇî* 26, 29.
soum 2, 9. soûṇa 2, 4. 8, 27. 41, 20. abs. zu suṇei.
sokkha *saukhya* Lust 2, 13, 4, 4.
soga *çoka* Kummer 35, 31.
soccâ *çrutvâ* gehört habend 33, 11.
soṇiya *çoṇita* Blut 4, 8. 25, 13.
soṇḍâ *çuṇḍâ* Rüssel 7, 23. 71, 26, 38.
soṇḍira *çau*⁰ übermütig 68, 33.
sobhaṇa td. günstig, glückbringend 33,19.
soma *saumya* lieblich 31, 1. ⁰yâ 84, 20. ⁰ttaṇaya 72, 9.
Soma 1, 1.
solasa *shoḍaça* sechzehn 44, 8. Gen. ⁰ṇha 28, 20.
sovaṇṇa *sauvarṇa* golden 32, 31.
Sovira *Sau*⁰ 28, 17.
sosiya *çoshita* ausgedörrt 2, 22.
sohagga *saubhâgya* das Reizendsein 24,16.
sohaṇa *çobhana* schön 56, 33 glückbringend 8, 29. 16, 35. 40, 12.
Sohamma *Saudharma* 18, 16. ⁰kappa 25, 19. ⁰sabhâ 26, 28.
Sohamminda *Saudharmendra* der Indra im Saudharma-Himmel 26, 27. 30,32.
sohâ *çobhâ* Glanz, Pracht 46,28. 55,5. 82,26.
sohiya *çobhita* geschmückt 64, 33.

h.

haya *hata* p. töten 10, 14. 68, 19. 84, 35.
haya ts. Pferd 17, 25. 26, 2. 39, 31.
haya *hṛita*⁰ hiyaya hingerissen, entzückt 2, 1. 67, 5.
haṃ siehe aham.
haṃsa ts. Gans 1, 14. f. i 1, 15.
hakkai (H. 4, 134 *nishedhati*) hindern, abwehren ⁰iya p. 16, 22. ⁰iûṇa 75, 23.
hakkârai *âkâray.?* herbeirufen, kommen lassen 72, 20. ⁰iya abs. 63,19. p. 63,33. — anrufen ⁰iya p. 71, 33.
haṭṭa ts. Markt 71, 28. 73, 30.
haṭṭha *hṛishṭa* erfreut 33, 11.
haṇai √*han* schlagen, zerstören, töten 2,15. 5, 32. cf. haya, hantuṃ hammamâṇa.
hattha *hasta* Hand 31, 5. 50, 17. Elle 50, 17, 18, 19.
hatthi *hastin* Elephant 16,18. Nom. pl. i 32, 6.
Hatthiṇâura *Hastinâpura* 2,35. 20, 14. 25, 22.
hantuṃ inf. zu haṇai 9, 25. 31, 17.
hantûṇa abs. zu haṇai 9, 18. 24, 1.
hammamâṇa pass. zu haṇai 2, 16 3, 4. 7, 6.
Hara 58, 1.
harai √*hṛi* rauben, entführen 37,11. ⁰iuṃ inf. 41, 13. ⁰iûṇa 73, 35. 84, 13. ⁰iya abs. 14, 35. p. 32, 10. 75, 7.
haraṇa ts. Raub, Rauben 38, 19. 41, 17. 65, 9. 67, 9. 70, 33.
hari ts. Löwe 35,22. 78,30. — Ross 84,13.
Hari ⁰kulavaṃsa 39, 2.
hariesa ⁰*keça* blondhaarig, Câṇḍâla 37,17.
Hariçanda ⁰*dra* 23, 21.
hariṇa ts. Gazelle 58, 12.
Harivâhaṇa td. 25, 4.
harisa *harsha* Freude 2, 23. 8, 10. sa⁰ 8, 28. 15, 10. 16, 1 etc.
harisiya *harshita* erfreut 17,23. 24,3. 72,12.
hala ts. Pflug 35, 35.
haliddâ *haridrâ* Gelbwurz 86, 12.
hale Voc. Freundin 9, 7. 50, 21.
hallohalaya (cf. DK. 8, 75 *halahalam tumulaḥ kautukaṃ ca*) Tumult 16, 19.
hallohalibhûya vom vorh. verwirrt, erschöpft 21, 28.

havai | *bhu* sein 35, 15. °ijja 71, 18.

hasiûṇa | *has* lachen 17,13. 37,8. 49,21. 57. 17.

hâ interj. 7, 34. 13. 11. 68, 19, 20.

hâra ts. m. Halskette 10,36. 26, 14. 27,20. 45, 15.

hârei *hâray.* einbüssen, verlieren °asu 29, 27. °iya p. 10, 17, 29.

hâsa ts. Lachen, Scherz 49, 22. 82, 38.

Hâsâ 29, 3, 22.

hâhâkâra ts. Weheruf 83, 12.

hâhârava ts. dass. 16, 21. 23, 13. 83, 5.

hiya *hita* gut, heilsam 55, 36. Heil 6, 4. 27. 25.

hiyaya *hṛidaya* Herz 2, 1. 8, 11. 16, 9 etc. hiya° 5, 16.

hiṃsâ ts. das Töten 41, 17.

hiṭṭha *hṛishṭa* erfreut 71. 36. 77, 27.

hiṭṭhâ siehe heṭṭhâ 67, 19.

hiṇḍai | *hiṇḍ* gehen; wandern °anta 20.27. °iyavva 10.10. °iuṃ inf. 21,26. °iya abs. 25, 21. p. 34. 1. 61. 6.

Himavaṃ °*vat* Gen °vao 86, 4.

hiraṇṇa °*ṇya* Gold 15, 8.

hiyai pass. | *hî* schwinden 27. 15.

hu *khalu* wahrlich 77, 21. 79. 11. 80, 7.

huyavaha *hut*° Feuer 81, 13. 85, 33.

huyâsaṇa *hutâçana* dass. 38, 18. 71, 12.

hû = hu 77, 23.

hûya *bhûta* acc. geworden zu 21, 28 etc.

heu *hetu* Grund. Ursache 3, 13. 4, 1. — heuṃ acc. wegen 29, 27. heuttaṇeṇa acc. wegen 53, 35.

heṭṭhayammi cf. *heṭṭhâ* darunter 74, 9.

heṭṭhao *adhas* unterhalb c. Gen. 59,27,28. 60, 30. 62, 36.

heṭṭhâ dass. 1, 10. 7. 4. 9, 31. 14, 19.

heṭṭheṇa dass. 29, 11. 35, 5.

hema ts. Gold 61, 12.

hesiya *heshita* p. wiehern 62, 37.

hoi | *bhû* sein 11, 31. 62, 26. hojjâmi 29. 19. °si 29, 14. 37, 9, hojjâ 4, 28. hojja 35,18. 70,13. °su 23, 4. hohâmi 37. 8. °hisi 62,31. °hii 37,1. °hi 6,36. hoyavva 81,29. houṃ abs. 16,22. °ûṇa 16, 22. °ttha praet. 28, 17. 18.

Nachträge.

Erklärung der Apabhraṃçastrophen.

Da nach dem Plan dieses Werkes die ausführliche Erörterung des Apabhraṃça ausgeschlossen sein sollte, so muss ich die in diesem Dialekte gedichteten Strophen wenigstens in Gestalt eines Nachtrages erklären. Ich versuche ihre Form nach Massgabe der Grammatik und Metrik zu restituieren, wobei Veränderungen des Textes, die weder durch oben mitgeteilte, noch hier nachzutragende Varianten motiviert sind, als von mir herrührende Conjekturen aufgefasst werden mögen. In der Grammatik ist Hemacandra, in der Metrik Colebrooke (Misc. Ess. II² p. 139 fg.) meine Autorität.

3, 22—25. mâs'uvavâsu karai vicittu, vaṇavâsu nisevai,
paḍhai, nâṇa'jhâṇeṇa niccu appâṇaṃ bhâvai,
dhârai duddharu bambhaceru, bhikkhâ'saṇu bhuṇjai,
jâsu rosu, tasu sayalu eu nipphalu saṃpajjai.

Strophe aus 4 gleichen Versen mit Cäsur nach der 14. Mora. Bau: 6+4×4+2. Innere und äussere Reime. Name: Lîlâvatî.

Übersetzung: (Wenn er auch) manigfaltige Monatsfasten hält, ein Eremitenleben führt, studiert, durch Wissen und Meditation immer seine Seele läutert, das schwer zu übende Keuschheitsgelübde ausübt, und Bettelkost geniesst, so wird doch dem, der dem Zorne ergeben, alles dies nicht zum Heile anschlagen.

38, 27—30. jaṇa jaṇa matta pamattau hiṇḍai pura'pahehi
moḍâtoḍi karantau veḍhiu bahu'narehi;
taṃ joyaṇu airena i jaṇa khaṇa'bhangurau
jara'rogahi so sijjhai; rakkhaṃ taha kharau.

B hat in der ersten Zeile am Rande jaṇa jaṇa, in der dritten khaṇa statt kkhaṇa. Die Strophe scheint eine der vielen Arten Lîlâvatî zu sein. 4 gleiche Verse, von denen jedes Paar inneren und äusseren Reim hat. Bau: (6+4+2)+(6+3).

Übersetzung [unsicher]: Mensch und Mensch, Thor und Narr irren in den Strassen der Stadt, Drängen und Stossen verübend, umgeben von vielen Leuten. Dies sehend (joyaṇu = drishṭvâ?) wie in Kürze der Mensch im Augenblicke hinsinkt, geht er durch Alter und Krankheiten zu Grunde: Schwer ist's ihm zu helfen.

58, 14—22. kula'kalankaṇu sacca'paḍivakkhu
guru lajjâ'soya'karau

dhamma vigghu atthaha paṇâsaṇu
ju dâṇa·bhogahi rahiu
putta·dûra·pii·mâi·mosaṇu. |
jahi na muṇijjai deu guru, jahi navi kajju akajju |
taṇu·saṃtâvaṇu kugai·pahu, piya tahi jûi ma rajju. ||

Metrum: Raḍḍhâ.

Übersetzung: (Der Spieler ist) ein Schänder der Familie, ein Widersacher der Wahrheit, den Würdigen Scham- und Kummer-Bereiter, ein Gegner der Frömmigkeit, ein Verschwender der Habe, einer dem Freigebigkeit und Genuss versagt sind, ein Dieb an Kindern und Gattin, an Vater und Mutter. Dem Spiele, bei dem man nichts weiss von Gott und Lehrer, noch von Recht und Unrecht, das den Leib schädigt und zur Hölle führt, dem ergieb dich nicht, o Geliebter.

76, 16—19. na gheppahiṃ susiṇeheṇa na vijjae na ya guṇahi |
na lajjae na ya mâṇeṇa na ya câḍuya·sahassahi ||
na ya khara·komala·vayaṇahiṃ na vihaveṃ na jovvaṇiṇa |
duggejjhaṃ maṇu mahilahiṃ cintehiṃ âyariṇa ||

Zwei Dohâ mit inneren und äusseren Reimen.

Übersetzung: Nicht werden sie (die Weiber) gewonnen durch Liebe, weder durch Gelehrsamkeit noch durch Vorzüge, nicht durch Bescheidenheit, noch Stolz, noch tausenderlei Gefälligkeiten.

Auch nicht durch rauhe oder zarte Worte, nicht durch Macht, nicht durch Jugendschöne. Schwer zu gewinnen ist das Herz bei den Weibern: so denken (die Klugen) in Besonnenheit.

86, 17—20. Der gegebne Text ist richtig bis auf den am Schlusse der Zeilen zu streichenden Anusvâra. Metrum: Rolâ.

Übersetzung: So lange leuchtet Entsagung, so lange Reichtum, Adel und Bescheidenheit, so lange Furcht vor Unrecht, so lange Scheu vor würdigen Personen, so lange Herrschaft über die Sinne und der Glanz des Ruhmes so lange, bis der Mann bei den sinnbethörenden Weibern in ihre Gewalt gerät.

Dunkle Stellen.

Solche Stellen, die wegen eines dunklen Wortes mir nicht ganz klar geworden sind, wird man im Wörterbuche durch ein Fragezeichen hinter dem Worte oder der betreffenden Stelle markiert finden. Namentlich hervorheben will ich folgende: 2, 9. 3, 17. 21, 25. 22, 10. 26, 10. 55, 35. 74, 3.

Citate aus der Âvaçyaka Niryukti p. 34, 21—24. = ÂN 17 v. 39, 40. 38, 6—9 = v. 42, 43. 38, 35, 36. = v. 41. 40, 29, 30. — v. 44. 48, 21, 22. = v. 45. 55, 7, 8. = v. 46. 18, 19. = v. 47. 21, 22. = v. 48. 28, 29. = v. 49. 31, 32, = v. 50. 36, 37. = v. 51.

In Jainaprâkṛit sind abgefasst: einige Çloka und Trishṭubh-Verse, namentlich die obigen Citate, ferner die Prosastellen 28, 17—24. 32, 35. — 33, 28. 34, 11—20.

Verbesserungen und Druckfehler.

1, 8 statt atikkanta lies aikkanta.
1, 10 setze Punkt nach pasuttâ.
1, 29 statt visaraya (so B.) lies tisaraya.
2, 1 „ pavaunâsu (so B.) lies pavattâsu
2, 13 „ rasen' eva lies rasene 'va.
2, 20 B liest disâbhimuham.
3, 2 B „ eso so, was in den Text aufzunehmen ist.
4, 26 Versetze den Punkt nach ukkaḍayâe.
4, 28 trenne hojjâ haṃ.
6, 10 setze Punkt nach mahavibhûîe und Komma nach pâṇiggahaṇam.
6, 12 lies visajjiyâ'sesa'pariyaṇassa.
8, 11 „ unnâmiya vayaṇaṃ.
10, 34 tilge Komma nach 'jampaṇo.
11, 18 versetze den Punkt nach aṇupattâ.
12, 3 lies dhaṇu·kaliu'tti.
13, 19 setze Komma nach egâginî.
13, 28 tilge Komma nach najjai.
13, 31 setze Punkt statt Komma nach purisâ.
14, 17 lies kappûrâ'garu. 18 ti·ppayâhiṇam.
15, 31 füge saha nach Rayaṇavaîe zu.
16, 25 statt nibbhar'âmarisa lies nibbharâ'marisa.
17, 6 „ s'âhilâsaṃ lies sâ'hilâsaṃ.
17, 16 „ âyaṇṇiûṇa ya (B) lies âyaṇṇiya (A).
17, 31 füge ya nach nibbhacchio zu.
18, 38 statt °bhiḥ prishṭaç lies °bhyaḥ. prishṭaç.
19, 36 „ vaṇo lies vano.
21, 1 „ Asaseṇa lies Âsaseṇa.
22, 5 setze Punkt hinter toḍiyâ.
23, 26 statt paesaṃ pattâ (so A) wohl zu lesen: eo sampattâ (so B)
27, 15 „ puṇo lies puṇa. Statt te ya vaḍḍhamâṇâ wäre wohl gegen die Mss. te pavaḍḍhamâṇâ zu lesen.
29, 23 statt isay'acchi lies pasay'acchi.
31, 15 Doppelpunkt nach pucchio, 18 Punkt nach tohim.
32, 23 Trenne antarâ vâseṇa.
34, 28 statt uluggâ lies oluggâ.
36, 30 „ addh' lies aṭṭh'.
37, 17 „ vâḍahâṇagâ lies Vâḍahâṇagâ.

www.ingramcontent.com/pod-product-compliance
Lightning Source LLC
Chambersburg PA
CBHW021822230426
43669CB00008B/838
* 9 7 8 3 7 4 3 4 5 7 1 4 0 *